国家社科基金重大项目“我国收入分配体制改革动态跟踪和效果评估研究(12ZD&049)”成果

中国收入分配体制改革效果评估研究

Research on the Effect Evaluation of China's Income Distribution System Reform

刘长庚 韩 雷 等著

人 民 出 版 社

策划编辑：郑海燕
责任编辑：郑海燕
封面设计：石笑梦
封面制作：姚　菲
版式设计：胡欣欣
责任校对：周晓东

图书在版编目（CIP）数据

中国收入分配体制改革效果评估研究/刘长庚 等 著. —北京：人民出版社，2022.1

ISBN 978－7－01－023971－2

Ⅰ.①中…　Ⅱ.①刘…　Ⅲ.①收入分配-经济体制改革-研究-中国
Ⅳ.①F124.7

中国版本图书馆 CIP 数据核字（2021）第 232395 号

中国收入分配体制改革效果评估研究

ZHONGGUO SHOURU FENPEI TIZHI GAIGE XIAOGUO PINGGU YANJIU

刘长庚　韩　雷　等 著

人民出版社 出版发行
（100706　北京市东城区隆福寺街 99 号）

中煤（北京）印务有限公司印刷　新华书店经销

2022 年 1 月第 1 版　2022 年 1 月北京第 1 次印刷
开本：710 毫米×1000 毫米 1/16　印张：26
字数：360 千字

ISBN 978－7－01－023971－2　定价：108.00 元

邮购地址 100706　北京市东城区隆福寺街 99 号
人民东方图书销售中心　电话（010）65250042　65289539

前　言

收入分配是民生之源，是改善民生、实现发展成果由人民共享最重要、最直接的方式。中华人民共和国成立至今已 70 余年，中国人民实现了从站起来、富起来到强起来的伟大飞跃，而收入分配制度作为经济社会发展中一项根本性、基础性的制度安排，其改革始终贯穿于社会主义经济建设、改革和发展的全过程。通过对我国收入分配体制改革分阶段进行动态跟踪，并在此基础上对各个时期的收入分配体制改革效果进行较为客观、全面的评估，有助于我们厘清收入分配体制改革的内在逻辑，发现制度的特征结构和问题症结，为新时代我国进一步深化收入分配体制改革提供参考。

收入分配体制是经济体制的重要组成和体现，随着经济体制和收入分配指导思想的转变，不同阶段收入分配体制改革具有不同的典型特征。计划经济时期（1949—1978 年），主要体现了"公平优先"的分配思想，公有资本占据绝对主体地位，劳动力自由流动受限，逐步形成了较为单一的按劳分配原则，收入分配带有平均主义倾向，初次分配呈现出"寡而均"，城乡各内部居民收入差距较小，但社会保障制度的城乡区别对待情况比较明显；以承包制为主的改革时期（1979—1992 年），指导思想为"打破平均，促进效率提升"，允许个体、私营经济、外资等作为社会主义公有制经济的补充而存在，在农村推行家庭联产承包责任制，在城市推行以放权让利为核心的国有企业改革，实行按劳分配为主体、其他分配方式为补充的原则，城乡居民收入均提升较快，但收入差距后期有所扩大，试行个人所得税、社会保障制度等改革，但农村居民的社会保障仍处于缺失状态，再分配力度总体较小；市场经济改革时期（1993—2002 年），指导思想为“效率优先，兼顾公平”，逐步确立了公有制为主体、多种所有制经济共同发展的基本经济制度，实行按劳分配和按要素贡献分配相结合的原则，农村剩余劳动力更多涌向城镇，经济效率进一步提升，资本性收入增速远远快于工资性收入增速，资本收入占比稳步提升，收入差距进一步扩大，针对城镇职工建立了全国统一的企业基本养老保险制度、基本医疗保险制度，针对城镇居民和农村居民建立了救助型为主的社会保障制度，分税制、个人所得税和企业所得税等改革成为中国税制改革的里程碑，体现了再分配的公平性；市场经济完善时期（2003—2012 年），指导思想为“效率与公平相协调”，进一步放开了对农村居民和非公有制经济的政策限制，劳动者权益得到了更多保护，国有企业利润恢复上缴，公共服务保障力度有所加强，农村医疗、养老保险逐步建立并不断扩大范围，失业保险制度逐渐完善，公平性在初次分配和再分配中均得到了更多体现，后期收入差距呈现出缩小趋势、劳动收入占比呈现出上升趋势；市场经济成熟时期（2013 年至今），指导思想为“更加强调发展成果由全民共享”，户籍制度改革持续深化，城乡一体化体制机制加速健全，促进充分就业的体制机制不断健全，农民工收入有了更多保障，为公有制经济与非公有制经济共存共进建设了统一开放、竞争有序的市场体系，突出强调人人参与、人人尽力、人人享有的共享发展，公共服务保障力度进一步加强，逐步建立起了全覆盖的、统一的城乡居民社会养老、医疗保险制度等，更加重视农村贫困人口脱贫问题，人民的获得感、幸福感和安全感进一步增强。

收入分配体制是不同要素所有者权利配置的具体体现。根据不同的生产和分配环节，权利配置可以细化为参与权、收入权和保障权三种（以下简称“三权”）。“三权”坚持以人为本，更加注重对劳动贡献的分配，强调参与权的平等性、收入权的共享性和保障权的普遍充分性，坚持把“促进社会公平正义，增进人民福祉”作为收入分配体制改革的出发点和落脚点，最终实现起点公平、过程公平和结果公平的有机统一。“三权”是相互联系、相互影响的有机整体，参与权是收入权的门槛，决定了保障权的范围和对象；收入权是参与权的自然结果，决定了保障权的行使力度；保障权影响市场主体行使参与权的能力和决策，不同的保障权类型影响收入权效果的发挥。正是这三种权利的不同配置，构成了不同的收入分配体制，进而导致了不同的收入分配效果。

基于收入分配体制的权利配置内涵，收入分配体制的效果评估具有两层含义：一是体制本身具有的权利配置效果；二是由不同权利配置带来的分配结果。第一层次重在说明不同分配体制带来哪种类型的权利组合，第二层次重在说明权利组合的分配效果。五个时期的评估效果如下：(1)计划经济时期以指令型参与权、平均型收入权、差别型保障权为主要特征，其中指令型参与权由弱变强导致经济增长率和人均产值增长率下降；平均型收入权的特征是工资性收入调整滞后于劳动生产率的提高，导致劳动收入占比下降、资本收入占比上升；在指令型参与权与平均型收入权的共同作用下，城乡居民收入增速均较缓慢，城乡居民收入差距保持在相对稳定的水平；差别型保障权促使城镇居民的消费水平高于农村居民。(2)以承包制为主的改革时期以指令型与能力型参与权并存、等级型与贡献型收入权并存、差别型保障权为主要特征，其中能力型参与权的增加提高了生产效率，城乡居民收入增速较前一时期快，农村居民贫困发生率会降低；贡献型收入权的增加导致劳动收入占比前期呈现出上升趋势，后期由于资本要素的强势收入权而呈下降趋势，城乡居民收入差距呈先缩小、后扩大趋势；差别型保障权导致再分配调节力度有限。(3)市场经济改革时期以指令型与能力型参与权并存、等级型与贡献型收入权并存、普遍型与差别型保障权并存为主，其中能力型参与权的进一步增加促进了经济总量和人均收入的显著提升；贡献型收入权的进一步增强提高了城乡居民的收入及拓宽了其收入来源，资本收入权较劳动收入权更加强势，劳动收入占比呈下降趋势，资本收入占比呈上升趋势，人力资本的差异导致城乡居民收入差距有所扩大;救助型保障权的增加对农村社会保障水平有一定提升,降低了农村贫困发生率。(4)市场经济完善时期以能力型参与权、贡献型收入权和普遍型保障权为主,指令型参与权进一步减弱,等级型收入权仍在一定范围内存在,差别型保障权仍未消除,其中劳动力要素能力型参与权有所增强,农村居民不断涌入城市,农村居民的工资性收入占比不断加大,城乡收入差距呈缓慢下降趋势,劳动力要素的贡献型收入权在后期有所增加,劳动收入占比呈先下降、后上升趋势;普遍型保障权逐步增强,农村居民有了较以往更强的保障,提高了低收入群体收入,农村贫困发生率进一步下降。(5)市场经济成熟时期以能力型参与权、贡献型收入权和普遍型保障权为主,其中劳动力要素能力型参与权的增强大大提升了居民的工资性收入,改变了农村居民的收入结构,城乡收入差距呈缓慢下降趋势,劳动力要素的贡献型收入权有较大程度的提高,劳动收入占比总体呈逐步回升趋势;普遍型保障权逐步增强,农村居民有了较以往更强的保障,在现行贫困标准下绝对贫困人口基本消除。总的来看,我国收入分配体制改革循着权利配置优化的良性路径进行。但也要看到,参与权配置的平等性还可以进一步加强,收入权配置的共享性还亟待在更大范围内推广,保障权配置的充分性还需随着国家和地方经济实力的进一步增强而提高。

我国收入分配体制改革的主要方向是在社会主义市场经济体制前提下,赋予市场主体平等的参与权、共享的收入权和普遍充分的保障权。权利配置不合理是导致当前我国收入分配体制中效率和公平正义不统一的更为基础性的原因。首先,改革开放以来,我国逐步放开了劳动者和不同资本的参与权,但由于我国户籍制度、行业垄断、农村土地和房屋等方面的制度限制,使劳动者参与生产的权利,以及不同所有制资本参与市场竞争的权利仍然受到限制。其次,在初次分配中,更多强调物质资本所有权,而忽视非物质资本所有权,导致初次分配中劳动收入占比较以往降低了,资本方在收入权中占优势地位。最后,保障权较以往有很大改善,但我国农村居民的养老金水平还可以进一步提高，医疗体制还不够完善，看病难、看病贵现象有待进一步缓解等。我国收入分配体制改革要妥善处理好参与权、收入权和保障权之间的关系，赋予市场主体平等的参与权、共享的收入权和普遍充分的保障权，加快形成公平合理的初次收入分配格局，进一步加强再分配的正向调节力度，加强对弱势群体和弱势地区的帮扶力度，让人民群众有更多获得感、幸福感和安全感。

目　录

绪　论 ………………………………………………………… 001
　第一节　研究背景及价值 …………………………………… 002
　第二节　国内外研究现状 …………………………………… 007
　第三节　写作思路、方法和内容 …………………………… 030
　第四节　主要创新与不足 …………………………………… 034

第一章　中国收入分配体制改革动态跟踪 …………………… 036
　第一节　计划经济时期（1949—1978 年）收入分配体制改革 …… 037
　第二节　以承包制为主的改革时期（1979—1992 年）收入分配体制改革 …………………………………… 042
　第三节　市场经济改革时期（1993—2002 年）收入分配体制改革 …………………………………………… 045
　第四节　市场经济完善时期（2003—2012 年）收入分配体制改革 …………………………………………… 054
　第五节　市场经济成熟时期（2013 年至今）收入分配体制改革 …… 060

第二章　收入分配体制的权利内涵与分配效应 ……………… 068
　第一节　分配体制、分配结果与权利配置 ………………… 068

第二节　决定收入分配格局的三种核心权利 …………………… 075
第三节　“三权”的历史演进及相互关系 ………………………… 080
第四节　不同权利配置下的分配效果 …………………………… 095
第五节　社会变迁视角下的权利配置 …………………………… 110

第三章　中国收入分配体制改革效果评估的指标和方法 …… 117
第一节　收入分配体制改革效果评估范围及评估的整体思路 ……………………………………………………… 117
第二节　收入分配体制改革权利配置测度 ……………………… 120
第三节　收入分配体制改革的分配效果评估 …………………… 126
第四节　基于权利配置推断收入分配效果的方法 ……………… 139

第四章　计划经济时期收入分配体制改革效果评估 ………… 145
第一节　计划经济时期权利配置测度 …………………………… 145
第二节　计划经济时期权利配置的收入分配效果推断 ………… 158
第三节　计划经济时期我国收入分配体制改革效果评估 ……… 162

第五章　以承包制为主的改革时期收入分配体制改革效果评估 ……………………………………………………… 171
第一节　以承包制为主的改革时期权利配置测度 ……………… 171
第二节　以承包制为主的改革时期权利配置变化的收入分配效果推断 …………………………………………………… 187
第三节　以承包制为主的改革时期我国收入分配体制改革效果评估 …………………………………………………… 191

第六章　市场经济改革时期收入分配体制改革效果评估 …… 197
第一节　市场经济改革时期的权利配置测度 …………………… 197

第二节　市场经济改革时期权利配置的收入分配效果推断 …… 210
第三节　市场经济改革时期我国收入分配体制改革效果评估 …… 213

第七章　市场经济完善时期收入分配体制改革效果评估 …… 223
第一节　市场经济完善时期的权利配置测度 …… 223
第二节　市场经济完善时期权利配置的收入分配效果推断 …… 236
第三节　市场经济完善时期我国收入分配体制改革效果评估 …… 239

第八章　市场经济成熟时期收入分配体制改革效果评估 …… 245
第一节　市场经济成熟时期的权利配置测度 …… 245
第二节　市场经济成熟时期权利配置的收入分配效果推断 …… 255
第三节　市场经济成熟时期我国收入分配体制改革效果评估 …… 258

第九章　中国要素收入分配制度改革效果评估 …… 262
第一节　要素收入分配制度改革评估的思路与方法 …… 264
第二节　我国要素收入分配格局演变 …… 271
第三节　中国要素收入分配制度改革效果评估 …… 278
第四节　要素收入分配制度改革效果评估的总体评价 …… 288

第十章　中国收入再分配制度改革效果评估 …… 290
第一节　再分配制度改革效果评估的思路与方法 …… 291
第二节　整体再分配制度改革效果评估 …… 300
第三节　中国养老保险制度改革效果评估 …… 319
第四节　再分配制度改革效果的总体评价 …… 334

第十一章　中国农村改革的减贫效果评估 …………………… 337

第一节　中国农村改革减贫效果评估的思路与方法 …………… 338

第二节　中国农村改革减贫效果的测度 ……………………… 348

第三节　权利配置影响农户减贫效果的评估 ………………… 361

第四节　中国农村改革减贫效果评估的总体评价 …………… 376

第十二章　中国收入分配体制改革的主要结论与政策建议 ……………………………………………… 378

第一节　中国收入分配体制改革的主要结论 ………………… 378

第二节　中国收入分配体制改革的政策建议 ………………… 384

参考文献 ……………………………………………………… 396

绪　论

中华人民共和国成立至今已70多年,中国人民实现了从站起来到富起来、再到强起来的伟大飞跃,而收入分配制度作为经济社会发展中一项根本性、基础性的制度安排,其改革始终贯穿于社会主义经济建设、改革和发展的全过程。新中国成立以来,我国收入分配体制改革不断深化,取得了一系列重要成果,例如居民收入及生活水平显著提高、贫困人口持续减少、社会保障体系不断完善等。在当代中国,收入分配体制改革是全面深化改革的重要内容,为全面建成小康社会、实现新时代高质量发展提供重要保障。当前我国收入分配领域还存在一些突出问题亟待解决,收入分配仍是我国现阶段最受关注的经济社会问题之一。本书致力于通过对我国收入分配体制改革历程进行动态跟踪,构建较为系统化的中国特色分配经济学说,理清收入分配体制改革的来龙去脉以及形成当前收入分配格局的前因后果,在此基础上对各阶段收入分配体制改革的效果进行较为客观、全面的评估,总结出分配体制改革的成功经验和不足,为推动新时代收入分配体制改革创新提供借鉴。

第一节　研究背景及价值

一、研究背景

新中国成立70多年来,我国经济社会发展取得了举世瞩目的成就。人均GDP从1949年的23美元提高至2020年的10500美元,名义增长456倍,实际增长70余倍;居民人均可支配收入从1949年的49.7元提高至2020年的32188元,名义增长647.6倍,实际增长67倍,年均实际增长6.1%;居民人均消费支出从1956年的88.2元提高至2020年的21209元,名义增长240.4倍,实际增长30.5倍,年均实际增长5.5%;教育事业实现了跨越式发展,初中阶段、高中阶段和高等教育的毛入学率分别从1949年的3.1%、1.1%、0.26%提升至2020年的102.5%、91.2%、54.4%,为我国经济社会快速发展提供了强大的人才支撑;城乡二元分割的社会保障与公共服务供给体制在改革进程中逐步走向一体化、均等化等,在保障基本制度可持续基础上实现了全民覆盖;常住人口城镇化率从1949年的10.6%提高至2020年的63.89%,改革开放以来我国累计减少贫困人口7.7亿人等。总的来看,我国早已步入中等偏上收入国家行列①,接下来的目标是要实现中华民族伟大复兴的"中国梦"。但是,随着"蛋糕"的逐渐做大,如何分好"蛋糕"的问题逐渐凸显。全国居民收入基尼系数尽管自2009年开始实现"七连降"②,但2016年开始又略升至0.465,2018年达到0.474,仍超过国际公认的警戒线。

近年来,收入分配不公问题引起了全社会的重视,收入分配问题连续多年

---

① 世界银行2018年收入分组标准为:人均国民总收入低于995美元为低收入国家,在996美元至3895美元为中等偏下收入国家,在3896美元至12055美元为中等偏上收入国家,高于12055美元为高收入国家。

② 2008—2015年我国居民收入基尼系数分别为0.491、0.49、0.481、0.477、0.474、0.473、0.469、0.462,实现"七连降"。

成为全国“两会”期间公众最关注的话题之一①。收入分配问题主要表现为：

第一，我国城乡区域发展和收入分配差距仍然较大，发展不平衡不充分问题突出。2020 年我国城乡居民人均可支配收入差距仍达 2.55 倍。2020 年居民人均可支配收入最高地区（上海市为 58988 元）是最低地区（甘肃省为 20335 元）的 3.55 倍；全国居民最高收入的 20%人群是最低收入的 20%人群的 10.9 倍。在性别收入差距方面，2020 年中国女性平均薪酬为 6847 元，薪酬均值仅为男性的 75.9%②，且随着工作年限增长，薪酬差异逐渐拉大。从城镇非私营单位就业人员平均工资看，信息和软件业、金融业平均工资分别是农林牧渔业的 2.88 倍、3.7 倍；同时财富差距也不容忽视，中国顶端 10%人群拥有社会 45%以上的财富。

第二，初次分配中我国劳动收入占比不高，劳动者面临新经济、新技术变革、产业结构变迁等诸多挑战，充分就业形势依然严峻，劳动收入占比提升面临不确定性。改革开放以来，我国劳动收入占比总体呈下降趋势，这是收入差距不断扩大的重要原因。收入法测算结果表明：1978—1992 年，劳动收入占比从 49.6%缓慢上升到 52%左右；1993—2002 年劳动收入占比快速下降至 47%左右；2003—2012 年劳动收入占比进一步缓慢下降至 45%左右；2013 年至今劳动收入占比回升至 47%左右。劳动收入占比下降会减少居民有效消费需求，降低居民尤其是低收入者的生活质量。在我国发展新的历史方位，劳动收入占比变化仍然面临着不确定性，“互联网+”、人工智能、大数据等新经济快速发展，技术进步深刻改变着资本—劳动替代弹性，资本技术密集型的新经济发展推动了资本深化，使资本方的控制力不断增强，相当一部分工作或生产流程直接被资本（如智能机器人）替代，进而对劳动者就业和劳动收入占比形成负面冲击。

---

① 在人民网推出的“两会”“十大热点问题”网络调查中，2008—2015 年“收入分配”的关注度分别排名第四、第四、第五、第四、第二、第三、第四、第一。

② 参见移动互联网招聘平台 BOSS 直聘发布的《2021 中国职场性别差异报告》。

第三，我国再分配调节力度仍需进一步加强，政府保障能力与人民日益增长的美好生活需要差距较大。我国居民收入在初次分配和再分配中的比重分别从2000年的65.4%、65.8%下降至2015年的60.9%、61.6%，再分配后居民收入比重分别提升0.4个百分点、0.7个百分点，反映了再分配对初次收入分配格局的调节力度不够。近年来，我国的医疗保险制度改革取得重大进展，但看病难、看病贵的问题尚未根本解决；城乡居民的基础养老金水平仍有较大提升空间等。

第四，脱贫群体收入水平仍旧较低。2021年，我国脱贫攻坚战取得了全面胜利，现行标准下贫困人口全部脱贫，832个贫困县全部摘帽，12.8万个贫困村全部出列，区域性整体贫困得到解决，完成了消除绝对贫困的艰巨任务。但脱贫地区居民收入水平不高依旧是我国收入分配的短板，仍然存在返贫脆弱性，持续发展基础薄弱，区域相对集中等诸多问题，是推动我国居民收入分配合理化的主要方向。全面建成小康社会，一个不能少；共同富裕路上，一个不能掉队。

第五，收入分配秩序不够规范。一些部门和单位还存在权力寻租现象，隐性收入、灰色收入亟须进一步规范和清理，反腐败仍要保持高压态势，部分行业不合理的行政垄断还需坚决打破。

党的十八大以来，我国更加重视收入分配体制改革。党的十八大报告明确指出，要深化收入分配制度改革，千方百计增加居民收入，实现发展成果由人民共享的目标。2013年2月，由发改委、财政部、人社部联合发布的《关于深化收入分配制度改革的若干意见》从初次分配、再次分配、增加农民收入和规范收入分配秩序等四个方面明确了我国收入分配制度改革的方向。党的十八届三中全会强调要"形成合理有序的收入分配格局"，"建立更加公平可持续的社会保障制度"。党的十八届五中全会提出"共享是中国特色社会主义的本质要求"，要"作出更有效的制度安排，使全体人民在共建共享发展中有更多获得感"。《中华人民共和国国民经济和社会发展第十三个五年规划纲要》强调要妥善处理好公平与效率的关系，坚持“两个同步”，即居民收入增长和经济增长以及劳动报酬提高和劳动生产率提高的同步，不断增加城乡居民收入，规范初次分配的同时加大再分配力度，进一步缩小全社会收入差距。2017 年党的十九大报告则强调，坚持以人民为中心，提高就业质量和人民收入水平，全面建成多层次社会保障体系，坚决打赢脱贫攻坚战，提高保障和改善民生水平，促进共同富裕。

收入分配体制改革是一项系统性工程，涉及诸多方面。改革各项分配制度，使收入分配格局公平合理，首先要对我国收入分配体制改革进行动态跟踪，系统、深刻地把握我国目前收入分配格局的前因后果；在此基础上对各个时期的收入分配体制改革效果进行评估，总结经验和不足，为新时代进一步深化收入分配体制改革提出更加合理、可行的政策建议。因此，本书对我国收入分配体制改革进行效果评估具有重要的理论和现实意义。

二、研究价值

本书对中国收入分配体制改革进行较系统的阶段跟踪和效果评估，从完善收入分配经济学说的角度推动构建新时代中国特色社会主义政治经济学，并为新时代中国收入分配体制改革提供借鉴和参考，具有重要的理论价值和应用价值。

（一）理论价值

第一，继承马克思主义分配理论的科学内涵构建广义联合产权理论。深入理解马克思主义分配理论的科学内涵，学习贯彻习近平新时代中国特色社会主义思想，结合当前中国经济发展的新情况和新特点，本书构建了以参与权、收入权和保障权相结合的广义联合产权理论，从权利配置视角阐述社会主义市场经济条件下生产与分配的关系，探索、发展并实现效率与公平正义相结合的、与我国国情相适应的收入分配理论。

第二,为中国特色分配经济学研究提供可借鉴的理论分析框架。中国经济发展至今取得了较大成就,但是收入分配方面暴露出来的问题也越发突出。西方主流经济学的分配理论是建立在资本主义市场经济的基础之上,照搬西方主流分配理论来解释和解决中国收入分配问题会出现“水土不服”的情况。为此,我们应当在坚持马克思主义理论指导下建立和发展具有中国特色的分配经济学,系统研究中国收入分配问题。以广义联合产权理论为核心的中国特色分配经济学说可较为全面系统地对我国收入分配体制变迁进行理论解释,并为新时代收入分配体制改革创新提供一定的参考和借鉴。

第三,有利于进一步丰富和发展中国特色社会主义市场经济体制理论研究。中国特色社会主义市场经济坚持以人民为中心的发展思想,注重调动人的积极性、主动性和创造性。本书提出:社会主义市场经济高效运行的基础是参与权、收入权和保障权相结合的联合产权制度。这是对中国特色社会主义市场经济实现形式的一种探索。这一新的实现形式既不同于单纯的劳动管理型企业,又不同于泛股份制企业,它既体现了劳动者的主人翁地位,又能够充分调动物质资本所有者的积极性,实现各要素所有者和谐共赢。

(二)应用价值

一是厘清中国收入分配制度变迁的权利逻辑及其分配效果。本书对中国收入分配体制变迁历程进行较为系统的动态跟踪,阶段性地廓清其演变逻辑和分配特征,总结出制度变迁中收入分配由权利配置决定的本质。本书将我国收入分配体制改革划分为五个阶段,梳理了各时期分配政策导向和主要特征,在此基础上对中国收入分配体制改革整体效果以及要素收入分配、再分配、农村减贫等效果进行评估,有助于深刻理解收入分配体制改革的历史和现状。

二是为新时代收入分配体制改革方案设计提供参考。本书通过对我国收入分配体制改革历程进行了梳理,运用广义联合产权理论分析框架,构建了一套收入分配体制改革效果评估体系，并从权利配置视角提出我国收入分配体制的改革方案，为我国当前和未来收入分配体制改革提供设计思路。本书能够为解决当前收入分配领域存在的收入差距较大、劳动收入占比不高、垄断行业收入较高、企业内分配差距较大等问题提供较为切实可行的政策建议。

三是有助于践行以人民为中心、共享发展的思想。本书提出的参与权、收入权和保障权是践行以人民为中心的发展思想的具体体现。参与权，将使广大人民群众参与到社会主义市场经济的伟大实践中去；收入权，将激励要素所有者不断投资专用性资产；保障权，将给予老百姓基本的生活保障，共享改革发展成果。这三种权利既体现了按劳分配的主体地位，又统筹兼顾各种要素收入。这是在社会主义市场经济体制下我国坚持以人民为中心的重要体现，有助于实现共享发展。

第二节　国内外研究现状

本书的主要目的是对我国收入分配体制改革进行效果评估，要研究这个问题：第一，明确研究对象，掌握收入分配体制的经济学内涵；第二，跟踪我国收入分配体制改革的历程，理清来龙去脉；第三，对现有的与收入分配相关的理论进行研究，并为后文抽象出支撑本书的理论打好铺垫，以此来指导我国收入分配体制改革效果评估和政策建议；第四，掌握科学的评估方法，并对我国收入分配体制改革进行合理的评估，总结经验和不足，为未来改革提供依据；第五，在本书研究的基础上提出切实可行的政策建议，为我国收入分配体制改革建言献策。因此，文献综述也将按照上述思路来进行梳理和阐述。

（一）有关收入分配体制改革的经济学内涵研究

从经济学的角度看，收入分配体制的内涵是什么？回答这一问题是研究收入分配体制改革的前提和基础。《现代汉语词典（第五版）》对体制进行了阐述:①体制是指国家、国家机关、企业、事业单位等的组织制度;②体制指文体的格局、体裁。[①] 显然,收入分配体制中"体制"指的是前一种。按照这样的释义,收入分配体制是一种规范国家、国家机关、企业、事业单位等收入分配的组织制度。但这是一个宽泛的概念,研究收入分配体制演进仅停留在这个层面的理解显然不够。

不少学者对收入分配体制进行了研究,但没有对这一问题作出明确的回答。收入分配体制是经济体制的重要组成部分,"按劳分配为主体,多种分配方式并存,按劳分配与按生产要素分配相结合"是我国现行的收入分配体制(杨宜勇和池振合,2008)。按照这种理解,收入分配体制就是基本的分配制度,或者说是分配的基本指导思想。这也是大多数学者潜意识的理解。诚然,收入分配体制和收入分配制度密切相关。但是收入分配体制和收入分配制度的概念等价吗?如果不等价,那么它们之间的关系是什么?一般来讲,体制是制度形之于外的具体表现和实施形式,不同的体制可以表现出一种制度,如在社会主义经济制度下,可以采取计划经济体制和市场经济体制这两种做法。从这一角度出发,收入分配制度决定了收入分配体制,而收入分配体制则体现了收入分配制度。而收入分配制度则包括许多具体的分配制度,如工资制度、社会保障制度等,它们共同决定了收入分配的结果。或者说,收入分配体制由收入分配的各项制度组成。可以通过一个形象的比喻来阐述两者之间的关系,收入分配制度就好比是人体的不同部位,如手、脚、大脑等,而收入分配体制则是整个活灵活现的人,不仅可以展现各组成部分的功能,而且还能展现整体的功能。因此,收入分配体制是一个整体的概念,体现了各项收入分配制度,而各项收入分配制度则构成了收入分配体制,收入分配体制通过各项收入分配制度起作用。

收入分配体制在很大程度上决定了收入分配格局,这一点已经基本取得

---

① 中国社会科学院语言研究所词典编辑室编:《现代汉语词典》,商务印书馆2016年版,第1149页。

共识。但是,收入分配体制背后更深层次的原因是什么?生产决定分配,生产资料所有制决定了收入分配体制是社会发展的基本规律。马克思认为,在产品的分配之前,分配首先是生产工具的分配和社会成员在各类生产关系中的分配——这是同一关系的进一步规定。这种分配包含在生产过程本身中并决定生产的结构,产品的分配显然只是这种分配的结果。这一观点包含两层含义:一是生产资料归谁所有,指的是产权归属问题;二是社会成员在生产中结成哪种关系,指的是人之间的分工与协作问题。这两点本质上是权利配置问题,产品分配由权利配置所决定。因为对物的权利和对人的权利,本质上都是对某种权利的赋予或禁止。这一观点在制度经济学中也得到了体现。存在交易成本时,权利的配置决定了收入分配的结果(Coase,1960)①。个体的权利配置实现了社会上的分配结果和各类不平等,权利被剥夺导致了饥荒和贫困(森,2006)②。诺思(Douglass C.North,2008)说明了产权制度及其保护对收入和生产的作用机制,并揭示了制度变迁的内在动力③。另外,剩余控制权的配置对剩余分配结果会产生重要影响(Alchian 和 Demsetz,1972;Hart,2008)。鲍尔斯和金蒂斯(Bowles 和 Gintis,1990,2008)坚持对经济不平等的批判,认为分配时“应当把达到社会所能接受的生活标准视作一种权利”。斯蒂格利茨(Stiglitz,2015)在分析贸易全球化和资本市场全球化对不平等的影响时指出,金融自由化中美国金融机构已成为资本权利的卫士——超越了工人权利甚至政治权利,加剧了日益严重的不平等④。权利的极端不平等使经济缺乏

---

① 科斯指出,在没有交易成本的前提下,权利配置给任何一方都能够得到有效率的结果。但是,现实生活中是一个充满了交易成本的社会,权利配置就显得尤为重要。Coase R.H., *The problem of Social Cost*, London: Palgrave Macmillan, 1960, pp.87-137.

② 森的这一思想集中体现在他出版于1981年的《饥荒与贫困:论权利与剥夺》一书中,他指出,饥荒的形成并不是没有粮食,而是饥饿的人有需求而无消费——这些人的粮食消费权利被禁止了。这样的饥饿群体,总是无钱无权的底层民众。

③ 道格拉斯·C.诺思:《制度、制度变迁与经济绩效》中译本,上海三联书店2008年版。

④ 权利就是明确规定了各种经济主体有资格享有的东西:例如,工人所追求的权利包括集会、结成工会、参与集体谈判以及罢工。很多非民主政府严厉限制这些权利,民主政府也限制它们。约瑟夫·E.斯蒂格利茨:《不平等的代价》中译本,机械工业出版社2015年版,第54页。

持续稳定的发展环境，进而会切断走出贫困脱离病苦的道路（迪顿，2014）。市场上权利的平等不能保证所有权利的平等，现代再分配也要基于权利的逻辑，基本权利和物质福利要尽可能人人共享，这样才会对弱势群体有利（Piketty，2014）。对于一种平等的完全适当体制，每一个人都拥有相同的不可剥夺的权利，不满足对所有人公平开放的平等机会条件而存在的社会或经济不平等是不合理的（罗尔斯，2002），这种基本自由公平开放、平等机会都是权利平等的重要内容。上述论述都说明了权利配置对收入分配的关键性作用。

具体到国内，不少学者也认识到了这一点。收入分配的背后隐藏着权利和机会的双重不平等（李实，2007）。在涉及农民贫困问题时，黄少安和刘明宇（2005）指出，农民贫困表面上看是“增收”问题，实质上是“权利分配”问题。国民收入再分配保证低收入者或没有劳动能力社会成员的生存权利，体现了结果公平的原则（郭庆旺和吕冰洋，2012）。中国垄断行业凭借着政府赋予的特殊权利和不完全地参与竞争，享受了不合理的高收入（岳希明和蔡萌，2015）。由此可见，从权利配置的角度来探究我国收入分配体制演进，对解决我国当前的收入分配问题具有重要意义。但是，权利配置具体指哪些权利的配置呢？这些权利配置应该具有历史特性（马克思，1857）。刘长庚等（2012、2014、2015）研究了社会主义市场经济的性质，指出参与权、收入权和保障权是社会主义市场经济中的核心权利，并且这三种权利配置贯穿于社会生产全过程，有利于实现社会生产总过程的公平性，促进分配公正。这一研究明晰了权利配置的指代对象。而这些权利则是通过一系列收入分配制度进行配置的。

综上所述，在市场经济中市场交易实际上是权利束的交换，社会制度由各类主体拥有的权利构成，权利配置则决定了个人或组织拥有的不同权利束。权利配置是市场经济有效运行的前提，它决定着市场交易的可能结果，并决定了国民收入的分配。因此，收入分配体制的核心内涵是权利配置。

(二)有关我国收入分配体制改革历程的研究

目前,国内学者对我国收入分配体制改革历程的研究主要从三个角度展开:按各阶段的分配方式和分配政策进行研究、按经济体制的划分进行研究、按具体分配制度的演变进行研究。

1. 按各阶段的分配方式和分配政策进行研究

众多学者认为,应根据我国各阶段的分配方式来对我国收入分配体制改革历程进行研究。杨晖(2008)认为,从分配制度的角度上来说,改革历程可以分为四个阶段:一是1978—1987年,消除平均主义,实行按劳分配制度;二是1988—1997年,以按劳分配为主体、坚持多种分配方式并存,效率优先、兼顾公平;三是1998—2007年,实行按劳分配与按生产要素分配相结合,初次分配注重效率、再分配注重公平;四是2008年至今:生产要素按贡献参与分配制度,初次分配和再分配都要处理好效率和公平的关系。从体制变更上来说,则可划分为三个阶段:单一的按劳分配体制,以按劳分配为主体、多种分配方式并存,按劳分配体制与按生产要素相结合(杨宜勇和池振合,2011)。杨庆敏(2009)以1992年为界,将改革开放后的收入分配体制划分为按劳分配为主体和多种分配方式并存以及把按劳分配和按生产要素分配相结合两个阶段;何花(2011)认为,改革开放前为"混合型分配—单一型按劳分配—平均主义分配"的演变;改革开放后为"否定平均主义—恢复按劳分配—形成多元化分配方式"的演变。实际上,从劳资分配的历史格局来看,1978—1983年劳动力要素收入份额处于快速上升阶段,1984—2008年要素收入分配向资本倾斜的趋势不断加强,劳动力要素的税前和税后分配份额分别下降了22.3%和24.1%;相反,对资本要素而言则分别上升了25.5%和29.5%(郭庆旺和吕冰洋,2012)。

还有部分学者认为,收入分配体制改革的历程主要是分配政策和分配原则的演变过程:按劳分配政策的恢复和实施阶段(1978—1986年)、多元化分配政策的提出和探索阶段(1987—1992年)、多元化分配政策的推进和深化阶段(1993—2004 年)、多元化分配政策的调整和完善阶段(2005 年至今)(郭慧平,2009)。

2. 按经济体制的划分进行研究

温锐和武力(2007)认为,新中国收入分配制度和政策的演变大致经历了三个时期:1949—1978 年,其特点是生产资料的公有化和生活资料占有的平均化;1978—1991 年,其特点是生产资料公有制下的经营方式多样化和生活资料的快速增长与城乡居民收入差距的缩小;1992 年以后,特点是生产资料所有制的多样化,以及城乡和城市居民生活资料占有差距的快速扩大化。此外,我国实行的不同的收入分配制度是与各个阶段的经济发展战略相对应的:(1)1949—1978 年,加速重工业化战略与平均主义低工资制度阶段;(2)1979—1988 年,提高人民生活水平发展战略与大幅度提高工资阶段;(3)1989—1997 年,出口导向战略与低工资制度阶段;(4)1998 年至今,可持续发展战略、内需拉动战略与分配制度改革阶段(薛华,2008)。李定(2010)认为,根据经济体制的变化,我国收入分配体制的改革历程可以划分为两个阶段:(1)1949—1978 年,通过对按劳分配的具体实现形式的探索和改革,逐步形成了单一的按劳分配体制;(2)1979 年至今,传统的计划分配方式基本被市场机制所取代,形成了以“按劳分配为主体、多种分配方式并存”的收入分配制度。1978 年以来,随着经济体制的转型,我国收入差距大致经历了缓慢扩大、快速扩大和相对稳定三个阶段:20 世纪 70 年代末到 80 年代中期,农村改革进入初期、城市改革还处于准备阶段,农村收入分配制度和机制产生了根本变化,城镇收入分配制度基本上仍是计划经济模式,收入差距缓慢扩大;20 世纪 80 年代中期至 2005 年,这一阶段经济社会体制发生重大转型,相应地收入分配制度也发生重大变化,收入差距较大和分配不公问题较突出;2006—2015 年,收入差距扩大的体制性、政策性原因没有发生根本改变,收入分配格局也未发生彻底转变(李实,2015)。

3. 按具体分配制度的演变进行研究

高书生和宋军花(2005)根据具体的收入分配制度对收入分配体制改革的进程进行了研究,包括工资制度改革、国有单位福利制度改革、个人所得税制度改革、社会保障制度改革、社会救济制度改革和农村收入分配制度改革六个方面的制度。朱坚强和张金凤(2004)以1956年、1985年和1993年三次全国性工资重大改革为阶段划分依据,对我国收入分配领域改革的轨迹进行了分析。苏海南和刘秉泉(2008)则将我国工资改革历程划为四个阶段:(1)1978—1984年,恢复按劳分配原则;(2)1985—1991年,调整分配关系;(3)1992—1999年,确立改革目标;(4)2000年至今,全面深化改革。龚刚和杨光(2010)研究了工资性收入占国民收入比例的演变轨迹。崔军和朱志钢(2012)则将我国的个人所得税改革历程分为两个阶段:(1)1980—1993年,我国个人所得税运行比较平稳,基本没有改革措施出台;(2)1994年至今,我国个人所得税改革措施推出频繁,三次改革和工资、薪金所得的减除费用标准的提高相关,两次改革涉及"利息税"的复征与停征。从再分配中的中央与地方事权划分来看,我国事权划分原则经历了三个阶段:第一阶段强调"事权与财权相适应";第二阶段强调"财力与事权相匹配";第三阶段强调"事权与支出责任相适应"①。

现有文献较为全面地分析和论述了我国收入分配体制的改革历程,对我们的研究提供了较好的借鉴和指导。一方面,分配方式和分配政策对收入分配体制有直接的影响;另一方面,经济体制对收入分配体制有着决定性的影响。同时,现有的文献也说明具体的分配制度在收入分配体制中发挥着重要作用。因此,本书将依据经济体制改革阶段,综合考虑分配方式和分配政策的变化,以及相关具体分配制度的演变来对我国收入分配体制改革进行更为合

① 参见《国务院关于实行分税制财政管理体制的决定》、《中共中央关于构建社会主义和谐社会若干重大问题的决定》(2006)、《中共中央关于全面深化改革若干重大问题的决定》(2013)。

理的跟踪和阶段划分。

（三）马克思收入分配理论研究

本书坚持以马克思主义理论为指导开展研究，就必须把握马克思收入分配理论的科学内涵。这里重点阐述马克思的劳动价值论、按劳分配理论、资本积累理论等相关内容。19 世纪，早期资本主义国家收入分配很不公平、贫富两极分化严重，马克思的《资本论》正是诞生于这一时期。他猛烈抨击了当时的资本主义分配制度，指出这种制度是资本家赤裸裸地对劳动者的剥削，导致了广大无产阶级的绝对贫困和社会两极分化，造成了尖锐的社会阶级冲突。马克思还把当时的收入分配问题看作是导致资本主义经济危机的根源，并详细论述了其中的影响机制。他认为，资本主义生产方式是一种建立在分工基础上的社会化的大生产方式，是生产力的巨大进步，比以往任何一种生产方式都更为强大。但是，早期的资本主义分配方式导致劳动者的收入被过分压低，仅仅维持在最基本的生活水准上，劳动者消费能力极低，而资本家却占有绝大部分的劳动成果。这就导致了一方面资本投资使社会生产能力迅速扩张，而另一方面又面临着严重的消费需求不足，生产出来的产品没有市场，形成过剩的生产能力。这种情形积累到了一定程度就会爆发经济危机，并且这种经济危机具有周期性。为此，他提出只有消灭资本家，建立社会主义公有制，实现全社会有计划地进行生产、共同分配，才能够真正解决这个矛盾。

1. 马克思的劳动价值论和按劳分配理论

马克思认为，生产决定分配，相应地，生产关系决定分配关系。他指出，在生产中，社会成员占有（开发、改造）自然产品供人类需要；分配决定个人分取这些产品的比例。① 分配关系，是同生产过程的历史地规定的特殊社会形式，以及人们在他们的人类生活的再生产过程中相互所处的关系相适应的，并且

① 《马克思恩格斯文集》（第 8 卷），人民出版社 2009 年版，第 12 页。

是由这些形式和关系产生的。这些分配关系的历史性质就是生产关系的历史性质，分配关系不过表现生产关系的一个方面。[①] 分配关系和分配方式只是表现为生产要素的背面。分配的结构完全决定于生产的结构。分配本身是生产的产物，不仅就对象说是如此，而且就形式说也是如此。就对象说，能分配的只是生产的成果，就形式说，参与生产的一定方式决定分配的特殊形式，决定参与分配的形式。[②] 因此，分配和生产是一个整体，单独谈论分配和生产都是不正确的。

马克思认为，劳动创造价值——这是劳动价值论的核心命题。实际上在马克思之前，古典经济学中就有了关于劳动是价值的源泉的相关论述，即劳动价值论有着深厚的理论渊源。马克思在批判和继承古典政治经济学的价值理论的基础上创立了科学的劳动价值论，深刻地阐明了雇佣劳动和资本之间的关系，因而劳动价值论是无产阶级反对资产阶级的科学理论武器。首先，马克思继承了古典经济学中关于使用价值和交换价值的划分方法，进一步明确了价值是商品经济的基本范畴。他阐明了价值和使用价值的区别和联系，指出价值是商品的内在社会属性。马克思认为价值是生产关系的体现，并指出，在交换中通过与其他商品发生关系可以表现出价值。其次，马克思首创劳动二重性学说，将劳动划分为两个方面：具体劳动和抽象劳动，认为他们分别创造了使用价值和价值。马克思首次指出具体劳动并不体现社会生产关系，而只创造使用价值；创造价值的是存在于同一劳动中的抽象劳动。劳动二重性揭示了价值理论中的社会生产关系，揭露了资本主义商品经济中的内在矛盾，因此，劳动二重性是“理解政治经济学的枢纽”。最后，马克思发现了劳动力这一范畴，指出了资本主义生产方式是在价值规律基础上对劳动者进行剥削的生产方式。古典政治经济学中并没有劳动力这一范畴，而马克思提出劳动力是一种特殊的商品，这种商品也具有价值。劳动力的价值是由生产这种特殊

---

① 《马克思恩格斯文集》（第 7 卷），人民出版社 2009 年版，第 999—1000 页。

② 《马克思恩格斯文集》（第 8 卷），人民出版社 2009 年版，第 19 页。

商品的社会必要劳动时间决定的,其最低限度是维持工人本身和家庭所必需的基本生活资料的价值。工人出卖劳动力而不是劳动。资本主义生产方式中劳动力的价值物化为工资,这种转化成为资本家攫取剩余价值、剥削工人的“挡箭牌”。劳动力成为商品、劳动力价值物化为工资,深刻揭露了资本主义生产方式的内在剥削关系。马克思正是在劳动价值论的基础上,通过对资本与劳动对立关系的研究创立了剩余价值论。在资本主义生产关系中,劳动者创造的剩余价值被资产资本家、借贷资本家和商业资本家、土地所有者无偿占有,并以利润、利息和地租的形式共同瓜分。

马克思在劳动价值论的基础上创立了按劳分配理论。马克思将按劳分配的设想在1875年撰写的《哥达纲领批判》中进行了集中阐述①,这本书代表着马克思按劳分配理论的成熟和全面确立。他认为,未来社会个人消费品的分配方式应当是“等量劳动领取等量产品”,后来列宁将这种分配方式称为“按劳分配”。具体来说,在《哥达纲领批判》中,马克思根据唯物史观首次将共产主义社会分为两个阶段,认为不同阶段的分配方式不同。他论述了共产主义第一阶段(列宁称为社会主义)由于实行生产资料公有制,消除了凭借生产资料私人占有来剥削他人劳动成果的可能性,因而社会成员在生产资料占有方面完全处于平等的地位,个人为社会提供更多劳动是其作出贡献的唯一方式。劳动者为社会劳动、创造财富,社会根据劳动者个人提供的劳动情况,在扣除一些必要项之后再分配给劳动者相应数量的个人消费品,即“他以一种形式给予社会的劳动量,又以另一种形式领回来”②。另外,共产主义高级阶段(第二阶段)的分配制度则实行“各尽所能,按需分配”。

2. 马克思资本积累理论与贫富差距

马克思认为,以生产规模变化为划分标准,资本主义再生产可分为简单再生产和扩大再生产。资本积累过程研究的是扩大再生产。马克思指出资本积

① 马克思:《哥达纲领批判》,中央编译局,人民出版社2018年版。

② 马克思:《哥达纲领批判》,中央编译局,人民出版社2018年版,第14页。

累就是把剩余价值转化为资本。因此，剩余价值转化为资本的过程本质上就是资本积累的过程，也就是说，剩余价值的资本化就称作资本积累。

马克思从资本运动（循环）过程来说明这个问题。资本运动的第一阶段是购买阶段（G—W），这一阶段资本家以货币资本（G）购买生产资料（Pm）和劳动力（A）。第二阶段为生产阶段（W…P…W′），P 是生产过程，W′是包含剩余价值的商品，（…）是流通过程的中断，这一阶段工人用生产资料生产出商品。第三阶段是售卖阶段（W′—G′），这一阶段资本家带着包含剩余价值的商品重新回到市场上，将商品卖出转化为（增值了的）货币（G′）。为进行再生产，资本家需增加新的生产资料和劳动力。由剩余价值转化而来的货币可能会被资本家纳入个人囊中消费，更可能作为新资本积累下来。若剩余价值全部用于资本家的个人消费，则维持原有规模生产，即简单再生产；若资本家将剩余价值投入新一轮生产过程，这就是资本积累。追加资本带来新的剩余价值，新剩余价值又不断转化为追加资本，如此循环往复，资本呈现出滚雪球般的累进式增长（蔡萌和岳希明，2016）。随着资本积累的不断循环、持续，资本家手中的资本越来越多。

当剩余价值量一定时，资本家资本积累的多少取决于其将剩余价值划分给消费和资本积累的比例。马克思认为，资本家有相当强的动力进行资本积累。因为追求剩余价值是资本主义生产的目的，且资本家的财富欲望很大，为实现价值增值，资本家会将剩余价值重新投入再生产中。此外，竞争是资本主义生产方式的内在规律，资本家为避免被淘汰，争取更多的生存和发展机会，会不断进行资本积累，扩大再生产。资本家对劳动者的剥削程度和社会劳动生产率水平对资本积累也会产生影响：提高对工人剥削程度和劳动生产率会增加剩余价值，促进资本积累。

资本不断积累会导致资本积聚和资本集中①。资本积聚和资本集中使资

① 资本积累是指个别资本通过自身积累而实现生产规模的扩大，资本集中是指许多小资本在竞争中被大资本吞并，或者通过信用的方式结合成大资本。

本家的经营规模不断扩大,进而会促进专业化分工协作、新技术使用和劳动生产率提高。劳动生产率上升可以使资本家利用较少的劳动投入生产出更多的产品,从而提高资本技术构成。相应地,资本价值构成中不变资本相对增加、可变资本相对减少会导致资本有机构成提高。

资本积聚和资本集中促使资本有机构成提高,并使可变资本在社会总资本中的比重降低。由于劳动力需求由可变资本的多少决定,所以资本有机构成提高使得生产对劳动力需求相对减少,也就是说,不断的资本积累将越来越多的劳动者排斥在生产过程之外,使之成为相对过剩人口。相对过剩人口是一支可供支配的产业后备军,为资本积累提供了可随时调配的劳动力,同时劳动力市场竞争加剧不利于工人就业和工资提升。在资本需要大量劳动力时,这些相对过剩人口的存在使在岗工人难有工资谈判的余地;在生产不需要过多劳动力时,相对过剩人口又对就业工人形成压力,迫使他们接受低工资和过度劳动。因此,资本积累会导致资本家的财富积累和工人的贫困积累。用于积累的资本越多,资本的增长规模就越大、常备的过剩人口就越多,产业后备军和工人阶级中的贫困人口也就越多(蔡萌和岳希明,2016)。资本主义积累的绝对的、一般的规律就是工人阶级中贫苦阶层和产业后备军越大,需要救济的贫民就越多。

(四)其他经典收入分配理论研究

1. 刘易斯二元经济理论及衍生模型

刘易斯(Lewis,1954)提出了著名的二元经济模型,并以此研究了劳动者的工资在什么情况下不会随着经济增长而增加,在什么情况下则又会随着经济的增长而增加。他假设,现实生活中存在两个部门——传统的农业部门和现代的资本主义部门,农业部门存在大量的剩余劳动力,并且不断地向现代产业部门转移。在初期,由于剩余劳动力接近于无限供给的状态,导致劳动力供过于求,工资水平的上涨将受到限制,现代产业部门能够享受廉价劳动力带来的好处，并且促使资本收益迅速增长。但是，当农业部门剩余劳动力转移到一定程度之后，即达到刘易斯拐点时，这种境况将得到改变，工资水平将随着劳动生产率的提高而提高。同时，农业部门也会提高生产率，促使农业部门的劳动力工资也随之上涨。

在刘易斯二元经济模型的基础上，后来衍生出了诸多二元经济模型，例如乔根森（Jogenson）模型、托达罗（Todaro）模型、费景汉—拉尼斯（Ranis-Fei）模型。费景汉和拉尼斯认为，刘易斯模型有两个不足：一是不够重视农业在促进工业增长中的作用；二是没有注意到农业中的劳动力向工业流动的先决条件是农业由于生产率的提高而出现剩余产品。拉尼斯和费景汉（Ranis 和 Fei，1961）认为，发展中国家必然存在城乡二元结构的阶段：城市工业部门和传统农业部门，在两部门间劳动生产率及工资的差异下，劳动力出现流动。随着技术进步和农业产业化水平的不断提高，两部门间劳动生产率与工资的差距慢慢缩小，城乡劳动力流动趋向均衡，二元结构最后消失。在二元结构转化过程中，传统农业部门的劳动力在向城市工业部门流动时收入不断提高，最终传统农业部门和城市工业部门工资差距逐渐减小，甚至可能超过某些部门，从而实现脱贫。

2. 库兹涅茨倒“U”型曲线

库兹涅茨（Kuznets，1953）使用所得税和国民收入数据度量了美国各收入阶层的国民收入份额及其变化：1913—1948 年，美国收入不平等状况得到较大改善，其中收入最高 10%人群的国民收入份额由 45%—50%下降到 30%—35%。库兹涅茨（1955）基于对美国、英国、德国家庭税前年收入数据的分析，发现这些国家的收入分配越来越公平，且这一趋势在第一次世界大战前就开始显现，到 20 世纪 20 年代最明显；并指出，收入不平等下降趋势的出现是经济发展后期阶段的情况，而在城市化、工业化发展初期，收入不平等程度是逐渐上升的；英国收入不平等程度上升阶段大致是 1780—1850 年，美国是 1840—1890 年，德国是 19 世纪 40 年代至 50 年代；美国和德国收入不平等的下降始于第一次世界大战初期,英国较晚,始于20世纪70年代。

据此,库兹涅茨提出了一个著名的论断:随着经济的发展,一国的收入分配不平等状况将呈现倒“U”型变化规律,即收入差距首先将逐步拉大,达到最高点之后将逐步下降。这就是后来被人们称之为“库兹涅茨曲线”。库兹涅茨(1955)认为,经济发展初期,工农业领域革新对原有生产方式的冲击及由死亡率下降、出生率上升导致的人口迅速增长都不利于低收入群体的收入份额提高,新产业出现、财富形式创新却有利于高收入群体的收入份额提升,由此导致了工业化初期收入不平等程度的上升;随着工业化的放缓,上述作用也随之减弱,不平等程度下降。

但是,库兹涅茨的这一论断引发了学术界无休止的争论,至今仍无确切结论。有的经济学家以此为依据,试图说明收入差距拉大是一个国家经济发展过程中不可避免的事情,随着经济发展,这一问题将自发得到解决。例如,阿鲁瓦利亚(Ahluwalia,1976)基于62个国家的数据分析发现,经济增长与收入分配之间存在库兹涅茨所说的倒“U”型关系。丁志国等(2011)、尹恒等(2005)利用我国数据进行的分析结果也表明该假说在一定程度上成立。然而,有的经济学家对此进行检验,却没有获得相应的证据。菲尔茨(Fields,1984)发现“亚洲四小龙”在经济发展早期阶段,其收入分配状况并未恶化而是不断改善。因此,收入不平等程度并不一定呈现“先升后降”的趋势。王小鲁和樊纲(2005)、李实和李婷(2010)的研究结果也并不支持库兹涅茨假说。

3. 皮凯蒂的收入分配理论

皮凯蒂(Piketty,2014)在其著作《21世纪资本论》中以宏大的视角探讨了二十多个国家近三个世纪收入与财富分配的历史变化。其重要的理论模型是他提出的三个资本主义基本定律。

资本主义第一基本定律为:$\alpha = r \times \beta$。其中,r 是资本收益率,β 是资本/收入比,即某时点资本存量与当年国民收入之比,α 表示国民收入资本收入比重。资本主义第二基本定律为:$\beta=s/g$。资本/收入比 β 由储蓄率 s 和经济增长率 g 决定,储蓄率决定了资本增长速度,经济增长率决定了收入增长速度。若一个经济体收入以较快速度增长(g 较高),且这些收入中仅有较小比例用于积累财富(s 较低),则资本/收入比比较低。由上述两个基本定律可得:$\alpha=r\times s/g$。可知,当资本收益 r、储蓄率 s 较稳定时,则经济增长率 g 降低会导致资本收入份额 α 增加。

进一步地,皮凯蒂提出了资本主义第三基本定律:$r>g$。当资本收益率 r 大于经济增长率 g 时,不平等程度将扩大。这一定律是《21 世纪资本论》全书逻辑链条的核心环节,是理解皮凯蒂收入分配思想的关键(李实和岳希明,2015)。资本收益率 r 的大小与财富和资本收入增长有直接关系。若资本收入完全用于再投资,资本收益率 r 就等于资本或财富的增长率。$r>g$ 的直观含义是财富积累速度大于国民收入增长速度,意味着资本收入份额上升和劳动份额下降(蔡萌和岳希明,2016)。

皮凯蒂(2014)认为,财富集中存在一种自我强化机制,拥有大量财富的人可能只需将一小部分的财产收入用于消费,财产规模越大的人更容易获得好的投资机会,从而获得更高的收益率,实现财富的快速增长。

同时,财产继承也是一种重要的财富积累方式,对于拉大贫富差距有着重要推动作用。根据皮凯蒂(2014)的测算,1910 年财富继承总额(包括被继承人去世时的遗产继承和在世时的财产赠予两部分)占当年在世个人总财富的比重为 90%,受战争、税收政策的影响,1970 年降至 43%—44%,之后又上升,2010 年达到近 70%。这一比重的未来变化取决于资本回报率和经济增长率。在年均经济增长率为 1%、资本回报率为 5%的假定下,2100 年继承财富占在世个人财富总额的比重将上升至 90%,重新回到第一次世界大战前的水平。私人财富积累中财产继承的贡献将不断上升。在其著作中,皮凯蒂对于日益严重的财富集中和贫富分化,主张在全球范围内课征资本税,但这一主张也受到了很多学者的质疑。

（五）有关我国收入分配体制改革效果评估的研究

当前研究收入分配体制改革效果的文献，主要关注了收入差距、分配格局、技术创新和经济发展等。根据马克思（1857）的论述，收入差距和分配格局是消费品的分配，是收入分配直接效果的体现；技术创新和经济发展，是收入分配对生产的反作用，可以看成一种间接效果。另外，还有一些学者研究了具体制度改革对收入分配的影响效应。本书把现有的评估文献分为直接效果、间接效果和具体制度的收入分配效应三类。

1. 收入分配体制改革的直接绩效的评估

我国收入增长和收入分配差距现状的研究。收入分配体制改革促进了经济社会的发展和居民收入的增长。但是，也存在居民收入增长速度低于经济增长速度和收入差距不断扩大的问题。很多学者通过计算得出我国的基尼系数已超过国际通行标准 0.4 的警戒线（Khan 和 Riskin，2005；Ravallion 和 Chen，2007；李实，2011）；但是，也有一些学者认为我国的基尼系数被高估（周其仁，2006；魏杰和谭伟，2006）。对于城乡收入差距的度量，相关学者则利用泰尔指数的分解法说明了改革开放以来城乡间收入分配差距在波动中呈扩大趋势（王少平和欧阳志刚，2008）。周兴和王芳（2010）采用基尼系数分解法对 1978—2008 年全国 30 个省（自治区、直辖市）的面板数据进行分析，得出地区收入差距逐渐扩大。我国的行业收入差距从 20 世纪 80 年代末 90 年代初开始逐渐增大。研究显示，各细分行业的基尼系数在 1993 年为 0.1166，1996 年上升到 0.1185，1999 年上升为 0.1200，到了 2002 年则达到了 0.218（傅娟，2008）。顾严和冯银虎（2008）借助非参数估计中的 Kernel 方法，研究了 1978—2006 年中国十几个大行业人均实际工资概率分布形态，发现中国行业收入出现了两极分化的趋势，行业收入分配格局开始由单峰向双峰转变。

我国国民收入主体部门间分配格局的研究。国民收入分配格局是指企业、政府、居民等部门的可支配收入在国民收入分配中的占比关系，以及各要素的收入在 GDP 中所占的比例。很多学者对我国国民收入分配格局进行了研究。

我国国民收入要素间分配格局的研究。马克思的经济增长理论表明,均衡增长的必要条件是工资增长率与国民收入增长率维持恒定。也就是说,劳动收入占比和资本收入占比保持不变(唐国华和许成安,2011)。

结合人口比例来看收入分配格局——关于中等收入主体(陷阱)的研究。“橄榄型”分配结构是最为理想的收入分配格局,即中等收入规模占比较大,富人和穷人占比都相对较小(李实,2015)。利用 CHNS 数据,根据收入中位数的 75%—125%范围计算,我国中等收入群体比重总体呈下降趋势,由 1988 年的 27.9%下降至 2010 年的 21.1%(龙莹,2015)。1985—2010 年,我国收入分配格局经历了“飞碟型”“金字塔型”的基本形态,目前呈现出二元特征明显的“葫芦形”变异现象,这是“中等收入陷阱”的重要特征性现象(陈宗胜和高玉伟,2015)。现阶段,我国亟须优化收入和财富分配格局,逐步缩小与橄榄形理想结构的现实差距,以跨越“中等收入陷阱”。

2. 收入分配体制改革的间接绩效的评估

收入分配体制改革和技术创新之间的关系研究。收入分配体制能够影响一个国家的创新能力。众所周知,收入分配会影响经济增长,在由粗放型经济增长方式而导致的严峻资源环境压力下,必须提升技术进步对经济增长的贡献率,因此有必要分析收入分配对技术进步的影响机制和实际表现。杨巨(2012)运用中国省际面板数据对初次收入分配与技术进步之间的关系进行了实证研究,发现初次收入分配和技术进步之间呈现出倒“U”型关系,存在一个最有利于技术进步的初次分配格局,认为当前应该同时保护劳动力和资本的权利。

收入分配体制改革和经济发展之间的关系研究。收入分配体制改革通过影响收入在各要素之间的分配进而间接影响经济增长。从现有文献来看,国内外学者主要通过收入分配体制改革所带来的收入分配差距的直接效果对经济增长进行影响分析。巴罗(Barro,1991)指出,收入差距可以通过影响生产要素,从而影响潜在产出,进而影响经济增长率和增长水平。但是,收入差距对经济增长可以产生正向和负向的影响(Aghion 等,1999)。我国学者汪同三和蔡跃洲(2006)分析了我国居民收入差距与投资和经济增长的关系,运用标准协整理论和格兰杰因果检验发现,城镇居民收入差距扩大导致投资结构中重工业比重增大,经济增速提高;陆铭等(2005)利用我国 1987—2001 年的省际面板数据建立联立方程和分布滞后模型研究发现,收入差距对经济增长产生负面影响;王少平和欧阳志刚(2008)使用非线性阈值协整模型,发现 1978 年以来,我国城乡收入差距与实际经济增长的长期非线性关系,发现 1978—1991 年城乡收入差距对实际增长有正面影响;1992—1999 年,收入差距对实际增长的影响逐渐由正向负转换;1999 年后,城乡收入差距对实际经济增长产生负面影响且呈逐年增加趋势。

3. 具体制度的收入分配效应评估

到目前为止,还很少有学者对我国收入分配体制改革进行整体评估,但是就具体制度对收入分配的影响方面的研究却也不少。

在户籍制度对收入分配的影响方面,不少学者进行了深入研究。陆铭和陈钊(2004)认为,户籍制度更多惠及的是城镇居民,他们可以获得较高的月收入,而农村居民在教育和就业方面遭遇的不平等待遇(Liu,2005)扩大了城乡收入差距。奥特(Sicular 等,2007)研究发现,个人特征仅能解释城乡收入差距的 23%,而不能解释的部分主要是由于户籍制度限制所导致的城乡分割。万海远和李实(2013)进一步证实发现,由于户籍职业选择歧视,农户个体的收入就会减少 3. 5%;排除了户籍歧视因素后,整体收入差距会显著降低,平均上,基尼系数会从 0. 499 下降为 0. 488。孟凡强和吴江(2014)的研究结果进一步表明,户籍歧视造成的工资差异占城乡总工资差异的 27. 11%。值得注意的是,户籍制度不仅扩大了城乡收入差距,而且拉大了地区差距(Whalley 和 Zhang,2007),这主要是由于户籍制度限制了劳动力要素和资本要素的自由流动(Demurger 等,2002),扭曲了资源配置效率,进而扩大地区差距(Cai 等,2002;蔡昉,2005;严浩坤和徐朝晖,2008)。

在税收制度改革对收入分配的影响方面,学者也进行了有益探索。徐建炜等(2013)利用在 1997—2009 年对全国 16 省进行的城市住户抽样调查的数据,分析了 1997 年以来个人所得税(以下简称个税)的收入分配效应,结果显示:1997—2005 年,在税制保持不变以及居民收入增长的时期,个税累进性在不断下降,但平均有效税率的上升使个税的收入分配效应还在增强;2006—2011 年,在税制改革时期,尽管三次免征额提高了,2011 年的税率层级调整也促进了个税累进性,但平均有效税率却降低了,个税的收入分配效应受到了恶化;除此之外,不同收入人群的纳税份额和平均税负变动差异巨大,税制不变时期个税收入增加的主要负担者是中等收入阶层,但他们也是免征额提高时税负降低的主要受益者。田志伟等(2014)利用城镇住户调查数据分析了 2002 年至 2011 年我国个人所得税、企业所得税与个人社会保障支出对城镇居民收入分配的影响,研究发现,所得税与个人社会保障支出对收入分配的正向调节作用在 2002 年至 2004 年逐渐增强,而在 2005 年至 2011 年逐渐减弱,其中个人社会保障支出对城镇居民收入分配逆向调节作用不断增大是我国所得税与个人社会保障支出收入再分配功能恶化的主要原因。徐静和岳希明(2014)的研究证实,个人所得税对收入分配的调节作用因其存在不公平而减弱了很多,以 2009 年为例,如果不存在不公平,我国个人所得税将使城镇居民税前收入基尼系数降低了 0.018,但实际上仅仅降低了 0.0129,即个人所得税收入分配效应的 1/4 因其不公平的存在而消失了。岳希明等(2014)对中国税制的收入分配效应进行了测度,结果显示:中国整体上是累退税制,个人所得税等其他累进性税收,对减弱间接税的累退性发挥了一定的作用,但是累进性税收的规模较小,所以不足以完全抵消间接税的累退性,有效税率与收入之间的关系在城乡之间拥有很大的差别,相比于城市,税收的累退性在农村更为明显。

在养老保险制度改革对收入分配的影响上,彭浩然和申曙光(2007)分析了2005年改革前后我国养老保险制度的代内和代际再分配效应,结果表明,改革后的养老保险制度明显使代内再分配效应降低,并可能导致严重的代际不公平。王晓军和康博威(2009)针对因养老保险制度安排产生的收入再分配问题,采用国家统计局公布的年度数据,利用统计模拟和精算方法对不同就业类型、不同收入水平、不同性别、不同缴费年限和不同寿命人群进行了测算和分析,发现我国现行的社会养老保险制度存在明显的收入再分配效应;养老保险对不同就业类型人群产生的收入再分配效应,体现了制度安排的不公平性;养老保险制度对从高收入人群向低收入人群的收入再分配效应,有利于缩小贫富差距,是社会公平的体现和实现收入再分配的基本手段。张勇(2010)利用国家城调总队的调查数据进行实证分析发现,工资收入越低者,基础养老金的再分配效应就越大;实施《国务院关于完善企业职工基本养老保险制度的决定》(国发〔2005〕38号)后,高收入者再分配效应的增量高于低收入者。孙祁祥和林山君(2014)在一个生命周期模型里分析了现收现付制缴费率和制度回报率对其收入再分配效应和劳动供给的扭曲效应的影响,发现:(1)缴费率和不同收入者之间的制度回报率的差异可以影响现收现付制的收入再分配效应,缴费率对制度回报率差异和收入再分配的效应有正面影响;缴费率和其制度回报率可以影响现收现付制对高收入者的劳动扭曲效应,缴费率对制度回报率有负面影响,对扭曲效应有正向影响;(2)降低缴费率和高收入者的制度回报率的同时提高低收入者的制度回报率,可以增强对低收入者的保障,提高制度对低收入者的吸引力,同时降低对高收入者劳动供给的扭曲。何立新(2007)利用中国国家统计局2002年的城市住户调查数据,分别估计城镇参保职工在1997年养老保险制度和2005年最新养老保险制度下的终生养老金纯受益,结果表明:在1997年的改革方案下,改革前的养老保险制度中存在的逆向收入转移效果得到改善;但在2005年改革方案下,2002年40岁以上的群体中存在较明显的逆向收入转移倾向;从代际分配来看,1997年改革方案的代际不平衡大于2005年改革方案；在养老保险制度的缴费率和养老金计发办法不变，养老财政收支能维持平衡以及参保人在整个工作期间按规定缴费的条件下，2005年改革方案下各代人的养老金纯受益都得到提高。许志涛（2014）研究发现，我国现行养老保险制度能够调节不同所有制企业之间的收入分配差距，公平差异化的工资增长率有利于强化正向收入再分配效应，但现行缴费机制的“累退性”使得养老保险的再分配功能减弱，甚至可能产生逆向效应。

在新型农村养老保险（以下简称“新农保”）对收入分配的影响上，“新农保”政策效果需要经过一段时间才能体现出来，因为其推行时间不长。由于缺乏全国性的相关调查数据，新农保影响效应的研究还较少。王翠琴和薛惠元（2012）通过政策分析发现，在现行财政补贴政策下，较高档次缴费的人群及缴费困难等群体是“新农保”的收入再分配倾向于选择的群体，“捆绑式缴费”政策产生了逆向的收入再分配效应。刘冰等（2012）运用两时期的世代交叠理论模型进行模拟分析发现，“新农保”可以在一定程度上减少农民自愿生育的子女数量。而薛惠元（2012）通过测算发现，现行“新农保”制度所提供的养老金不能满足“老人”“中人”和大部分“新人”的基本生活需要。陈华帅和曾毅（2013）利用2008年与2011年“中国老年健康影响因素跟踪调查”数据，实证得出“新农保”一方面显著提高了农村老人的福利水平，另一方面却对家庭代际经济支持产生了显著的“挤出效应”。数据显示，老人领取的养老金在均值基础上每增加1元，其子女提供的代际支持就会减少0.808元；与未参保老人相比，2011年参保老人的子女代际支持减少了587.1元/年。这一结果说明“新农保”减轻了老人子女的赡养负担，该政策的主要受益人是老人的子女。张晔等（2016）则全面评估了“新农保”对农村居民养老质量的影响，结果发现“新农保”在一定程度上提高了农村参保老人的养老质量，尤其是显著提高了西部地区老年人的养老质量。

以上学者从收入分配体制改革的直接绩效、间接绩效、具体制度的收入分配效应进行了评估，对本书的研究具有重要参考价值。这些研究为本书的推进打下了良好基础。同时应该看到，这些研究有以下两点不足。（1）现有文献大多数针对单一指标进行分析，缺少系统的整体效果评估；（2）极少有研究对权利配置效果进行研究，而权利配置是收入分配体制更为核心的效果体现。这就需要构建一个系统的收入分配体制改革效果评估指标体系。根据马克思收入分配体制的内涵和社会主义市场经济的性质，收入分配体制改革的效果体现在三个方面（刘长庚，2012）。一是权利配置的效果，这是收入分配体制改革最为核心之处；二是直接效果，即收入分配的结构和格局；三是间接效果，包括经济增长、科技进步和制度创新。本书将适当借鉴和参考这三个方面的内容进行效果评估体系的设计，主要任务就是利用效果评估体系对我国收入分配体制改革进行分阶段的整体效果评估和具体制度的个别效果评估。通过这一任务的完成，本书将为我国收入分配体制改革提供较为系统的理论支撑和政策支持。

（六）有关收入分配体制改革的建议研究

在对我国收入分配体制改革进行动态跟踪和效果评估研究之后，最重要的是给我国新时代收入分配体制改革创新提出可行思路和具体政策建议。就现有研究来看，主要存在两大截然不同的主张，大部分学者认为当前我国的收入分配问题已经非常严重，主张政府对收入分配体制进行改革；还有少部分学者则认为，我国当前的收入分配问题只是一个暂时性的现象，不主张政府进行干预。

从收入分配的改革方向或目标来看，针对当前比较严重的分配问题，应该遵循“提低、扩中、限高”的改革思路。“低”是指收入最低的10%到20%的人群，“高”是指收入最高的10%的人群，“中”就是中间那部分人。要尽量使低收入人群的收入达到中等收入水平，形成“橄榄型”收入分配格局（李实，2012；陈宗胜和高玉伟，2015；李培林和朱迪，2015）。而要实现这一目标，需要从相关制度改革入手，赋予各类要素或主体平等的参与权、共享的收入权以及普遍、充分的保障权（刘长庚，2012、2013、2014）。

从收入分配的具体改革措施来看，基本上可归结为初次分配和再分配两个方面。有什么样的资源配置方式，就会有什么样的收入分配方式（赵学清，2015）。因此，要形成公正的初次分配，就必须实现资源要素配置的自由流动、充分竞争、公平有序。这些要素中，尤其要实现劳动者的公平就业、充分就业，减少就业过程中的机会不平等（斯蒂格利茨，2015）。现阶段，以职位、收入、财富等为代表的经济社会地位的代际传承现象越来越严重（韩雷等，2016）。衡量机会是否平等，上下两代人之间收入的关联度是一个常用指标，要不断减少代际间的继承度（迪顿，2014）。作为社会主义国家，应坚持按劳分配的主体地位（郑必清，2004；何炼成，2005），不断提高劳动者收入占比（邢春冰和李春顶，2013）。再分配方面，皮凯蒂（2016）在其著作《不平等经济学》中指出，要坚持"有效再分配"，仅依靠以税收为主的纯粹再分配模式很难改善底层居民的生活，必须通过以社会保险为主的有效再分配来提高底层居民的参与能力，获得持续提高自身收入的能力。政府与企业的分配关系应加快调整，对国有企业收益上缴制度进行改革，对上缴收益只在国有企业内部循环的状况进行改变，确保其绝大多数进入公共财政领域；加快落实供给侧结构性改革，适当为劳动密集型的中小企业"减负"（刘长庚和张磊，2016）。在皮凯蒂（2016）所说的有效再分配方面，要在居民失业救济（斯蒂格利茨，2015）、教育（Piketty，2014）、医疗健康（迪顿，2014）等诸多方面想方设法惠及社会民生，让人民群众有更多获得感和幸福感。

但也有学者提出不同看法，认为不必对当前的收入分配格局采取一些所谓的应对措施，主要包括以下四种：一是经济发展阶段论。这一理论的重要依据就是库兹涅茨曲线，把收入分配问题看作是一个阶段性的问题，认为收入差距在经济发展的过程中会先扩大后缩小，因此认为不需要政府干预。二是"人均 GDP 3000 美元闯关论"。人均 GDP 从 1000 美元到 3000 美元的这段时间被认为是"矛盾凸显期和发展黄金期"，而我国当前人均 GDP 远远超过了

3000 美元,总体上已经渡过了这一“危险”期。因此,有人认为,当前最重要的还是要做大 GDP,收入分配不公并不会产生很大影响。三是“自动修复论”或“市场调节论”。这一理论认为,我国的收入差距扩大的原因是市场经济,所以还是要靠市场机制去解决。他们认为是市场经济不完善或市场化改革不到位导致了收入分配问题,从而收入分配问题可以通过完善市场经济来自动解决,主张政府“无为”。四是“没什么大不了论”。也有人认为,收入分配差距拉大,目前仍处于可承受范围,不应该大惊小怪。

诚然,对当前收入分配问题的认识差异,会形成不同的政策建议。但是,错误的认识或对当前收入分配形势估计不当则会导致错误的政策建议。对于以上四种不主张政府进行干预的观点,可能存在一定的片面性。对于经济发展阶段论的倒“U”型假说,李实(2000)指出,不少研究文献表明这一假说并没有得到发展中国家的横截面数据支持,并且其实证分析也得出倒“U”型假说在我国并不成立的结论。对于其他三种观点,《人民日报》已经明确指出,这是对收入分配问题的三大认识误区。因此,本书认为应该对我国当前收入分配体制进行改革,从涉及参与权、收入权和保障权的相关制度入手,改善权利配置状况,最终形成公正合理的收入分配格局。

第三节　写作思路、方法和内容

一、基本思路

本书沿着以下思路展开研究:动态跟踪—理论分析—效果评估—政策建议。首先,理解和把握我国收入分配体制改革的内涵和组成,依据收入分配的指导思想和经济体制重要节点对我国收入分配体制改革历程进行阶段划分,并对收入分配体制改革分阶段进行动态跟踪;其次,从理论上构建广义联合产权的体制分析范式和效果评估体系,为接下来的改革效果评估提供理论依据和构建评估指标体系；再次，在理论基础之上对我国收入分配体制改革进行整体效果评估；最后，总结我国收入分配体制改革的经验和不足，在广义联合产权理论的框架下进行体制创新，提出一个合理的、具有可操作性的收入分配体制整体改革方案。具体见图 1。

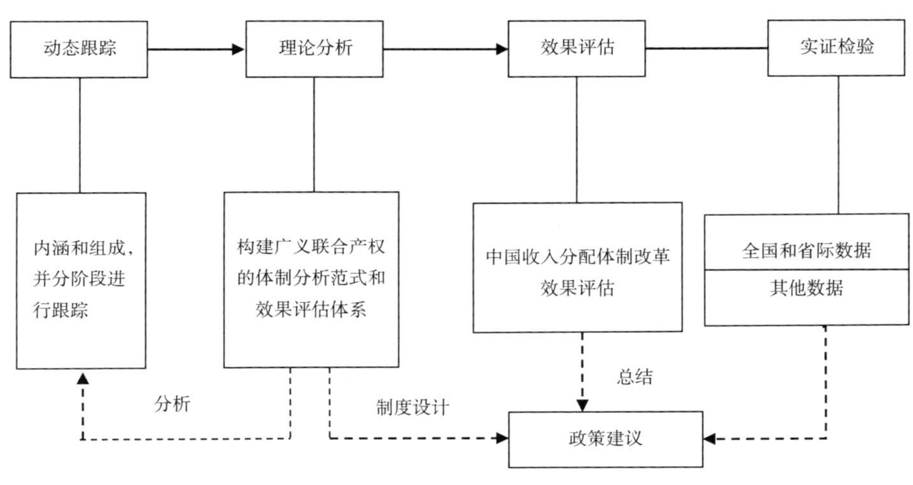

图 1　本书研究基本思路

二、研究方法

马克思主义历史唯物主义分析方法是本书研究的根本方法。它要求实事求是地研究社会主义初期阶段所具有的重大理论与现实问题。在具体研究时，本书采取了以下四种分析方法。

一是以马克思劳动价值论为基础的产权分析法。在“坚持以人民为中心”的发展思想指导下，以马克思劳动价值论为基础，综合运用新制度经济学、微观经济学、发展经济学和社会学等学科知识，构建收入分配体制改革效果评估的理论基础——广义联合产权理论，这一理论主要体现在参与权、收入权和保障权三项权利上。

二是以权利配置为基础的评估体系构建法。以广义联合产权理论为基础，综合考虑收入分配体制改革的多方面影响。基于收入分配体制的权利配置内涵，收入分配体制的效果评估，本身就有两层含义：一是体制本身具有的权利配置效果；二是由不同权利配置带来的分配结果。第一层次重在说明不同分配体制带来哪种类型的权利组合，第二层次重在说明权利组合的分配效果。通过这种方法建立的收入分配体制改革效果评估指标体系将为本书的评估提供直接、有效的工具。

三是以唯物史观为基础的分阶段整体效果评估法。本书在对我国收入分配体制改革进行动态跟踪的基础上，对我国收入分配体制改革的整体效果，分阶段从体制本身的权利配置效果和由不同权利配置带来的分配效果两个层次进行测度和评估，进而得出较为客观的评估结论。

四是以专题研究为基础的专项效果评估法。本书在对中国收入分配体制改革进行整体梳理和效果评估的基础上，分要素收入分配、收入再分配、农村减贫等专题对收入分配体制改革效果进行了研究。整体评估与专项评估是根与叶的有机统一关系，专题研究对整体研究进行了有益充实。

三、主要内容

基于本书的研究思路和总体框架，本书主要内容包括五个部分：

第一部分，动态跟踪。主要是对我国收入分配体制改革进行一个整体的、系统的动态跟踪，把我国收入分配体制改革的来龙去脉清晰地呈现出来，是本书的第一章。根据经济体制和收入分配指导思想的转变，我们将新中国成立以来的收入分配体制改革分为计划经济时期（1949—1978 年）、以承包制为主的改革时期（1979—1992 年）、市场经济改革时期（1993—2002 年）、市场经济完善时期（2003—2012 年）、市场经济成熟时期（2013 年至今），并总结了各个时期的政策导向和分配特征。

第二部分，理论分析。为我国收入分配体制改革进行效果评估构建理论基础，是本书的第二章。在马克思的劳动价值论基础上，我们吸收了新古典经济学的部分观点,形成了本书的理论分析范式。劳动者创造的价值一方面体现在劳动者的直接生产成果上(市场价值创造),另一方面体现在劳动者行为对整个社会产生的价值(社会价值创造)。社会主义市场经济阶段,市场价值创造对应的产权模式是狭义联合产权,社会价值创造对应的产权模式是广义联合产权。广义联合产权,即在社会主义初级阶段,为了激发各个要素的积极性,劳动者联合体和要素联合体共同对社会新增价值拥有产权。我们把广义联合产权定义为以下三个层次:一是参与权,即能够把控制的要素(人力和物质)自由参与到专业化的市场生产(交易)中;二是收入权,即能够享有使用自身要素带来的收益;三是保障权,即能够要求最基本的要素(人力或物质)及要求维护要素的存续。其中,参与权是基础,收入权是核心。参与权和收入权更多地影响初次分配,保障权更多地影响再次分配。

第三部分,整体评估。对我国收入分配体制改革进行整体效果评估,是本书的第三章至第八章。本书先以广义联合产权为理论基础,从两个方面构建效果评估体系:在权利配置的效果上,构建了对参与权、收入权和保障权进行效果评估的指标;在权利配置的分配效果上,构建了从居民绝对收入、收入分配格局、收入分配差距、贫困发生率等进行效果评估的指标。然后,在理论分析框架基础上,本书分阶段对我国收入分配体制改革进行效果评估,并在大量统计数据的基础上进行实证检验。

第四部分,专项评估。主要选取了初次分配、再分配、农村减贫三个专题,利用本书构建的权利配置分析框架,对我国收入分配体制改革进行专项评估,进一步丰富我们对收入分配体制整体效果评估的结构性认识,是本书的第九章至第十一章。研究得出:(1)初次分配中,由于企业内资本方的收入权普遍强于对劳动者的收入权,导致劳动收入占比呈下降趋势;(2)由于保障权配置的城乡分割,我国整体再分配制度改革存在逆向收入再分配效果,但 2007 年以来农村内部再分配体现出正向调节作用;(3)由于权利配置的不断改善,农民实现了由弱参与权、弱收入权、无保障权向参与权比较平等、收入权比较广泛和保障权比较普遍的转变，我国农村减贫效果显著，前期脱贫主要集中在东部农村地区，后期脱贫主要集中在中西部农村地区。

第五部分，政策建议。以广义联合产权制度的创新为基础，结合收入分配体制改革效果评估的结论，提出深化收入分配体制改革的对策建议，是本书的第十二章。在参与权配置方面，要赋予市场主体平等的参与权，加快完善富有活力和效率的社会主义市场经济体制；在收入权配置方面，要赋予市场主体共享的收入权，形成公正合理的初次收入分配格局；在保障权配置方面，要突出社会保障的普遍性和充分性，不断缩小收入差距，增强再分配的调节力度，让人民群众有更多的获得感、幸福感和安全感。

第四节　主要创新与不足

本书的创新之处主要体现在四个方面。

一是运用广义联合产权理论重新解读了收入分配体制的经济学内涵——不同要素（含劳动力、资本等）的权利配置。从马克思劳动价值论角度，运用广义联合产权理论对收入分配体制给予新的经济学解释——收入分配体制应该是不同要素间三种权利配置的结果，即参与权，保证各种要素所有者平等地享有参与市场专业生产的权利，这就为构造充满活力的市场经济提供了基础；收入权，保证要素所有者根据贡献从市场专业生产中获得收入，从而激励各个主体不断投资，使收入和增长同步前进；保障权，来源于全社会劳动者行为对经济产生的正外部性，保证了市场专业生产的弱势群体能够得到基本的生活保障，又进一步为经济发展提供了一个和谐的环境。这进一步明确了社会主义市场经济体制的深层含义和丰富外延，为我国收入分配体制改革指明了方向。

二是从整体上对我国收入分配体制改革进行了动态跟踪，对我国收入分配体制改革的来龙去脉有了一个较为清晰的认识。当前，研究国民收入分配的文献很多，但是系统地对我国收入分配体制改革的研究还比较缺乏，尤其是从整体和动态上对收入分配体制改革的跟踪更为稀缺。本书正是基于这样的一个现实问题,构建了一个动态跟踪体系,对我国收入分配体制改革进行跟踪,清晰地描绘了我国收入分配体制改革的路线图。

三是分阶段的整体评估和具体制度的个别评估相结合,总结出了我国收入分配体制改革的宝贵经验和不足之处,为我国收入分配体制改革提供借鉴和参考。我国各阶段的收入分配体制改革有许多经验值得借鉴,不过也存在一些不足之处,表现在当前的文献缺乏对这些制度改革进行系统的、全面的总结。本书通过对我国的收入分配体制改革进行效果评估,总结出了这些宝贵的经验和不足之处,有利于我国今后进一步深化收入分配体制改革。

四是通过广义联合产权制度的创新,结合我们的效果评估,提出了我国收入分配体制改革的总体方案是在社会主义市场经济体制前提下,实现"三权"的有机统一。不同于之前的研究,我们认为通过广义联合产权制度的创新,赋予市场经济主体平等的参与权、共享的收入权和普遍充分的保障权能够实现收入分配体制改革的效率与公平正义的统一。本书基于这样的一个思路,提出了一个收入分配体制改革的总体方案,以期能够为我国的收入分配体制改革提供借鉴和参考。

本书的不足之处主要在于,权利配置的指标量化还可以进一步深化。以参与权、收入权、保障权为核心的广义联合产权理论是本书研究的一大特色,也是一次重要的理论创新,从权利配置的角度研究收入分配体制改革还是一次新的尝试。本书用具体的指标来量化参与权、收入权与保障权,例如选取行业垄断、国有经济占比、城镇化率等作为参与权指标,选取劳动报酬占比、资本报酬占比、城镇/农村居民工资性收入/财产性收入占比等作为收入权指标,选取再分配率、养老保险、医疗保险等作为保障权指标,取得了一些重要成果。但囿于数据的可获得性及收入分配问题的复杂性和多样性,权利配置的量化指标目前还比较有限。未来,我们将继续深化该方面研究,争取有更多的量化指标来衡量权利配置,使基于权利配置的改革效果评估更加系统、科学、完备。

第一章　中国收入分配体制改革动态跟踪

经济体制决定收入分配体制，进而决定收入分配格局。本章根据经济体制和分配体制本身的变革特点，将新中国成立以来的收入分配体制改革划分为五个阶段：第一阶段为计划经济时期（1949—1978 年），主要是考虑到这一阶段计划经济体制特性①，收入分配带有明显的计划性；第二阶段为以承包制为主的改革时期（1979—1992 年），在这一时期农村建立了以家庭联产承包责任制为主的农业经营方式，城市则建立了以承包制为特点的国有企业经营方式；第三阶段为市场经济改革时期（1993—2002 年），传统计划经济和短缺经济时代基本结束，从确立社会主义市场经济改革目标到初步建立社会主义市场经济体制雏形，奠定了收入分配体制改革的制度基础；第四阶段为市场经济完善时期（2003—2012 年）②，在经济体制和收入分配制度改革中，市场"在更大程度上发挥"和"从制度上更好发挥"基础性作用，一系列再分配制度和农

① 严格来说，1949—1956 年是由新民主主义向社会主义过渡时期，尤其是社会主义三大改造之前实行的并非计划经济。

② 2002 年 11 月党的十六大报告认为经济建设和改革的主要任务变为，"完善社会主义市场经济体制"，基本实现工业化，加快建设现代化，不断提高人民生活水平。

村社会保障制度在这一时期得以建立和完善①；第五阶段为市场经济成熟时期（2013 年至今）②，党的十八大后中国特色社会主义发展进入新时代，在新的历史起点上开启全面深化改革新征程，经济发展与社会民生建设的关系更加密切，保障和改善民生的层次和水平进一步提高，加快实现以人民为中心的共享发展。基于这种阶段划分，本书对每一个时期的收入分配体制改革进行了动态跟踪，这样不仅可以清晰地呈现我国收入分配体制改革的历程，理清收入分配体制改革的来龙去脉，而且还可"以史为鉴"，进一步推动我国收入分配体制的改革创新。

第一节　计划经济时期（1949—1978 年）收入分配体制改革

新中国成立之后，我国进入社会主义计划经济时期，受限于当时经济社会条件，该时期收入分配体制改革带有明显的时代特征，初次和再次分配政策呈现出平均主义分配的政策导向。我们试图对这一阶段收入分配体制改革进行系统的动态跟踪，以清晰地呈现该时期收入分配体制改革的脉络，为后文的效果评估提供可靠依据。

一、平均主义分配的政策导向

新中国成立初期，我国参照苏联的社会主义模式逐步建立了计划经济体制，并形成了与此相对应的分配模式。在计划经济体制下，国家成为资源配置

① 在这一阶段，新型农村合作医疗制度实现了制度全覆盖，农村和城市的义务教育实现了全免学杂费，免除了农村居民的农业税，新型农村养老保险制度和城镇居民养老保险制度得以建立并实现制度全覆盖（2014 年合并为城乡居民基本养老保险制度）。

② 2012 年党的十八大报告明确"加快完善社会主义市场经济体制"；党的十八届三中全会《中共中央关于全面深化改革若干重大问题的决定》指出，到 2020 年"形成系统完备、科学规范、运行有效的制度体系，使各方面制度更加成熟更加定型"。

的主体,经济活动在政府制定的各类计划指令下运行。在这一时期,国家对收入分配的政策导向大致经历了以下几个阶段的转变。

1949—1956 年是新中国由新民主主义向社会主义过渡的时期,这一时期又可以划分为 1949—1952 年、1953—1956 年两个阶段。1949—1952 年正处于新中国成立之初,百废待兴,从收入分配方式来看,属于混合型分配方式。由于当时存在多种经济成分,既包括带有社会主义性质的公有制经济,也包括带有资本主义性质的私有制经济,甚至还包括带有封建主义性质的买办经济等,实行的分配方式实质上是“多种分配方式并存”的混合型分配方式。但是,这一时期国家已经掌握了分配方式的主导权,是在国家引导下的混合型分配。1949 年的《中华人民政治协商会议共同纲领》及相关法规规定中明确提出:在农村废除封建土地所有制和高利贷,但是允许雇工和借贷自由;在城市,除社会主义性质的国营企业外,在私营企业实行“公私兼顾、劳资两利”政策,保护工人的合法权益,工人的工资应由劳资双方协商解决。1953—1956 年是我国正式进行社会主义改造的时期,收入分配方式逐渐由多种分配方式并存向相对单一的计划经济分配方式过渡。1953 年 9 月 25 日,党中央正式向全国公布了过渡时期总路线,至此开始了对农业、手工业和资本主义的社会主义改造,并且不到三年的时间就顺利完成,相应地,原来的多种分配方式并存的分配方式也逐步转变为了单一的按劳分配方式。

1957—1965 年,这一时期我国已经由原来的新民主主义过渡到了社会主义阶段,经济结构也从原来的多种经济方式并存转变为了单一的公有制经济,与此相对应,建立了单一的按劳分配体制。当时,在城市为工人和机关事业单位人员建立了八级工资制,而在农村则建立了相应的工分制,但是工资和工分的形式过于简化,且存在计量困难,实质上形成了平均主义和“大锅饭”。尤其在三年“大跃进”运动期间,刚刚建立不久的按劳分配体制遭受了批判,导致按劳分配流于形式。为了纠正这一时期出现的“一平二调”的“共产风”,1961 年 1 月,党的八届九中全会确立了“调整、巩固、充实、提高”的方针,一定程度上恢复了按劳分配。

1966—1976 年为“文化大革命”时期，我国的政治经济生活各方面都遭遇新中国成立以来最严重的挫折，原来构建的按劳分配方式也荡然无存。由于当时提出“以阶级斗争为纲”的口号，任何事物只要扣上了资本主义的帽子，就会受到猛烈的攻击与批判。“按劳分配”原则被歪曲成了滋生“资本主义”的温床，因而遭到了错误的批判，甚至还被全盘否定。无论在农村还是城市，按劳分配的原则最终都被平均主义替代。

1976 年 9 月至党的十一届三中全会召开期间，我国开始对“文化大革命”期间的一些问题进行拨乱反正，开始把经济建设放在了重要的位置，重视恢复和发展生产。1978 年 5 月，国务院批准了《关于实行奖励和计件工资制度的通知》，11 月，国务院规定在国营企业试行企业基金制度，同时积极引进外资、技术。另外，一些原来被破坏的收入分配制度也被重新实施或完善。这一时期一定程度上恢复了按劳分配方式，但仍然在思想上受到“两个凡是”的束缚，导致收入分配方式依然相对单一，平均主义依然盛行。

总体来看，这一时期的政策导向倾向于平均主义，虽然也在一定程度上提倡按劳分配，但在实践上按劳分配并没有得到贯彻执行。尤其在“文化大革命”时期，把按劳分配中存在的差别视为资产阶级法权加以限制，使得按劳分配流于形式，甚至被抛弃。

二、初次分配制度改革的主要特征

该时期，初次分配制度改革是以当时特殊的计划经济体制为背景的，主要呈现出了以下主要特征：

第一，从要素配置来看，公有资本占据绝对主体地位，劳动力难以自由流动。就资本要素而言，除了在社会主义改造之前存在部分私有资本外，其他时期几乎所有领域都是清一色的公有资本。国家通过公有资本进行资本积累，迅速发展和壮大了公有制经济，并建立了相对完备的工业体系。可以说，这一时期公有资本近乎是唯一参与生产的物质资本要素,也是唯一参与分配的资本要素。就劳动力而言,在实行严格的户籍制度之后,农村劳动力就被严格限制在了农业生产中,几乎不可能将剩余劳动力流动到城市;而城市劳动力也大多限制在了城市,除了"上山下乡"运动中有一大批城市青年下放到农村以外,其他时候也是被分配到城市单位工作。由于劳动力流动被严格限制,加之信息不对称,劳动力资源难以在计划的指令下实现优化配置。

第二,从物质收入激励来看,平均主义是这一时期的主旋律。确切地说,这一时期也实行过一定程度的按劳分配,城市职工实行的八级工资制和农村居民实行的工分制都体现了一定程度的按劳分配原则。但是,这种按劳分配原则在付诸实践的时候却逐步演变为了平均主义。可能的原因包括:一是在重积累、轻消费的理念下,留下进行分配的产品本来就很少,为了保障人民的基本生活,不得不实行平均主义;二是由于我国实行的是社会主义,过大的收入差距是不被允许的,即使是按劳分配个体之间的收入差距也不会很大;三是由于计量的困难,按劳分配难以实现公允性,实行平均主义的执行成本更低;四是受到当时频繁的政治运动影响,按劳分配难以深入贯彻,存在循环往复,尤其在"文化大革命"之后,平均主义已经占据了主导。

第三,从改革推进来看,存在明显的城乡收入分配体制分割。为了服务于当时的经济发展战略,国家实行了严格的城乡分割的户籍制度,从而奠定了初次分配体制城乡分割的局面。在城市,劳动力被按照指令分派到一定的生产单位进行生产,并且实行的是工资制;在农村,劳动力被归入了各个合作社或人民公社,并进行农业生产,实行的是工分制。这种城乡分割的收入分配体制还有一个较为明显的特点:无论是城镇职工内部还是农村集体内部收入差距都相对较小,而城乡之间却存在较大的收入差距。根据赵人伟(1992)的研究①,城乡居民家庭年收入差距在 1957 年为 3. 48、1964 年为 2. 38、1978 年为

① 赵人伟:《我国转型期中收入分配的一些特殊现象》,《经济研究》1992 年第 1 期。

2.36，这说明，城乡之间的收入差距在当时就已经达到一定水平。

三、再分配制度改革的主要特征

计划经济时期的再分配制度改革具有以下几个重要特征。

第一，“寡而均”是较为突出的特点。由于生产效率比较低下，加上需要为实现国家制定“重工业优先发展”战略积累资本，通过压低工人工资和转移农业剩余将大部分产品都集中到国家手中，进而形成国有或集体资本，留给工人和农民用于再分配的产品很少。在这种情况下，整个再分配制度无论在农村还是城市都在很大程度上实行了平均主义。这种分配方式最终导致城镇和农村的基尼系数都很低，据世界银行（1983）的估计，城市与农村的基尼系数分别约为0.16和0.31。国内学者得出了大致相似的结论，如李成瑞（1986）测算的结果为0.185和0.237，任才方和程学斌（1996）的测算结果为0.16和0.212。

第二，构建了城乡“区别对待”的社会保障制度。由于城乡分割的二元经济，当时政府仅仅为国营企业职工和机关事业人员构建起了相应的社会保障制度，而对农村则处于无保障状态。这种再分配制度能够得以维持，在很大程度上要归功于严格的户籍制度，该制度将占人口大多数的农村人口牢牢地限制在农业部门，使国家能够对这部分城市人群提供相对完善的社会保障；而农村人口由于人数众多，在当时的经济条件下，国家无力为其提供普遍的社会保障制度。

第三，没有建立专门针对个人收入调节的个人所得税制度。该时期国家还未建立个人所得税制度，也未专门出台其他制度调节个人收入和财产。这一方面是由于当时居民个体之间的收入差距很小，出台个人收入所得税制度不具备现实基础；另一方面，当时所有人都归属于某个单位①，单位在发挥再

① 即城市居民归属于机关事业单位或公有制企业，农民归属于人民公社。

分配调节的过程中已经发挥了较大作用,再开征个人所得税制度实属多余。

第四,意识形态和发展战略对再分配制度有着重要的影响。该时期许多制度和政策都受到了意识形态和国家发展战略的影响,再分配制度也不例外。就意识形态而言,这一时期极力排除资本主义的东西,任何事物只要是扣上了资本主义的帽子,就会受到严厉批判和废止。就发展战略而言,为服务于国家的赶超战略,无论是农村还是城市,再分配制度都要服从于这一战略,在国有企业实行低工资、在农村实行农产品统购统销都是为这一战略服务的。

第二节　以承包制为主的改革时期(1979—1992年)收入分配体制改革

以承包制为主的改革时期最显著的特征包括三个:一是在农村实行了家庭联产承包责任制,大大激发了农民的生产积极性,粮食产量大幅增加,农民收入有较大提高,城乡收入差距有所缩小;二是国营企业在经历"利润留成制度、经济责任制、两步利改税"等改革后实行承包经营责任制,较大程度地提高了企业和职工的生产积极性,国营企业的经营绩效有一定程度的提高;三是中央与地方实行财政包干制,较大程度地调动了地方政府的积极性,扩大了地方政府的财权,但中央政府的财权受到了较大的限制。

一、按劳分配的恢复与实施的政策导向

针对计划经济时期收入分配领域存在的弊端,党的十一届三中全会经过充分讨论后提出"公社各级经济组织必须认真执行按劳分配的社会主义原则,按照劳动的数量和质量计算报酬,克服平均主义"①,这意味着我国决心要打破平均主义分配,恢复和实施按劳分配原则,奠定了此后收入分配制度改革

① 《三中全会以来重要文献选编》(上),人民出版社1982年版,第4页。

的基调。党的十一届三中全会以后，我国针对农村经营模式存在的问题，对集体经营模式进行了调整，开始推行家庭联产承包责任制，同时执行包干到户的分配方式，即生产所获在满足上缴国家和集体留用之后，剩下的都归自家所有，这在很大程度上激发了农民的生产积极性，使我国农业生产效率得到了极大的提高，并有效提高和改善了农村及农民的生产生活条件。根据《新中国55年统计资料汇编》的数据显示，1977—1986年我国农业总产值从1018.2亿元提高到2772亿元，增加了172.2%；粮食产量从28272.5万吨提高到39151.2万吨，增加了38.5%；农村居民平均消费水平从130元/人提高到了376元/人，增加了289.2%。

1984年10月，党的十二届三中全会审议通过了《中共中央关于经济体制改革的决定》（以下简称《决定》）。《决定》指出，我国社会主义制度的优越性未能很好地体现，经济方面的一个重要原因是当时的经济体制不能适应社会生产力的发展要求，存在政企职责不分、国家过多管制企业发展、平均主义分配比较严重等问题，影响了市场活力的发挥。《决定》提出要增强城市企业活力，建立以承包为主的多种形式的经济责任制，使权责利有机结合，国家、集体和个人三者利益有机结合，职工劳动所得与劳动成果有机结合。主要措施包括：企业自行决定职工奖金；职工工资和奖金要与企业经济效益相挂钩；可适当拉开企业内收入差距，实现奖勤罚懒；机关、事业单位职工的工资要与其职责和贡献相匹配。

1987年10月，党的十三大全面阐述了社会主义初级阶段理论，并且提出了社会主义初级阶段的基本路线。在收入分配方面，坚持“按劳分配为主体，其他分配方式为补充”的基本分配原则，允许获得合法的非劳动收入；允许存在合理的收入差距，但要避免两极分化，既追求经济效率，也要体现社会公平；调节过高收入，打击非法收入。1992年10月，党的十四大提出建立社会主义市场经济体制。在收入分配方面，党的十四大进一步提出要兼顾效率与公平，逐步建立并完善符合我国机关事业单位发展的工资制度。

二、初次分配制度改革的主要特征

第一,恢复和实施按劳分配原则。该时期国家打破了"平均主义""大锅饭"的分配原则,恢复和实施按劳分配原则,提倡和鼓励"多劳多得、少劳少得、不劳不得",充分体现奖勤罚懒原则,允许拉开合理的收入差距,并鼓励一部分人通过诚实劳动和合法经营富裕起来。这些措施大大激发了劳动者的生产积极性,有力地促进了我国劳动生产率的提高,有效地改善了劳动者的生活水平和质量。

第二,坚持"以按劳分配为主体,其他分配方式为补充"的分配原则。党的十三大明确指出,我国仍处于社会主义初级阶段,要发展其他所有制经济,例如个体经济、外资经济等,这就意味着不能只实行单一的按劳分配方式,必须承认其他的分配方式,以满足市场经济的发展要求。鉴于此,国家允许非公有制经济获取合法的非劳动性收入,鼓励善于经营的企业和诚实劳动的个人先富起来,形成一定的示范效应,带动其他个体逐步奔向富裕之路。

第三,在促进效率提高的前提下体现社会公平。邓小平同志反复强调社会主义的奋斗目标是最终实现共同富裕,在承认个人劳动差异的前提下,允许存在合理的收入差距,但是要避免两极分化,防止收入差距悬殊导致贫富差距不可逆转。党的十三大提出要采取积极措施调节过高的个人收入,严厉打击和取缔非法收入。党的十四大提出既要坚持"按劳分配为主体,其他分配方式为补充"的分配原则,也要做到兼顾效率与公平。"兼顾效率与公平"是新中国成立以来我国收入分配制度历史上首次提出,这说明国家已意识到只追求经济效率,而不重视社会公平,很难实现全体人民共同富裕。

三、再分配制度改革的主要特征

改革开放之后,我国的经济体制开始由计划经济向市场经济过渡,再分配制度的改革也正是伴随于这一改革进程之中,在一定程度上反映了当时经济社会发展的需要,主要体现为以下几个明显特征。

第一,对再分配制度的改革基本停留在摸索或试行阶段。一是个人所得税制度仍处于摸索阶段。这一时期,我国个人所得税制度改革出现了“三税并存”现象,分别对个体工商户、中国公民和外籍人员征收个人所得税,反映了制度的不成熟。二是对国营企业社会保障制度的社会化改革仅是国企改革的一个配套措施。国家对国营企业实行“利改税”,企业可自主支配缴纳所得税后的利润,导致国营企业社保负担苦乐不均,不利于国营企业的进一步改革,为此,国家才提出社会保障制度的社会化改革方案。三是对农村社会保障制度的改革仅停留在初步试点和设想阶段,并未建立起真正意义上的社会保障制度。

第二,再分配力度仍相对较小。虽然我国再分配制度改革取得了一定的成果,但总体来看其作用仍非常有限。一是收入差距相对较小,居民的再分配倾向较弱,对再分配制度发挥收入调节作用的关注有限;二是国家的发展重心是经济建设,根本任务是解放和发展生产力,而大力度的收入再分配制度很可能会抑制市场主体的活力;三是全国居民收入得到了较大提高,生活水平也有较大程度的改善,国家致力于不断做大“蛋糕”,对再分配制度的改革主要是出于经济体制改革需要。

第三节　市场经济改革时期(1993—2002年)收入分配体制改革

市场经济改革时期最显著的特征包括两个:一是实行按劳分配与按要素贡献分配并存的分配制度,分配方式更加注重效率优先原则,因此,这一阶段我国居民收入差距呈现出明显扩大的趋势。二是税收制度改革加快推进,建立了分税制,中央与地方政府的财权与事权分配出现失衡;同时,进一步深化个人所得税、企业所得税等制度的改革,税收调节力度有所加强。

一、效率优先、兼顾公平的政策导向

在1989—1992年,我国的市场经济发展步伐有所放缓,国际上出现了东欧剧变、苏联解体等,世界范围内的社会主义制度遭遇严重挫折。邓小平同志南方谈话之后,我国的经济发展形势发生了较大转变。党的十四大提出,为建立社会主义市场经济体制,需要加快经济改革步伐。1993年11月,党的十四届三中全会通过了《中共中央关于建立社会主义市场经济体制若干问题的决定》,该文件指出:"个人收入分配要坚持以按劳分配为主体、多种分配方式并存的制度,体现效率优先、兼顾公平的原则。打破平均主义,实行多劳多得,合理拉开差距。坚持鼓励一部分地区一部分人通过诚实劳动和合法经营先富起来带动和帮助后富,逐步实现共同富裕的政策。"

机关事业单位工资制度改革、国有企业改革、农地流转制度改革加快推进。1993年开始第四次机关事业单位工资制度改革,国家机关实行职级工资制,工资由职务、级别、基础和工龄四个部分决定,其中职务工资由职务和年限决定;事业单位由于行业多,情况复杂,工作性质和特点也不便于比较,因而实行不同类型的工资制度;机关事业单位工人实行岗位技术等级工资制。党的十四届三中全会提出要"转换国有企业经营机制,建立现代企业制度"。20世纪90年代国有企业的发展困境使其加快现代企业制度改革步伐。1995年党的十四届五中全会明确指出国有企业要"抓大放小""择优扶强、优胜劣汰"。经过几年国有企业的战略性改组与市场化运作,在2000年,国有企业的资产负债率明显下降,由原来的70%以上下降到50%以下。在农地流转制度改革方面,1993年11月发布《中共中央、国务院关于当前农业和农村经济发展的若干政策措施》,指出"在耕地承包期到期之后,再延期30年不变",允许土地的使用权依法转让,农民可将土地的承包经营权转让或出租获得财产性收入。由于土地流转规模相对较小,农民的财产性收入增幅有限。但这一时期我国农业的生产效率大大提高,大量农村剩余劳动力开始外出务工,让农村剩余劳动力能够以合法的身份在城镇中就业，出现了新的就业群体——农民工，加快推动城镇化。

随着我国社会主义市场经济体系的不断完善，资本、管理和技术等各种非劳动生产要素所获得的收入比例不断上升，党中央将中国具体实践情况与马克思主义基本原理相结合，总结了改革开放以来的发展经验。1997 年党的十五大强调要“坚持按劳分配为主体、多种分配方式并存的制度”“效率优先、兼顾公平”，同时提出“把按劳分配和按生产要素分配结合起来”“允许和鼓励资本、技术等生产要素参与收益分配”等两大新的分配思想，这是中国特色社会主义收入分配理论的重要特色。马克思主义认为“劳动创造价值”，价值是“凝聚在商品上的无差别劳动”，一件物品只有凝聚了人类的无差别劳动才能成为商品，才具有价值。在社会主义社会的高级阶段只有劳动才能参与剩余价值的分配，按劳分配以外的土地、资本等生产要素是不能参与分配的。按土地、资本等生产要素分配是私有制下的分配方式，是马克思所批判的资本主义。但是，在中国特色社会主义市场经济条件下，尤其是在中国目前还处于并将长期处于社会主义初级阶段的时期，社会主义的力量还不够强大，需要依靠资本来发展壮大自身，因此，允许私有制部门创造的价值按照要素贡献参与收益分配，符合社会主义初级阶段的基本国情。进入 21 世纪以来，我国确立了具有中国特色的社会主义市场经济体制。2000 年 10 月党的十五届五中全会提出，从新世纪开始，我国进入了全面建设小康社会，中国特色社会主义事业的新局面、新时期也就此开创。

2000 年 11 月，劳动和社会保障部发布《进一步深化企业内部分配制度改革的指导意见》，要求形成以岗位工资为主的基本工资制度，提倡推行多种形式的岗位工资，如岗位绩效工资、岗位薪点工资、岗位等级工资等，岗位工资标准要与企业经济绩效与个人劳动贡献相联系，企业内部实行竞争上岗，工资的支付形式也多种多样，如计件工资、浮动工资以及销售提成等；同时开始探索进行企业内部职工持股试点，并积极试行以技术入股，探索把技术要素参与收入分配。这一意见旨在建立现代企业工资收入分配体制,坚持按劳分配为主体,充分发挥劳动力市场价格的调节作用,形成合理有效的激励与约束机制。2001年国家经贸委、人事部、劳动和社会保障部又联合公布了《关于深化国有企业内部人事、劳动、分配制度改革的意见》(以下简称"三项制度")。在劳动用工制度改革方面,按市场化要求对企业用工进行动态管理,通过完善定员定额,以产定人,实施下岗分流、减员增效,全面推行全员劳动合同制,力图改变职工能进不能出的现状;在人事制度改革方面,打破企业职工的干部、工人的身份界线,坚持以德、能、勤、绩、廉来全面考核和选拔领导和管理人员,推行竞聘上岗、优胜劣汰,目的是解决企业领导能上能下的问题;在工资分配制度改革方面,坚持按岗位责任,劳动成果和企业经济效益来兑现工资,拉开个人收入差距,实行浮动工资制,职工工资能高能低,建立有效的激励机制。

2002年11月8日,党的十六大明确指出"确立劳动、资本、技术和管理等生产要素按贡献参与分配的原则,完善按劳分配为主体、多种分配方式并存的分配制度。坚持效率优先、兼顾公平","初次分配注重效率,发挥市场的作用,鼓励一部分人通过诚实劳动、合法经营先富起来。再分配注重公平,加强政府对收入分配的调节职能"。[①] 这是中国特色社会主义市场经济分配理论的进一步拓展。相关内容包括三个方面。第一,毫不动摇地坚持劳动作为最重要的生产要素,将按生产要素分配上升至收入分配"原则"层面。报告指出:"必须尊重劳动、尊重知识、尊重人才、尊重创造","不论是体力劳动还是脑力劳动,不论是简单劳动还是复杂劳动,一切为我国社会主义现代化建设作出贡献的劳动,都是光荣的,都应该得到承认和尊重","放手让一切劳动、知识、技术、管理和资本的活力竞相迸发,让一切创造社会财富的源泉充分涌流,以造福于人民"。[②] 这样既肯定了劳动的关键作用,又表明了在生产中其他参与财富创造的生产要素的重要性,能够最大限度地激发经济系统的生产积极

---

① 《十六大以来重要文献选编》(上),中央文献出版社2005年版,第21页。

② 《十六大以来重要文献选编》(上),中央文献出版社2005年版,第12页。

性。第二，明确劳动力、资本、技术和管理等生产要素参与分配的标准是“按贡献”。这使得收入分配原则的表述更加科学，分配衡量标准更加确切，虽说部分商品和价值的生产过程可能无法明确区分边际贡献，但至少是一次尝试，也是社会主义制度和市场经济有机结合在收入分配制度上的有效体现。第三，进一步丰富和发展了“效率优先、兼顾公平”的分配内涵。在坚持“效率优先、兼顾公平”的基础上进一步明确了如何坚持这一原则，即“初次分配注重效率”，通过市场的力量实现按劳分配和按要素贡献分配，这样的分配结果可能导致一定收入差距，为防止收入差距过于悬殊，“再分配更加注重公平”，这一阶段应充分发挥政府对收入分配的调节作用，缩小收入差距。通过初次分配与再次分配相结合，既能发挥市场经济的高效率，又能兼顾社会主义制度的公平性。这一提法正确认识了效率和公平的辩证关系，标志着我国顶层设计者对收入分配理论认识的进一步深化。

在再分配制度改革方面，财政税收制度、个人所得税改革、社会保障方面取得重要进展。1993 年年底发布《国务院关于实行分税制财政管理体制的决定》，从 1994 年 1 月 1 日起，对各省、自治区、直辖市和计划单列市实行分税制财政管理体制。主要内容是将财权和事权相结合，把税种统一为中央税、地方税和中央地方共享税，分设国税局和地税局。我国从 1980 年 9 月 10 日开征个人所得税，1986 年对中国公民开征个人收入调节税和城乡个体工商户所得税；自 1994 年 1 月 1 日起，我国开始第一轮个人所得税改革，将原来设定的个人所得税、个人收入调节税和个体工商户所得税合并为统一的个人所得税，更加明确了个人所得税的征缴对象，征税项目由 1986 年的八项增加到十项；1999 年 8 月在个人所得税法中增加了“对储蓄存款利息所得征收个人所得税的开征时间和征收办法由国务院规定”的内容，对 1999 年 11 月 1 日后产生的储蓄存款利息所得征收 20%的个人所得税，也即是“利息税”。利息税的税收收入专项用于下岗职工生活补助、城镇居民最低生活保障、补发所欠离退休人员养老金及农民扶贫等。在城镇社会保障方面，国务院分别于 1997 年、1998

年、1999 年发布《国务院关于建立统一的企业职工基本养老保险制度的决定》《国务院关于建立城镇职工基本医疗保险制度的决定》《城镇居民最低生活保障条例》,并于 1998 年建立失业保险制度,城镇职工居民社会保障制度逐步建立。农村社会保障方面,1986 年民政部着手建立农村社会养老保险制度,1991 年进行试点,1992 年民政部下发《县级农村社会养老保险基本方案》,农村社会养老保险工作在各地广泛开展①,1999 年国务院对农村社会养老保险工作进行整顿,指出我国农村尚不具备普遍实行社会保险的条件,要求停止接受新业务,有条件的过渡为商业保险,至此,农村社会养老保险事业基本处于停滞状态;1994 年 1 月,国务院施行《农村五保供养工作条例》,规定"五保"供养的主要内容是"保吃、保穿、保住、保医、保葬(孤儿保教)",标准为当地村民一般生活水平,所需经费和实物,从村提留或者乡统筹费中列支,1997 年 3 月,民政部颁发《农村敬老院管理暂行办法》,规范了农村敬老院的建设、管理和供养服务,这两项文件标志着我国农村"五保"供养工作开始逐步走上规范化、法制化的管理轨道。总体来看,这一阶段城乡居民保障水平较低,特别是农村居民医疗方面尚未建立制度性保障。

随着国有企业改革和市场化改革逐步落地、再分配制度改革深化,我国收入分配制度总体上趋于完善。从 1993 年至 2002 年的收入分配体制变迁历程我们可以发现,这一阶段有两条主线:一是按劳分配为主体过渡到按劳分配与按要素贡献分配,从其他分配方式为补充到其他分配方式并存,到按劳分配与按要素分配相结合,再到按劳分配与按要素贡献参与分配,在这一过程中,分配方式不断多元化,分配衡量标准也不断精细化。二是实际上始终坚持"效率优先",未能很好"兼顾公平",从党的十四届三中全会一直到党的十六大会议,主旨一直是"效率优先、兼顾公平",在此基础上进行微调。但在实践过程中,人们对这一原则的理解出现偏差,一切以效率为先,公平"退居二线"。其

① 到 1999 年年底,参保人数约有 8000 万人。

结果是经济发展非常迅速，但社会发展出现失衡，城乡、区域及行业间收入差距也迅速拉开，居民收入基尼系数从 1993 年的 0.418 跃升至 2002 年的 0.454，社会不公问题凸显。这些事实成为下一阶段收入分配制度改革方向调整的重要依据。可以说，这一阶段收入分配制度改革主要是遵循市场经济的“效率”规则，但未能很好体现社会主义制度的公平性。1993—2002 年收入分配制度及效率与关系的演变过程见表 1.1。

表 1.1　1993—2002 年收入分配制度及效率与公平关系的演变历程

时间	事件	收入分配制度提法	效率与公平提法
1993 年 11 月	党的十四届三中全会《中共中央关于建立社会主义市场经济体制若干问题的决定》	按劳分配为主体、多种分配方式并存	效率优先、兼顾公平
1997 年 9 月	党的十五大《高举邓小平理论伟大旗帜，把建设有中国特色社会主义事业全面推向二十一世纪》	按劳分配为主体、多种分配方式并存，把按劳分配和按生产要素分配结合起来，允许和鼓励资本、技术等生产要素参与收益分配	效率优先、兼顾公平
2002 年 11 月	党的十六大《全面建设小康社会，开创中国特色社会主义事业新局面》	完善按劳分配为主体、多种分配方式并存，确立劳动、资本、技术和管理等生产要素按贡献参与分配的原则	初次分配注重效率，发挥市场的作用；再分配注重公平，加强政府对收入分配的调节

二、初次分配制度改革的主要特征

总体来说，这一阶段是社会主义市场经济改革时期，因而初次收入分配制度与上一阶段也呈现明显差异，主要表现为以下三个特征。

第一，确定了“按劳分配为主体、多种分配方式并存”的政策基调。这一阶段初次分配制度以“按劳分配为主体、多种分配方式并存”替代了党的十三大“按劳分配为主体，其他分配方式为补充”的提法，由于建立了社会主义市场经济体系，除公有制以外的其他所有制经济成分都不断增加，其他分配方式如利息、分红不再是按劳分配的一种补充形式，而是市场经济的一种重要组成部分，因此“多种分配方式并存”的提法符合社会主义市场经济的发展方向，有助于解放生产关系对生产力的束缚。这一阶段机关事业单位工资制度中职务工资、级别工资、基础工资、工龄工资、职务等级工资制度、技术等级工资制等改革内容也明显体现了按劳分配为主体，技术、管理等要素参与分配的政策基调。

第二，分配方式引入激励约束机制，逐步体现效率优先原则。从顶层设计看，这一阶段理论表述由党的十三大“在促进效率的前提下体现社会公平”的提法改为“效率优先、兼顾公平”“坚持效率优先”“初次分配注重效率，发挥市场的作用”等，理论表述中初次分配更加注重效率。从实际制度改革内容看，机关事业单位工作人员工资构成不仅包括岗位工资、薪级工资，还单独区分出绩效工资；国有与私营企业中工资收入方式如“计件工资”、销售提成；董事会和经理层取得报酬实行绩效考核管理办法，鼓励依贡献拉开不同科技人员的工资收入差距等，均表明这一阶段初次分配开始引入激励约束机制，效率优先原则逐步体现，从而具有重大阶段性历史意义。

第三，农村居民收入来源渠道更加多元化。从工资性收入看，农业生产率的提高及户籍制度进一步放松，使得这一阶段农村剩余劳动力流动更加频繁，且由上一阶段在当地乡镇企业就业更多转向跨地区就业，并出现新型就业群体“农民工”，从而使外出务工带来的工资性收入占农民收入比重明显增加。从财产性收入看，一方面，土地流转制度改革允许农民承包的土地依法转让，从而获得财产性收入；另一方面，这一阶段农村金融改革稳步推进，自 1996 年起，农村金融组织就形成了以农信社为基础的合作制金融、以农业银行为主的商业性金融和政策性金融“三足鼎立”局面，加之新型农村金融机构的扎根，农村金融从存量与增量方面相比上一阶段均有显著增加，从而使农村居民能够通过储蓄、投资等金融服务获得更多财产性收入。

三、再分配制度改革的主要特征

第一，建立了中国特色社会主义市场经济的分税制。1994 年的财政税收管理体制改革可以算是中国税制改革中的一个里程碑，通过改革形成了中国特色的分税制，将地方和中央的分配关系进行调整，增加了全部财政收入中中央财政的比重，中央财政占全部财政收入比重由 1993 年的 22% 当即上升至改革当年的 55.7%，中央财政财权得到显著提高。但此次改革的负面影响在于降低地方财政收入的同时增加了地方财政支出负担，中央与地方政府的财权与事权出现脱节现象，明显影响了地方教育、医疗等公共服务事业的发展。

第二，个人所得税制度与社会主义基本经济制度更加吻合。在社会主义市场经济改革时期，个人所得税制度连续经历了多次大的改革，改革的目的也是与社会主义市场经济体系"按劳分配为主体，按劳分配与按要素贡献参与分配"的分配原则相适应，改革之后的个人所得税制度形成了我国个人所得税制的基本框架，也成为今后个人所得税制度改革的重要蓝本。

第三，城镇职工与居民社会保障制度初步确立，但改革有待进一步深化。这一时期基本确定了我国城镇职工与城镇居民社会保障制度的初步框架，具有重大意义。但社会保障制度再分配调节力度有限，制度执行成本较高。以企业职工基本养老保险为例，在推进中出现了三个主要问题：一是没有处理好养老金转轨成本问题，把希望寄托在制定较高的企业缴费率来消化转轨成本，导致许多省份统筹账户出现收不抵支的状况；二是由于统筹账户和个人账户实行"混账管理"，为各省挪用个人账户养老金提供了条件；三是统筹账户养老金发放实行平均主义，导致养老金缴费激励不足，很多企业和个人逃避缴纳养老保险费。此外，城镇职工社会保险制度的建立意味着出现了两套社会保障制度，但由于两者享受的待遇和承担的义务存在较大的差距，逐渐形成"双轨制"模式，带来的分配不公引起了社会的广泛关注。

综上所述，这一阶段的再分配制度，一方面是税收制度朝着与社会主义市场经济体系相适应的方向调整，并奠定了今后税收制度的基本框架，但税收制度还不成熟，仍实行单一的分类课税制度，超额累进的级距还可进一步改进，间接税比重较大，转嫁到普通消费者的税收负担部分较多，未达到缩小收入差距的目的；另一方面是城镇职工和居民社会保障制度部分开始试点，部分已经正式实行，虽然保障水平不高，但这意味着我国社会保障制度的建设已经迈出了一大步，再次分配开始注重社会公平正义。

第四节　市场经济完善时期（2003—2012 年）收入分配体制改革

2002 年 11 月党的十六大将“建成完善的社会主义市场经济体制”作为全面建设小康社会目标的重要内容，我国的收入分配体制改革也进入了新的阶段。这一时期坚持和完善“按劳分配为主体、多种分配方式并存”的基本分配制度，愈加重视对劳动者权益的保护，改革公务员工资制度，改革和完善事业单位分配制度；再分配制度改革力度进一步加大，新型农村合作医疗制度和新型农村养老保险制度从试点、制度全覆盖到人群全覆盖，城镇居民社会养老保险制度从试点到铺开，全面取消农业税和牧业税，全面普及九年义务制教育，先后三次改革个人所得税制度，城乡最低生活保障标准和扶贫标准大幅提升，企业退休人员基本养老金水平持续提高，等等；通过一系列的收入分配体制改革，充分体现效率与公平相协调的改革发展思路，城乡收入差距缩小态势开始显现，居民收入占国民收入比重、劳动报酬占初次分配比重有所提高，更好维护了社会公平正义与和谐稳定，进一步促进人的自由全面发展。

一、效率与公平相协调的政策导向

2003 年 10 月，党的十六届三次会议通过的《中共中央关于完善社会主义市场经济体制若干问题的决定》从深化劳动就业体制改革、推进收入分配制度改革、加快建设与经济发展水平相适应的社会保障体系三个方面进行了统筹安排。主要内容包括：在就业方面，坚持劳动者自主择业、市场调节就业和政府促进就业的方针，注重发展劳动密集型产业，注重扶持中小企业，注重发展非公有制经济，注重采用灵活多样的就业形式，完善就业服务体系，规范企业用工行为，保障劳动者合法权益；在收入分配方面[①]，完善基本分配制度，整顿和规范分配秩序，以共同富裕为目标，实现“扩中、提低、调高、取非”[②]，加强对垄断行业收入分配的监管，等等；在社会保障体系方面，完善企业职工基本养老保险制度，健全失业保险制度，继续完善城镇职工基本医疗保险制度，继续推行职工工伤和生育保险，完善城市居民最低生活保障制度，等等。

2004 年 9 月召开的中国共产党第十六届中央委员会第四次全体会议强调“注重社会公平，合理调整国民收入分配格局，切实采取有力措施解决地区之间和部分社会成员收入差距过大的问题，逐步实现全体人民共同富裕”，第十六届六中全会在论述分配时表明要“在经济发展的基础上，更加注重社会公平，着力提高低收入者收入水平，逐步扩大中等收入者比重，有效调节过高收入，坚决取缔非法收入，促进共同富裕”。全会提出的“更加注重社会公平”，体现了我们党不断认识到社会公平的重要性。

2007 年 10 月，党的十七大报告指出“合理的收入分配制度是社会公平的重要体现”，在“初次分配和再分配都要处理好效率和公平的关系，再分配更加注重公平”，把公平原则放到了更加重要的地位。党的十七大报告首次提出要提高收入分配的“两个比重”[③]，这对逐步改变收入分配差距扩大的趋势具有重要意义。在民生保障层次方面，提出多方面保护弱者的人性化要求，比如“着力提高低收入者收入”“逐步提高扶贫标准和最低工资标准”，保障内容

---

① 虽然党的十六届三中全会仍延续了“效率优先、兼顾公平”的提法，但是从后面出台的一系列相关措施来看，公平原则与效率原则逐渐处于同等重要的位置和水平。

② 即扩大中等收入者比重，提高低收入者收入水平，调节过高收入，取缔非法收入。

③ “两个比重”，即居民收入占国民收入的比重和劳动报酬占初次分配的比重。

涉及扩大公共服务和完善社会管理，实现社会公平正义，达到使全体人民学有所教、劳有所得、病有所医、老有所养、住有所居的目标，不断改善社会弱势群体的生活质量，为实现充分的保障权提供了制度性支持。报告还提出要从制度上更好发挥市场在资源配置中的基础性作用①，强调以制度为突破口完善社会主义市场经济体制，为各类主体平等参与市场经济活动、实现公平分配提供了更强大的制度保障。实践表明，把公平引入初次分配，进一步夯实再分配的基础，可以有效降低再分配的压力和成本。

2008 年《中华人民共和国就业促进法》和《中华人民共和国劳动合同法》施行，就业制度加快完善，劳动者权益得到进一步保障。2008 年和 2011 年工薪所得税免征额分别提高至 2000 元/月和 3500 元/月②，减轻了中低收入者个税负担；自 2008 年起，内外资企业在企业所得税税率、税前扣除优惠等方面实现待遇统一，促进了内资和外资企业的税收待遇公平。2008 年全面免除义务教育学杂费在城市推行，标志着义务教育学杂费免除政策在全国覆盖。2009 年“新型农村养老保险”（以下简称“新农保”）试点，2010 年“新型农村合作医疗保险”（以下简称“新农合”）基本实现全覆盖。我国农村居民社会保障制度改革实现实质性飞跃。

2010 年，国家“十二五”规划将“国强民富”战略转型为“民富国强”战略，提出把“保障和改善民生”作为根本出发点和落脚点，以增加城乡居民收入为主要目标。要按照发展为了人民、发展依靠人民的宗旨，达到“两个同步”的目标③。在提高“两个比重”方面，“十二五”规划继承了党的十七大中关于收入分配的精神，并将其落实到具体任务上。

党的十八大报告提出“收入倍增”计划，即 2020 年实现国内生产总值和

---

① 这一主张不同于党的十六大上“更大程度地”发挥市场在资源配置中的基础作用的提法。

② 2005 年 8 月，我国进行了第一轮个人所得税改革，并将个人所得税免征额从 800 元提高至 1600 元。

③ “两个同步”，即居民收入增长与经济发展同步、劳动报酬增长和劳动生产率提高同步。

城乡居民人均收入比 2010 年翻一番，再次强调“两个同步”和“两个比重”，并要求“初次分配和再分配都要兼顾效率和公平，再分配更加注重公平”，这既是对本时期收入分配制度改革的总结，也是对下一时期收入分配制度改革提出的新要求。

总的来看，通过不断改革和完善我国收入分配体制，不仅注重经济效率，将“蛋糕”进一步做大，而且更注重收入分配的公平公正，把“蛋糕”进行合理的分配，使全体居民生活水平进一步改善，尤其是养老、医疗、教育等民生保障水平大大提高，社会保障制度趋于成熟和定型，大大提升了人民群众的获得感和幸福感。表 1. 2 梳理了 2003—2012 年我国市场经济完善时期的收入分配制度改革演变历程。

表 1. 2　市场经济完善时期的收入分配制度改革演变历程

时间	事件	收入分配制度提法	收入分配工作的重心
2003 年 10 月	党的十六届三中全会《中央关于完善社会主义市场经济体制若干问题的决定》	完善按劳分配为主体、多种分配方式并存的制度，各种生产要素按贡献参与分配	整顿和规范分配秩序，以共同富裕为目标，实现“扩中、提低、调高、取非”，加强对垄断行业收入分配的监管等
2007 年 10 月	党的十七大《高举中国特色社会主义伟大旗帜，为夺取全面建设小康社会新胜利而奋斗》	坚持完善以按劳分配为主体、多种分配方式并存，健全各生产要素按贡献分配的制度	初次分配和再分配都要兼顾效率和公平，再分配更加注重公平
2010 年 10 月	党的十七届五中全会《中共中央关于制定国民经济和社会发展第十二个五年计划的建议》	努力提高居民收入在国民收入分配中的比重、劳动报酬在初次分配中的比重，健全覆盖城乡居民的社会保障体系	改变以往的 GDP 政绩观，把保障和改善民生作为根本出发点和落脚点
2012 年 11 月	党的十八大《坚定不移沿着中国特色社会主义道路前进　为全面建成小康社会而奋斗》	要加快完善社会主义市场经济体制，完善公有制为主体、多种所有制经济共同发展的基本经济制度，完善按劳分配为主体、多种分配方式并存的分配制度	初次分配和再分配都要兼顾效率和公平，再分配更加注重公平

二、初次分配制度改革的主要特征

第一,这一时期致力于实现更加平等的要素参与权。一是劳动力要素参与权。就业是民生之本,与劳动力要素密切相关的也是就业。劳动力要素的经济参与直接决定了劳动力要素分配。《就业促进法》强化了劳动者的就业保障力度,有利于实现自由择业、充分就业,夯实劳动者收入基础;关于消除就业歧视的规定和努力,还强调了劳动力要素参与经济的平等性,不能存在各类歧视。用工制度改革和《中华人民共和国劳动合同法》的颁布实施,进一步强化了劳动者的合法权益保障,有利于加强劳动者与资本方的协商,增强劳动者的谈判能力。劳动力要素权利的强化体现了中央对劳动者报酬、劳动收入占比的高度关注。二是资本要素参与权。在市场经济完善时期,非公有制经济有了进一步的发展。相关文件精神体现了平等保护公有资本和非公有资本权利的政策意图,进一步促进中国特色社会主义市场经济体制的完善和发展。

第二,农村改革措施进一步拓展农业和农村发展空间。农村经济组织制度改革、促进农民增收支持政策等一系列改革实践释放了农业生产潜力,有利于促进农村发展、农民增收,集中体现了中央对“三农”问题的重视。在农业实践中,农业经营组织制度改革、集体产权制度改革将有力推进农村经济的转型发展,农民有了更大的自由选择权。一系列促进农民增收的政策效应不断释放,为农村困难群众脱贫提供了实质性支持。整体上,农村改革措施进一步丰富了农民权利,提高了农民群众对经济发展成果的共享程度。

三、再分配制度改革的主要特征

第一,再分配制度更加注重公平。在这一阶段,经济转型发展改变了更加侧重效率的导向,强调再分配制度要更加注重公平。个人所得税免征额进一步提高，在较大程度上降低了广大中低收入阶层的纳税负担，尽可能避免使个人所得税沦为“工薪税”，有效发挥税收的正向调节作用。统一内外资企业所得税待遇，减少对内资企业的税收待遇歧视，进一步构建有利于不同类型资本共同发展的公平市场环境。特别是在城乡居民医疗、养老、教育、住房等方面的保障水平进一步提高。总的来看，市场经济完善时期，我国再分配制度不断完善，更加注重公平的导向更加明确，进一步增强了居民的社会公平感和获得感。

第二，进一步加大对公共服务保障力度。与之前时期相比，这一阶段的再分配制度改革对城乡基本公共服务的均等化、标准化做了不少贡献，对农村的关注和转移支付力度进一步加强，取得了较好的成效。中央和地方财政对养老、医疗等社会保障加大了支持力度，保障水平不断提升。2008 年城市义务教育学杂费全免，标志着全国意义上的义务教育学杂费免除得到全面贯彻执行，这一举措对农村居民来说意义更为重要，有效减轻了农村家庭的义务教育费用支出，让更多的农村孩子实现学有所教。

第三，注重再分配制度和初次分配制度有机结合。在市场经济完善时期，各级各部门对再分配制度的认识达到了一个新的层次和高度，不但强调初次分配制度的公平性，还强调进一步发挥再分配制度的差距调节功能。特别是在党的十七大报告和党的十八大报告中都强调“初次分配和再分配都要处理好效率和公平的关系，再分配更加注重公平”，这是统筹兼顾初次分配与再分配的集中体现。初次分配主要基于市场原则进行分配，往往在很大程度上决定了一个社会最终收入分配的基本格局（范从来和张中锦，2014），虽然基于社会公正的再分配能够在一定程度上改善分配结果，但由于受到诸多因素的阻碍，且需耗费一定成本，其实际效果一般难以达到理想预期。因此，只有初次分配和再分配都注重公平，再分配后整体分配效果的公正性才会更有保障；同样，缺失再分配制度的收入分配也难以实现分配公正。在这一阶段，再分配制度和初次分配制度实现了较好结合。

第五节　市场经济成熟时期(2013年至今)收入分配体制改革

近年来,我国社会主义市场经济体制进一步完善,并逐步走向成熟,收入分配体制改革也持续深化。党的十八大以来,共享发展理念深入人心,在实施收入倍增计划、完善农村医疗和养老保险体系、减少贫困、规范收入分配秩序等方面取得了显著成绩,社会保障制度逐渐走向成熟和定型,保障和改善民生水平进一步提升,贫困人口不断减少,收入分配秩序日趋规范。这一时期,劳动力、资本等要素的参与权趋于更加平等,在力求实现符合市场效率原则的初次分配基础上,与再分配密切相关的社会保障体系更加成熟,低收入群体的发展权益保障不断加强,我国初次分配和再分配都进入了一个新的阶段,人民日益增长的美好生活需要正一步步得到满足。

一、更加强调发展成果全民共享的政策导向

党的十八大以来,我国充分延续了之前关于保障和改善民生的精神理念和生动实践,强调人人参与、人人尽力、人人享有,人民群众的获得感和幸福感进一步提升,共享发展理念得到贯彻落实。党的十八大报告明确了增加居民收入、促进分配公平的目标和方向:提出收入倍增目标,即到2020年实现国内生产总值和居民人均收入比2010年翻一番;要使发展成果更多更公平惠及全体人民,充分彰显了党中央在收入分配问题上的以人为本导向;强调更大程度地发挥市场在资源配置中的作用,提出经济体制改革的核心是处理好政府和市场的关系,要尊重市场规律,发挥好政府作用,为实现平等的参与权提供制度保障。在以习近平同志为核心的党中央领导下,各方面改革发展取得伟大成就,收入分配体制改革持续深化,以人民为中心的发展思想得到更好践行。

2013年2月,《国务院批转发展改革委等部门关于深化收入分配制度改

革若干意见的通知》指出，“深化收入分配制度改革，要坚持共同发展、共享成果。……坚持注重效率、维护公平。初次分配和再分配都要兼顾效率和公平……再分配要更加注重公平”，发改委、财政部、人社部共同出台的《关于深化收入分配制度的若干意见》把“落实收入分配政策、增加城乡居民收入、缩小收入分配差距、规范收入分配秩序”作为重要任务来抓，这对于指导我国进一步深化收入分配制度改革具有重要意义。

党的十八届三中全会《中共中央关于全面深化改革若干重大问题的决定》明确提出，改革的出发点和落脚点是“促进社会公平正义，增进人民福祉”，要努力“形成合理有序的收入分配格局”“建立更加公平可持续的社会保障制度”。党的十八届四中全会提出，全面推进依法治国，强调依法制约权力在资源配置中的作用，进一步巩固了法治在我国收入分配中的利益调节器功能，为运用法治工具和手段促进分配公正提供了重要保障。

党的十八届五中全会提出了“创新、协调、绿色、开放、共享”五大发展理念，其中协调发展、共享发展理念与我国收入分配体制改革密切相关。协调是持续健康发展的内在要求，要创新区域发展政策，完善区域发展机制，促进区域协调、协同、共同发展，努力缩小区域发展差距，不断增强发展整体性。发展成果共享是检验经济社会发展效果的一个重要衡量标准。共享是中国特色社会主义的本质要求，要求“作出更有效的制度安排，使全体人民在共建共享发展中有更多获得感”，并提出了一系列有力的政策措施来落实共享发展理念，使人人参与、人人尽力、人人享有的理念深入人心，共同富裕进程稳步推进。共享发展使广大人民群众在发展机会和空间方面有了更多更平等的权利，有利于织就织牢织密民生“保障网”，推进社会民生持续改善。

党的十九大报告进一步强调坚持以人民为中心，提高保障和改善民生水平，促进全体人民共同富裕；坚持按劳分配原则，完善按要素分配的体制机制，促进收入分配更合理、更有序。要求具体从教育、就业质量和收入水平、社会保障体系、脱贫攻坚、健康中国等多个方面发力，在发展中补齐民生短板、促进社会公平正义，在幼有所育、学有所教、劳有所得、病有所医、老有所养、住有所居、弱有所扶上不断取得新进展，保证全体人民在共建共享发展中有更多获得感，不断促进全体人民共同富裕。表1.3梳理了2013年以来，我国市场经济成熟时期的收入分配制度演变历程。

表1.3　市场经济成熟时期的收入分配制度改革演变历程

时间	事件	收入分配制度提法	收入分配工作的重心
2013年2月	发改委、财政部、人社部共同出台《关于深化收入分配制度改革的若干意见》	坚持按劳分配为主体、多种分配方式并存，坚持初次分配和再分配调节并重，继续完善劳动、资本、技术、管理等要素按贡献参与分配的初次分配机制，加快健全以税收、社会保障、转移支付为主要手段的再分配调节机制	以增加城乡居民收入、缩小收入分配差距、规范收入分配秩序为重点，努力实现居民收入增长和经济发展同步，劳动报酬增长和劳动生产率提高同步，逐步形成合理有序的收入分配格局
2013年11月	党的十八届三中全会《中共中央关于全面深化改革若干重大问题的决定》	紧紧围绕更好保障和改善民生、促进社会公平正义深化社会体制改革，改革收入分配制度，促进共同富裕，推进社会领域制度创新，推进基本公共服务均等化	赋予农民更多财产权利。推进社会事业改革创新，深化教育领域综合改革，健全促进就业创业体制机制，形成合理有序的收入分配格局，建立更加公平可持续的社会保障制度，深化医药卫生体制改革
2014年10月	党的十八届四中全会《中共中央关于全面推进依法治国若干重大问题的决定》	依法治国是合理配置权利的一种途径	全面推进依法治国；促进国家治理体系和治理能力现代化
2015年10月	党的十八届五中全会《中共中央关于制定国民经济和社会发展第十三个五年规划的建议》	共享是中国特色社会主义的本质要求	坚持发展为了人民、发展依靠人民、发展成果由人民共享，作出更有效的制度安排，使全体人民在共建共享发展中有更多获得感

续表

时间	事件	收入分配制度提法	收入分配工作的重心
2017年10月	党的十九大《决胜全面建成小康社会　夺取新时代中国特色社会主义伟大胜利》	坚持在发展中保障和改善民生，不断促进人的全面发展、全体人民共同富裕。坚持按劳分配原则，完善按要素分配的体制机制，促进收入分配更合理、更有序。鼓励勤劳守法致富，扩大中等收入群体。拓宽居民劳动收入和财产性收入渠道。履行好政府再分配调节职能，加快推进基本公共服务均等化，缩小收入分配差距	提高保障和改善民生水平。提高就业质量和人民收入水平；全面建成覆盖全民、城乡统筹、权责清晰、保障适度、可持续的多层次社会保障体系；坚决打赢脱贫攻坚战；实施健康中国战略

党的十八大以来，我国经济发展状况、社会民生保障水平得到极大改善。第一，在“三农”工作方面，扎实推进农村土地“三权分置”改革，推动土地流转经营，促进农业规模经营，提高农业生产经营效率；推进农业经营组织制度改革，让农民可以转让集体经济组织成员权利，给予农民较大的自由选择权，推动集体经济转型发展。2016年11月，国务院专门就完善支持政策促进农民增收颁发了意见，加快推动农业农村发展。同时，中央在推进城镇化方面做了前所未有的努力①，实现农业转移人口有序转移，并在城市定居。第二，在发

① 2016年2月发布《国务院关于深入推进新型城镇化建设的若干意见》，2016年10月又发布《推动1亿非户籍人口在城市落户方案》。加快户籍制度改革，使农业人口进城落户条件进一步简化，落户门槛进一步降低，并要求更好实现农民“举家”迁入，解决农村留守儿童与留守老人问题。实施加快农业转移人口进城的“双挂钩”政策，有利于农村贫困人口转移。2016年10月，国土资源部等五部委联合发布《关于建立城镇建设用地增加规模同吸纳农业转移人口落户数量挂钩机制的实施意见》，解决进城农民的农村土地权益保护问题以及城市建设用地的有序增加问题，这一文件是对《国务院关于深入推进新型城镇化建设的若干意见》相关条款的具体细化，客观上有利于改善农业转移人口的城市定居条件。

展非公有制经济方面，多个关于促进非公有制经济发展的意见出台①，为提高非公有资本要素经济参与度、促进非公有制经济发展强化了政策基础。第三，在健全农村居民医疗和养老等社会保障体系、减少农村贫困等方面取得了卓著成效。例如，2013年我国实现城镇和农村居民养老保险制度全覆盖，2014年又着手将二者整合，逐步建立全国统一的城乡居民基本养老保险；城镇和农村居民医疗保险补贴标准持续提高，2016年逐步建立全国统一的城乡居民医保制度，截至2017年年底，除辽宁省和西藏自治区外，其他29个省份和新疆建设兵团都推进了城镇居民社会养老保险和新型农村合作医疗的整合工作②。

总的来看，这一时期收入分配政策的公平导向进一步强化，向平衡效率与公平的共享分配发展。党的十八大以来，我国收入分配体制进一步完善，以人民为中心的发展思想、共享发展理念在中华大地上生根开花，在每一件民生实事中得到彰显和诠释，全面建成小康社会胜利在望，我们离中华民族伟大复兴的"中国梦"又更近了一步。

二、初次分配制度改革的主要特征

第一，现代化市场体系进一步完善。党的十八届三中全会提出要让市场在资源配置中起决定性作用和更好发挥政府作用，并出台了一系列行之有效的措施，市场主体活力进一步释放。一是劳动力要素的参与权更加平等、多元。我国不断推进户籍制度改革，逐步推行居住证制度，劳动力流动更加自由，更多符合条件的劳动者可以在城市落户，享受城市公共服务和福利。二是

① 2013年《中共中央关于全面深化改革若干重大问题的决定》以及各省（自治区、直辖市）关于促进非公有制经济健康发展的若干意见。习近平总书记分别于2016年3月4日及2018年11月1日两次深入阐述了发展非公有制经济的重要意义，对于增强非公有经济发展信心发挥了重要作用。

② 朱恒鹏：《加强和创新社会治理完善城乡居民医保制度——十九大报告学习体会》，《经济学动态》2017年第12期。

非公有制资本的参与权更加平等。这一时期,我国高度重视非公有制经济的发展,不断放宽市场准入,清理废除对非公有制经济各种形式的不合理规定,消除各种隐性壁垒和破除各种形式的行政垄断,依法平等保护各种所有制经济产权和合法利益,保证各种所有制经济依法平等使用生产要素,营造公平、公正、透明、稳定的法治环境;积极发展混合所有制经济,鼓励国有资本、集体资本、非公有资本等交叉持股、相互融合,促进公有制经济与非公有制经济相辅相成、相得益彰。该时期公有制经济和非公有制经济进入新的发展阶段,产权制度和要素市场化配置进一步完善。

第二,更加注重城乡协调发展。农业转移人口市民化和新型城镇化的加快推进,是中央力图打破城乡分割、加快城乡统筹发展的核心举措。协调发展作为五大发展理念之一,城乡协调发展在其中扮演着相当重要的角色。这一时期,中央针对新型城镇化制定和出台了一系列政策文件,文件之密集更是反映了城乡协调发展的力度之大。党的十八届三中全会提出要健全城乡发展一体化体制机制,党的十九大提出乡村振兴战略,坚持农业农村优先发展,增强农村发展活力,释放农村发展潜力,不断提高农民收入,缩小城乡差距,进一步促进城乡协调发展。这一阶段的农村土地制度改革、经营组织制度改革、农民持续增收政策、全局性的乡村振兴战略等农村改革以及农业转移人口市民化政策持续推进改革红利惠及农村地区和低收入群体。

第三,规范收入分配秩序的力度不断加大。党的十八大以来,中央出台了“八项规定”,严控三公经费,厉行节约,对于良好社会风气的形成发挥了重要作用。这一时期,我国的反腐力度空前加大,惩治了一批腐败分子,将权力关进制度的笼子,大大减少了权力寻租行为,为市场发挥决定性作用提供了重要保障;加快推进收入分配相关领域立法,进一步维护劳动者合法权益,清理规范工资外收入,加强领导干部收入管理,严格规范非税收入,严厉打击和取缔非法收入,不断健全现代支付和收入监测体系,形成了良好的收入分配秩序。

三、再分配制度改革的主要特征

第一,更加注重贫困人口脱贫。2013 年 11 月,习近平总书记到湖南湘西考察时首次提出了“精准扶贫”重要思想,随后党和政府围绕“精准扶贫”出台了一系列政策措施。党的十八届五中全会提出“我国现行标准下农村贫困人口要实现脱贫,贫困县全部摘帽,要解决区域性整体贫困”的宏伟目标,截止到 2021 年 2 月 25 日,我国脱贫攻坚战取得全面胜利,现行标准下 9899 万农村贫困人口全部脱贫,832 个贫困县全部摘帽,12. 8 万个贫困村全部出列、区域性整体贫困得到解决,完成了消除绝对贫困的艰巨任务。

第二,进一步提高保障和改善民生的水平。近年来,我国不断加大财政对教育、就业、社会保障、医疗卫生等方面的支持力度,基本建立了全国统一的城乡居民基本养老保险和城乡居民基本医疗保险,居民养老金水平逐年上升,医疗补贴范围不断扩大、财政支出不断增加,在较大程度上缓解了居民看病贵难题,城镇新增就业人数连续多年保持在较高水平①,实现了比较充分的就业。尤其是社会保障城乡统筹、全国统一加快推进,其公平性、充分性显著提高。2014 年 4 月和 2016 年 1 月,国务院分别印发《关于建立统一的城乡居民基本养老保险制度的意见》《关于整合城乡居民基本医疗保险制度的意见》,合并新型农村社会养老保险和城镇居民社会养老保险、新型农村合作医疗保险和城镇居民基本医疗保险,推动建立全国统一的城乡居民基本养老保险制度和城乡居民医疗保险制度。2015 年基本完成城乡居民基本养老保险的整合;2017 年年底,除辽宁省、西藏自治区外的其他省份和新疆建设兵团均已推进城乡居民基本医疗保险的整合。

第三,完善税制改革,进一步降低企业和居民税收负担。新一轮财税体制改革全面启动,通过“立柱架梁”,全局性、支撑性的财税体制框架初步形成。

---

① 2013 年至 2017 年我国城镇新增就业人数分别为 1310 万人、1322 万人、1312 万人、1314 万人、1351 万人,基本实现了比较充分的就业。

以四本预算构建的全口径政府预算体系得以建立，预决算公开透明化，一般性转移支付增长机制不断完善①，地方政府债务管理及风险预警制度逐步建立；税收制度趋于公平统一、调节有力，启动增值税、消费税、资源税、环境税、个人所得税、房地产税六个税种的改革，尤其是个人所得税改革力度大、惠及范围广②，房地产税则进入改革方案设计完善阶段。我国分步骤全面推开营改增，结束了 66 年的营业税征收历史，累计减税超过 2 万亿元，加上采取小微企业税收优惠、清理各种收费等措施，共减轻市场主体负担 3 万多亿元③。我国通过多渠道筹集资金，例如划转部分国有资本充实社保基金，降低企业和居民的社保缴费比例。④ 在个人所得税方面，加快完善综合与分类相结合的个人所得税制度，提高个人所得税起征点，增加子女教育、大病医疗等专项费用扣除，较大幅度减轻居民的个税负担，增加居民的可支配收入。

---

① 但仍存在较大问题。例如，2017 年一般性转移支付中有 37 项 12434.42 亿元资金指定了用途，加上专项转移支付，地方无法统筹使用的资金占比仍达 60%；部分转移支付安排出现交叉重叠，对同类事项或支出通过多个渠道安排资金。参见《国务院关于 2017 年度中央预算执行和其他财政收支的审计工作报告》。

② 主要内容包括：将免征额由每月 3500 元提至每月 5000 元（每年 6 万元）；对工资薪金、劳务报酬、稿酬和特许权使用费等四项劳动性所得首次实行综合征税；首次增加子女教育支出、继续教育支出、大病医疗支出、住房贷款利息和住房租金等专项附加扣除；优化调整税率结构，扩大较低档税率级距。

③ 李克强：《政府工作报告——2018 年 3 月 5 日在第十三届全国人民代表大会第一次会议上》，人民出版社 2018 年版，第 5 页。

④ 人社部、财政部联合印发的《关于继续阶段性降低社会保险费率的通知》明确，自 2018 年 5 月 1 日起，企业职工基本养老保险单位缴费比例超过 19%的省（自治区、直辖市），以及按照《人力资源社会保障部财政部关于阶段性降低社会保险费率的通知》单位缴费比例降至 19%的省（自治区、直辖市），基金累计结余可支付月数高于 9 个月的，可阶段性执行 19%的单位缴费比例至 2019 年 4 月 30 日。具体方案由各省（自治区、直辖市）研究确定。

第二章 收入分配体制的权利内涵与分配效应

科学合理的收入分配理论是收入分配体制改革的前提和基础。缺乏科学理论指导和明确改革方向的体制改革,必将难以前行。而构建科学合理的收入分配理论绝非易事,从孔子的"均无贫""和无寡"到李贽的"私者,人之心",再到中国特色社会主义的"共同富裕";从古典学派到古典学派批评家①马克思的"劳动价值论",再到中国特色社会主义政治经济学的理论发展。千百年来,人们从未停止过对收入分配理论的探索和追求,涌现出大量的收入分配思想和学说,却始终未有定论。本章以马克思主义理论为指导,在前人研究的基础上,继续探寻符合中国特色社会主义的收入分配理论,试图构建较为系统化的中国特色分配经济学说。

第一节 分配体制、分配结果与权利配置

本节先对分配体制、分配结果和权利配置三者进行简单梳理,给出较为清

① 哈里·兰德雷斯(Harry Landreth)和大卫·C.柯南德尔(David C.Colander)认为,马克思是古典经济学最重要的批评家,也是打造"古典"(classical)一词的人。详情参见[美]哈里·兰德雷斯、大卫·C.柯南德尔:《经济思想史》,周文译,人民邮电出版社 2016 年版,第 80 页。

晰的概念界定，然后对三者之间的关系进行阐述。分配体制、分配结果和权利配置三者之间逻辑关系的确定，奠定了本书收入分配理论构建的基调。

一、基本概念界定

（一）分配体制

这里的分配体制主要指收入分配体制。体制（System）指在一定地域内（通常指一个国家）制定并且执行各种经济决策的机制总和。一般指一个国家国民经济的管理制度和运行方式，是国家经济制度的具体形式，即在一定的经济体制下，国家组织生产、流通以及分配的形式。实际上，体制是生产力与生产关系、经济基础与上层建筑的结合点，是它们相互联系和作用的纽带和桥梁。诺思（1995）认为："制度（Institution）是社会游戏（博弈）的规则，是人们创造的、用以限制人们相互交流行为的框架。"体制与制度是形式与内容的关系，制度对体制具有基础性、根本性和决定性作用，而体制一旦建立起来，又会对制度的实施和完善起到重要作用。因此，收入分配体制是指一国或一个地区制定并执行收入分配政策的各种机制总和，是一国经济制度的一种具体形式。可以说，我国"以公有制为主体、多种所有制经济共同发展"的基本经济制度决定了中国特色的收入分配体制，而收入分配体制改革又会进一步巩固和完善基本经济制度的内涵。

（二）分配结果

这里的分配结果主要指收入分配的结果。收入分配一般分为规模性收入分配（Size Distribution of Income）与功能性收入分配（Functional Distribution of Income）。规模性收入分配考察的是个人、住户或者家庭的收入分布情况，特别是不同个体和群体间的不平等收入状况，涉及初次分配与再分配；功能性收入分配又可以称为要素收入分配，它研究的是各种不同的生产要素在参与生产时获得的报酬或所占的收入份额,仅涉及初次分配,不涉及再分配。前者更多地与人民群众的生活水平、质量相关,反映的是收入分配的“均等性”;后者则是同“生产”直接相关,反映的是收入分配的“公平性”。收入分配的最终结果体现的是这两种分配的结果,前者是“小分配”,发生在功能性分配之后;后者是“大分配”,发生在规模性收入之前。

(三)权利配置

权利的研究,最早可追溯到约翰·洛克(John Locke),他认为权利是自然赐予人类的礼物,在国家存在之前就有权利,并且独立于国家。而德姆塞茨(Demsetz,1967)则认为,“当一种交易在市场中议定时,就发生了两束权利的交换①。权利束常常附着在一种有形的物品或服务上,但是,正是权利的价值决定了所交换的物品的价值,提出权利束构成的形成与结合的问题比经济学家所共同探讨的问题更为重要”②。巴泽尔认为:人类社会的一切社会制度,都能够放置在产权分析的框架里分析。随着人类社会的不断演进,诸如此类的产权形式越来越多样化。如巴泽尔所说,“一切社会制度都可以在权利框架下进行分析,个体或组织拥有的权利总和构成整个社会制度,个体或组织拥有的不同权利束就是权利配置的结果”。

二、分配体制决定分配结果

古典主义者认为价值创造的源泉是劳动、资本与土地,劳动发挥着主观能动作用。从这个角度来看,劳动应该比资本和土地获得更多的收入,这是分配规则由价值创造的来源决定的环节;但从分配规则到分配结果,我们发现古典

---

① Demsetz,“Toward a Theory of Property Rights”, *American Economic Review*, Vol.57, No.2, 1967, pp.347-359.

② [美]R.H.科斯、A.阿尔钦、D.诺思等:《财产权利与制度变迁——产权学派与新制度学派译文集》,上海三联书店2002年版,第96页。

主义者认为劳动只获得“维持劳动者及家属的基本生活”份额即可,这与上述分析明显不同,劳动创造的价值与最后劳动者被分配到的价值份额基本不对等,反而劳动工资是由劳动者与资本家签订契约而决定的,并且在此过程中,劳动者始终处于一种不利的地位。因此,分配的最终结果,并不是由价值创造的来源而决定的,相反是由资本家决定。

马克思主义的分配理论认为,价值的唯一源泉是劳动,价值即凝聚在商品中的人类的一般劳动,分配由生产决定,分配关系由生产关系决定。这里,马克思主要是指从价值到分配的过程,虽然分配由价值创造的源泉决定,但分配关系也由生产关系决定。从分配到收入阶段,马克思也认为劳动是价值的唯一源泉,劳动是不是最后参与分配的唯一依据,即“按劳分配”。按劳分配应按生产者向社会贡献的劳动质量与数量进行分配,劳动贡献大小决定收入分配数量的多少。所以,马克思认为,“按劳分配”本质就是按照劳动创造的价值来分配,价值创造的多少直接决定着最终的收入分配,价值创造到分配规则、分配规则到分配结果,这两个过程是对应的,这也充分印证了马克思主义分配理论的科学性。

新古典主义者认为,价值是由劳动、资本和土地共同创造,生产要素的所有者依据其生产要素的贡献获得收入,即生产要素的价格,边际生产力决定生产要素的价格。完全竞争时,各要素的边际产品价值与边际成本相等,也与其创造的价值而获得的收入相等。但在资本主义制度下,要素收入分配理论掩盖了资本家剥削的本质,资本主义制度是为资本主义服务的。随后的凯恩斯主义开始关注收入的再分配,按劳动价值论与要素分配论,再分配都不存在,再分配是为了提高资源配置效率和保障未参与经济活动的个体与组织的基本权利,再分配与价值创造的最初过程基本无联系。

毋庸置疑,以不同的收入分配理论为依据可能会导致不同的收入分配结果,其中“分配规则”起关键作用。分配规则的总和即分配体制,把分配体制“化整为零”即具体的分配规则,把分配规则“化零为整”即分配体制,二者是包含与被包含的关系。虽然不同分配理论对价值创造的源泉有争议,但只要分配体制是确定的,那么分配结果也就确定,分配体制与价值创造源泉并不一定有必然的现实联系,价值创造是纯粹的经济学分析,而分配体制还可能包含伦理、道德及社会价值观等非经济学要素。因此,分配体制决定了分配结果。

三、分配体制的核心是权利配置

制度是决定收入分配的根本一环。市场经济有效运行的前提是权利配置,它发生在市场交易之前,决定着市场交易的范围,在一定程度上影响着收入分配的最终效果。制度是关于人们权利或约束的规定。在简单意义上,收入分配制度就是关于个人或组织在收入分配中的权利规定。对收入分配制度属性的认识,可以从所有制(所有权)、产权、权利与收入分配的关系分析开始。

所有权、产权与权利。所有权是所有制的法律形态,但对所有制有决定意义的是具有排他性的独占或垄断权。恩格斯指出:"垄断就是财产所有权"。[①] 所有权是主体对标的物的独占和垄断的财产权利,确定物的最终归属。它是同一物品上不依赖于其他权利而独立存在的财产权利。在法律框架下,财产所有者可以自由行使他对财产享有的占有、使用、收益、处分的权能。产权概念则涵盖了所有权内涵,但含义更广泛。《新帕尔格雷夫经济学大辞典》将其定义为,"产权是一种通过社会强制而实现的对某种经济物品的多种用途进行选择的权利"。因此,产权不单是一种权利,而是一组权利。其权利有效性取决于强制实现的可能性及其代价。产权区别于所有权,它是所有权主体在交易中形成的相对权利关系,不但包括物权,还包括股权、债权、知识产权、名誉权、商标权等形式。所有权通常与财产支配相关,产权则还包括个体是否有权利用财产对他人权益造成损害,例如张三的牛不经允许则无权去李四的水

① 《马克思恩格斯全集》第1卷,人民出版社1956年版,第613页。

稻田吃禾苗，而这一规定并不影响张三对牛拥有的所有权。一般意义上，现代的“权利”内涵则更加广泛。① 它最早体现为16世纪以后西方资本主义革命中作为一种“非道德的正当性”而出现的自由、平等的观念，强调“自主性”而非道德意义上的合理性，即只要人的行为不损害他人利益（或公共规则），他就有权做这些事，权利保证其行为的正当性（金观涛和刘青峰，2011）。马歇尔（Marshall 等，1992）将权利发展划分为公民的、政治的和社会的三个阶段，公民权利包括个人的自由权、言论和思想自由、恰当的程序，政治权利即参与政治权力行使的权利，社会权利包括教育、健康和医疗服务及一般的福利国家的服务②。权利可以是纯粹的法律概念，还可能出现道德化倾向，如生存权、分配平等。总的来看，所有权、产权和权利大致存在如图 2.1 所示的关系。

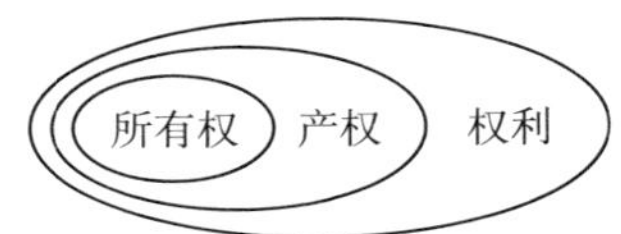

图 2.1　所有权、产权与权利的关系

资料来源：笔者绘制。

收入首先是一项权利，收入分配即是权利实现的过程，收入分配中权利的缺失将会引起收入分配失衡。马克思在《政治经济学批判导言》中指出，“在产品的分配之前是（1）生产工具的分配；（2）社会成员在各类生产关系中的分配”，做好了上述规定，“产品的分配就自然实现了”。（1）、（2）体现了收入分配体制的作用。产品分配由权利关系来决定。由此看来，对劳动力、资本等各

---

① 中国古代“权”“利”连用为“权利”一般为两类含义：一是指权势和货财或利益；二是作动词使用，意为权衡利害。如《荀子 · 劝学》《商君书 · 算地》以及汉代《盐铁论》等的“权利”均为上述含义，汉代以后主要用法仍泛指权势和利益。19 世纪西方现代观念传入中国。1864 年清政府《万国公法》刊印，“权利”出现 81 次，含义均为法律性的，此后“权利”成为重要的政治用语，对中国现代权利观的形成起到重要作用。参见金观涛、刘青峰：《中国近现代观念起源研究和数据库方法》，《史学月刊》2005 年第 5 期。

② ［英］T.H.马歇尔、安东尼 · 吉登斯：《公民身份与社会阶级》，郭忠华、刘训练编译，江苏人民出版社 2008 年版，第 2 页。

要素的权利配置即是收入分配体制。以西方经济学为基础的制度经济学里也体现了这一论点。科斯(1960)强调了在交易成本存在时,权利配置对收入分配效果的决定性影响①;森(Sen,2006)提出各类不平等与分配结果都是由权利配置实现;诺思(2008)阐述了产权制度及其保护对生产与收入的作用机制;哈特(Hart,2008)说明了剩余控制权的配置对剩余分配的决定作用。这些都表明了权利配置对收入分配的决定性作用。权利被剥夺导致饥荒和贫困(森,2006),权利不平等不但加剧了日益严重的不平等(Stiglitz,2015),还会切断人们走出贫困的路径。现代再分配应当基于权利的逻辑,遵循人人都可获得基本公共服务的平等原则,至少通过医疗、教育、养老等领域公共服务替代收入来实现社会公平(Piketty,2014)。众多研究都充分强调了权利对收入分配的影响,认为分配公平是权利的应有之义。有的侧重强调应使人们摆脱物质缺乏和贫困,保障其基本的生存权,有的则还进一步强调享受基本公共服务的发展性权利。

权利配置对收入分配的作用机制具体是什么? 本书认为权利配置通过以下三点作用于收入分配:(1)权利配置决定了个体拥有的劳动力和财产等资源;(2)权利的约束范围决定资源有效使用的范围;(3)对权利的保障决定个体收入的可索取性。马克思认为权利主要通过(1)决定分配,所以他把改变收入分配模式的方法归于革命。但在社会主义市场经济条件下,(2)、(3)同样发挥了重要作用。

简言之,收入分配体制决定了收入分配结果,收入分配体制的核心是权利配置。收入分配结果之所以由收入分配体制决定,关键在于收入分配体制中的权利配置是收入分配结果的决定因素。即权利配置是根本所在,收入分配体制只是形式。在不同的经济制度下,先是权利配置决定收入分配制度,从而产生不同的收入分配结果。

---

① R.H.Coase,"The Problem of Social Cost",*Journal of Law & Economics*,Vol.3,No.1,1960,pp.1-44.

第二节　决定收入分配格局的三种核心权利

本书作者长期研究狭义联合产权理论，即企业是一个以要素产权联合与劳动产权联合相结合的生产性组织，其中：要素产权包括物质资本产权与非物质资本产权，具有竞争性分配的特征；劳动产权的主体是集体，根源于协作、组织能力与组织知识，是一种共同共有的集体产权，具有共享与平均的分配特征。一般地，企业中要素产权所占比重越大则分配越具有集中性与不平等性，劳动产权所占比重越大则分配越具有分散化与共享化。联合产权制度的表现形式可根据要素产权和劳动产权的不同组合形式而呈现出多样性，例如以物质资本为主的联合产权包括以公有资本为主的联合产权制度和以私有资本为主的联合产权制度，社会主义市场经济体制的微观基础是以公有资本为主体的联合产权制度。若要把企业内分配延伸到整个经济系统的分配，那么理论框架需作相应调整，即要从狭义联合产权理论扩展为广义联合产权理论。

一、权利配置的参与权、收入权和保障权

任何一个经济系统的经济活动至少包括生产与分配两个环节，生产是分配的前提，分配又会影响再生产，两者相互联系、相互作用，必须处理好两者的关系。对于经济系统的主体而言，必须要参与生产活动才能具有参与初次分配的资格，对于非生产者而言，经济系统要通过再次分配保障其基本生存。由此，我们可以抽象出三种权利：参与权、收入权与保障权。在社会主义初级阶段，为了激发各要素的积极性，劳动者联合体和要素联合体共同对社会新增价值拥有产权，也即社会主义市场经济的制度性质有联合产权性。产权决定分配，不同的产权制度决定了不同的分配制度。权利配置主要体现为参与权、收入权与保障权（刘长庚，2012、2014）。

参与权，即经济个体自由参与生产的权利配置。新古典经济学者认为，在

市场机制中,每种生产要素都要能够平等地参与竞争和分配,实现资源的优化配置。对个体而言,每个个体都至少拥有一种或多种生产要素,给予个体相应的参与权,就可以保障个体通过要素投入平等地参与竞争。参与权有两个内涵:一是各要素要能够通过参与权平等地参与竞争,进而获得收入;二是要规范要素参与分配的起点,实现起点公平。参与权的合理配置有助于构建充满活力的市场经济,这主要是由于参与权强调市场主体在参与市场经济活动时的权利公平、机会公平、规则公平,例如企业在招聘时必须一视同仁,不能搞性别歧视或高校歧视,公有制企业与非公有制企业在一般性行业领域内要能够实现公平竞争,不能搞行政垄断,等等。

收入权,即生产者从经济系统获得收入的权利配置。由马克思的劳动价值论和剩余价值论出发,劳动创造了价值,劳动者付出劳动,理应得到与其付出等价的报酬,在分配中,要更加注重劳动分配。其他要素投入,应按贡献获得相应报酬。收入权的内涵:一是参与生产的各要素理应得到与其贡献相等价的报酬;二是企业内部收入应该由参与生产的各要素共同分享;三是以要素贡献大小进行分配更能够激励个体参与生产活动。收入权的合理配置有助于不断激励市场主体投资专用性资产,提升企业的核心竞争优势,这主要是由于收入权强调公平分配,尤其是要突出对"人权"的贡献,赋予劳动者对企业合作剩余的分配权,构建劳资利益共同体,增强劳动者的主人翁意识,提升劳动者长期留在企业的意愿,激励劳动者不断投资企业所需要的专业技能,进而提升企业的市场竞争能力。

保障权,即经济系统保障所有个体基本生存和平等发展的权利配置。通过给所有经济个体提供教育、医疗、养老、失业等社会保险,提高经济社会的整体生产力水平,实现经济系统的持续健康发展。保障权的内涵:一是要使经济个体获得最基本的人权;二是要使低收入群体也可以较好地受益;三是保障权具有充分性与普遍性,即在强调覆盖面广的同时,也注重经济个体获得保障权利的充分性。保障权的合理配置有助于保证低收入群体能够得到基本的生活保障，这主要是由于保障权强调"人人享有"，针对的是全体居民，而并非少数人，它来源于全社会劳动者行为对经济产生的正外部性，即非劳动者所享受到的社会保障来源于劳动者对整个经济发展所作出的贡献，劳动者的产出中有一部分拿出来上缴公共财政，用于保障全体居民的基本生存和平等发展权利，为经济社会发展提供和谐的环境。

二、制度框架下的权利配置与收入分配

马克思主义理论指出：生产决定分配，生产关系决定分配关系。要素所有者首先要参与生产，然后企业根据其在生产中的贡献进行收益分配，或在进入生产环节之前与企业签订要素合同，在合同中写明相关事宜。这里就涉及两项权利：参与权和收入权。参与权是指生产要素所有者参与生产的权利配置，收入权是指生产要素所有者参与生产所获得的经济报酬。从市场经济的一般性来考察，参与权的对象主要是两类：劳动与资本。劳动者可以选择到企业工作，或者自我雇佣成为个体户；企业根据国家相关规定进行注册，平等参与市场竞争。参与权与收入权的配置构成初次分配的核心内容。国民收入分配包括初次分配与再分配，其中再分配对初次分配有比较重要的影响，由此产生与再分配相关的保障权，它侧重强调全体居民基本生存和发展的权利，例如九年义务制教育可以较大幅度提升国民整体受教育程度，增强国民素质和学习能力，提高就业质量等（见图 2.2）。

毋庸置疑，影响收入分配的核心权利和最直接权利是收入权。为此，有必要将收入权再进行深入剖析，我们借鉴威廉姆森（Williamson，1985）构建以合约为分析单位的企业内合约治理分析框架。在收入权配置的节点 O，劳动者与企业准备签订合约，K 代表劳动者的专用性人力资本，$K=0$ 表示劳动者不拥有专用性人力资本，即劳动者掌握的是简单知识，从事的是简单劳动，可替代性较强，企业按照市场价格 $P1$ 支付劳动工资；$K>0$ 表示劳动者拥有专用性人力资本，劳动者掌握的是复杂知识，从事的是复杂劳动，可替代性较弱，企业

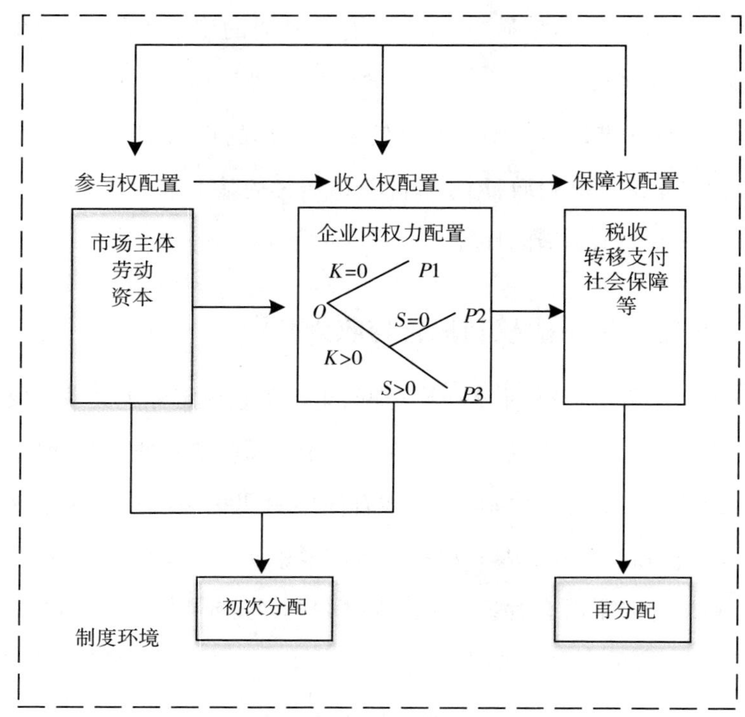

图 2.2　制度框架下的权利配置与收入分配

资料来源:作者绘制。

按照 $P2$ 或 $P3$ 的价格支付劳动工资,$P2$ 与 $P3$ 的差异是企业或劳动者是否提供抵押,$S=0$ 表示企业或劳动者都不提供抵押,$S>0$ 表示企业或劳动者至少有一方提供抵押。这里的抵押主要包括长期合同、剩余控制权和剩余索取权、财务、声誉、人力资本等。在上述劳动者与资本方的博弈过程中,双方的权利大小决定了各自的收入分配,进而决定了整个国民收入初次分配格局。

三、参与权、收入权、保障权对收入分配的影响

参与权与收入分配。生产是分配的前提,生产的多寡决定了可分配资源的多寡。参与权是指参与生产的权利,各类生产要素都能参与到生产过程中,经济系统的产出自然而然会很高。如果只有少部分生产要素能够参与到生产

过程中,大部分生产要素都被排除在生产之外,那么就会导致资源浪费,产出较低,可分配的资源较少,人们的物质生活水平比较匮乏。因此,参与权决定了可分配收入的大小,参与权越充分,可分配的收入也就会越多;参与权越弱,可分配的收入就会越少。为此,经济系统要努力让一切能够创造财富的生产要素积极参与到生产过程中。

收入权与收入分配。收入权的大小决定收入分配格局与收入差距的大小。如果资本方的收入权远大于劳动者的收入权,那么劳动者与资本方的收入差距就会越来越大,劳动报酬在初次分配中的份额会越来越小,资本报酬在初次分配中的份额会越来越大,进而走向两极分化,届时劳动致富将成为"乌托邦",资本致富在社会中的作用将会变得极大,这正是当今资本主义国家的真实写照。相反,如果劳动者的收入权较大,资本方的收入权较小,那么劳动致富会成为现实,劳动者拥有其所创造价值的绝大部分,资本只是价值创造过程中的生产条件,这正是社会主义国家孜孜以求的目标。

保障权与收入分配。保障权主要是衡量一国的再分配水平,其核心是在初次分配基础上通过财政收支来调节收入分配,改善社会民生,维护社会公平正义,缩小最终收入差距。我们可以借鉴马蒂亚·福切萨托和萨缪·鲍尔斯(Samuel Bowles 和 Mattia Fochesato,2015)提出的再分配率概念来分析再分配政策对收入差距的调节效果①。再分配率=(1-再分配后的基尼系数/再分配前的基尼系数),如果再分配后的基尼系数小于再分配前的基尼系数,那么该国的再分配率是正数,属于正调节,也即收入差距缩小了;反之,如果再分配后的基尼系数大于再分配前的基尼系数,那么该国的再分配率是负数,属于逆调节,也即收入差距扩大了。正常情况下,一国通过赋予居民普遍充分的保障权,基尼系数会下降,再分配率会较高,表现出正调节,收入差距会缩小。值得明确的是,

① 具体参见 Samuel Bowles & Mattia Fochesato,"Nordic Exceptionalism? Social Democratic Egalitarianism in World-Historic Perspective", *Journal of Public Economics*, Vol. 127, No. 7, 2014, pp.30-44。

仅依靠市场来调节收入差距是远远不够的，很难形成橄榄型的收入分配格局，必须通过政府的有效再分配来遏制收入差距的扩大（皮凯蒂，2016），有效再分配的手段主要是为全体居民提供教育、医疗、养老、失业等社会保险。

第三节 “三权”的历史演进及相互关系

一、参与权类型的演进

参与权，主要是指各生产要素如何进入生产系统的权利，决定了哪些生产要素可以进入、哪些生产要素不能进入生产系统，以及以何种方式进入生产系统。从历史演进来看，主要存在着指令型参与权、能力型参与权和实现型参与权，这三种类型在不同的时期又有不同的表现形式。

原始社会的参与权。原始社会所产生的部落是人类从猿类分化出来所建立的第一个联合体，部落成员在部落首领的指令下进行生产，遵循着最简单的分工——男性狩猎、女性采集，属于指令型参与权。但这类指令型参与权是一种相对弱的指令型参与权，因为无论是当时的部落首领还是普通部落成员，他们之间的关系本质上还是属于一种分工协作的关系，各成员之间是相对平等的。即使是有一定的分工协作，也主要是基于部落成员自身的禀赋特点来进行分工的，并不存在部落首领对部落成员的强制性安排。

奴隶社会的参与权。到了奴隶社会，私有制已经产生，相应地产生了奴隶主阶级和奴隶阶级，这一时期的参与权也属于指令型参与权。很显然，虽然和原始社会一样都属于指令型参与权，但是这两者的参与权存在极大差别。奴隶社会的指令型参与权是极不平等的①，奴隶是严格受到奴隶主控制的，奴隶

---

① 当时产生的奴隶主庄园经济，奴隶在奴隶主的监督下进行劳作，主要是满足奴隶主阶级的需求，是一种自给自足的经济。由于奴隶没有人身自由，他们甚至可以被当作商品被拿到奴隶市场上去进行买卖，所以这种参与权对奴隶而言是极不平等的。

只能服从于奴隶主的指令安排,没有人身自由,他们之间的关系实质上是一种隶属关系。奴隶主不仅拥有土地、农具等物质生产资料,还拥有奴隶,奴隶主通过指挥和控制奴隶进行生产。因此,总体来看,这一时期的指令型参与权是一种强制性的、极不平等的参与权。

封建社会的参与权。随着生产力的进一步发展,封建社会取代了奴隶社会,但依旧是属于指令型参与权。和奴隶社会不同的是,这一时期的指令型参与权有了一定程度的变化。首先,封建地主和农民之间的人身附属关系已经瓦解,即农民(佃农)已经有了一定的人身自由,不再是封建地主的私人财产①;其次,佃农只在其与地主签订的契约关系中服从封建地主的指令型安排,是基于契约的指令型安排;最后,农民按照契约上缴了一定的租金之后,可以占有土地生产剩余,这就在一定程度上给予了佃农参与权的自由。

资本主义社会早期的参与权。资本主义社会早期,资本家是冷酷无情的,资本家无情地榨取着工人阶级的劳动成果,这一时期的参与权属于能力型参与权。之所以称为能力型参与权,主要是因为这一时期资本要素已经是推动生产力发展的决定性因素,资本家凭借自身的能力(主要是物质资本)组织工人进行生产,进而获取利润。总体来看,这一时期是否拥有物质资本(包括土地、资金、机器等)和拥有物质资本的大小是决定个体参与权的关键,没有物质资本的劳动者(无产阶级)只能通过出卖自身劳动力成为工人参与生产,而拥有物质资本的个人就可以成为资本家组织工人进行生产,并且拥有控制生产的能力。在资本家之间,拥有物质资本越多的资本家就可以成为大的资本家,而拥有物质资本较少的资本家就可能只是一个小小的作坊主或小资产阶级。但整体来看,这一时期的参与权也是极不平等的,能力型参与权主要是基于物质资本的参与权,无产阶级的参与权堪忧。

资本主义社会成熟期的参与权。随着资本主义社会的进一步发展,能力

---

① 当然,当时也存在“卖身”现象,不过一般可以通过用一定的钱财进行赎身。但是从当时的社会制度来看,“率土之滨莫非王臣” 表明农民并没有真正意义上的人身自由。

型参与权也得到较大程度的改善,这主要体现在以下几个方面:一是物质资本要素在生产中的地位开始下降,人力资本要素的地位开始上升,并且起到的作用越来越大;二是这一时期的劳动力市场和资本市场已经形成,劳动者和资本拥有者都可以凭借能力通过相对公平的竞争进入生产系统;三是这一时期的参与权相对更加自由,除了维持个人正常的基本生活之外,在一定程度上是一种自我价值实现的追求。① 总体来看,这一时期在生产系统面前,各生产要素均拥有相对均等的机会②,能够通过相对公平的市场进入生产系统,进而实现资源的优化配置。

社会主义计划经济时期的参与权。与资本主义不同,社会主义计划经济时期的参与权是指令型参与权,但是这种指令型参与权又有自身的特点。首先,在社会主义计划经济时期生产资料是公有的,不存在所谓的私营经济,所以参与生产的物质资本仅仅包括公有制资本;其次,个人只能在国家计划指令安排下进入生产系统,是为国家制定的战略服务的,个人服从组织安排是当时参与权的典型特征;最后,为了便于统一计划安排,个人(主要是劳动力)不允许自由流动,劳动力要素存在城乡分割。总体来看,这一时期的参与权是服从中央计划下的指令型参与权,在信息不对称的前提下,这种参与权也是不平等的,因为很难实现资源的优化配置。

社会主义市场经济时期的参与权。随着我国改革开放政策的实施,我国逐步进入到社会主义市场经济时期,这一时期的参与权也是能力型参与权,是基于物质资本和人力资本的参与权。应该说,这种类型的参与权与资本主义成熟期的能力型参与权有几分相似,但却并不是完全相等。一方面,这两种形式的能力型参与权存在的社会背景并不一样,一种是在资本主义社会条件下,

① 之所以会出现这种类型,主要是由于有一部分人拥有的财富本身已经较多,基本上实现了财务自由,但还是继续勤奋地工作,这种参与权的目的主要是为了实现马斯洛需求层次中的自我价值实现。

② 不可否认,这一时期也可能存在一些隐性的就业壁垒,如就业歧视等,但随着资本主义社会的不断完善,这种现象的程度将逐步减轻。

另一种则是在社会主义制度下；另一方面，二者依托的经济基础不一样，社会主义市场经济是公有制经济占主体地位，而资本主义成熟期则是私有制经济占主体地位。这种参与权也主要是基于人力资本和物质资本的能力型参与权。

共产主义社会时期的参与权。根据马克思的构想，到了共产主义社会时期，人类已经是得到全面发展具有高度共产主义觉悟的劳动者，劳动不再仅仅是谋生的手段，而是成为生活的第一需要。这样共产主义社会时期的参与权就已经发展成为实现型参与权，即劳动者参与劳动是为了实现自我价值，是一种为了社会的需要联合起来进行的自觉自愿的、无报酬的劳动。这种参与权没有强制性，也不仅仅是为了生存，是一种高度自由的、平等的参与权。

总结来看，随着人类社会的演进和社会生产力的发展，赋予居民的参与权是越来越趋于平等，呈现出向机会均等、公平竞争的收敛趋势①。

二、收入权类型的演进

收入权，是指进入了生产系统进行生产的各类生产要素应该如何获得收入的权利，决定了各生产要素获得收入的种类和形式，更为重要的是决定了各生产要素的积极性。从经济社会历史演进来看，收入权主要包括了平均型收入权、等级型收入权、贡献型收入权和需求型收入权。当然，这些类型的收入权在不同的时期也有不同的表现形式。

原始社会的收入权。原始社会由于生产力低下，很多时候生产的产品仅够维持部落成员最基本的生活，在这种情况下，不得不实行平均主义分配方式②，因此，这一时期的收入权为平均型收入权。这种平均型收入权是在当时

① 由于共产主义社会还处于一个设想阶段，并没有实实在在地在人类社会上出现过，故在此总结参与权演进规律时并没有将之考虑进来。

② 根据相关历史资料显示，当时这种平均主义也不是绝对平均主义，以狩猎获得的猎物分配为例，强壮的猎户能够从猎物的分配中获得最好的一块肉，而那些没有参与狩猎的只能分到肉质较差的一部分肉。

部落成员之间的分工协作关系下产生的，从数量上来看，每一个部落成员能够分到的产品极其有限，但是这对于维系种族延续起到了极其重要的作用。

奴隶社会的收入权。到了奴隶社会，收入权就演化为了等级型收入权，奴隶主作为统治阶级占有所有的剩余产品，而奴隶阶级则仅仅能够获得维持最基本生活所需的产品，其生活境况极其窘迫。等级型收入权最明显的特征就是按照等级分配产品，除了奴隶主和奴隶之间的阶级以外，奴隶之间也有一定的等级，一般来讲，较强壮奴隶的等级就较高，能够获得的劳动产品也较多，而弱小的奴隶其等级相对较低，则有可能只能获得极少部分维持生存的产品，甚至被奴隶主拿去奴隶市场交易或直接抛弃。

封建社会的收入权。土地对于封建社会来讲，是最为关键和重要的生产资料，因此这一时期的收入权也是与土地贡献密切相关的贡献型收入权①。地主阶级拥有的土地数量越多、质量越高（肥沃程度、阳光照耀充足、水利方便等），其通过土地获得的收益就越多；而对于佃农来讲，其租种的农地产量越高，其能够留给自己的剩余产品就越多。但总体来看，地主阶级是这一时期剩余产品的占有者，佃农能够由此分享到的剩余产品极其有限。

资本主义社会早期的收入权。进入资本主义社会以后，由于“圈地运动”使大量的农民失去了土地而成为无产阶级，资本家在大量失业大军面前可以无情地榨取工人阶级创造的合作剩余，因此这一时期的收入权属于资本的贡献型收入权。在资本家控制的企业内，工人阶级仅仅能够获得维持基本生活的少部分收入②，而资本家则能够凭借自身拥有的资本份额（资本贡献）分享企业利润。加之，在资本主义社会早期，物质资本这一生产要素相对较为稀缺，这就加剧了基于物质资本而形成的贡献型收入权。

---

① 严格来说，这种贡献型收入权主要是针对地主阶级而言的，对于佃农来说，其主要的贡献可能还是自身付出劳动力，以及掌握的种田技术。

② 从劳动力市场供求关系来说，主要是由于当时失业的人数很多，导致劳动力供给远远超过了资本家企业的需求，故而资本家可以通过压低工资至生存工资水平，并长期不让其增长。“恩格斯停滞”所观察到的就是这种现象。

资本主义社会成熟期的收入权。随着资本主义经济社会的发展，物质资本和人力资本均成为重要的生产要素，这时的贡献型收入权也演变成了基于生产要素和团队的贡献型收入权。具体来说，普通劳动者可以基于自身的劳动力大小按劳取酬，管理者可以基于自身的管理能力获取劳动报酬，技术人员可以凭借自身的技术贡献获取劳动报酬，而物质资本家则可以依然凭借资本份额的大小参与企业利润分配。当然，除了基于要素贡献外，这一时期还出现了基于团队贡献而进行分配的形式，即基于一个团队对生产的贡献而分享合作剩余①。值得一提的是，这一阶段出现了人力资本参与利润分配的情况，如期权、入股制等，即人力资本能够一定程度和物质资本共享企业利润。总体来看，这一时期的收入权激励作用较为充分，各生产要素能够各得其所，获得的收入是基于居民所控制的生产要素和团队所产生的贡献大小。

社会主义计划经济时期的收入权。在社会主义计划经济时期，为了服务于国家优先发展重工业战略，各项经济活动均在中央计划的指令下运行，实行的是"重积累、轻消费"的方针，对生产产品的分配实质上是采取平均主义分配，因此，这一时期的收入权类型属于平均型收入权②。虽然在这一阶段也提倡实行按劳分配，但是由于大部分产品被用作工业积累，能够用于分配的产品较少，在实际操作过程中却用平均主义代替了按劳分配。

社会主义市场经济时期的收入权。到了社会主义市场经济时期，随着国有企业改革的推进和民营经济的发展壮大，这一时期的收入权类型已经由原来的平均型收入权转变为了贡献型收入权。这种贡献型收入权既可以基于要素贡献进行分配，也可以基于团队贡献进行分配，还可以基于社会贡

---

① 团队贡献主要是指一些在团队成员中难以分割、难以计量的整体贡献，基于这类贡献获得的收入就属于团队型贡献收入权。

② 部分学者认为，这一时期的收入权也有可能属于等级型收入权，因为部分社会产品是凭借个人职位而获得的，如政府行政人员实行的就是职务等级工资制。但是，就我国当时经历的社会主义计划经济而言，平均主义占据了当时的主导地位。

献进行分配。这里着重解释一下社会贡献，因为在社会主义市场经济中国有企业占据主导地位，从本质上来说，这类企业属于全民所有，其创造的利润应该实现全民共享，通过这种形式获取到的收入被称为按社会贡献获得的收入。可以说，这是社会主义特有的优势，也是社会主义市场经济的优越性体现。

共产主义社会时期的收入权。到了共产主义社会，生产力已经高度发达，社会产品已经极其丰富，劳动者基于自我实现的需要为社会进行着不计报酬的劳动，这也就是说，收入权已经完全超脱了原来的贡献型分配方式，取而代之的是需求型收入权。需求型收入权是指劳动者获取收入的方式是基于个人需要，实现了按需取酬。

总的来看，收入权类型的演进是朝着各生产要素共享劳动成果的方向发展，即各生产要素能够按照贡献获取到其应得的报酬，直到共产主义社会实现按需取酬，实现更高层次的共享。

三、保障权类型的演进

保障权，是指通过社会的再次分配对那些未进入或者暂时性未进入生产系统的人员进行非生产性转移，以保障这些非生产者的基本生活。保障权很大程度上决定了哪些非生产者能够获得社会保障，以及在多大程度上能够获得保障，即保障的范围和水平。保障权属于整个收入分配环节中的再分配环节，对收入分配结构具有决定性影响。从历史演进来看，保障权的类型主要包括无保障、救助型保障、差别型保障、普遍型保障和充分型保障，和其他权利一样，这些保障权类型在不同的时期有不同的表现形式。

原始社会和奴隶社会的保障权。就保障权而言，在原始社会和奴隶社会并不存在真正意义上的社会保障。虽然原始社会是一种相对平等的社会，社会成员之间的关系也是一种分工协作关系，但由于生产力水平极其低下，在进行了初次分配之后，一般很难再有剩余的产品被用来进行再分配，去保障那些弱势群体。因而,原始社会的保障还仅仅是停留在自然保障水平上①。而对于奴隶社会来说,虽然有了一定的社会剩余产品,但是奴隶主和奴隶之间其实是一种附属关系,整个国家依然没有形成真正意义上的再分配制度。加之,奴隶的经济社会地位极其低下,奴隶主没有动力去为奴隶构建再分配制度,故而也不存在保障权。

封建社会的保障权。到了封建社会,针对全社会的保障权开始产生了,但主要是一些由封建国王发起的济贫、救灾项目,能够获得这种保障的人数极其有限,因此,在此将之称为救助型保障权。这种救助型保障权是封建统治阶级为了维护经济社会稳定而采取的手段,本质上还是为统治阶级服务的。就其覆盖范围来看,只有那些遭受了天灾人祸的人群才能获得这种保障权,所以这种保障权并非普遍型的;就其保障水平来看,一般仅仅是为这些人提供最基本的生活保障,属于层次极低的那种;就其保障的可获得性来看,这种保障权具有一定的不确定性,因为这主要取决于统治阶级的决策,故并非每一个受灾群体都能获得这种保障。

资本主义社会早期的保障权。到了资本主义社会早期,赋予居民的保障权依旧是救助型的保障权,现代意义的社会保障依旧未能普遍。这一时期,针对这种救助型保障权,部分国家曾经出台了部分相关法律,如英国在1601年就通过了《济贫法》②,从而使这种救济型保障权开始有了一定的法律依据。总体来说,这一时期的救济型保障权比封建社会时期保障权有了较大的进步,其救助的范围和规模也更为庞大,并形成了初步的制度框架,这为后来现代意义社会保障权的实现奠定了基础。

资本主义社会成熟期的保障权。随着资本主义社会的不断完善,尤其在经历了经济大萧条之后,发达资本主义国家基本上建立起了较为普遍的社会

① 原始社会的生产资料属于公有制,通过劳动获得的产品也属于公有,对这些公有的产品进行分配应该属于初次分配,并不是再次分配。

② 这部《济贫法》是英国女王颁布的,是世界上最早的一部。

保障,故而将这一时期的保障权称为普遍型保障权。这些为居民提供的保障除了传统的社会救助之外,还涵盖了养老、医疗、工伤、失业、生育、住房等,基本上实现了应保尽保。当然,这种普遍型的社会保障权在不同的时期也会存在程度上的差异,有的国家提供的保障水平相对较低,仅仅能够维持最基本的生活水平,而有的国家则提供了相对较高的保障水平,凭借这种保障权就能过上比较体面的日常生活。①

社会主义计划经济时期的保障权。社会主义计划经济时期的保障权类型我们将之称为差别型社会保障权,因为这种保障权并不具备普遍意义,而是仅仅为一部分群体构建保障权,而其他部分则基本没有或者仅仅是停留在以前的救助型保障权。以我国当时的计划经济时期为例,国家仅仅针对城镇居民建立了相对完善的保障权(虽然保障水平较低),而农村居民则没有相应保障,依然停留在原来的家庭保障和土地保障层面。这种差别对待的保障权,既是城乡二元经济结构的产物,又是当时经济发展战略所导致的,对我国后来的经济社会发展产生了深远影响。

社会主义市场经济时期的保障权。由于计划经济时期的保障权存在诸多缺陷,到了社会主义市场经济时期我国建立起了与经济社会发展相适应的社会保障,这一时期的保障权类型已经属于普遍型社会保障权了。就我国而言,和资本主义社会成熟期的普遍型保障权相比,存在以下特点:一是依然存在一定城乡分割,城镇职工和农村居民享受的社会保障是两套系统,制度上存在较大差异;二是保障水平也存在较大差别,农村居民能够享受的保障水平要远远低于企业职工,而企业职工能够享受的保障权又远远低于机关事业单位人员;三是国有企业利润是潜在的提供保障基金的重要来源渠道,体现在一定的社会主义制度优势。有理由相信,随着社会主义市场经济的进一步发展,这种普遍型的保障权将会更加完善,逐步发展成为充分型保障权,并超越资本主义社

① 北欧的五个国家大体就属于这种状况,提供的保障水平较高,足够维持一个正常人的基本生活。

会的普遍型保障权。

共产主义社会时期的保障权。毫无疑问,到了共产主义社会赋予居民的保障权肯定是普遍充分型的保障权,并且,这种保障权将会超越其他任何以往的时期。从覆盖范围来看,这绝对是应保尽保,每一个社会成员都能够获得相当充分的社会保障;从保障水平来看,这种保障已经完全超脱了生存的需要,而是更好地保障社会成员去实现自我价值,保障水平极高;从保障的形式来看,形式必定是多种多样的,只要有需要保障的地方都能得到保障,能够有力地保障社会成员的各个方面。可以说,共产主义社会的这种普遍充分型保障权是整个社会保障权演进的基本方向。

总的来看,保障权实现了从无到有、从简单的救助型到普遍型、从低水平向高水平演进的过程,未来赋予居民的保障权应该是普遍、充分的保障权。

四、"三权"的相互关系

参与权、收入权和保障权是决定收入分配的三项核心权利,而这三项权利又是相互联系、相互作用的。下面具体阐释参与权与收入权、参与权和保障权、收入权和保障权之间的相互关系。

(一)参与权和收入权

参与权和收入权均属初次分配范畴,参与权是确保各生产要素实现资源优化配置,收入权则是要充分激发各生产要素的积极性,以最大化产出。因此,这两项权利各有侧重,但这两者却又非常紧密、相互依存。

首先,参与权很大程度上决定了收入权。没有参与权就谈不上收入权,只有在生产要素进入了生产系统才能获得收入,没有进入生产系统进行生产的要素不能获得收入。参与权类型决定了哪些生产要素能够进入生产系统,以及以何种形式进入生产系统。以计划经济时期为例,物质资本要素中只允许公有资本进入生产系统,而私有资本被排斥在生产系统之外,并且劳动力要素也只能服从于中央计划指令进入生产系统,没有公开竞争的劳动力市场。换句话说,参与权决定了能够获得收入权的生产要素的种类和数量,决定了收入分配的起点,收入权是在参与权类型下的内在权利。参与权是一个门槛,进入了该门槛的生产要素才能获得收入权,未进入该门槛的生产要素则不能获得收入。参与权面对的是所有生产要素,而收入权面对的只是那些进入了生产系统的生产要素。从这个意义上来讲,参与权决定了收入权的广度和深度。

其次,参与权类型会一定程度上影响收入权类型。据上分析,参与权类型大致可分为指令型参与权、能力型参与权和实现型参与权,而收入权则可以分为平均型收入权、等级型收入权、贡献型收入权和需求型收入权,这两者的组合在一定程度上会受到参与权类型的影响。从历史演进视角来看,指令型参与权类型下,收入权类型最可能存在的就是平均型收入权、等级型收入权;能力型参与权类型下,收入权类型最可能的就是贡献型收入权;而实现型参与权类型下,收入权类型最可能存在的就是需求型收入权。之所以呈现这样的参与权和收入权组合,并不是因为其他的组合形式不可能存在,而是在特定的参与权类型下,更为匹配的收入权类型在现实生活中的运行效率更高、成本更低。

再次,收入权是参与权存在的目的和意义。从本质上来说,各生产要素之所以要进入生产系统,其最根本的目的是要通过生产而获得相应的收入,劳动力要素要求获得劳动收入,资本要素要求获得资本收入。如果仅仅是进入生产系统而不能获得收入,那么参与权存在与否意义并不大。即参与权存在的根本目的就是要让进入生产系统的各生产要素获得收入权。换句话说,如果没有收入权这一源动力,参与权就失去了其存在的意义。

最后,收入权类型也影响参与权类型。虽然参与权在很大程度上决定了收入权,但是收入权类型也会影响参与权类型。一方面,收入权类型决定了各生产要素行使参与权的积极性。如果收入权给予各生产要素的报酬很低,且实行平均主义,就可能会有一部分优质生产要素不行使参与权,参与竞争的生产要素就会减少,资源优化配置的目标就很难实现。反之,如果收入权给予各生产要素的报酬很高,并且实行按贡献分配,则能激发更多优质生产要素行使参与权,实现充分竞争,达到资源优化配置。另一方面,收入权类型会在一定程度上推进参与权类型的演进。当收入权配置更加注重生产要素的能力和贡献时,就会反作用于参与权配置,通过参与权配置的改善来吸引更多的优质生产要素,从而最大化生产。以我国改革开放为例,当按劳分配和按生产要素贡献参与分配被得到认可时,改变以往指令型参与权为能力型参与权就成为必然,因此,收入权类型也会反作用于参与权类型。

(二)参与权和保障权

从收入分配整个过程来看,参与权决定了收入分配的起点,而保障权则决定了收入分配的结果。这两项核心权利之间的相互关系非常密切,二者既相互补充、相得益彰,又相互影响、相互制约。

首先,参与权一定程度上决定了保障权行使的对象。据上分析,参与权决定了哪些生产要素可以进入生产系统,哪些生产要素不能进入生产系统,即将居民分为两类——生产者和非生产者。而非生产者正是保障权行使的对象,由于保障权属于再分配范畴,其进行的非生产性收入转移主要目的是保障这类人的基本生活,确保其最基本的生存权和发展权。即除了那些无能力或者暂时无能力参与生产的个人,如老、弱、病、残、孕不行使参与权之外①,参与权决定了那些选择行使参与权的劳动者,哪些可以进入生产系统成为生产者,哪些成为非生产者(即失业者),只有这些非生产者才是保障权行使的对象。因此,保障权行使的一部分对象是参与权限定的,即参与权很大程度上决定了保障权行使的范围。

其次,参与权类型影响居民行使保障权的决策。很显然,参与权的类型决

① 当然,这也不是绝对地,如有的老人退休之后被返聘、孕妇坚持上班、部分黑工厂使用童工等。

定了各类生产要素进入生产系统的条件和规则，居民会根据这些约束条件决定是否行使保障权或者行使何种保障权。如果参与权类型为指令型参与权，则各生产要素只能服从指令安排，居民行使保障权的决策也只能服从于指令安排；如果参与权类型为能力型参与权，则各个生产要素能够通过自由公平竞争进入生产系统，那些竞争失败的要素所有者就不得不行使保障权；如果保障权类型为实现型参与权，则行使保障权的自由已经完全掌握在劳动者的手中。可以说，在既定的参与权类型下，居民会根据收益成本的大小选择行使还是不行使参与权决策。

再次，保障权决定了生产要素行使参与权的能力。从某种意义上来讲，保障权其实是参与权的前提和保障，因为任何一个劳动者都要经历生、老、病、死，而保障权则在这个过程中发挥了关键作用。在劳动者未进入生产系统之前，如果保障权做得比较好，如确保其学有所教、病有所医、住有所居等，则其劳动力素质相应就会较高，其行使参与权的能力就会较强；反之，如果保障权做得较差，劳动者没有什么文化素质、营养不良、健康不佳，则其行使参与权的能力就很可能较弱。对于生病者为例，如果其能够获得很好的医疗保障，劳动者可能很快就可恢复身体进而迅速行使参与权；反之，如果没有相应的医疗保障，就很有可能导致有病不医，降低劳动者的身体素质，抑或可能因病致贫，这些情况都有可能降低劳动者行使参与权的能力①。再者，对于失业者来说，如果有较好的失业保障，并且对其进行技能培训的话，这类劳动者就能够在相对较短的时间里提升自身劳动力素质，进而增强自身行使参与权的能力；反之，则有可能使得失业者在很长一段时间失业，甚至变为永久性失业者。从这个角度看，保障权的确在很大程度上决定了劳动者的素质，进而决定了其行使参与权的能力。

最后，保障权类型也在一定程度上影响着居民行使参与权的决策。可以

① 还有一种极端的情况就是，由于没有相应保障未能得到及时治疗，直接拖垮了生病者的身体，这就有可能导致其永久性地失去行使参与权的能力。

说，保障权类型和参与权类型之间的影响是相互的，前面我们分析了参与权类型可能影响到居民行使保障权的决策，在这里我们着重分析保障权类型影响居民行使参与权决策的情况。在无保障的情况下，居民为了维持生存，不得不行使参与权，将各类生产要素投入生产中，以求获得一定的社会产品；而在救助型保障权类型下，居民也不得不行使参与权决策；到了差别型保障权类型下，居民行使参与权决策是在各类指令下完成的，能否获得保障权也是各类指令所决定的；到普遍型保障权类型下，如果提供的保障水平较高，就有可能会有一部分收入较低的人群选择不行使参与权，成为领取失业救济金的人群；如果保障水平很低，则可能激发更多的人行使参与权。总之，这也是一个收益成本问题，即在特定的保障权类型下，居民是否行使参与权取决于其能够获得的净收益。

（三）收入权和保障权

收入权决定了初次分配的结果，而保障权则决定了再次分配的结果。总的来看，收入权和保障权的关系在很大程度上是处理效率和公平之间的关系。由于收入权主要注重的是生产效率，而保障权主要注重的是分配公平，二者虽各有侧重，但却是相辅相成、密不可分的关系。

首先，收入权是保障权的前提和基础。第一，收入权决定了整个社会的生产效率，进而决定了整个社会能够生产的产品总额大小，而这些社会总产品的大小是进行再分配的基础，也就决定了保障权能够行使的范围和水平。很显然，社会生产的产品越多，能够拿出来行使保障权的社会产品也就越多，因此这是一种“水涨船高”的关系①。第二，收入权配置的结果是形成了初次收入分配格局，而保障权是在初次分配格局的基础上进行收入分配再调节，即收入权是保障权的前一个环节，是保障权发挥作用的前提。第三，虽然收入权属于

① 可以说，收入权是“源”，而保障权则是“流”，只有源源不断，才能川流不息。

初次分配、保障权属于再分配，但是很多保障权的获得是劳动者行使收入权的结果，比如各类社会保险，是基于劳动者工作期间缴纳了保险费才能在需要的时候行使保障权。虽然，也有一部分不需要行使收入权就能获得的保障权，但是这类保障权能够提供的保障水平一般较低。第四，收入权可以独立于保障权而独立存在，而保障权不能够独立于收入权而独立存在。在原始社会和奴隶社会只有收入权，而没有保障权就是很好的例证。因此，保障权是在生产力相对发达的基础上产生的，而收入权则自始至终都存在。

其次，保障权类型会影响收入权效果的发挥。收入权最主要的目的是充分激发各生产要素的积极性以最大化生产，但不同的保障权类型可能会对这种效果产生不同的影响。如果保障权在初次分配结果基础上进行了较大程度的收入再分配，即将各个群体的收入差距抹平，那么很有可能会挫伤各要素的生产积极性，进而影响到收入权配置的效果发挥①。以部分北欧国家为例，由于再分配率很高，通过工作获得的收入很大一部分都要上缴到国家进行再分配，而没有工作的人也能够过上比较体面的生活，这就导致部分劳动者选择不加班或者尽量拖延进入劳动力市场的时间。反之，如果提供的保障水平较低，参与工作获得的收入要远远高于失业者的救济金，那么这对于参与工作的劳动者的激励作用估计会更大，也更有利于收入权效果的发挥。

最后，收入权和保障权是一种相互联动、相互匹配的关系。要促进收入分配公平、公正，需要初次分配和再次分配的共同努力。具体来说，如果由于收入权配置不合理而导致初次分配结果收入差距较大，那么相应地就应加大收入再分配的力度，扭转既定的收入分配结果，进而形成相对公平合理的收入分配格局；反之，如果收入权配置相对合理，初次分配结果已相对公平，那么，相应地再分配力度就可以相对较小些，这样也能够形成相对公平合理的收入分配格局。因此，这两项权利应相互联动、相互匹配。反之，如果两项权利实现

① 部分国家由于提供的保障水平畸高，很多适龄劳动者选择不工作，而领取失业救济金，形成了养“懒汉”局面。

了错配，那么，收入分配结果就很有可能进一步恶化。这种例子在现实生活中也很多，以拉美国家为例，由于初次分配制度不完善，初次收入分配结果形成的收入差距就已经很大，但是由于保障权配置也不合理，再分配不仅没有缩小收入差距反而进一步扩大了收入差距。这就是未能处理好收入权和保障权之间关系的结果。

第四节　不同权利配置下的分配效果

按照排列组合的思想，参与权、收入权、保障权在理论上的可能组合有 48 种，但是现实当中有些组合可能存在权利配置的冲突，即权利配置不匹配可能导致经济体很难持续发展甚至崩溃，因此需要结合现实进行分析和排除。本节的讨论思路不是对 48 种权利配置组合逐一进行分析，而是依据分配分为初次分配与再次分配的思路，其中参与权、收入权主要归属于初次分配，保障权主要归属于再次分配。之所以要这样分析，主要是因为初次分配的产出决定了再次分配的保障力度，如果初次分配的产出非常少，那么国家就拿不出多余的产出来进行保障。因此，我们首先要来探讨初次分配的权利配置的可能类型，对每种组合的可能结果进行分析，接下来再结合再次分配进行讨论。需要再次强调的是，本节在分析权利配置各种组合的时候是以整个国家或整个社会为分析对象，而不是以整个国家或社会的某个团体为分析对象，例如我们在分析指令型参与权的时候说的是整个国家或社会在赋予经济个体参与权的时候是采取指令型参与权。

一、初次分配的权利配置组合及其分配效果

如表 2.1 所示，初次分配的可能权利配置类型在理论上有 12 种，其中指令型参与权与平均型、等级型、贡献型、需求型收入权的组合有四种，能力型参与权与平均型、等级型、贡献型、需求型收入权的组合有四种，实现型参与权与

平均型、等级型、贡献型、需求型收入权的组合有四种。那么是否每一种组合在理论上和现实中都存在呢？它们是否存在冲突？接下来我们对每种组合进行必要的分析。

表 2.1 初次分配的可能权利配置组合

序号	标记	参与权类型	收入权类型
1	A1	指令型	平均型
2	A2		等级型
3	A3		贡献型
4	A4		需求型
5	B1	能力型	平均型
6	B2		等级型
7	B3		贡献型
8	B4		需求型
9	C1	实现型	平均型
10	C2		等级型
11	C3		贡献型
12	C4		需求型

图 2.3 反映了不同类型的参与权与收入权的匹配程度。组合 A1:指令型参与权+平均型收入权。即国家或社会通过命令安排每个经济个体参与经济活动,无论每个经济个体做多做少、做好做坏,最后每个人得到的收入都是一样的,即做得多的个体不会比做得少的个体拿得更多或更少,而是一样多;做得坏的也不会比做得好的拿得少,当然也不会拿得更多,也是一样多。这种组合意味着经济系统对于参与经济活动的个体完全一视同仁,不顾个人能力、贡献差异,全部分配一样的收入。很显然,在短期内,这种制度还是有可能维持的,因为只要国家的权威足够大,每个人都必须服从,即使有不满也只能忍气

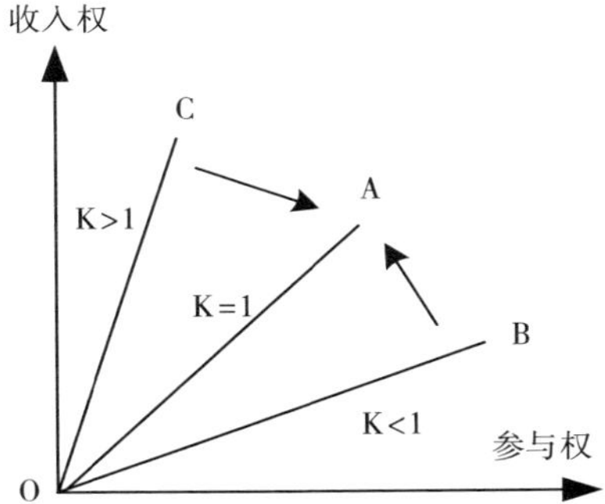

图 2.3　参与权与收入权的匹配程度

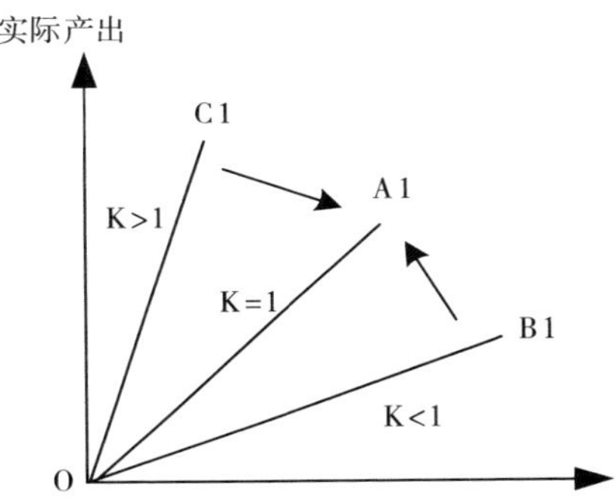

图 2.4　预期产出与实际产出的匹配程度

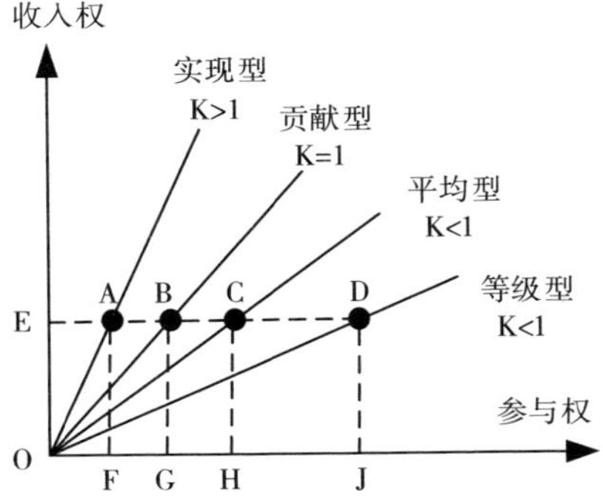

图 2.5　参与权与收入权配置组合的可能结果

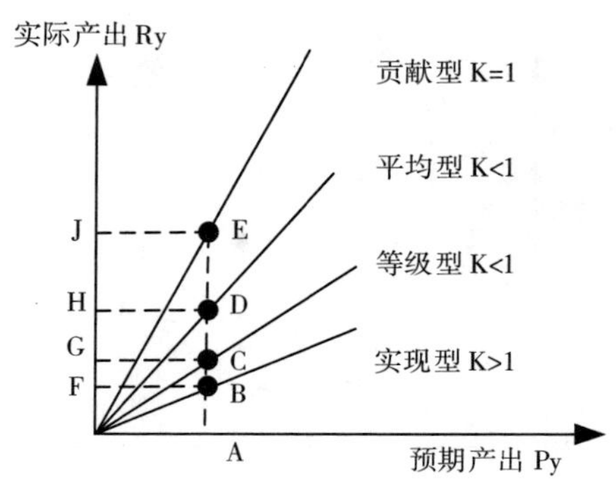

图 2.6　参与权与收入权配置组合的可能产出结果

吞声,其他人虽然也很不满,但是迫于国家的权威,也只能接受。但是,长期下去,做得好的由于得不到相应的奖励,做得差的由于没有受到相应的惩罚,那么做得好的就不会再继续卖力做好,而是向做得差的看齐,做得差的会做得更差,直到完全出工不出力,最后的结果就是经济系统的所有个体都在"晒太阳""磨洋工",经济系统的产出为零,若不改革则经济系统将走向崩溃瓦解。当然,经济系统崩溃瓦解是一种比较极端的情况,可能发生的情况是经济系统发现产出越来越少的时候被迫要思考权利配置是否合理,从而进行调整,否则经济系统内部可能会出现造反,经济系统的政权和统治将会动摇,这肯定不是统治阶级想要的结果,因此,他们会重新调整权利配置。

组合 A2:指令型参与权+等级型收入权。即国家或社会通过命令安排每个经济个体参与经济活动,并根据每个个体的等级进行产出分配,等级越高的个体,其分配的收入越多;等级越低的个体,其分配的收入越少。这里的关键问题是国家或社会最初如何确定每个经济个体的等级?每个经济个体的等级以后是否会改变?为了使我们的分析简化,我们姑且假设这个等级是已经分好了的,不管它是按谁拥有的权力大小,抑或是与领导人的亲近程度。我们要分析的就是在既定等级的情况下,指令型参与权与等级型收入权的权利配置会演变出何种分配结果。如果按照等级进行分配,那么还是可能会出现多劳不多得、少劳不少得的情形,多劳的人可能由于等级太低,而只能拿很少的收入;少劳的人可能由于等级较高,因此能够拿较高的收入。我们不排除等级高的人可能也会很积极劳动,这类人的自律能力可能较强,他们不能容忍少劳多得,否则他们会良心不安。但不能否认人都是有惰性的,人一旦发现“少劳”却可以“多得”,那么他们会心安理得地接受这样一个事实。如果一个国家或社会的等级数量很少,例如只有两个等级,并且等级高的人数远小于等级低的人,即只有极少数人能够享受“少劳多得”的待遇,绝大多数人的待遇都是一样的,那么很显然,这种制度又在向“平均型收入权”转变。当然,等级数量越多,“平均型收入权”的程度会越低;等级数量越少,“平均型收入权”的程度会越高。由此可见,“指令型参与权+等级型收入权”的权利配置组合并没有实现奖勤罚懒,长此以往,经济系统的产出会越来越少,经济系统同样面临对权利进行重新配置或崩溃瓦解的命运或整个国家处于饥寒交迫的边缘,稍微发生一场变革或外部冲击,整个国家可能就会陷入瘫痪。

组合 A3:指令型参与权+贡献型收入权。即国家或社会通过命令安排每个经济个体参与经济活动,但是在进行分配的时候,不再是干好干坏一个样、干多干少一个样,而是多劳多得、少劳少得、不劳不得,能够体现奖勤罚懒的原则,这种分配机制会充分激发每个人的劳动积极性,并且会鼓励专业化,经济增长会得到很大提高。同时,收入差距也会因为经济个体能力的差异而逐渐拉大。由于是指令型参与权,每个经济个体在某个工作岗位上可能一待就是一辈子,又由于是贡献型收入权,每个人的收入会由于贡献的增加而提高,那么他就会努力钻研,从而成为某个岗位的专家,这就是鼓励专业化。不管初始分配岗位如何,每个经济个体的能力差异有多大,每个经济个体由于对未来的收入有一个稳定的预期,那么他还是会努力让自己变得更加专业。因此,可以推测“指令型参与权+贡献型收入权”的社会是一个专业化社会,经济增长速度较高,物质生活水平较高,但是收入差距可能会比较大。另外,值得指出的是,有人会担心在指令型的参与权下,有的人可能并未被分配到合适岗位上,一个适合搞发明创造的可能会被安排去搞销售,一个适合搞销售的可能会被安排去搞发明创造,这种人员错配的情况可能会导致产出低效率,不利于经济增长,也不符合人的自由全面发展。不可否认,这种担心是合理的,但是我们坚持“适者生存”的理念,我们认为每个人都会追求让自己变成环境的适应者,而不是成为环境的被淘汰者。因此,尽管他有可能一开始不能胜任该岗位的工作,但是通过学习和实践,他的胜任能力会不断增强。再者,我们也不能忽略这样一个事实,不管处于何种社会,总是会有人的工作并不是他一开始就能胜任的,而是随着接触的加深,他会逐渐掌握该岗位所需要的基本技能。

组合 A4:指令型参与权+需求型收入权。即国家或社会通过命令安排每个经济个体参与经济活动,但是在进行分配的时候,既不是按平均主义分配或等级分配,也不是按贡献型分配,而是按需求分配。也即一个人想要获得 100 单位的产出,但是他只创造了 80 单位的产出,如果按贡献进行分配,那么他最多只能获得 80 单位的产出;但如果按需求分配,那么他可以获得 100 单位的产出,20 单位的差距会由经济系统补足。这就产生疑问了,经济系统要补 20 单位的差距,那么经济系统多余的产出又来自哪里呢?一种可能的情况是,有的人想要获得 100 单位的产出,结果他创造了 120 单位的产出,那么多出来的 20 单位产出就可以拿来分配给缺少 20 单位产出的经济个体。这时,我们不得不面临这样一个问题:尽管有的经济个体由于对自己能力的估计不完全,导致他的需求与实际产出有差距,但是这种情况毕竟不会持续很久。当每个经济个体对自己的产出能力有准确的估计时,而每个人的需求又超出自己的产出能力,经济系统是无法实现按需分配的。再者,假设经济系统是万能的,经济系统能满足每个经济个体的需求,实现按需分配,那么经济个体就会产生这样一种预期,虽然自己的产出能力很弱,但是经济系统仍然会满足自己的需求,那么他就会变得不再积极努力,而是会倾向于偷懒,并且预期经济系统会为自己的偷懒买单,那么可想而知,最后经济系统的每个个体都会偷懒,等待经济系统来满足自己的需求,最后经济个体不会创造任何的产出,而我们假想的“万能的”经济系统在现实当中是不存在的，那么经济系统最终还是很有可能会崩溃瓦解，如图 2.4 反映了预期产出与实际产出的匹配程度。

组合 B1：能力型参与权+平均型收入权。即国家或社会不再限制每个经济个体的自由参与，而是让每个经济个体根据自己的能力自由参与经济活动。但是在对产出进行分配的时候，却是进行平均分配，即能力强的人虽然能够产出更多，但是他所分配到的产出与能力弱的人分配到的产出是一样的，这又意味着陷入了“多劳不多得、少劳不少得”的恶性循环，那么这会导致有能力的人会表现得没有能力，没有能力的人始终表现为没有能力，最后经济系统的个体表现为普遍缺乏能力。很显然，这样的经济系统的产出增长率会很低，甚至有可能是负数，这样的经济系统很难实现持续健康发展。因此，平均型收入权与能力型参与权是相冲突的，而且在现实中如果存在，只有所有的企业都是公有制企业，没有非公经济的存在，并且不存在个体户，否则平均型的收入分配是很难维持下去的，因为只要存在非公经济企业，那么国家是很难监管到其收益的具体分配机制，因为非公经济企业会在账面上做得与公有制经济企业一样。长期来看，这样的经济系统很可能是贫穷落后，物质生活水平极度匮乏。可能也有人认为，“能力型参与权+平均型收入权”在现实中也有可能搞得很好，只要每个人都怀有崇高的共产主义理想，能力强的人愿意牺牲一点利益来补偿能力弱的人，使得社会能够和谐发展，这样也能够避免贫穷落后的命运。这种情况不是不可能，但是要实现起来非常困难，因为很难让每个人都愿意成为“雷锋式”的人物，因此“能力型参与权+平均型收入权”基本很难实现。

组合 B2：能力型参与权+等级型收入权。即国家或社会不再限制每个经济个体的自由参与，而是让每个经济个体根据自己的能力自由参与经济活动。但是在对产出进行分配的时候，却是按等级进行分配，这意味着等级越高的人能够获得的收入越高，即使他能力很弱、产出很少；等级越低的人能够获得的收入越低，即使他能力非常强、贡献非常大。当然也不排除等级越高的人能力也越强，因此他也符合多劳多得。但是只要存在“等级高=收入高”的分配准则,那么等级高的人就不需要那么努力,他的能力也不需要很强,这对于那些能力很强的人来说是一种打击,因为等量劳动不能获得等量收入。对于那些能力很弱、等级也很低的人来说,他们可能也是受益者,至少沦为被剥削者的可能性还是很低的。而那些处于等级较高的人,他们就基本是“剥削者”。“能力型参与权+等级型收入权”的权利配置是鼓励人们花更多时间和精力去使得自己的等级更高一点,而不是把时间和精力浪费在生产上。长此以往,经济系统也会处于崩溃的边缘,要么进行权利的重新配置,要么就等着崩溃瓦解。

组合 B3:能力型参与权+贡献型收入权。即国家或社会不再限制每个经济个体的自由参与,而是让每个经济个体根据自己的能力自由参与经济活动。在对产出进行分配的时候,既不是平均分配,也不是按等级分配,而是根据每个经济个体的贡献进行分配,贡献越多分得也越多,贡献越少分得也越少,这也实现了“多劳多得、少劳少得、不劳不得”的奖勤罚懒原则。对于能力强的人,他所能创造的产出就越高,对应的贡献也就越大,因此在分配的时候能够分得更多;对于能力弱的人,他所能创造的产出会较低,对应的贡献也就较低,因此在分配的时候分得较少。这样一种分配机制是在鼓励人人争先进、创贡献,每个人的能力在生存压力下会提高,从而提高了整个经济系统的能力,这就会使经济系统的产出增长率很高,唯一会让人抱怨的是收入差距较大。

组合 B4:能力型参与权+需求型收入权。即国家或社会不再限制每个经济个体的自由参与,而是让每个经济个体根据自己的能力自由参与经济活动。在对产出进行分配的时候,既不是平均分配或按等级分配,也不是按贡献多寡分配,而是根据每个经济个体的需求进行分配。需求越多的人分得越多,需求越少的人分得越少。对于能力越高的人,他们预期的需求也相对会高一些,因此他们基本上处于供求均衡的状态,即他们创造的产出与需求的产出基本相等,经济系统不会额外补偿他们;对于能力较低的人,虽然他们创造的产出也较低,但是他们对生活的需求不会降低,那么他们就需要经济系统进行一定的补偿。而经济系统本身是不创造产出的，能力高的人基本实现了自给自足，那么经济系统没有额外的产出来补偿能力低的人，这意味着需求型的收入权很难实现，只能是那些能力高的人能够满足供求均衡，能力低的人无法满足。

组合 C1—C4：实现型参与权系列。即国家或社会完全让每个经济个体根据自己的理想来参与，这意味着每个人都有机会实现自己的理想，例如一个人想当科学家，那么他可以立即实现这一愿望，经济系统可以提供他所需要的一切，也就是达到了心想事成，他想怎么参与就怎么参与，经济系统可以完全满足他的要求。在这种参与权下，收入权已经变得不再重要，因为经济系统此时已经达到了“无所不有”，资源不再是稀缺的，人们不需要通过竞争就能获得相应的资源，他可以实现自己理想的生活方式，那么社会是一个和谐社会，没有争斗、没有欺诈、没有寻租、没有腐败，这样的社会完全是一个天堂，如图 2.5 所示，反映了不同类型的参与权与收入权配置组合的可能结果，实现型参与权与收入权的匹配结果最好。但是很显然，这样的社会在短期内还是难以实现的，如图 2.6 所示，实现型参与权的预期产出与实际产出之间的差异很大，因此暂时不对实现型参与权作进一步讨论。

通过以上分析，我们可以看出，需求型的收入权是很难满足和实现的，因为需要物质极度丰富，资源不再稀缺，经济个体不需要通过竞争获取。因此，初次分配还有六种权利配置组合，即 A1—A3、B1—B3。

在指令型参与权下，平均型收入权与等级型收入权下的经济增长率会相对较低，人们的劳动积极性不高，能力强的人也会把自己变成能力弱的人，能力弱的人会保持能力弱的现状；在等级型收入权下，经济个体不再把时间和精力浪费在经济活动中，而是会努力争取将自己的等级提高，通过这样的方式使自己获得更高的收入。与指令型参与权比较搭配的组合是贡献型收入权，这种情况下，经济个体的专业化程度会比较高，经济系统的产出增长率较高，能力强的人会获得更多，能力弱的人会努力提高自己的能力，虽然收入差距可能较大，但是只要通过适当的再分配进行调节，整个社会还是可以实现持续健康增长的。

在能力型参与权下，平均型收入权、等级型收入权是与能力型参与权相冲突的，不能鼓励有能力的人继续提高自己的能力，从而创造出更多的产出，能力低的人也不会想着如何去提高自己的能力，而是会把时间花在提高自己的等级上，这样的经济系统产出也是很低的，产出增长率也会较低，甚至可能是负的。与能力型参与权比较搭配的组合是贡献型收入权，这种情况下实现了多劳多得、少劳少得的奖勤罚懒原则，形成了鼓励经济个体争取先进的氛围，有利于经济系统的持续健康发展。

平均型收入权和等级型收入权在现实中如果存在，只有一种可能性，那就是所有的企业都是公有制，不存在非公经济，否则就会违背“平均分配”和“等级分配”的原则。这也就意味着国家的权力是高度集中的，个人只能服从国家的安排。而权力高度集中与民主体制是相违背的，因此民主国家是不大可能存在完全的平均型收入权和等级型收入权的。

二、再次分配的权利配置组合及其分配效果

前已述及，采用平均型收入权和等级型收入权的经济系统产出会较低，产出增长率也较低，因此要持续存在下去必须要有很强的保障权，而在产出很低的大前提下，经济系统要想拿出额外的产出来实施很强的保障权又是很困难的，还有两种可能性：一是该国自然资源很丰富，例如有很丰富的石油资源，可以通过出售石油来实现很强的保障权，但是这种情况很难持续，总有“坐吃山空”的一天，并且这种很强的保障权还容易加强经济个体的惰性，更加不愿意从事生产活动，因此这种权利配置长期来看还是很难维持；二是该国可以通过向其他国家借债来满足经济个体的福利，但是该国本身没有产出，债务到期要偿还，该国是还不起的，那么就只能是赖账，那么此后肯定不会有国家愿意贷款，导致该国最终走向破产。因此，可以排除平均型收入权与等级型收入权。那么初次分配就只剩下“指令型参与权+贡献型收入权”“能力型参与权+贡献

型收入权”两种组合。而保障权分为救助型保障权、普遍型保障权、差别型保障权、充分型保障权，那么初次分配与再次分配结合起来的权利配置总共有8种，如表2.2所示。

表2.2　再次分配的可能权利配置组合

序号	标记	参与权类型	收入权类型	保障权类型
1	D1	指令型	贡献型	救助型
2	D2			普遍型
3	D3			差别型
4	D4			充分型
5	E1	能力型		救助型
6	E2			普遍型
7	E3			差别型
8	E4			充分型

组合D1—D4：指令型参与权+贡献型收入权+救助型保障权/普遍型保障权/差别型保障权/充分型保障权。前文已分析，指令型参与权+贡献型收入权的经济系统比较富裕，经济产出较多，产出增长率较高，可能的问题就是收入差距可能较大，因此通过再次分配的保障权，目的是要缩小收入差距，使能力较弱的人也能够在较短时间内获得提高自身能力的机会，比如说教育保障、医疗保障等。同时，不可忽视的是，保障权的功能除了保障那些能力较弱的人较快获得提升自身能力的机会外，另外一个功能就是保障经济系统中的非生产人员，也即那些不能或无法参与到经济活动中去的人能够维持基本的生存和发展，例如老、弱、病、残、孕等，这是从以人为本的角度来考虑的，与我国坚持的“以人民为中心”原则相一致。

如果保障权属于救助型，也即经济系统出现危机的时候，例如遇到旱灾或水灾的时候，经济个体的收成可能化为乌有，那么这时经济系统就需要开粮仓救济灾民。由于救助型保障权只是在经济系统出现危机的时候才会有，当经济系统正常运转的时候，经济个体基本能够通过自己的努力来获得收入，经济系统不会动用存粮，因此救助型保障权属于救急不救穷，并不能缩小经济个体之间的收入差距。

如果保障权属于普遍型，也即不管经济系统是否出现危机，经济系统对于社会的弱势群体和非生产人员都会进行一定的保障，例如中国推行的“新农保”①政策规定：只要老人达到60岁就可以每月无条件地领取一定额度的养老金。这种普遍型的保障水平会随着经济系统的不同发展阶段而不同，如果经济系统发展得好，有充足的财政收入，那么经济个体的保障额度也会相应地提高；如果经济系统发展得不好，财政收入不是很丰裕，那么经济个体的保障额度就只能维持在较低水平。这种普遍型的保障权由于覆盖面较广，需要的财政资金较大，因此保障水平自然不会太高，对于收入差距的缩小效果可能并不明显，只能保障经济个体的基本生存，而要提升其发展能力则还很不够。

如果保障权属于差别型，也即经济系统会根据一定的标准，对不同群体的人实行差别对待，例如根据经济个体是体制内还是体制外人员而区别对待，对于体制内人员，保障程度要高于体制外人员。这种类型的保障权可能会拉大收入差距，存在不公平问题，其他的经济个体会对这种保障方式心怀不满。随着不满人群的增多，这种体制将难以持续。

如果保障权属于充分型，这一保障权类型是在普遍型保障权的基础之上提高保障水平，使全体居民都能够享受到较好的社会保障，提升社会的整体保障水平，使全体人民都能够较好地改善自己的生活和提高自身发展能力。例如，对于农村老年人，70元/月的基础养老金水平是比较低的，如果能够逐步提高至300—500元的水平，那么农村老年人也能过上比较好的生活。又如，

① 2014年，“新农保”与城镇居民社会养老保险合并为城乡居民基本养老保险。

我国若能逐步实现全民免费医疗①，那么因病致贫、因病返贫的现象将不存在，居民的生活水平和幸福感都会大幅提升。

组合 E1—E4：能力型参与权+贡献型收入权+救助型保障权/普遍型保障权/差别型保障权/充分型保障权。前已分析，能力型参与权+贡献型收入权的经济系统会比较富裕，经济产出也比较多，产出增长率也比较高，可能的问题与“指令型参与权+贡献型收入权”的情况比较类似，收入差距可能较大，因此再次分配的目的是要缩小收入差距，实现共同富裕。一个社会，不管经济个体的能力多强，总是会存在差异，并且机会是有限的，资源也是稀缺的，能力强的人会占有较多的资源和机会，从而挤占能力弱的人的机会和资源，那么保障权就需要进行调节，为能力较弱的人适当提供一些参与生产的机会。

如果保障权属于救助型，例如，当能力较弱的人失业了，经济系统能够提供一定的失业救济金，帮助他们渡过眼前困难。当他们成功找到新的工作之后，经济系统就会停止向他们发放救济。如果其他人失业了，经济系统会采用同样的方式进行救济。

如果保障权属于普遍型，也即不管能力较强还是能力较弱的人，经济系统都会提供一定的保障，例如医疗保障，每个人都会生病，有的人可能生大病，有的人可能生小病，有的人可能生不治之症，这时经济系统会对每个人进行保障，大病大保障，小病小保障，不治之症也会提供一定的保障。又如教育保障，不管家境好的小孩还是家境差的小孩，都能享受一定年限的免费义务教育。这种普遍型的保障权对于促进社会流动性具有积极的作用，但是离缩小收入差距进而实现共同富裕的目标还不够。

如果保障权属于差别型，也即经济系统按照一定的标准来差别对待经济系统中的个体，即有些个体能够享受较高的待遇，有些个体只能享受较低的待

---

①　虽然短期内可能难以在全国范围内实现，但局部地区已有探索并取得了较好的成效，如陕西神木模式、福建三明模式等。

遇，这种保障权很难体现社会公平，因此长期来看是要进行体制改革的，否则必定会有越来越多的人不满该体制。这种类型的保障权不能起到缩小差距的作用，更不能实现共同富裕的目标，也很难实现和谐社会，更不可能是以人为本的体现。

如果保障权属于充分型，也即经济系统会给全体居民比较好的社会保障，让所有人不仅能够拥有基本的生存权利，而且还拥有提升自己发展能力的机会，这会提升经济系统的整体生产力水平，同时又不至于造成“养懒汉”的局面，经济体拥有很强的可持续发展能力。

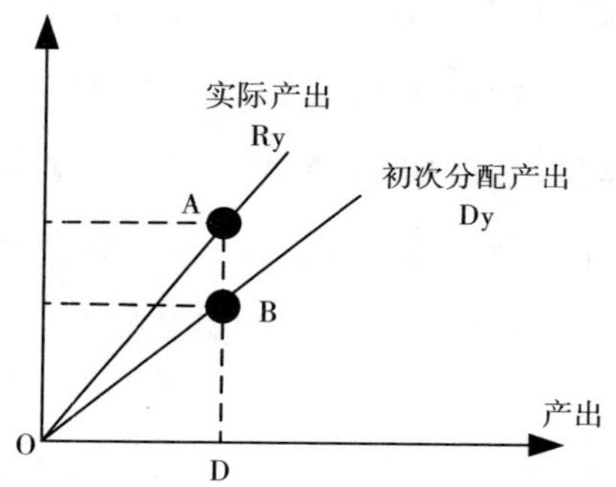

图 2.7　再次分配保障水平的决定

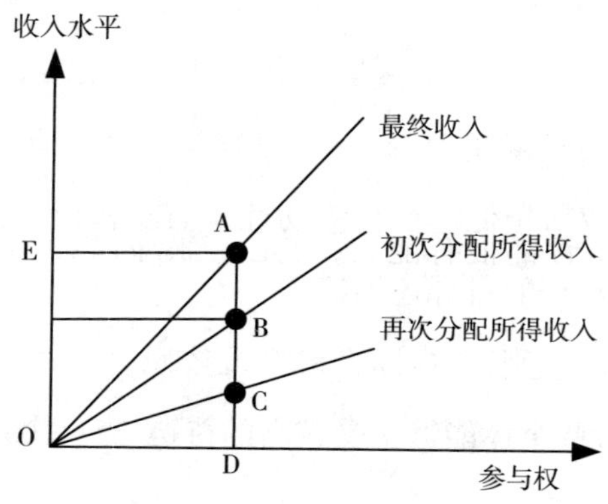

图 2.8　权利配置的收入分配结果

由此，根据前面的理论分析，同时结合现阶段中国的具体国情，我们可以得出当前我国收入分配体制领域的权利配置现状是“能力型参与权+贡献型收入权+普遍型保障权”①。对于市场主体而言，提升核心能力才是赢得市场竞争的关键，因此能力型参与权是当前参与权配置的主流；在初次分配中，无论员工是在公有制企业还是非公有制企业，根据员工的贡献大小来进行分配都是最基本的标准，这样才能激励劳动者努力为企业创造新增价值；在再分配中，国家要努力保障全体居民享受最基本的公共服务，第一层次是实现全覆盖的普遍型保障权，强调人人享有；第二层次是在普遍型保障权的基础上不断提高保障的水平，根据国家的经济实力和财政能力努力向充分型保障权转变，缩小收入差距，保障弱势群体的基本利益，增强全体人民的获得感和幸福感。图 2.7 说明了再次分配的保障水平取决于经济系统的实际产出 Ry 与初次分配出 Dy 之差（Ry-Dy），差值如果越大，那么再次分配的保障水平也就会越高。图 2.8 说明了一个人参与生产的最终收入分为两个部分：一是初次分配所得收入，该部分占了主要部分；二是再次分配所得收入，这个部分所占比例一般较小。

在此基础上，本书想要探寻的是，如何才能让能力型参与权、贡献型收入权、普遍充分型保障权更好地发挥作用，增强经济社会发展的内生动力，进而实现经济社会的持续健康发展？为此，我们需要总结出权利配置的特性或要求，如图 2.9 所示，本书整理了中国现实国情下的权利配置组合及其特征。根据笔者长期深入的研究，能力型参与权必须注重其平等性，例如企业在招聘时，参与应聘的劳动者都很有能力，但是企业却以劳动者的身份来选择员工②，而并未直接考察其能力，使同等能力的人由于社会身份差异而在第一轮

① 这种概括仍然是从社会整体的主流趋势来进行总结的，参与权是以能力型参与权为主，收入权是以贡献型收入权为主，保障权是以普遍型保障权为主，并未排斥局部范围内还存在其他的权利配置类型。

② 例如，某些企业在招聘员工时，首先看其是否毕业于“985”高校或“211”高校，如果是其他高校，则在第一轮就会将非“985”高校和非“211”高校的应聘者淘汰。

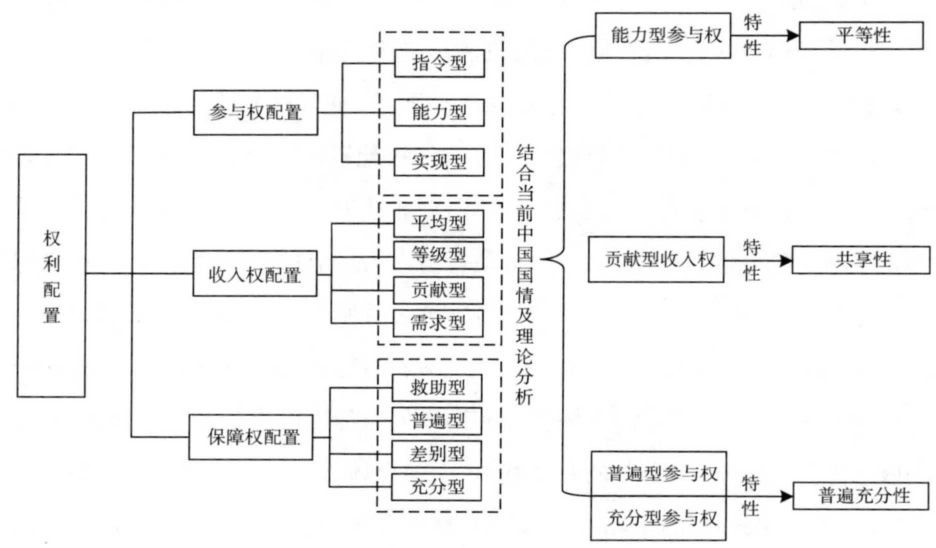

图 2.9　中国现实国情下的权利配置组合及其特性

就遭淘汰，这就不符合平等性原则；贡献型收入权必须注重其共享性，劳动者联合体也要共享其创造的合作剩余，构建劳资利益共同体，实现企业与劳动者"一荣俱荣、一损俱损"；普遍充分型保障权必须注重其普遍充分性，强调人人享有，提升社会整体的发展能力，促进生产力的进一步解放。

第五节　社会变迁视角下的权利配置

一、经济社会历史演进中的权利配置

前面已经详细分析了权利配置的不同组合及其分配效果，接下来我们将从历史演进的视角来分析每个社会的权利配置组合，我们的研究范围包括了原始社会、奴隶社会、封建社会、资本主义社会、社会主义社会，甚至还讨论了共产主义社会的可能权利配置组合。我们首先对每个社会的权利配置组合进行了分类，如表 2.3 所示。

表 2.3　历史演进中的权利配置组合

社会类型	参与权	收入权	保障权
原始社会	指令型（部落首领）	平均型	无保障
奴隶社会	指令型（奴隶主命令）	等级型	无保障
封建社会	指令型（地主）	贡献型（基于土地贡献）	救助型
资本主义社会（早期）	能力型（依靠物质资本）	贡献型（基于资本贡献）	救助型
资本主义社会（成熟期）	能力型（依靠人力资本和物质资本）	贡献型（要素贡献和团队贡献）	普遍型
社会主义社会（计划）	指令型	平均型	差别型
社会主义社会（市场）	能力型（依靠人力资本和物质资本）	贡献型（要素贡献、团队贡献和社会贡献）	普遍型
共产主义社会	实现型	需求型	充分型

在原始社会，经济系统基本上以部落为单位，每个部落都会有一个首领，部落内的人员由首领安排，某些人员去狩猎，某些人员去采摘水果，某些人员留在家中，等等；这些事务基本上由部落首领决定，因此这一时期参与权为指令型参与权。而打猎或采摘水果所获得的产出基本上是平均分配，因此其收入权为平均型收入权。这主要是因为原始社会的人群面临的生存压力很大，一方面，他们要面临自然灾害，例如恶劣天气可能会导致他们挨饿，下雨天他们不方便出去打猎或采摘水果，这时他们只能待在原地，短期内没有食物来源，他们因此会挨饿；另一方面，他们还要面临野兽的袭击，这时部落成员必须团结起来才能抵抗野兽的袭击，从而整个部落才能存活下来。由于部落的生产力水平非常低下，食物来源基本是靠自然赠予，因此他们获取的食物很有限，如果某个人分得多了，部落其他的人可能就会饿死，有限的食物导致部落

基本只能采取平均分配，每个人虽然都没吃饱，但是每个人都不会饿死，这样就会增加部落的战斗力。原始社会的部落内分工很明确，每个人都会有事可做，因此每个人都能够从部落获取的食物中分到一部分，这时不存在现代意义上的保障权，因为没有额外的食物来分配。可以推测，原始社会属于孔子所说的"寡而均"时代，没有收入差距，也没有贫富差距，每个人都差不多。

奴隶社会的生产力水平要高于原始社会，由于部落战争，战败的一方被俘虏，成为胜利者的奴隶，这些奴隶没有人格、自由、尊严，他们只是奴隶主的生产工具而已，奴隶主完全控制着他们的命运，因此他们参与经济系统的生产活动也是属于命令型的，不是他们自愿的，而收入权基本上是依据等级，等级越高获得的产出越多，等级越低获得的产出越低。很显然，奴隶主的等级是远远高于奴隶的，奴隶的等级是最低的，他们只能祈求奴隶主能够仁慈一点、大方一点，否则他们就会被饿死。对于奴隶来说，地位是最低的，生活没有任何保障，生病了可能就必须忍着，如果得不到及时治疗就只能死去，因此他们的保障权为零。当然，奴隶主的生活还是很有保障的，他们通过剥削奴隶的产出而有剩余，一旦有什么灾难，他们可以有剩余产出作保障。

封建社会的生产力水平又要高于奴隶社会，奴隶社会的商业不发达，因此基本处于自给自足状态，封建社会的商业比奴隶社会要高，大大刺激了生产力的发展。但是，对于大部分农民来说，他们只能通过租种封建地主的土地来获取产出，农民的参与权仍然属于指令型参与权，只是下达指令的人变成了拥有土地的地主阶级。而收入权则较奴隶社会有了大大提高，农民可以通过分成或领取固定工资的形式来获取收入，产出越多，农民分得的产出也就越多，基本属于按贡献型分配，因此这一时期收入权属于贡献型收入权。封建社会的保障权为救助型，主要是基于这样一个事实：当遇到天灾人祸时，农民可能会由于没有食物而饿死，而农民的求生欲望会使他们到处流窜，也就是所谓的"流民"，这会给社会管理造成不利的影响，如果中央政府不进行救济，那么这些"流民"可能就会不顾一切，去抢去夺，进而会危及其他人的生命安全。中央政府不会也不能坐视不管，而是会“开仓赈灾”，当灾难过去之后，还要发放一定的种子，让农民回去安心劳作。

资本主义社会早期主要是进行了圈地运动，积累了原始资本，而这个时期人力资本的重要性还没有意识到，因此主要是依靠物质资本投资参与经济生产，而在产出分配的时候也是依据资本投入的多少来确定，而对工人的分配是很少的，这就是马克思所批判的“资本家剥削工人的剩余价值”，工人的待遇很低。而要谈到保障权，则主要是救助型的，例如资本主义社会的教会会不定期地向社会贫民提供食物或临时住所，其他的社会保障基本没有。

资本主义社会到了成熟期之后，人力资本的重要性逐渐凸显，每个人凭借自己的能力大小参与经济系统的生产活动，能力强的能够获得更高的收入，能力弱的只能获得较低的收入，因此该时期的收入权应属于贡献型收入权。而资本主义社会在发展过程中也逐渐意识到了过大的收入差距和不平等是造成社会不稳定的重要因素，因此必须采取必要的措施来缓解不平等，政府开始给予社会群体普遍的保障权，例如在医疗方面，有的资本主义国家已经实现了全民免费医疗，对于缓解人民大众的不满情绪还是有一定的积极作用。

社会主义社会的早期阶段，以中国为例，政府采用了高度集中的计划经济体制，采用指令型参与权，生产队、合作社等形式发展得风生水起，但是为了避免资本主义社会的过大收入不平等，降低收入差距，政府采取了平均型分配，每个人都是平等的，不管做多做少、做好做坏，都能够享受平等的待遇。但保障权却是差别型的，体现在两个方面：一是不同等级的干部拥有不同的待遇，级别越高则待遇也就越高，级别越低则待遇也就越低；二是城镇居民有一定的社会保障待遇，而在农村却没有建立社会保障机制，属于救助型保障权。因此，收入分配格局很平等，但是生产力水平就没有搞上去，人们的物质生活水平极度匮乏，时不时出现“短缺经济”。

社会主义社会的中期阶段，仍以中国为例，政府开始采用政府调节为主、市场调控为辅的战略方针，开始引入市场，经济个体凭借自己的能力参与生产活动,并且根据自身的贡献大小进行产出分配,基本实现了“多劳多得、少劳少得”,奖勤罚懒的效果很明显。因此,这个时期的权利配置组合是“能力型参与权+贡献型收入权”。而保障权是逐步实施的,一开始是只有城镇居民才有社会保障,逐渐的农村居民也有了一定的社会保障水平,虽然两者有差异,但是保障权的覆盖面开始越来越广泛,因此保障权发展至今可划分为普遍型保障权。

共产主义社会,这是一个生产力水平高度发达,人们的物质生活水平有了非常大的提高,资源不再稀缺,人们可以想要多少就有多少,人们想要如何参与经济活动就可以以何种方式参与,因此权利配置组合是“实现型参与权+需求型收入权+充分型保障权”。这是一个美好的社会,要实现这一目标还需要我们共同努力。

二、中国特色社会主义市场经济的权利配置

不同制度下的权利配置形式也会不一样。自由资本主义国家强调市场竞争,信奉私有产权,权利配置主要体现为平等的参与权与个人收入权。福利资本主义国家强调社会保障,权利配置体现了较为充分的保障权。社会主义国家强调和谐、合作、共同富裕,权利配置要实现共享的收入权。中国特色社会主义社会与资本主义社会最大的不同就是前者的奋斗目标是要实现共同富裕,而不是少数人的富裕,因为后者承认并容许过大的收入差距。在当今时代,收入不平等、财富不平等是世界上很多国家都需要面对的难题,不平等容易导致社会不稳定,影响和谐社会的建设。改革开放以来,中国逐步确立了“公有制为主体,多种所有制经济共同发展”的基本经济制度,而体现中国特色社会主义优越性的就是这些公有制企业,而公有制经济最重要的实现形式就是国有企业。国有企业经过不断的改革之后,从低效率迈向较高效率,从亏本经营到盈利经营。到目前为止,大部分国有企业都能够获取可观的利润,但国有企业要不要发展?国有企业要不要做强做优?这些问题都是社会争议的

焦点。不可否认,国有企业的发展还存在一定的问题,尤其是近几年对提高国有企业利润上缴比例的呼声是越来越高。例如,2016 年全国国有及国有控股企业累计实现利润总额 2. 32 万亿元,上缴利润 2608. 95 亿元,占比 11. 2%,而上缴收益中用于民生支出的额度和比例还较低,全民并未充分享受到国有企业的发展红利。另外,非常值得注意的是,目前我国金融类国有企业的利润还未纳入上缴范围。因此,国有企业的利润上缴比例未来是一定要提高的,而且要大幅提高,这样才能充分体现中国特色社会主义制度的优越性,也是发展成果更多更公平地惠及全体人民的重要体现。党的十八届三中全会强调要增强国有企业的活力、控制力、影响力,充分发挥国有经济的主导地位。提高国有企业的利润上缴比例,让广大民众享受到改革发展红利,进一步增强广大民众对国有企业的认同感。

我国今后要不断完善中国特色社会主义市场经济体制和社会保障制度,三种权利都要有体现。本书认为中国特色社会主义的权利配置应体现为平等的参与权、共享的收入权和普遍充分的保障权。其中,平等的参与权是强调人人都有机会参与生产活动,进而获取收入,社会不可以用各种因素进行歧视或设置较高门槛将他们排除在外,这样就剥夺了他们平等参与市场经济的权利。检验平等的参与权的重要指标之一是社会是否实现了平等而充分的就业。共享的收入权是实现共同富裕的重要基础和前提,如果只有资本方拥有利润的分配权,劳动者被排除在外,那么要实现共同富裕就比较困难。普遍充分的保障权主要强调经济系统要保障所有经济个体基本生存和发展的权利,提升全体人民的发展能力,改善全体人民的生活状况。本书认为,中国特色社会主义的权利配置具有以下几个特点。

第一,"三权"坚持以人为本。我国始终把实现好、维护好、发展好最广大人民的根本利益,作为党和国家一切工作的出发点和落脚点,始终把全心全意为人民服务作为党的根本宗旨,始终坚持以人民为中心的发展思想。归根结底,我国始终坚持"以人为本"的发展理念。"三权"强调人在生产过程中的核心和主导作用,各种生产要素的合理使用都依赖于人与物的协调,因此在分配过程中必须要更加注重劳动参与产出的分配。参与权更加注重平等,在社会主义市场经济发展过程中,平等的参与权要求“人人参与”,“人人参与”主要有两层含义:一是要实现充分就业,让想参加工作的人都能找到一份工作;二是对就业者要一视同仁,让应聘同一岗位的人公平竞争,不能出现性别歧视、社会身份歧视等现象。共享的收入权注重公平的分配,尤其是要更加注重对劳动者的分配,改变“资强劳弱”的分配格局,构建劳资利益共同体。普遍充分的保障权强调“人人享有”,每个人都能享有最基本的生活保障,尤其是作为社会成员的弱势群体也要享受到相应的保障。总体来看,“三权”非常注重“以人为本”,强调把“以人为本”的发展思想贯穿到发展的全过程和各领域,实现经济社会的持续健康发展。

第二,“三权”实现了起点公平、过程公平和结果公平的统一。平等的参与权强调起点公平,要求生产要素都有平等参与生产活动的机会,不得歧视某些生产要素或针对某类生产要素故意设置较高的进入门槛,导致不公平竞争,进而影响市场活力的发挥。共享的收入权强调过程公平,要求“人人尽力”,每个人都尽全力创造更多的价值,企业在初次分配中要保障员工能够获得公平的收入,使员工劳动贡献与劳动报酬相匹配。普遍充分的保障权强调结果公平,要求国家在再分配中更加注重公平,财政更多倾向于民生事业,让每个人都能享受到基本的社会福利,增强获得感和幸福感。总的来看,通过“三权”可以较好地实现效率与公平的有机统一。

第三章　中国收入分配体制改革效果评估的指标和方法

要对我国收入分配体制改革的效果进行较为客观和全面的评估，就需要构建恰当的效果评估指标体系，并利用比较科学的分析方法进行评估。本章首先界定了收入分配体制改革效果评估的范围，其次对收入分配体制改革的权利配置测度的基本思路、方法依据及指标进行了较为详细的论述，最后基于权利配置推断收入分配效果的方法进行了阐释。

第一节　收入分配体制改革效果评估范围及评估的整体思路

新中国成立至今，我国收入分配体制改革主要经历了五个阶段，分别是计划经济时期(1949—1977年)、以承包制为主的改革时期(1978—1992年)、市场经济改革时期(1993—2002年)、市场经济完善时期(2003—2012年)、市场经济成熟时期(2013年至今)。显而易见，不同阶段的分配制度改革呈现出了不同的特征，收入分配格局也不尽相同。比如计划经济时期表现出"寡而均"的分配格局，而市场经济改革时期呈现的分配格局则是城乡居民收入差距的逐步扩大。权利配置的不同方式造成不同收入分配体制改革阶段所对应的收入分配效果的不同,权利配置不合理是造成我国目前收入分配不公的根本症结。因此,评估我国收入分配制度的分配效果,必须对不同制度下的权利配置是否合理进行分析。利用权利配置对我国收入分配体制改革进行效果评估,评估的范围界定是首要问题,本小节旨在对评估范围涉及的三个方面进行说明,具体包括评估对象的界定、效果评估的界定、效果评估整体思路的说明。

一、评估对象的界定

体制分为总体制度和具体制度,而具体制度的总和汇聚成了总体制度。一般而言,收入分配体制分为两大类:一是总体的收入分配制度;二是相关的具体收入分配制度。具体分配制度包括社会保障制度、转移支付制度、税收制度、工资制度、户籍制度等多个方面,涉及初次分配和再次分配两个层次。显然,每一阶段收入分配总体制度改革都对应着不胜枚举的具体分配制度。具体收入分配制度以"合力"的方式影响着每一阶段的收入分配格局,而总体收入分配制度则是这种"合力"的具体呈现。如果将全部阶段的具体分配制度一一列出并且设为对象进行评估,显然不具有可操作性;如果只挑选几个具体制度分别进行评估,具体制度之间的效果并不具有可比性,得到的结果只能够反映这一具体制度的效果,仅仅通过几个典型的具体收入分配制度效果来反映我国收入分配体制改革的总体效果是片面的,不具有代表性。

基于以上分析,本章将我国收入分配制度改革效果的评估对象定位为总的收入分配制度,有针对性地对我国收入分配制度改革的效果进行评估。

二、效果评估的界定

从广义上来说,一种收入分配能够带来多种分配效果,一般考虑的是效率效果和分配效果,即效率与公平。长久以来,有关效率与公平的抉择一直是收入分配研究中的重点问题,是国内外研究中长时间争论的焦点。效率效果和分配效果是收入分配能够带来的直接效果。

从不同时期的收入分配体制改革看,有些分配体制不仅能够使“蛋糕”分得更均,还能使“蛋糕”做得更大,同时兼顾公平和效率,但有些分配制度却无法兼顾这两个效果。计划经济时期的“吃大锅饭”和“大寨工分”制度会造成“贫而均”的分配格局。同样,改革开放后推崇“让一部分人先富起来”和“效率优先”的收入分配制度,效率效果明显增强,但分配效果却明显变弱。一方面,效率效果和分配效果是评估收入分配制度的两个不同方面,评估过程难以监测;另一方面,在当今收入分配格局不均,且收入差距不断扩大的背景下,收入分配体制改革更需要增强其分配效果,而并非仅关注效率效果。我们的重点在于评估出收入分配体制改革的效果,效率与公平问题如何兼顾,这并非效果评估所关注的问题。因此,评估收入分配体制改革的效果时,我们就不能将两种效果一概而论,在效率效果可能不会兼顾的同时,应重点从分配效果出发来评估收入分配体制。分配效果是我们重点关注的效果之一。

同时,参与权、收入权和保障权是权利配置的三个维度,即居民是否有参与经济系统生产过程的平等权利,居民是否有共享经济发展成果的权利,居民是否有充分被保障的权利。收入分配体制改革的效果评估依赖于参与权、收入权和保障权三种权利产生的配置效果,因此,权利效果也是我们效果评估所关注的另一重点。

三、效果评估整体思路的说明

本章沿着“权利配置测度→收入分配效果推论→实际分配效果评估”的思路对我国收入分配体制改革进行总体评估。

首先,对我国收入分配体制改革权利配置进行测度。根据参与权、收入权和保障权在劳动力要素和资本要素之间的配置变化,定量测度计划经济时期、以承包制为主的改革时期、市场经济改革时期、市场经济完善时期、市场经济成熟时期的权利配置效果。

其次,对我国收入分配体制改革权利配置效果进行推断。在测度结果的基础上，定性分析每一收入分配体制改革阶段权利配置产生的效果，在同质性权利下关注权利配置的边际变化带来的效果，而在异质性权利下则考察整体变化带来的效果。

最后，对我国收入分配体制改革的实际分配效果进行评估。这一部分包括绝对收入的评估、分配格局评估、分配差距的评估、再分配和贫困的评估等方面。结合三权理论，通过数据和相应指标的测算，评估新中国成立以来我国收入分配体制改革的总体效果，并从权利配置的三个维度梳理我国现阶段收入分配体制改革的问题。

第二节　收入分配体制改革权利配置测度

收入分配体制改革的本质是权利配置的变化，权利配置在很大程度上决定了收入分配体制改革的效果。因此，要对收入分配体制改革效果进行评估，首先必须对不同阶段收入分配体制下的权利配置情况进行测度，以清晰地描绘参与权、收入权和保障权配置的全貌。

一、权利配置测度的基本思路

不可否认，权利是一个相对抽象的概念，对权利配置进行精确测度并非易事，甚至是不可能完成的。为了尽可能反映权利配置的状况，对权利配置的测度必须要有一个明确的思路，以避免不具可操作性和可行性。基于前期的研究，本书对权利配置的测度总体遵循"分阶段测度、分权利测度、定性测度和定量测度相结合"的思路。

分阶段测度。根据前面的理论分析，权利配置并不一定是一个连续型的函数，权利配置在某些年份可能会发生从量变到质变的"突变"，即存在不同的权利配置类型。就参与权而言，至少存在指令型参与权、能力型参与权和实现型参与权；就收入权而言，至少存在平均型收入权、等级型收入权、贡献型收入权和需求型收入权;就保障权而言,则至少存在无保障权、救助型保障权、差别型保障权、普遍型保障权和充分型保障权。很显然,这些权利类型存在较大差别,多种权利类型的组合就变得更为复杂,笼统地对其进行测度不仅不能反映权利配置的原貌,还可能导致逻辑上的错误。例如,将指令型参与权与能力型参与权混为一谈,然后得出孰优孰劣的结论,这就很有可能使我们误入歧途,因为不同质的权利并不能进行比较,至少是不可以直接进行比较。解决这一测度难点的最好办法就是分阶段测度,尽可能地保障每一个阶段的权利相对地同质。为此,我们根据我国经济体制变迁和权利配置变化特点,按照前文动态跟踪阶段划分,分别对计划经济时期、以承包制为主的改革时期、市场经济改革时期、市场经济完善时期和市场经济成熟时期的权利配置进行测度。

分权利测度。本书主要抽象出了经济系统内三种最主要的权利,即参与权、收入权和保障权,要对权利配置进行测度本质上就是要弄清楚这三种权利在各个阶段是如何变化的。对每一项权利进行测度之前,首先必须弄清楚测度阶段内该项权利是属于何种类型,是单一的类型还是混合的类型?这是对测度阶段内的定性判断,也是进行实质性测度必须要明确的前提。有了这一前提之后,就得弄清楚这些权利究竟是如何配置的,即这一权利是在哪些个人或联合体之间进行配置,这就界定了权利测度的对象。其次,在此基础之上再通过具体的测度方法对权利配置状况进行测度,作出定性或定量的判断结论。最后,在分项权利测度的基础之上,对各个阶段的权利配置状况进行归纳、总结,描绘出测度阶段内权利配置的总体特征。

定性测度和定量测度相结合。确切地说,权利本身就含有定性和定量的东西在里面,要全面地反映权利配置的情况必须是定性测度和定量测度相结合。用这两种方法相结合进行测度需遵循的原则就是"能够进行定量测度的就尽可能多地进行定量测度,不能够进行定量测度的就只进行定性测度"。要明白,对于权利测度并非每一个时点都能对其进行定量测度,并且受限于某些指标数据难以获取的现实,我们也不能对其进行定量测度,只好退而求其次。另外,就不同权利类型而言,对异质性的权利我们一般仅仅做定性的测度,由于不能直接比较,定量测度将失去测度的意义;而对于同质性权利而言,我们则尽可能多地采用定量测度,尽量通过定性分析和定量分析相结合来测度权利配置的状况。

二、权利配置测度的方法

根据"分阶段测度、分权利测度、定性测度和定量测度相结合"的思路,我们需要进一步明确权利配置测度的方法。

关于区分权利配置类型的方法。每一测度阶段内可能存在多种类型的权利配置,我们首先需要做的就是要从中识别和区分其中的权利配置类型,那么,如何来进行区分呢?这里只需要弄清楚两点:一是该阶段究竟存在几种权利配置类型,即参与权存在几种类型、收入权存在几种类型和保障权存在几种类型;二是关于各种类型权利配置比例的变化,以确定哪一种权利配置类型占主导地位。以参与权为例,若一个经济系统既存在指令型参与权,又存在能力型参与权,那么,测度二者所占比例就应该依据当时经济社会的实际情况来进行测度。就我国而言,国有企业内部是实行指令型参与;而民营企业内部则是实行能力型参与,这就可以根据国有经济和民营经济各自所占比重来确定该时期的参与权类型占比。

关于异质性权利定性分析的方法。异质性权利简单来说就是不同类型的权利,这既包括大的权利类型,如参与权、收入权和保障权;也包括同一权利的不同类型,如能力型参与权和指令型参与权就是异质性权利。异质性权利之间的内部运行机理和方式都存在较大不同,不能直接进行比较。这就好像游泳冠军不能和田径冠军相互比较一样,二者的竞争规则和评判规则都不同,无法进行比较。尽管如此,我们还是可以对异质性的权利进行定性分析和测度,通过一定的定性指标对不同类型的权利配置进行描述。就参与权类型而言,如果我们以择业自由度这一定性指标来进行描述的话,很显然,在指令型参与权运行机制下，居民是不能进行自由择业的，只能服从指令安排、调度；而能力型参与权则能够在一定范围内自由择业。这就是说，虽然异质性权利之间不能比较，但是通过某些定性指标进行测度还是可以反映这些权利配置类型之间的差异。

关于同质性权利测度的方法。同质性权利配置的测度就相对容易一些，主要用到定性测度和定量测度相结合的方法。就定性测度而言，主要解决的是类似“权利配置给了谁”“有没有这种权利”这些问题，主要涉及一些主观的社会评价或个人评价。以保障权配置测度为例，我国计划经济时期的保障权配置是城乡分割的，城镇居民具有一定社会保障权，而农村居民没有社会保障权，即保障权配置给了城镇居民，而没有配置给农村居民。这种定性的测度显然能够在一定程度上反映当时的权利配置情况。就定性测度而言，则主要是选择一定的相关指标对其进行描述，主要是反映程度大小的问题。如要反映劳动力要素的参与权究竟是大是小，我们可以通过劳动参与率或失业率这些指标来进行反映，如果劳动参与率高或失业率低，那么，很显然，劳动力要素参与权程度较高。这里的难点就是如何选取恰当的指标。

关于各阶段权利配置特征的总结方法。对各项权利进行了测度之后，我们必须将该阶段的参与权、收入权和保障权配置组合的具体情况描绘出来，只有这样才能真正反映该阶段权利配置的整体面貌。需要注意的是，我们仅仅需要对这个阶段的权利配置特征进行总结，为后面的理论推断奠定基础，而不需要发表主观的评估结论。这里最重要的就是，需要对每一个阶段权利配置情况通过分节点或重点介绍呈现出来，基于这些特征可以对其可能造成的收入分配效果进行推断，而不是看到这些特征依然难以得出相对明确的推测，这既是本书的重点，也是难点。

三、权利配置测度依据与指标

介绍了权利配置测度的基本思路和方法之后，需要进一步明确的就是权利配置测度依据与指标。总体而言,我们将依据经济体制与具体制度判断权利配置状态,并通过具体经济社会指标对各项权利进行定性和定量测度。

参与权配置测度依据与指标。参与权主要涉及收入分配的起点,对其进行测度依据的具体制度包括:(1)与劳动力要素参与权相关的具体制度,如就业制度、户籍制度等;(2)与资本要素参与权相关的具体制度,如行业准入制度、各地区的招商引资政策等。依据这些具体制度的特点,我们可以大致判断参与权配置的基本状况。但是要更加深入地挖掘参与权配置的情况,还有待依据更加具体的指标进行测度。参与权配置测度依据的指标可参考表 3.1。

表 3.1　参与权配置测度依据的指标

劳动力要素参与权测度指标	资本要素参与权测度指标
1. 城镇登记失业率	1. 国有经济占比
2. 农村外出务工人数	2. 民营资本经济占比
3. 城镇居民择业自由度	3. 外资经济占比
4. 农村居民择业自由度	4. 农业贷款比重
5. 城镇化率	5. 农村金融排斥度
6. 其他指标	6. 其他指标

收入权配置测度依据与指标。收入权主要涉及收入分配的过程,其配置在很大程度上决定了初次收入分配结果。对收入权配置进行测度涉及具体制度包括:(1)与劳动力要素收入权相关的具体制度,如工资制度、奖金制度、岗位分红制度、技术分红制度等;(2)与资本要素收入权相关的具体制度,如利润分配制度、国有资本利润上缴制度等。依据这些具体制度的特点,我们可以大致通过定性分析描绘收入权配置的主要特征。然后,我们可以参考表 3.2 的一些具体指标对收入权配置进行更为详细的测度。

表 3.2　收入权配置测度依据的指标

劳动力要素收入权测度指标	资本要素收入权测度指标
1. 劳动收入占比	1. 资本收入占比
2. 城镇居民工资性收入占比	2. 城镇居民财产性收入占比
3. 农村居民工资性收入占比	3. 农村居民财产性收入占比
4. 工人议价能力指数	4. 国有资本利润上缴情况
5. 人力资本参与利润分配情况	5. 其他指标
6. 其他指标	

保障权配置测度依据与指标。保障权主要涉及收入分配的结果，其配置是否合理直接关系到收入分配结果是否公正。对保障权配置进行测度主要依据的具体制度包括社会保障制度、个人所得税制度和转移支付制度。依据这些制度的变化特点，我们可以大致定性描绘各阶段保障权配置的基本情况。具体来说，我们可以参考表 3.3 的一些具体指标对居民保障权配置进行测度。

表 3.3　保障权配置测度依据的指标

保障权测度指标	相关说明
1. 养老保障情况	包括覆盖率、待遇标准等
2. 医疗保障情况	包括覆盖率、待遇标准等
3. 失业保障情况	包括覆盖率、待遇标准等
4. 工伤保障情况	包括覆盖率、待遇标准等
5. 生育保障情况	包括覆盖率、待遇标准等
6. 住房保障情况	包括住房公积金、保障房制度等
7. 教育保障情况	辍学率、义务教育是否免费等
8. 居民转移性收入占比	在居民整个收入中的份额
9. 社会救助情况	是否能够及时救助
10. 其他相关指标	根据不同时期选择恰当的指标

第三节　收入分配体制改革的分配效果评估

收入分配体制改革结果的最直接表现是收入分配效果。权利配置决定收入分配效果，收入分配体制改革从权利配置着手，最终体现为收入分配状态的变化，收入分配效果的变动反映了权利配置的优劣，又能够间接指导下一步收入分配体制改革的方向。因此，本书将对收入分配效果进行分类，并阐述不同收入分配效果的测度指标和方法及数据来源。

一、收入分配效果的分类

毫无疑问，不同类型的权利配置对应着不同类型的收入分配效果，单一的收入分配效果无法反映权利配置的全貌，也就无法对收入分配体制改革进行准确的评估。收入分配效果应该是一个多维概念，应依据不同视角对收入分配效果进行分类，分类既要科学，又要能全面地概括收入分配效果。综合考虑可测性、全面性、科学性的原则，本书将收入分配效果分为绝对收入效果、分配格局效果、分配差距效果和再分配效果。

绝对收入效果。收入分配效果首先应体现为绝对收入效果，绝对收入效果既是一个总量效果，也是衡量收入分配体制改革效果的基础标准。收入分配体制改革应建立在经济总量和国民总收入不断增长的基础上，其目的是在国民收入总量“蛋糕”做大的同时，全体人民都能够更好、更公平地分享经济增长成果。绝对收入效果也可以看作是一个效率指标，收入分配体制改革不能一味地追求公平而忽视效率，收入分配体制改革的原则并非“绝对平均主义”，毫无差别的收入平等观不符合马克思主义的唯物史观。绝对平均主义不仅无法体现能力的差别，而且不利于发挥劳动者创造财富的积极性，最终可能导致经济总量的萎缩，历史发展规律也表明，绝对平均主义无法长久维持①。因此，一个正确的收入分配体制改革方向，首先应使收入分配效果表现为绝对收入的不断增长，如国民收入总量、城镇居民可支配收入和农村居民纯收入等不断增长。这即是收入分配的绝对收入效果。

分配格局效果。收入分配效果应该表现为一个结构效果，结构效果即为收入分配格局。国民总收入由政府（所有从事非营利活动的公共服务机构，包括党政机关、服务性组织和企业）收入、企业（金融企业和非金融企业）收入和居民（即资金流量表中的住户部门，包括城镇和农村的个体劳动者）收入三者构成，三者在国民总收入中的分配比例形成收入分配格局。按照分配过程来看，收入分配格局又可分为初次分配格局和再次分配格局。另外，党的十八届三中全会也提出，要逐步解决收入分配不公问题，逐步形成橄榄型分配格局，这是国民收入分配中居民收入分配总量里的分配格局问题。因此，收入分配格局应包括国民收入分配中政府、企业和居民分配的大格局，收入分配过程中的初次分配格局和再次分配格局，以及居民收入分配总量里的不同收入阶层分配格局等三方面。总体而言，合理的收入分配格局是收入分配体制改革的重要内容，是收入分配效果必须要考察的重要内容之一。

分配差距效果。收入分配体制改革最终不能形成"朱门酒肉臭，路有冻死骨"的局面，必须合理控制收入分配差距。收入分配差距的形成是市场经济运行的必然结果。合理范围内的收入分配有利于推进社会的进步，超出合理范围内的收入分配则违背了社会主义本质。当前，判断收入分配是否合理的观点主要有两类。其一，市场经济本就讲求市场效率，收入分配自然也应坚持"胜者为王"的原则。毋庸置疑，此种价值观必然会造成收入差距的拉大。其二，一定的社会公平也应该纳入收入分配的考虑范围，例如，从"应得"和"贡献"的角度考虑收入分配的合理性并重视社会的主观感受。本书认为，上

① 毛泽东认为"绝对平均主义"类似于政治上的极端民主化，是农民小资产者的幻想，必须反对一切不问理由的绝对平均主义。他认为在社会主义时期，物质的分配也要按照"各尽所能按劳取酬"的原则和工作的需要，决无所谓绝对的平均。

述观点都存在一定的片面性，只有符合社会共同价值观的收入分配差距才合理。收入分配体制改革最终必须形成合理的收入分配差距。

再分配效果。公正合理的收入分配差距不可能一蹴而就，需要经过初次分配与再分配两个阶段。一方面，非物质生产部门需要通过再分配才能获得收入，在初次分配过程中，物质生产部门获得了原始收入，但是间接影响物质生产部门生产效率的非物质生产部门（如文化教育、医疗卫生、国家行政和国防安全等部门）却未获得相应所得，这反过来又会间接影响物质生产部门下一阶段生产的产品总值，不利于国民总收入的增值；另一方面，在一个社会中，总有一些低收入群体由于各种因素无法参与经济系统获得收入，我们必须保障他们的基本生存能力，这也是维护社会稳定、促进社会公平正义的重要体现；最后，通过初次分配形成的收入分配格局与差距可能是公平的，但不一定是正义的，这种分配格局和分配差距不一定符合社会共同价值观，而这也需要通过再分配加以“平滑”。因此，再分配效果也是收入分配效果必须考虑的重要方面，再分配改革措施也是收入分配制度改革的重要领域。

二、收入分配效果测度的指标选取

对收入分配的效果进行分类是收入分配效果测度的第一步，接下来是选取合适的指标对每一类效果进行定量测度。指标的选取及其测度结果最终反映的是收入分配体制改革的效果，必须坚持从事实出发，科学、严谨地评估。否则，测度的收入分配体制改革效果就可能是有偏的，可能导致收入分配体制改革走弯路。我们需要极力避免。出于以上考虑，本部分收入分配分类效果测度的指标选取遵循以下三条原则：一是总结归纳原则，现有研究收入分配效果评估的文献如汗牛充栋，其中大量研究不乏创新之处，可以为我所用；二是多指标印证原则，对于同一收入分配效果，一般选取两至三个，甚至更多指标来测度，不仅可以相互印证测度结论的正确性，也可以避免单一指标测度的不足；三是独立自主原则，课题组在长期研究过程中形成了自身关于收入分配体制改革及分配效果的独立见解与认识,必须予以体现。

绝对收入效果指标选取。绝对收入效果应体现经济总量、国民收入总量,分产业、分行业和分地区总产值,城镇居民绝对收入、农村居民绝对收入及相应增长率等。与之对应的指标选取相对简单、直观,如表 3.4 所示。

表 3.4　绝对收入效果测度的指标选取

变量	绝对指标	相对指标(%)
经济总量	年度 GDP	年度 GDP 增长率
国民收入总量	年度 NI	年度 NI 增长率
分产业总产值	第一、第二、第三产业 GDP	第一、第二、第三产业 GDP 增长率
分行业总产值	几大主要行业的年增加值	几大主要行业年增加值的增长率
分地区总产值	每一省份(地区)的年增加值	每一省份(地区)的年增加值的增长率
城镇居民绝对收入	城镇居民人均可支配收入	城镇居民人均可支配收入增长率
农村居民绝对收入	农村居民人均纯收入	农村居民人均纯收入增长率

分配格局效果指标选取。按部门来分,收入分配格局应包括初次分配和再次分配中政府、企业和居民各自占有的收入份额。按要素来分,可以分为资本要素收入占比和劳动力要素收入占比。在我国很多学者也对要素分配进行了研究,比较具有代表性的包括李稻葵等(2009)、白重恩等(2009a;2009b)、郭庆旺等(2012),除了劳资和政府收入间关系这一焦点外,劳资两大要素间的替代问题更是重中之重。而课题组主要选取的是我国劳动力要素份额的占比变化为评估指标。理由主要有以下两点:第一,在我国,劳动力要素与资本要素基本呈现此消彼长的关系,相关研究表明,对劳动力或资本要素进行系统研究对了解我国收入分配体制改革具有重要意义,而劳动收入份额持续下降已成为社会关注的焦点(蔡昉,2005;Bai 等,2006),因此选择劳动收入占比作为测度指标具有重要意义。第二,考虑到我国特色的社会主义分配制度,研究

劳动收入占比更能够反映我国收入分配现状,对提高收入分配公平性和改善收入分配现状都具有重要的作用。按居民收入中的"小分配"格局来分,分为低收入者收入占比、中等收入者收入占比和高收入者收入占比。

1997年诺贝尔经济学奖获得者舒尔茨(W.Schultz)曾谈到如果能够理解占据世界人口多数的穷人的经济学,也就懂得了许多真正重要的经济学原理。在研究收入分配问题的时候,尤其是对收入分配体制进行评估的过程中,贫困问题不可忽视。从现有研究看,评价贫困的指标包括贫困发生率、贫困差距率和贫困指数等。具体指标如表3.5所示。

表3.5 分配格局效果测度的指标选取

变量	绝对指标
初次分配格局	企业收入占比、居民收入占比、政府收入占比
再次分配格局	企业收入占比、居民收入占比、政府收入占比
要素分配格局	劳动力要素收入占比、BPI指数
居民收入分配格局	百分比指数
贫困群体收入份额	贫困发生率、贫困差距率和森贫困指数

分配差距效果指标选取。收入分配差距衡量的是单个经济主体(家户或个人)所得收入相对总收入占比的份额差异,内含不均等程度。收入差距具体可以分解为农村内部、城镇内部、城乡之间和地区之间的收入差距,城乡间收入差距在因制度、政策等因素带来的几种不同类型的收入差距中,不公平程度最为严重(陈斌开等,2010),城乡收入差距可以解释居民收入差距的75%(World Bank,1997)。因此,城乡收入差距是一个很好的评估指标。根据规模收入分配内涵,对于城乡收入差距指标,可以分为两类:一类是比值指标,即城乡收入比;另一类是福利指标,包括库兹涅茨指数、泰尔指数、基尼系数、阿特金森(Atkinson)指数等。以上指标各有特点,但研究收入差距使用最多的是基尼系数,因此本书也选用基尼系数作为评估的重要指标之一。分配差距效果的具体指标如表3.6所示。

表 3.6　分配差距效果测度的指标选取

变量	绝对指标
城乡收入差距	比值类指标：城乡收入比
	福利类指标：泰尔指数、基尼系数、阿特金森指数
地区收入差距	比值类指标：地区收入比
	福利类指标：泰尔指数、基尼系数
行业收入差距	行业平均工资之比
城镇居民收入差距	城镇居民收入基尼系数
农村居民收入差距	农村居民收入基尼系数

再分配效果指标选取。再分配主要是国家通过财政政策，对初次分配形成的国民收入份额及比例进行再调整的过程。因此，再分配效果包括进行再分配的国民收入份额（再分配的资金来源总量）、再分配的资金去向和再分配结果三部分。具体指标如表 3.7 所示。

表 3.7　再分配效果测度的指标选取

变量	绝对指标
再分配的资金来源总量	收入税总额、财产税总额、社会保险基金总收入和
再分配的资金去向	社会保险福利金总额；教育、医疗支出占财政支出比重
再分配结果	再分配率

三、指标的数据来源和测算方法

收入分配效果指标选取的一个重要原则就是可测性，也即每一项指标均要有可靠的数据来源和科学的测算方法。本部分将对上文收入分配效果的分类及每一种类别下的具体指标的数据来源和测算方法进行说明，为下文收入分配效果的实际测度奠定基础。

（一）绝对收入效果指标的数据来源和测算方法

由于绝对收入指标相对简单和直观，因此，绝对收入指标的基线数据大部分可以在历年《中国统计年鉴》及统计公报中找到，部分行业总产值也可在分行业统计年鉴中获得，绝对收入效果的指标计算方法也相对通俗易懂。

表 3.8　绝对收入效果指标的测算方法和数据来源

指标	测算方法	数据来源
年度 GDP	支出法：Y=C+I+G+X-M 收入法：Y=工资+利息+租金+利润+间接税和企业转移支付+折旧	历年《中国统计年鉴》
年度 NI	NI=GDP-折旧-间接税-企业转移支付-政府补助=工资+利息+租金+利润	历年《中国统计年鉴》
第一、第二、第三产业 GDP	测算方法与年度 GDP 计算法类似	历年《中国统计年鉴》
几大主要行业的年增加值	主要使用生产法计算 增加值=总产出-中间投入	历年《中国统计年鉴》或部分《行业统计年鉴》
每一省份（地区）的年增加值	可使用支出法、收入法和生产法	历年《中国统计年鉴》
城镇居民人均可支配收入	城镇居民可支配收入/城镇常住人口	历年《中国统计年鉴》
农村居民人均纯收入	农村居民总收入/农村常住人口	历年《中国统计年鉴》《中国农村统计年鉴》

（二）分配格局效果指标的数据来源和测算方法

分配格局效果指标的测算方法相对复杂，本书初次分配与再次分配格局中企业、居民与政府收入占比采用白重恩、钱震杰（2009）方法测算，要素分配格局中的劳动力要素收入占比采用课题组前期研究成果——支出倒推法进行测算。

我们使用的有关劳动收入占比的测算，采用的方法是支出倒推法，简单来说就是利用支出来推算收入。相比资金流量表计算和收入法 GDP 计算，支出倒推法具有数据统一连贯、可信度高、降低调研误差、避免资本收入核算等问题。

核算方法如下列各式所示：

$$y = Y \tag{3.1}$$

其中，y 表示收入，Y 表示支出。

$$y_1 = l + k + M + G \tag{3.2}$$

其中，y_1 表示居民（住户）收入，l 表示劳动收入，k 表示财产收入，M 表示营业收入，G 表示政府对居民的净转移支付，为转移支付（g）减去所得税（t）的差额。k 属于资本收入的范畴，而 M 是一个混合收入指标，要在劳动收入和资本收入间进行划分。此外，M 需要按照上文提到的不同发展阶段进行一定的调整，分为营业盈余中的劳动收入和资本收入。①

$$y_1 = l + k + M_l + M_k + (g - t) \tag{3.3}$$

$$Y_1 = C + I \tag{3.4}$$

其中，Y_1 表示居民支出，C 表示消费支出，I 表示投资支出；将居民投资进一步拆分为一般投资和储蓄。②

$$Y_1 = C + T_1 + S_1 \tag{3.5}$$

其中，I_1 表示资本形成总额，S_1 表示净储蓄增加，数值上等于新增存款与新增贷款的差额；进一步细分：

$$Y_1 = C + I_2 + S_2 + S_1 \tag{3.6}$$

其中，I_2 表示固定资本形成总额，S_2 表示存货增加额；汇总得到劳动

① 这里把农户的收入全部归为劳动收入，这可能带来劳动收入的高估。现有的中国统计年鉴中的数据也把这一收入全部归为劳动收入。

② 这里的储蓄应该还包括居民手中的现金。如果假设居民历年保存的现金不变，这一现金值就可以忽略。课题组在核算过程中认为这一假设条件成立。但随着经济的发展，居民手中的现金会缓慢增长。这种假设可能会低估劳动收入。

收入：

$$l + k + M_l + M_k + (g - t) = C + I_2 + S_2 + S_1 \tag{3.7}$$

$$L = l + M_l = C + I_2 + S_2 + S_1 - k = M_k - (g - t) \tag{3.8}$$

不同时期的劳动收入占比将根据动态跟踪的划分予以微调，但基本原理不变。

贫困发生率（Poverty Head Count Ratio）是很好的测度公平条件下我国收入分配体制改革效果的评估指标。它又被称作贫困人口占总人口的比率，用 H 表示。全社会总人口数为 N，在贫困线 Z 以下的人口数为 q，则贫困发生率 H 可以表示为：

$$H = q/N \tag{3.9}$$

贫困发生率充分地体现了我国每一时期或时点的贫困人口占比规模，充分体现了贫困的广度，既能直接反映我国收入分配改革的效果，又便于理解。

贫困差距率 I（Income Gap Ratio），贫困缺口考虑的是贫困人口到贫困线的距离，其定义为：

$$I = \sum_{i=1}^{q} \frac{z - y_i}{q_z} \tag{3.10}$$

分母表示贫困人口 i 低于贫困线的部分，即收入短缺值。

森贫困指数。Sen（1976）在满足相关性、单调性和弱转移性公理的要求下，提出了 S 指数：

$$S = H[I + (1 - I)\ G_p] \tag{3.11}$$

其中，H 为贫困发生率，I 为贫困差距率，G_P 为 I 分布的基尼系数。

BPI（劳动者议价能力指数）

原始公式：BPI＝全日制工人年薪的中位数/非农产业年化产出价值

实际所用公式：BPI＝城镇在岗职工平均工资/［（第二产业总产值/第二产业就业人数+第三产业总产值/第三产业就业人数）/2×10000］

表 3.9　分配格局效果指标的测度方法和数据来源

绝对指标	测算方法	数据来源
企业收入占比、居民收入占比、政府收入占比	白重恩和钱震杰(2009)	《资金流量表》 历年《中国统计年鉴》
劳动力要素收入占比	支出倒推法	历年《中国统计年鉴》
BPI 指数	城镇在岗职工平均工资/[(第二产业总产值/第二产业就业人数+第三产业总产值/第三产业就业人数)/2×10000]	历年《中国统计年鉴》
百分比指数	顶层 0.1%、1%、10%和底层 0.1%、1%、10%收入各自占总收入的比重	The World Top Incomes Database
贫困发生率、贫困差距率和森贫困指数	H 指数、I 指数和 S 指数	历年《中国统计年鉴》、微观调查数据(CHNS、CHIPS)、或 CSG 数据

(三)分配差距效果指标的数据来源和测算方法

由于分配差距效果的测度指标分类相似,因此,不以变量分类进行介绍,而以是否比值类和福利类指标进行说明。

$$\text{城乡收入差距} = \text{城镇居民人均可支配收入} / \text{农村居民人均纯收入} \tag{3.12}$$

$$\text{行业收入差距} = \text{年度全行业最高平均工资} / \text{年度全行业最低平均工资} \tag{3.13}$$

基尼系数的测算。计算基尼系数不以计算洛伦兹曲线为基础,采用基尼平均差的计算方法。

设随机变量 x 代表人口收入,则对应的概率密度函数为 $f(x)$,从而其累计密度为 $F(x) = \int_0^x f(x)\,\mathrm{d}x$,可以得到:

$$D = \int_0^\infty \int_0^\infty |y - x| \mathrm{d}F(x)\ \mathrm{d}F(y)\ ,0 \leqslant D \leqslant 2u \tag{3.14}$$

其中,x、y 代表独立分布的随机变量,u 代表收入的均值。D 代表所有经济体收入之差绝对值的总和。$D=0$ 代表收入分配的绝对公平,$D=2u$ 则代表收入分配的绝对不公平。式(3.12)换算为离差形式,则表示为如下形式:

$$D = \frac{\sum_{i=1}^{n}\sum_{j=1}^{n}|x_i - x_j|}{n(n-1)},0 \leqslant D \leqslant 2u \tag{3.15}$$

其中,$|x_i - x_j|$ 代表收入样本差的绝对值,n 代表总人口。

基尼系数又可以表示为:

$$G = \frac{D}{2u},0 \leqslant D \leqslant 2u \tag{3.16}$$

即

$$G = \frac{\sum_{i=1}^{n}\sum_{j=1}^{n}|x_i - x_j|}{2un(n-1)} \tag{3.17}$$

当样本非常大时,式(3.17)还可以表示为:

$$G = \frac{\sum_{i=1}^{n}\sum_{j=1}^{n}|x_i - x_j|}{2u\,n^2} \tag{3.18}$$

泰尔指数的测算。泰尔指数从信息量与熵(Entropy)的角度来考察不公平性和差异性。将总体差异分解为组内和组间差异,便利了探查两种差异各自的变动及在其总体中的占比地位。泰尔指数基于收入集中度测度法,测度值仅表现为相对意义,就这一点而言类似于基尼系数。但其取值可趋近无穷大,收入不平等程度与数值大小呈正向关系。

泰尔类指标具体包括广义熵测度(Generalized Entropy Class of Measure,简称 GE 指数)、泰尔测度(Theil Measure)和泰尔第二测度(Theil's Second Measure)。以广义熵测度为基础,采用不同的变换形式,即可得到泰尔测度和泰尔第二测度。此外，GE 指数还可转换为变异系数和阿特金森指数。有学者指出泰尔指数对样本的规模比较敏感，采用全户调查数据相对于抽样调查数据更好（邢鹂等，2009）。其公式的简单计算形式如下：

$$GAP_{it} = \sum_{j=1}^{2}\left(\frac{p_{jt}}{p_t}\right)\ln\left(\frac{p_{jt}}{p_t}/\frac{z_{jt}}{z_t}\right) = \left(\frac{p_{1t}}{p_t}\right)\ln\left(\frac{p_{1t}}{p_t}/\frac{z_{1t}}{z_t}\right) + \left(\frac{p_{2t}}{p_t}\right)\ln\left(\frac{p_{1t}}{p_t}/\frac{z_{1t}}{z_t}\right) \tag{3.19}$$

其中，$j=1$ 表示城镇地区，$j=2$ 表示农村地区，z_{1t}、z_{2t} 分别代表城镇和农村 t 时期的人口数量，z_t 则对应 t 时期总人口数，p_{1t}、p_{2t} 分别表示城镇和农村 t 时期的总收入，p_t 则对应 t 时期的总收入。

阿特金森指数（Atkinson Index）的测算。阿特金森指数是综上所列的测度收入分配不公平指标中明显展现社会福利规范的指数。首先得出一个等价敏感平均收入 y_ε（y_ε 定义为如若每个人享受该等价敏感收入时所对应的社会总福利，相当于收入实际分布时具有的社会总福利值）。y_ε 计算为：

$$y_\varepsilon = \left[\sum_{i=1}^{n} f(y_i)\, y_i^{1-\varepsilon}\right]^{\frac{1}{1-\varepsilon}} \tag{3.20}$$

其中，y_i 表示第 i 人（或组）的实际收入/总收入；$f(y_i)$ 表示第 i 人（或组）占总人口比例的密度函数；ε 为不平等厌恶参数，反映社会对不平等的厌恶（或对平等的偏好）程度，取值范围为 $0 < \varepsilon < +\infty$，$\varepsilon$ 的典型取值为 0.5 和 2。进而阿特金森指数可表示为：

$$A_\varepsilon = 1 - \frac{y_\varepsilon}{\mu} \tag{3.21}$$

其中，μ 表示平均收入。从中可以看出：随着收入分配公平程度的提升，y_ε 越来越接近 μ，阿特金森指数值也就越来越小；该指数取值范围为［0，1］，0 代表社会收入分配的完全公平。

阿特金森指数具有洛伦茨准则一致性，并可分解，公式如下：

$$A_\varepsilon^T = A_\varepsilon^{between} + A_\varepsilon^{within} + Residual \tag{3.22}$$

阿特金森指数完全符合收入分配不公平程度测定指数优良性状所要求的

五条公理性原则。

表 3.10　分配差距效果指标的测度方法和数据来源

绝对指标	测度方法	数据来源
城乡收入比	城镇居民人均可支配收入/农村居民人均纯收入	历年《中国统计年鉴》
行业平均工资之比	行业收入差距=年度全行业最高平均工资/年度全行业最低平均工资	历年《中国统计年鉴》
基尼系数	$G=\frac{\sum_{i=1}^{n}\sum_{j=1}^{n}\lvert x_i-x_j\rvert}{2un(n-1)}$	历年《中国统计年鉴》
泰尔指数	$GAP_{it}=\sum_{j=1}^{2}\left(\frac{p_{jt}}{p_t}\right)\ln\left(\frac{p_{jt}}{p_t}/\frac{z_{jt}}{z_t}\right)$	历年《中国统计年鉴》
阿特金森指数	$y_{\varepsilon}=\left[\sum_{i=1}^{n}f(y_i)\,y_i^{1-\varepsilon}\right]^{\frac{1}{1-\varepsilon}}$	历年《中国统计年鉴》

（四）再分配效果指标的数据来源和测算方法

由于再分配效果主要以税收政策为支撑，因此，大部分数据从历年《中国财政年鉴》中获取。部分医疗的数据从历年《中国卫生统计年鉴》中获取，而教育支出则从历年《中国教育经费统计年鉴》中获取。

再分配率（Redistribution Rate）指标的分析基于不平等指标测度的基础，直观地显现再分配政策的效果。按照马蒂亚·福切萨托和萨缪·鲍尔斯（2015）的定义，其计算公式表示如下：

$$RDR=1-\frac{INDEX_{RE}}{INDEX_{PR}} \tag{3.23}$$

其中，RDR 表示再分配率，$INDEX_{RE}$ 表示再分配后的收入不平等指标，与之对应，$INDEX_{PE}$ 表示再分配前的不平等指标。若 RDR 大于 0，表示再分配政策起到了正向的收入分配效果；若 RDR 小于 0，则表示再分配政策出现了逆向的收入再分配效果;若 *RDR* 等于 0,则表明再分配政策产生了中性的收入再分配效果。再分配效果的具体指标测度方法及数据来源如表 3.11 所示。

表 3.11　再分配效果指标的测度方法和数据来源

绝对指标	测算方法	数据来源
收入税总额、财产税总额、社会保险基金总收入和	收入税=所得税+利润税+资本收益税+定期支付的其他经常收入税 财产税=不动产税(房产税)+动产税(遗产税)	历年《中国财政年鉴》
社会保险福利金总额;教育、医疗支出占财政支出比重	社会保险福利金:包括失业金、退休金、抚恤金、医疗保险金等和社会救济金(如生活困难补助、救济金); 教育、医疗支出/公共财政支出总额	历年《中国卫生统计年鉴》、历年《中国教育经费统计年鉴》
再分配率	$RDR = 1 - \frac{INDEX_{RE}}{INDEX_{PR}}$	历年《中国统计年鉴》

第四节　基于权利配置推断收入分配效果的方法

前已述及,收入分配的核心是权利配置。不同的权利配置组合会产生不同的收入分配效果,同时某项权利的边际变化也会带来收入分配效果的变化。如果有两种或三种权利同时变化,那么要推断收入分配效果的变化则会更加复杂。本书将从理论上对权利配置的收入分配效果进行推断,本节只介绍推断的方法和思路。

一、定性的收入分配效果推断

定性分析方法主要是根据自变量的变化推断因变量的变化方向或变化趋势,例如需求定理的表述就是定性分析,即在其他条件不变的情况下,价格上升,需求量下降,这里的自变量是价格,因变量是需求量。在定性分析权利配置变化所导致的收入分配效果变化的过程中,我们也正是遵循这一思路,即在其他权利配置不变的情况下,某项权利的边际变化或整体变化会导致收入分配效果的变化。例如在保持收入权和保障权配置不变的情况下,当参与权变化时,收入分配会朝着某个方向变化。值得注意的是,由权利配置所导致的收入分配效果变化不能进行定量推断,因为这是不可能也是不必要的,“不可能”是因为利用不同的数据库或采用不同的指标会得出不同的系数,“不必要”是因为理论推断只要知道自变量对因变量的影响趋势,不需要有固定的数量关系,否则就成为“特殊理论”——只能解释某一范围的定量关系,一旦范围改变则该理论就会不成立。定性分析则不一样,它只是在边际上推断因变量由自变量变化而引起的变化方向,只要后续的定量分析得出的结论符合理论推断的变化方向,那么我们的推论就算是被证实了。

这里需要说明的是,由于本书在前面章节对我国收入分配体制改革进行了动态跟踪,把从 1949 年新中国成立以来至今划分为计划经济时期、以承包制为主的改革时期、市场经济改革时期、市场经济完善时期和市场经济成熟时期五个阶段;并在理论分析中把权利分为参与权、收入权和保障权三大类,其中参与权又可划分为指令型参与权、能力型参与权和实现型参与权,收入权具体划分为平均型收入权、等级型收入权、贡献型收入权、需求型收入权,保障权具体划分为救助型保障权、差别型保障权、普遍型保障权、充分型保障权,因此,本书在推断由权利配置变化所导致的收入分配效果变化时会基本遵循“分阶段推断、分权利推断”的指导原则。

另外,权利推断又分为同质性权利边际变化的收入分配效果推断、异质性权利整体变化的收入分配效果推断两种形式。同质性权利指的是同一种属性的权利,并且只是程度的强弱不同,例如同是能力型参与权,在不同的经济体制下和在不同的制度约束下,其程度有强有弱,选择的自由度越大则程度越强,选择的自由度越小则程度越弱;在城乡分割的市场经济体制下,虽然都是能力型参与权,但是农村居民的参与度就要大大弱于城镇居民的参与度,这是因为农村居民的平均受教育年限要普遍低于城镇居民的受教育年限，农村居民的社会关系网很弱，信息获取能力也很弱。异质性权利指的是不同属性的权利，具体包括两种情况：一是大类权利的异质性，例如参与权、收入权、保障权就属于异质性权利；二是小类权利的异质性，例如收入权分为平均型收入权、等级型收入权、贡献型收入权和需求型收入权，虽然这四种权利都属于收入权，但它们却是异质性权利。具体如表 3. 12 所示。

表 3. 12　权利配置类型的情况说明

权利配置类型	具体类型	程度			权利属性	
		弱	中	强		
参与权	指令型参与权	*	**	***	同质性权利	异质性权利
	能力型参与权	*	**	***	同质性权利	
	实现型参与权	*	**	***	同质性权利	
收入权	平均型收入权	*	**	***	同质性权利	
	等级型收入权	*	**	***	同质性权利	
	贡献型收入权	*	**	***	同质性权利	
	需求型收入权	*	**	***	同质性权利	
保障权	救助型保障权	*	**	***	同质性权利	
	普遍型保障权	*	**	***	同质性权利	
	差别型保障权	*	**	***	同质性权利	
	充分型保障权	*	**	***	同质性权利	

值得指出的是，收入分配效果的变化数值会由于指标选择的差异而有所不同，只要指标数值的正负方向符合预期的变化方向，那么就说明我们的理论推断没有错。反之，如果指标数值的正负方向不符合预期的变化方向，那么就说明我们的理论推断出现了偏差，有可能是因为我们忽略了其他关键因素的变化，这就要求我们在理论推断的过程中尽量将各种影响因素囊括进来。

二、同质性权利边际变化带来的效果

同质性权利的变化指的是权利的强弱变化,例如指令型参与权的边际变化既可以是由弱变强,也可以是由强变弱,要视具体的情况分析。例如在新中国成立之前,并未实行高度集中的计划经济;但是新中国成立之后的一段时间内是高度集中的计划经济;这种权利的边际变化就是由弱到强。但是改革开放之后,这种情况又发生了逆转,我国逐步由高度集中的计划经济转变为计划经济为主、市场经济为辅,后来又演变成市场经济为主;这种权利的边际变化就是由强到弱。因此,权利的边际变化方向并不是朝着同一个方向变化,而是都有可能,在不同的时期需要根据实际情况来推断。如表 3.13 所示为同质性权利边际变化的收入分配效果推断。在推断由权利的边际变化带来的收入分配效果时,需要注意一点:权利的边际变化要实实在在的,要有具体的事实支撑,而不是凭空想象,否则就有可能作出错误的或片面的推断;另外,任何权利都需要相关配套措施,否则也有可能作出错误的或片面的推断。例如,在高度集中的计划经济时期,我国推行人民公社制度,所有人参加集体劳动,没有选择工作的自由,属于指令型参与权,但是这种参与权却没有相关的配套措施来完善,很多人是"出工不出力","偷懒""搭便车"的行为比较常见,使这种制度的效果大打折扣,但我们并不能因此得出指令型参与权是低效率的结论。

表 3.13 同质性权利边际变化的收入分配效果推断

不变权利	权利的边际变化	同质性权利变化的收入分配效果	
		由弱到强	由强到弱
收入权、保障权	指令型参与权	A1+	A1−
	能力型参与权	A2+	A2−
	实现型参与权	A3+	A3−

续表

不变权利	权利的边际变化	同质性权利变化的收入分配效果	
		由弱到强	由强到弱
参与权、保障权	平均型收入权	B1+	B1-
	等级型收入权	B2+	B2-
	贡献型收入权	B3+	B3-
	需求型收入权	B4+	B4-
参与权、收入权	救助型保障权	C1+	C1-
	普遍型保障权	C2+	C2-
	差别型保障权	C3+	C3-
	充分型保障权	C4+	C4-

再如，百米赛跑的竞争准则是速度，是实实在在的速度，相信没有任何人质疑，但是如果有人因为服用兴奋剂而获得冠军，那么我们是否会质疑比赛的公平性？答案是肯定的。但是我们会因此而弃用速度作为百米赛跑的竞争准则吗？当然不会，只是我们要保持比赛的公正性，必须出台一些相关规定，例如不准服用兴奋剂，同时还要制定相应的惩罚措施，如果服用兴奋剂，那么不管有没有影响最终的比赛结果，都要面临禁赛若干年的处罚，只有这样“速度为王”的公平性才能让众人信服。

三、异质性权利整体变化带来的效果

异质性权利不能通过考察其边际变化来推断收入分配的效果变化，因为不是同一种权利，那么就不具有可比性，但收入分配的效果变化是能够观察到的，不过要从整体来看，而不是从边际上来看。例如，计划经济时期采用平均型收入权，每个人无论做多做少、做好做坏带来的收入增量都是相同的，不能调动劳动者的积极性、主动性和创造性；市场经济时期，采用贡献型收入权，劳动者多劳可以多得、少劳就会少得、不劳就毫无所得，这样整个国家的经济效率就会提升很多倍，劳动者的收入也会比以前提高很多。因此，异质性权利的变化从整体来看改进了收入分配的效果。实际上，我们依然可以采用权利配置的边际变化思路来进行推断，例如参与权由指令型向能力型转变时，我们可以分析能力型参与权由弱到强的变化会给收入分配带来何种影响，或者分析指令型参与权由强到弱的变化会给收入分配带来何种影响。这种异质性权利整体变化的推断分析又可以转化为同质性权利的边际变化分析。

表 3.14　异质性权利整体变化的收入分配效果推断

不变权利	异质性权利整体变化	异质性权利整体变化的收入分配效果
收入权、保障权	指令型参与权→能力型参与权	A1*
	指令型参与权→实现型参与权	A2*
	能力型参与权→实现型参与权	A3*
参与权、保障权	平均型收入权→等级型收入权	B1*
	平均型收入权→贡献型收入权	B2*
	平均型收入权→需求型收入权	B3*
	等级型收入权→贡献型收入权	B4*
	等级型收入权→需求型收入权	B5*
	贡献型收入权→需求型收入权	B6*
参与权、收入权	救助型保障权→差别型保障权	C1*
	救助型保障权→普遍型保障权	C2*
	差别型保障权→普遍型保障权	C3*
	普遍型保障权→充分型保障权	C4*

第四章　计划经济时期收入分配体制改革效果评估

前已述及，收入分配体制改革的本质是权利配置的变化，权利配置的不同组合决定了不同的收入分配体制改革效果。在对我国收入分配体制改革进行简要动态跟踪的基础上，接下来我们将对不同阶段收入分配体制下的参与权、收入权和保障权配置的具体类型，用定性与定量相结合的分析方法进行测度，紧接着提出权利配置变化的收入分配效果推断，最后再用数据和事实来论证提出的命题，以完成对各阶段我国收入分配体制改革效果的评估。第四章至第八章的分析思路是一致的。

第一节　计划经济时期权利配置测度

我国计划经济时期的阶段划分是1949—1978年，这一时期经历了社会主义改造和十年“文化大革命”，具体又可以划分为三个小阶段：1949—1956年完成了由新民主主义向社会主义过渡的任务，存在多种经济成分，既包括公有制经济，又包括非公有制经济，因此收入分配实行的不是单一的按劳分配，而是“多种分配方式并存”的混合型分配方式；1957—1965年在前一阶段完成社会主义改造的基础上，经济成分已全部由公有制经济组成，实行单一的公有制经济,同时建立了单一的按劳分配体制;1966—1976 年是“文化大革命”时期,经济发展几乎陷入停滞,平均主义分配是这一时期的典型特征;1977—1978 年是历史转折时期,是改革开放的酝酿期,我国经济开始从“文化大革命”的影响中逐渐脱离,进入新的发展时期。

一、参与权的测度

(一)劳动力要素参与权测度

总的来看,在社会主义改造完成之前,劳动力要素的参与权类型是能力型参与权与指令型参与权并存;在社会主义改造完成之后,无论是城镇居民还是农村居民,劳动力要素的参与权类型属于单一的指令型参与权。

毋庸置疑,户籍制度是影响劳动力要素参与权的主要因素,其作用主要是限制或允许劳动人口的自由流动。如果户籍制度限制劳动人口流动,那么被限制一方的参与权就会被剥夺;如果户籍制度允许劳动人口自由流动,那么就说明劳动力要素的参与权比较强。计划经济时期的户籍制度主要经历了“允许公民自由居住和迁徙→严格限制农村人口向城市流动→从宪法层面限制公民居住和迁徙的自由”的过程,大致情况如图 4. 1 所示。

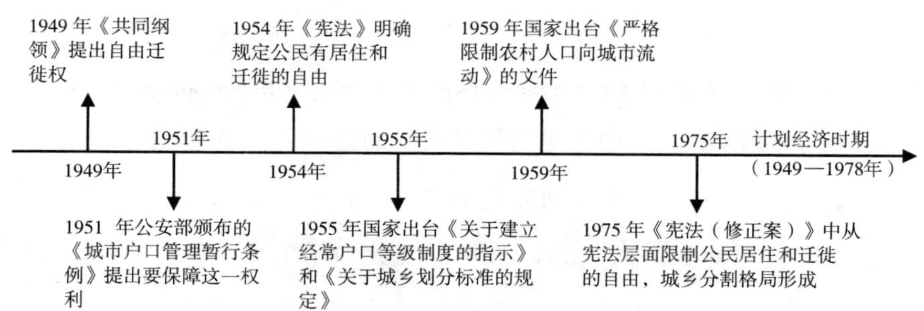

图 4. 1　1949—1978 年计划经济时期我国户籍制度改革历程

1. 城镇居民控制的劳动力要素参与权测度

众所周知,新中国成立初期我国的发展战略是“赶超”战略和“优先发展重工业”战略。而这些战略的实施都是通过城市来完成的，尤其是我国的重工业基本分布在城市，农村依然保留着自古以来“农业为本”的风貌。计划经济时期，我国出台的大多数政策基本是在维护城市居民的利益，而农村的作用在较大程度上是协助城市发展——当城市发展需要农村提供帮助时，例如提供廉价的农产品，农村就要立即承担起这一职责，并且是比较廉价地承担，讨价还价的余地较少。事实上，户籍制度对城镇居民很有利，但是对农村居民却不太有利，因为户籍制度主要是限制农村居民向城市流动。在城镇我国基本上实现了“充分就业”——想工作、愿意工作的居民，都可以参加工作；而农村居民基本上只能参加农业生产，其选择的范围已大大缩小。虽然后期完全禁止双向流动，即城镇居民不能流向农村，农村居民也不能流向城镇，但是很显然城镇居民在很大程度上是不会愿意流向农村的，因此这种禁止大大增强了城镇居民的参与权，却大大减弱了农村居民的参与权。总的来看，城镇居民在计划经济时期的参与权一直在不断增强。

2. 农村居民控制的劳动力要素参与权测度

由图 4.1 我们可以看出，1949—1954 年，城乡居民的自由流动性较强，当时的经济成分由公有制经济和非公有制经济构成，就业机会相对较多，因此城乡居民的参与权属于能力型参与权。随着社会主义改造的完成，经济成分已完全变为公有制经济，这时城乡居民的就业都是在公有制企业中解决，城乡居民的参与权逐渐过渡到了指令型参与权。为了服务我国“赶超”战略和“优先发展重工业”战略的需要，加上我国第二产业的就业人数逐渐饱和，新增劳动力不断涌入城市，而城市的工业已无力提供新的就业机会，国家在这种背景下开始考虑限制农村居民的流动。1955 年国家出台了《关于建立经常户口登记制度的指示》和《关于城乡划分标准的规定》，这些文件虽然规定要限制农村居民向城市流动，但是并未明确提出要完全禁止农村居民流向城市，因此农村居民的参与权还是相对较强，但是已明显弱于 1949—1954 年的参与权。

由于 1958—1960 年的“大跃进”运动，以及“三年自然灾害”导致的困难时期,为了减轻城市在就业、粮食供给、住房等方面的压力,国家在 1959 年出台了《中华人民共和国户口登记条例》的文件,农村居民的参与权越发受到限制,农村居民只能在农村参与生产,城市居民只能在城市企业参与生产。1975 年,国家颁布的《中华人民共和国宪法修正案》最终从宪法层面限制公民居住和迁徙的自由,城乡分割的格局已然形成,农村居民再也不能到城镇参加工作,城镇居民也无法流向农村。总的来看,计划经济时期农村居民的参与权一直在减弱,与城镇居民形成了鲜明的对比。

我们可以通过考察 1949—1978 年我国城镇化率的演变情况来分析城乡居民的流动性,如表 4.1 和图 4.2 所示。1949—1960 年,我国的城镇化率在不断增长,由 10.64%提高到了 19.75%,增加了 9.11 个百分点;但是 1960 年之后,我国的城镇化率开始下降,在 1963 年达到历史新低,变为 16.84%,下降了 2.91 个百分点;1963 年之后,我国的城镇化率保持在比较稳定的水平,在 17%—18%之间徘徊。这充分说明了户籍制度的影响是很深刻的,尤其是对农村居民的影响很显著。这样的结果是:农村居民的参与权被限制在农业,城镇居民的参与权被限制在企业。

表 4.1　1949—1978 年我国城镇化率演变情况　　（单位:%）

年份	城镇化率	年份	城镇化率
1949	10.64	1964	18.37
1950	11.18	1965	17.98
1951	11.78	1966	17.86
1952	12.46	1967	17.74
1953	13.31	1968	17.62
1954	13.69	1969	17.5
1955	13.48	1970	17.38
1956	14.62	1971	17.26
1957	15.39	1972	17.13
1958	16.25	1973	17.2

续表

年份	城镇化率	年份	城镇化率
1959	18.41	1974	17.16
1960	19.75	1975	17.34
1961	19.29	1976	17.44
1962	17.33	1977	17.55
1963	16.84	1978	17.92

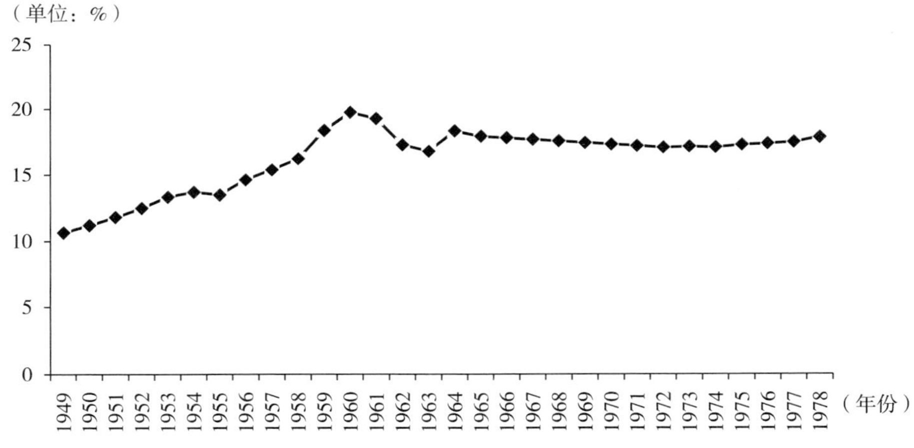

图 4.2　1949—1978 年我国城镇化率演变情况

资料来源：国家统计局国民经济综合统计局编：《新中国六十年统计资料汇编》，中国统计出版社 2010 年版。

（二）资本要素参与权测度

在社会主义改造完成之前，我国是公有制经济成分与非公有制经济成分并存，但是公有制经济成分已经开始占主导地位。随着社会主义改造的完成，非公有制经济已全部转变为公有制经济。公有制经济包括国营经济①和集体经济。

① 国营经济是由国营企业构成，国营企业的含义是国家经营的企业，国有企业是国家所有的企业，这两者的内涵是不一样的。

二、收入权的测度

（一）劳动力要素收入权测度

总的来看，计划经济时期我国劳动力要素的收入权类型是等级型收入权与平均型收入权并存。等级型收入权主要指的是从1956年开始在公有制企业执行的“八级工资制”，以石油产业为例，当时采油工人的最低工资标准，即一级工资标准为31.0—43.2元，最高工资标准，也就是八级工资标准为104.56—131.76元，最高工资标准与最低标准的相对差距为3.05—3.37倍。相对而言，收入差距并不是很大，起到了较大的激励性作用。不可否认，八级工资制对技术水平、劳动对象、劳动强度等方面都作出了明确的要求，体现了熟练程度与技术高低的差异，工人的劳动积极性很高，生产力水平也获得了较大提高。但是八级工资制在之后的推行过程中也出现了一些偏差，一是工人的技术等级与工资等级挂钩不紧，工资等级晋升慢于技术等级晋升；二是工资统一计划管理束缚了企业执行的灵活性，1959年之前，职工工资晋升主要是由企业自行安排，国家并未干预，但是在1959年之后，工人升级改由国家统一安排，升级人数、升级范围、升级所需工资总额、升级时间等均由国家统一下达，导致部分该升级的工人只能排队等待下一次晋升机会，严重挫伤了工人积极性；三是由于“三年自然灾害”和随后的十年“文化大革命”，国家经济增长停滞，政府财力十分有限，职工工资长期得不到调整，导致了工资分配中平均主义盛行。这就脱离了“八级工资制”的设计初衷，激励效果大打折扣，反而向平均型收入权转变。

不过，平均型收入权也并不是完全的城乡居民之间的“平均”，而是城镇居民之间的分配很平均，农村居民的分配也很平均。实际上，城乡居民的收入差距比较大，相对差距保持在3倍以上，最高时达到了4.54倍，这反映了城镇居民与农村居民之间在参与权方面的差异——同样是指令型参与权，城镇居民被分配到了收入较高的工业生产,农村居民被分配到了收入较低的农业生产。

1. 城镇居民控制的劳动力要素收入权测度

表4.2、图4.3为1953—1978年我国城镇居民人均可支配收入的变化情况,可以看出,城镇居民人均可支配收入逐年平稳上升,由1953年的269.23元提高到了1978年的607.07元,绝对值增加了337.84元,相对值增加了1.25倍。

表4.2　1953—1978年我国城镇居民人均可支配收入变化情况　（单位:元）

年份	城镇居民人均可支配收入	年份	城镇居民人均可支配收入
1953	269.23	1966	352.23
1954	269.51	1967	356.94
1955	278.68	1968	352.74
1956	285.94	1969	360.66
1957	255.92	1970	361.5
1958	261.81	1971	435.31
1959	277.46	1972	462.73
1960	294.36	1973	466.04
1961	351.91	1974	471.53
1962	364.5	1975	475.9
1963	361.44	1976	486.44
1964	335.22	1977	495.91
1965	350.03	1978	607.07

2. 农村居民控制的劳动力要素收入权测度

表4.3、图4.4为1953—1978年我国农村居民人均纯收入的变化情况,可以看出,农村居民人均纯收入也呈现出逐年上升趋势,由1953年的69.04元提高到了1978年的133.60元,绝对值增加了64.56元,相对值增加了0.935

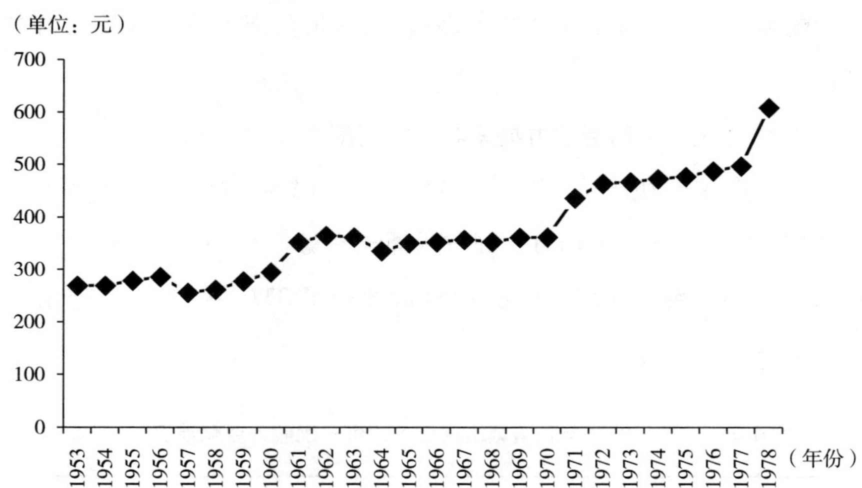

图 4.3　1953—1978 年我国城镇居民人均可支配收入演变情况

资料来源：国家统计局国民经济综合统计司编：《新中国六十年统计资料汇编》，中国统计出版社 2010 年版。

倍。无论是收入的绝对值增长还是相对值增长，农村居民都要小于城镇居民，城乡居民收入差异较大。

表 4.3　1953—1978 年我国农村居民人均纯收入变化情况　（单位：元）

年份	农村居民人均纯收入	年份	农村居民人均纯收入
1953	69.04	1966	109.03
1954	70.60	1967	110.89
1955	77.12	1968	112.79
1956	79.60	1969	114.72
1957	73.00	1970	116.68
1958	76.55	1971	118.68
1959	80.22	1972	120.71
1960	84.28	1973	122.77
1961	88.43	1974	124.87
1962	92.79	1975	127.01
1963	97.36	1976	129.18
1964	102.16	1977	131.39
1965	107.20	1978	133.60

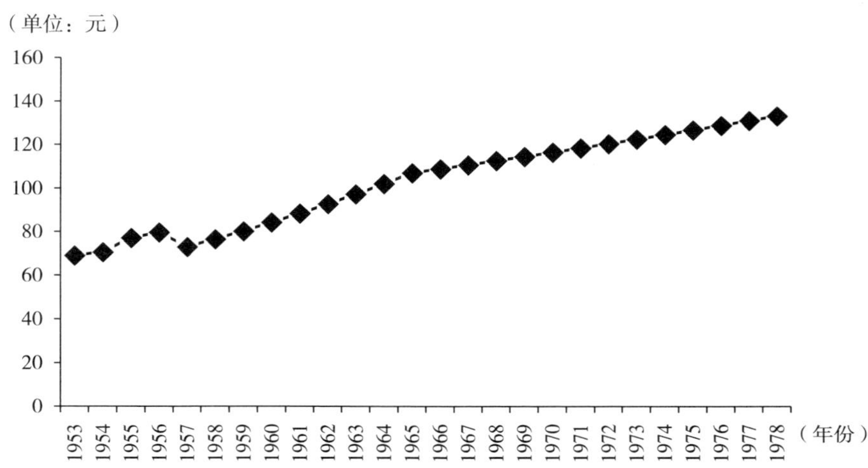

图 4.4　1953—1978 年我国农村居民人均纯收入演变情况

资料来源：国家统计局国民经济综合统计司编：《新中国六十年统计资料汇编》，中国统计出版社 2010 年版。

3. 劳动收入占比情况变化

表 4.4、图 4.5 为 1952—1978 年我国劳动收入占比的变化情况。可以看出，我国劳动收入占比总体呈下降趋势，中间经历了几个波动：第一，从 1952 年的 62%下降到 1959 年的 49%，变化了 13 个百分点；第二，从 1959 年的 49%又提高到了 1962 年的 71%，变化了 22 个百分点；第三，随后基本呈现出下降趋势，到 1978 年劳动收入占比只达到了 49%。由此可以得出，计划经济时期我国的劳动收入占比从 71%的最高水平下降到了 49%的最低水平，劳动者的待遇只经历了短暂的"繁荣"，总的来看是随着中国经济的发展而降低了。

表 4.4　1952—1978 年我国劳动收入占比变化情况　　（单位：%）

年份	LS1	LS2	年份	LS1	LS2
1952	62	68	1966	55	55
1953	59	65	1967	61	61
1954	61	65	1968	62	62
1955	64	67	1969	58	58

续表

年份	LS1	LS2	年份	LS1	LS2
1956	63	64	1970	53	53
1957	65	65	1971	53	53
1958	57	57	1972	53	54
1959	49	49	1973	53	53
1960	50	51	1974	53	53
1961	65	66	1975	51	51
1962	71	71	1976	55	55
1963	68	68	1977	53	53
1964	61	61	1978	49	49
1965	56	56			

注:LS1 表示的劳动收入中个体业主的收入按资本收入占比进行了分类;LS2 表示的劳动收入中个体业主的收入全部归为劳动收入。

资料来源:本书根据中国统计年鉴公布的资金流量表,利用支出倒推法计算得出。

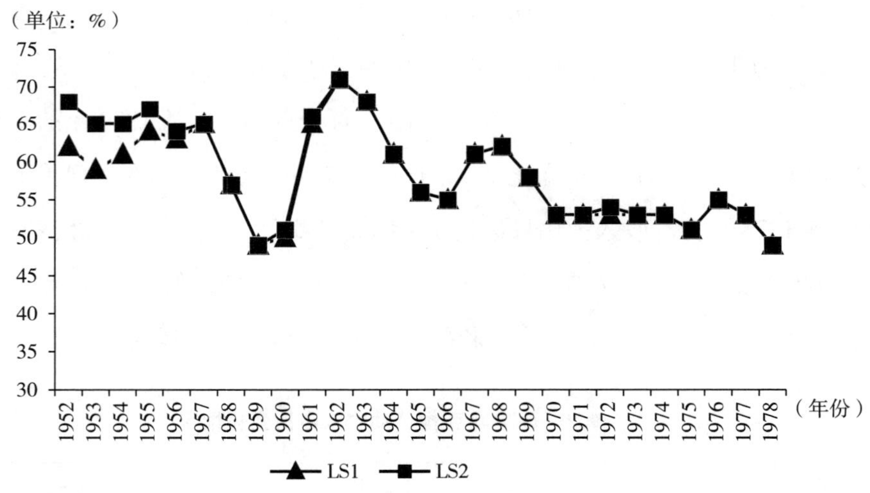

图 4.5　1952—1978 年我国劳动收入占比变化情况

资料来源:国家统计局国民经济综合统计司编:《新中国六十年统计资料汇编》,中国统计出版社 2010 年版。

（二）资本要素收入权测度

资本收入占比情况。表 4.5、图 4.6 为 1952—1978 年我国资本收入占比的变化情况。可以看出，我国资本收入占比总体呈上升趋势，中间也经历了几个大的波动：第一，从 1952 年的 24%提高到 1959 年的 37%，增加了 13 个百分点；第二，从 1959 年的 37%下降到 1962 年的 15%，减少了 22 个百分点；第三，从 1962 年的 15%提高到 1966 年的 34%，增加了 19 个百分点；第四，1967 年至 1978 年资本收入占比基本保持稳定。整体来看，资本收入占比从 15%的最低水平提高到 37%的最高水平，增加了 22 个百分点，等于劳动收入占比的变化幅度。

表 4.5　1952—1978 年我国资本收入占比变化情况　　（单位：%）

年份	KS1	KS2	年份	KS1	KS2
1952	24	18	1966	34	33
1953	27	20	1967	28	28
1954	24	20	1968	27	26
1955	22	19	1969	30	30
1956	23	23	1970	34	34
1957	21	20	1971	35	35
1958	29	29	1972	34	34
1959	37	37	1973	34	34
1960	36	35	1974	34	34
1961	22	21	1975	35	35
1962	15	15	1976	31	31
1963	19	18	1977	33	33
1964	27	26	1978	37	37
1965	33	32			

注：KS1 是与 LS1 对应的资本收入占比；KS2 是与 LS2 对应的资本收入占比。
资料来源：本书根据中国统计年鉴公布的资金流量表，利用支出倒推法计算得出。

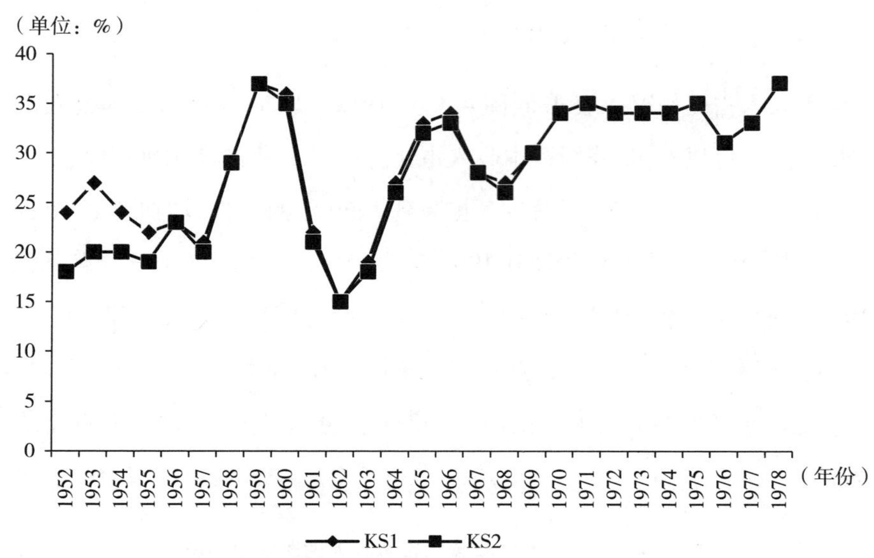

图 4.6　1952—1978 年我国资本收入占比变化情况

资料来源：国家统计局国民经济综合统计司编：《新中国六十年统计资料汇编》，中国统计出版社 2010 年版。

三、保障权的测度

总的来看，计划经济时期我国实行的是差别型保障权。公有制企业职工和机关事业单位职工均享受了较优的社会保障，而农村居民基本处于无保障状态或只享受到了一定的救助型保障。虽然在制度层面，针对公有制企业职工的社会保障制度不同于针对机关事业单位职工的社会保障制度，但是在待遇上两者所享受的福利差别并不大。

（一）城镇居民保障权测度

1951 年，我国出台了《中华人民共和国劳动保险条例》，将职工的养老、医疗、工伤、病假、生育等内容纳入劳动保险计划项目，该条例是针对城镇职工的社会保障。1955 年 12 月，国家出台了《关于国家机关工作人员退休处理暂行办法》，该办法是要解决国家机关事业单位员工的养老保障问题。与企业职工基本养老保险制度不同的是，机关事业单位员工不需要缴纳养老保险费用，而是由国家财政补贴。为便于统一管理，1958年国家对企业职工基本养老保险制度和机关事业单位员工的退休制度进行了整合，形成了统一的养老保障体制，公有制企业员工和机关事业单位人员均能获得相对较好的养老保障待遇。

以城镇医疗保障制度为例，1956年国家针对机关事业单位人员建立了公费医疗制度，针对公有制企业职工则建立了劳保医疗制度，为机关事业单位人员和公有制企业职工提供免费或基本免费的医疗预防服务。另外，其他方面的福利保障还包括就业、工伤、生育等，甚至还包括子女入托、上学、洗澡等生活服务方面的福利提供。总体来看，这一时期机关事业单位员工获得了由国家财政提供支持的福利保障，而公有制企业员工则获得了由企业承担的社会福利保障，这些保障水平虽然相对较低，但相对于当时的经济发展水平而言，城镇居民获得了较为充分的社会保障。

（二）农村居民保障权测度

总的来看，农村居民基本处于无保障状态或者在某种程度上来说只享受到了一定的救助型保障。例如只有在发生庄稼歉收、旱灾、洪灾等自然灾害的情况下，农村居民才能获得国家的救助；其他情况下只有极少部分农村的“五保户”①才能享有一定的社会福利。另外，值得指出的是农村合作医疗制度，它是在新中国成立之后，部分地区群众自发集资设立的具有一定公益性质的医疗站和保健站。1956年，《高级农业生产合作社示范章程》首次赋予了集体介入农村社员疾病医疗的职责，之后，很多地方出现了以集体经济为基础的，以集体和个人相结合、互助互济的合作医疗站、保健医疗站等，但是国家并没有给予相应的财政资金支持，只是在政策上予以肯定。不过，从实际效果来看，这

① “五保”主要包括保吃、保穿、保医、保住、保葬（孤儿为保教）。

一自发性的组织还是发挥了比较重要的作用。据估计，到 1976 年，农村合作医疗的参保率已经达到了 90%，很大程度上改善了农村“缺医少药”的面貌。

四、计划经济时期权利配置特征总结

根据以上分析结果，计划经济时期我国的权利配置测度总结如表 4.6 所示。

表 4.6 计划经济时期的权利配置测度总结

权利类型	阶段性的权利配置	特征和趋势
参与权	能力型参与权（1949—1956 年） 指令型参与权（1957—1978 年）	1. 公有制经济与非公有制经济并存转变成完全的公有制经济 2. 城乡居民可以自由流动、参与企业或农业生产转变为城镇居民只能参与企业生产、农村居民只能参与农业生产
收入权	贡献型收入权（1949—1956 年） 等级型收入权（1957—1978 年） 平均型收入权（1957—1978 年）	1. 按劳分配与其他分配方式并存 2. 八级工资制，不同级别的群体获得不同的收入 3. 农村居民之间的收入很平均，城镇居民之间的收入很平均，城乡之间的收入差距较大
保障权	无保障 救济型保障权 差别型保障权	1. 农村居民基本处于无保障状态 2. 只有在发生庄稼歉收、旱灾、洪灾等自然灾害的情况下，农村居民才能获得国家的救助；其他情况下只有极少部分农村的“五保户”才能享有一定的社会福利 3. 机关事业单位员工获得由国家财政提供支持的福利保障，而公有制企业员工则获得由企业承担的社会福利保障，这些保障水平虽然相对较低，但相对于当时的经济发展水平而言，城镇居民获得了较为充分的社会保障

第二节 计划经济时期权利配置的收入分配效果推断

按照前面的收入分配效果推断思路，我们主要是对权利配置的变化进行

定性分析。在权利分类中，我们把参与权分为指令型参与权、能力型参与权与实现型参与权，考虑到经济发展的一般规律，实现型参与权要在物质财富极大丰富的前提下才能实现，在计划经济时期无法实现这一权利，因此本节主要是考虑指令型参与权和能力型参与权；相对应地，收入权中的需求型收入权在计划经济时期也无法实现，因此收入权主要考虑平均型收入权、等级型收入权和贡献型收入权。另外，根据前面章节我们对计划经济时期权利配置的测度，保障权主要分为救济型保障权和差别型保障权。

一、参与权变化的收入分配效果推断

在社会主义改造完成之前(1949—1956 年)，公有制经济与非公有制经济并存，个人主要根据自己的能力选择进入公有制企业或非公有制企业，参与权主要体现为能力型参与权，收入权主要体现为贡献型收入权。随着社会主义改造的持续推进，非公有制经济的比重越来越小，公有制经济的比重越来越大，劳动者的就业都转移到了公有制经济当中，参与权也逐渐由能力型参与权转变为指令型参与权。也就是说，指令型参与权由弱变强，而能力型参与权则由强变弱，在某种程度上我们可以认为这两种参与权是一种替代的、此消彼长的关系，那么我们可以作出如下推断：

推断 1：在其他条件不变的情况下，指令型参与权由弱变强会导致经济增长率下降或人均产值增长率下降。或者，在其他条件不变的情况下，能力型参与权由强变弱会导致经济增长率下降或人均产值增长率下降。

对推断 1 的相关解释。收入权和保障权保持不变也就意味着非公有制企业转变为公有制企业之后，只是所有制形式改变了，而企业内的分配方式却并没有改变。例如，如果之前的非公有制企业实行的是贡献型分配，那么转制之后的公有制企业同样是实行贡献型分配，前后没有改变，指令型参与权的加强意味着国家要管理的企业数量增多，这会增加管理成本，企业经营者或管理者不再有直接制订生产计划的权力，而是必须服从国家的指令安排，这就会导致企业经营者即使有更好的生产计划也不一定能执行，这在一定程度上会降低企业的生产积极性，进而导致整个国家的经济增长率或人均产值增长率下降。

在参与权方面，对于城镇居民而言最重要的制度是户籍制度，为服务于国家发展战略需要，我国采取了严格控制农村人口向城镇转移的户籍制度，农村居民只能在农村从事附加值较低的农业生产，而城镇居民只能待在城市从事附加值较高的工业生产，因此农村居民的收入肯定会低于城镇居民的收入。由于农村和城镇执行的都是平均型收入权，因此总的来看，农村居民与城镇居民的相对收入差距会保持比较稳定的水平。但是，由于农村居民收入本来就很低了。也就是说，农村居民的收入基数很低；而城镇居民的收入相对而言较高，其收入基数也会较高，因此即使农村居民的收入只提高一小部分，而城镇居民的收入增长额要大于农村居民，在计划经济时期的平均型分配方式下，城乡居民收入的相对收入差距会有所下降，但是下降幅度并不大。由此可以得到推断 2。

推断 2：在其他条件不变的情况下，户籍制度的限制会导致城镇居民的平均收入大大高于农村居民的平均收入，并且城乡居民的相对收入差距保持在比较稳定的水平，但总的来看，该相对收入差距会有所下降。

不过这里需要说明的是，有的人可能会认为即使没有户籍限制，城镇居民的收入一般而言也会高于农村居民，因此如果单从户籍制度来推断这一点，理由还不是很充分。但是，如果没有户籍制度的限制，农村居民可以自由流动到城市，那么竞争会在一定程度上拉低城镇居民的收入，而提升农村居民的收入，长期来看，城乡居民收入的相对差距会逐步缩小，呈收敛趋势。

二、收入权变化的收入分配效果推断

收入权是直接影响居民收入的重要权利，收入权的变化将直接影响居民收入的大小。在公有制企业中，收入权主要体现为等级型收入权和平均型收入权；在非公有制企业中，收入权主要体现为贡献型收入权；因此在社会主义改造完成之后，贡献型收入权变得非常弱小，等级型收入权和平均型收入权占主导。毋庸置疑，贡献型收入权可以充分激发劳动者更加努力工作，因为努力程度不同将会导致不同的收入，贡献越大则收入也越大，贡献越小则收入也越小，因此符合“多劳多得、少劳少得、不劳不得”的分配原则；而平均型收入权则会鼓励“搭便车”行为，每个人都希望从其他人的贡献中分一杯羹，这就会降低整体的努力程度，进而社会的整体生产率也随之降低，因此这也会降低国内生产总值的增长率或人均国内生产总值的增长率，与推断1是相似的。不过，在这里我们要推断的是直接受收入权影响的指标——劳动收入占比。

推断3：在其他条件不变的情况下，平均型收入权会导致劳动收入占比呈下降趋势。

对推断3的相关解释。由于国家掌握了生产资料，个人只付出劳动，因此具备了按劳分配的前提条件——生产资料公有制，但由于劳动者的收入是由国家统一制定的，不可能随时调整或每年调整，国家也不可能针对部分人制定特别高的工资，而只是制定平均工资，因此劳动者的工资增长要慢于劳动生产率的增长，进而导致劳动收入占比呈现出下降趋势。此外，需要说明的是，导致劳动收入占比下降的另一个重要原因是劳动者工资增长速度滞后于工业产出率，劳动者工资不能及时进行调整，以与经济增长率同步，因此劳动收入占比也会下降。而这个原因仍然是平均分配的一个后果。由于工资制定需要经过讨论和审批等相关程序，不可能短时间内进行调整，因此由国家制定统一的工资标准难免会滞后。

另外，由推断3我们还可以得到另外一个推断，即：

推断4：在其他条件不变的情况下，平均型收入权会导致资本收入占比呈上升趋势。

对推断4的相关解释。由于劳动者工资增长速度滞后于工业产出率，劳动者工资不能及时进行调整，而劳动者减少的这部分收入的绝大部分都被

“自然”转移到了资本收入中①,因此资本收入占比会呈现出上升趋势。

三、保障权变化的收入分配效果推断

保障权属于再分配的重要内容,其目的主要是为了保障弱势群体的基本生活,保障权取决于一国经济实力和社会保障制度。在计划经济时期,我国的保障权主要体现为差别型保障权和救助型保障权,这种保障模式会影响城乡居民的生活质量,尤其是体现在消费方面,城镇居民相对于农村居民而言拥有较好的社会保障制度,比农村居民享有更多的福利,其消费的后顾之忧较农村居民要少,因此消费水平要高于农村居民。这就得到了推断5。

推断5:在其他条件不变的情况下,城乡居民的保障权差异会导致城镇居民的消费水平要高于农村居民。

另外,我们还可以推断城乡居民的收入结构中,城镇居民的转移性收入要高于农村居民,不仅体现在绝对值上,而且很可能也体现在收入占比上。

第三节　计划经济时期我国收入分配体制改革效果评估

一、基于绝对收入指标的效果评估

(一)国内生产总值(GDP)及其人均量变化

我们推断1949—1956年的国内生产总值增长率或人均国内生产总值增长率要高于1957—1978年的国内生产总值增长率或人均国内生产总值增长率。如表4.7所示为1952—1978年中国国内生产总值及其人均量的变化情

① 政府收入占比是按照税法进行征收的,而税法一般比较固定,要较长一段时间才会变更,因此劳动者减少的收入只有较少一部分转移为政府收入,大部分收入都转移为资本收入。

况，通过简单的计算可以得出，1953—1956 年国内生产总值及其人均量的平均增长率分别为 10.4%、8.03%，而 1957—1978 年国内生产总值及其人均量的平均增长率分别为 6%、3.93%，前者分别高出后者 4.4 个百分点、4.1 个百分点，这也就是说从数据的阶段性变化来看，指令型参与权由弱变强会导致经济增长率下降或人均产值增长率下降，即推断 1 基本得到了证实。

表 4.7　1952—1978 年我国 GDP 及人均 GDP 演变情况

年份	GDP/（亿元）	GDP 增长率（%）	人均 GDP/（元）	人均 GDP 增长率（%）
1952	679	—	119	—
1953	824	15.6	142	13.1
1954	859	4.2	144	1.8
1955	911	6.8	150	4.5
1956	1029	15.0	166	12.7
1957	1069	5.1	168	2.4
1958	1308	21.3	200	18.3
1959	1440	8.8	216	6.7
1960	1457	−0.3	218	−0.5
1961	1221	−27.3	185	−26.6
1962	1151	−5.6	173	−6.4
1963	1236	10.2	181	7.5
1964	1456	18.3	208	15.5
1965	1717	17.0	240	14.3
1966	1873	10.7	255	7.7
1967	1780	−5.7	236	−8.1
1968	1730	−4.1	223	−6.6
1969	1946	16.9	244	13.7
1970	2261	19.4	276	16.1
1971	2435	7.1	290	4.1

续表

年份	GDP/（亿元）	GDP 增长率（%）	人均 GDP/（元）	人均 GDP 增长率（%）
1972	2530	3.8	294	1.2
1973	2733	7.9	310	5.4
1974	2804	2.3	311	0.2
1975	3013	8.7	329	6.8
1976	2961	-1.6	318	-3.1
1977	3221	7.6	341	6.2
1978	3678.7	11.7	381	10.2

资料来源：国家统计局国民经济综合统计司编：《新中国六十年统计资料汇编》，中国统计出版社 2010 年版。

（二）城乡居民收入变化

从表 4.8 可以看出，1953—1978 年城镇居民的收入从 1953 年的 269.23 元提高至 1978 年的 343.4 元，绝对值增加了 74.17 元，相对值增加了 0.28 倍①；农村居民的收入从 1953 年的 69.04 元提高至 1978 年的 133.6 元，绝对值增加了 64.56 元，相对值增加了 0.94 倍。我们可以得出，1953—1978 年，我国城镇居民与农村居民的收入主要呈现出上升趋势，尽管在这个过程中城镇居民收入波动较大。

表 4.8　1953—1978 年我国城镇居民收入变化情况　（单位：元）

年份	城镇居民	农村居民	年份	城镇居民	农村居民
1953	269.23	69.04	1966	352.23	109.03
1954	269.51	70.60	1967	356.94	110.89

① 这里要注意的是，1978 年城镇居民的收入降幅较大，从 1977 年的 495.91 元骤降至 1978 年的 343.4 元，减少了 152.51 元，但仍然要远高于农村居民收入，这里面的原因值得深入研究。

续表

年份	城镇居民	农村居民	年份	城镇居民	农村居民
1955	278.68	77.12	1968	352.74	112.79
1956	285.94	79.60	1969	360.66	114.72
1957	255.92	73.00	1970	361.50	116.68
1958	261.81	76.55	1971	435.31	118.68
1959	277.46	80.22	1972	462.73	120.71
1960	294.36	84.28	1973	466.04	122.77
1961	351.91	88.43	1974	471.53	124.87
1962	364.5	92.79	1975	475.90	127.01
1963	361.44	97.36	1976	486.44	129.18
1964	335.22	102.16	1977	495.91	131.39
1965	350.03	107.2	1978	343.40	133.6

资料来源：国家统计局国民经济综合统计司编：《新中国六十年统计资料汇编》，中国统计出版社 2010 年版。

（三）城乡居民消费变化

从表 4.9 和图 4.7 可以看出，在消费绝对数方面，1952—1978 年我国农村居民的消费额始终低于全国平均水平，而与城镇居民的消费额相比则差距更大，并且差距在逐步扩大。例如，1952 年，全国居民的平均消费水平为 80 元，农村居民的平均消费水平为 65 元，农村居民消费水平比全国平均消费水平低 15 元，比城镇居民消费水平则要低 89 元；1978 年，全国居民平均消费水平为 184 元，农村居民平均消费水平为 138 元，农村居民消费水平比全国居民平均消费水平低 46 元，比城镇居民消费水平则要低 267 元，较 1952 年消费差距则分别增加了 31 元、178 元。另外，从城乡居民消费指数情况也可以证实这一点。这也说明推断 5 基本得到证实。

表 4.9　1952—1978 年我国城乡居民消费情况

年份	绝对数(元)			指数(1952=100)		
	全国居民	农村居民	城镇居民	全国居民	农村居民	城镇居民
1952	80	65	154	100	100	100
1953	91	72	188	107.5	102.8	115.1
1954	92	73	191	108.1	104	115.9
1955	99	80	198	115.5	113.1	120.2
1956	104	81	212	121.3	114.6	128.6
1957	108	82	222	124.5	116.8	131.7
1958	111	86	212	126.5	119.8	126.2
1959	104	70	224	116	96.8	127.2
1960	111	73	236	109.9	92.4	113.7
1961	124	87	248	103	93.6	99.1
1962	126	93	248	106.8	100.1	101.9
1963	124	94	240	116.8	107.6	118.5
1964	127	99	253	123.4	113.8	131.9
1965	133	104	259	135.4	125.2	144.2
1966	139	111	262	139.6	130.3	146.5
1967	143	115	268	144.2	135.8	150
1968	139	111	266	139.6	130.2	148.7
1969	142	113	272	143.4	134.2	153
1970	147	119	281	149.1	140.6	158.3
1971	150	121	287	151.1	142.3	161.8
1972	155	121	315	155.3	141.9	177
1973	162	128	325	162.6	149.5	182.9
1974	163	128	334	162.4	148.2	186.9
1975	167	130	349	166	150.4	194.2
1976	171	131	365	169.5	151.4	203.1
1977	175	130	390	171.7	151.1	210.6
1978	184	138	405	178.7	157.6	217.6

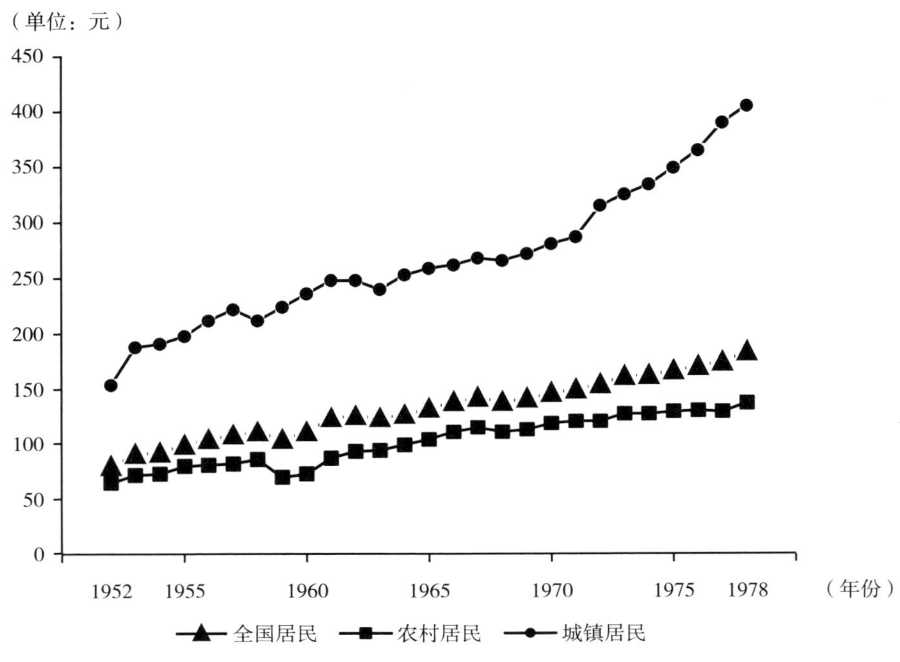

图 4.7　1952—1978 年我国城乡居民消费情况

资料来源:国家统计局国民经济综合统计司编:《新中国六十年统计资料汇编》,中国统计出版社 2010 年版。

(四)农村居民人均纯收入及其构成

从表 4.10 可以看出,1956 年之前,农村居民的家庭经营性收入占比是最高的,1954 年达到了 88%,而工资性收入占比只有 3.7%,转移性收入占比为 8.3%;1956 年之后,农村居民的工资性收入占比迅速提升到了 62.4%,而家庭经营性收入占比只有 23.3%,转移性收入占比则保持在 10%左右。这种收入构成主要是由于在社会主义改造完成之后,我国全面推行农村合作社制度,农民主要参与集体劳动,因此工资性收入成为农民收入的主导,而家庭经营性收入则成了次要收入。

表 4.10　1954—1978 年我国农村居民人均纯收入情况

年份	工资性收入		家庭经营性收入		转移性收入	
	金额(元)	占比(%)	金额(元)	占比(%)	金额(元)	占比(%)
1954	2.4	3.7	56.4	88	5.3	8.3
1956	45.5	62.4	17	23.3	10.4	14.3
1957	43.4	59.5	21.5	29.5	8.1	11.1
1962	52.3	52.8	38.2	38.5	8.7	8.8
1963	54.6	53.9	35.7	35.2	11.1	11
1964	55.1	53.9	35.7	34.9	11.5	11.2
1965	63.2	59	33.3	31.1	10.7	10
1976	78.4	69.3	26.2	23.2	8.5	7.5
1977	76.1	65	32.8	28	8.2	7
1978	88.3	62.9	35.6	27.5	9.5	9.7

注:1983 年以前的工资性收入包括集体分配收入;1992 年以前的转移性收入包括财产性收入。四舍五入可能存在加总不等于 100%的情况。

资料来源:国家统计局农村社会经济调查司编:历年《中国农村统计年鉴》,中国统计出版社。

二、基于收入分配格局指标的效果评估

如表 4.11 和图 4.8 所示,劳动收入占比呈现出“下降→上升→下降”的趋势,整体来看劳动收入占比是不断下降的,从 1952 年的 62%下降至 1978 年的 49%,下降了 13 个百分点;而资本收入占比则是呈现出“上升→下降→上升”的趋势,整体来看资本收入占比是不断提高的,从 1952 年的 24%提高至 1978 年的 37%,增加了 13 个百分点。从数据结果来看,推断 3、推断 4 基本得到了证实。

表 4.11　1952—1978 年我国要素分配格局演变　（单位:%）

年份	劳动	资本	政府	年份	劳动	资本	政府
1952	62	24	14	1966	55	34	12

续表

年份	劳动	资本	政府	年份	劳动	资本	政府
1953	59	27	15	1967	61	28	11
1954	61	24	15	1968	62	27	11
1955	64	22	14	1969	58	3	12
1956	63	23	14	1970	53	34	12
1957	65	21	14	1971	53	35	13
1958	57	29	14	1972	53	34	13
1959	49	37	14	1973	53	34	13
1960	5	36	14	1974	53	34	13
1961	65	22	13	1975	51	35	13
1962	71	15	14	1976	55	31	14
1963	68	19	13	1977	53	33	14
1964	61	27	13	1978	49	37	14
1965	56	33	12				

注：劳动收入中个体业主的收入按资本收入占比进行了分类。
资料来源：本书根据《中国统计年鉴》公布的资金流量表，利用支出倒推法计算得出。

三、基于收入分配差距指标的效果评估

从数据的可获得性方面来看，我们用来衡量收入分配差距的主要指标是城乡居民收入差距，如表 4. 12 所示，1953—1978 年城镇居民的收入始终高于农村居民的收入，绝对差距从 1953 年的 200. 19 元提高至 1978 年的 209. 8 元，相对差距从 1953 年的 3. 9 倍下降至 1978 年的 2. 57 倍。① 结合前面的分析，我们可以看到，推断 2 基本得到了证实。

① 前面已经指出，1978 年是一个特殊年份，是历史转折时期的关键节点，这一年我国决定实行改革开放政策，中国发展将进入一个新的历史时期。虽然城乡收入差距在 1978 年骤降，而且 1953 年至 1977 年的变化趋势是总体符合我们之前的推断的，城乡居民相对收入差距始终保持在 3 倍以上。

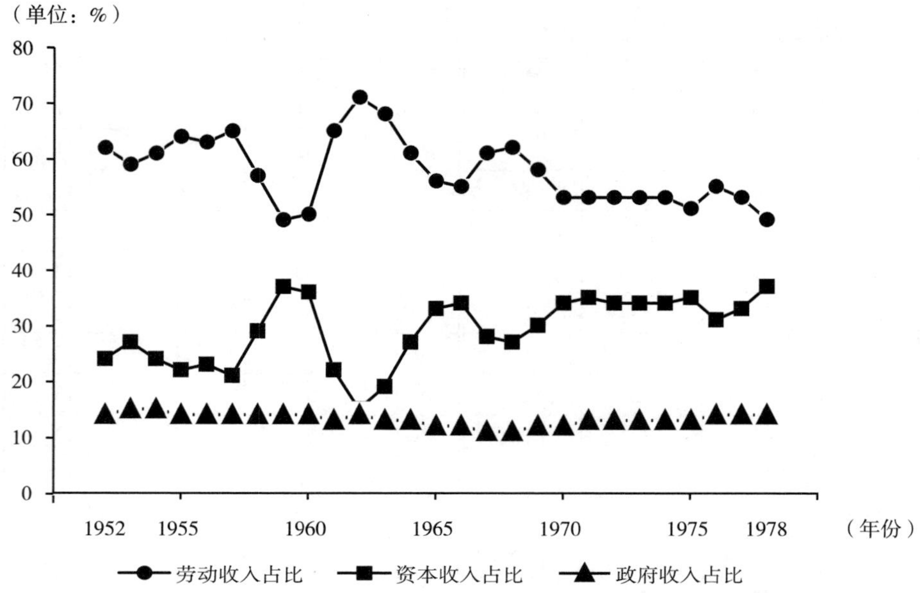

图 4.8　1952—1978 年我国要素分配格局演变

资料来源：国家统计局国民经济综合统计司编：《新中国六十年统计资料汇编》，中国统计出版社 2010 年版。

表 4.12　1953—1978 年我国城乡居民收入差距情况

年份	绝对差距（元）	相对差距	年份	绝对差距（元）	相对差距
1953	200.19	3.90	1966	243.2	3.23
1954	198.91	3.82	1967	246.05	3.22
1955	201.56	3.61	1968	239.95	3.13
1956	206.34	3.59	1969	245.94	3.14
1957	182.92	3.51	1970	244.82	3.10
1958	185.26	3.42	1971	316.63	3.67
1959	197.24	3.46	1972	342.02	3.83
1960	210.08	3.49	1973	343.27	3.8
1961	263.48	3.98	1974	346.66	3.78
1962	271.71	3.93	1975	348.89	3.75
1963	264.08	3.71	1976	357.26	3.77
1964	233.06	3.28	1977	364.52	3.77
1965	242.83	3.27	1978	209.8	2.57

资料来源：国家统计局国民经济综合统计司编：《新中国六十年统计资料汇编》，中国统计出版社 2010 年版。

第五章　以承包制为主的改革时期收入分配体制改革效果评估

第一节　以承包制为主的改革时期权利配置测度

以承包制为主的改革时期，我国开启了改革开放的伟大战略，将国家工作重心由“以阶级斗争为纲”调整为“以经济建设为中心”。这一时期，随着经济体制改革，权利配置出现了一些新的变化。

一、参与权的测度

参与权分为劳动力要素的参与权、资本要素的参与权和其他要素的参与权。与计划经济时期不同，这一时期的参与权不仅有指令型参与权，也有能力型参与权，并且能力型参与权所占比重逐步增大。下面将分别对劳动力要素参与权、资本要素参与权和其他要素参与权进行测度。

（一）劳动力要素参与权测度

1. 城镇居民控制的劳动力要素参与权测度

在这一时期，随着国有企业改革的逐步推进，以及“上山下乡”运动结束，城镇居民控制的劳动力要素参与权较计划经济时期有了较大变化。

从城镇居民参与权类型的变化来看,能力型参与权在这一时期开始逐步增大。就这一时期而言,进入公有制企业劳动力要素的参与权基本属于指令型参与权,而进入非公有制企业的劳动力要素参与权是属于能力型参与权的。从表5.1来看,1984年在其他类型企业的就业人数仅为37万人,到1992年上升到了282万人,虽然所占比重较小,但确实在不断地提升。这表明能力型参与权类型在这一时期开始逐步上升,到1992年的比重已达到1.9%。

表5.1　1978—1992年国有、城镇集体和其他类型企业就业人数情况

（单位:万人）

年份	职工人数			
	合 计	国 有	城镇集体	其他
1978	9499	7451	2048	0
1979	9967	7693	2274	0
1980	10444	8019	2425	0
1981	10940	8372	2568	0
1982	11281	8630	2651	0
1983	11515	8771	2744	0
1984	11890	8637	3216	37
1985	12358	8990	3324	44
1986	12809	9333	3421	55
1987	13214	9654	3488	72
1988	13608	9984	3527	97
1989	13742	10108	3502	132
1990	14059	10346	3549	164
1991	14508	10664	3628	216
1992	14792	10889	3621	282

资料来源:国家统计局国民经济综合统计司编:《新中国六十年统计资料汇编》,中国统计出版社2010年版。

从城镇居民失业率来看,呈现出了一个"U"型变化,1978年和1979年的失业率高达5.3%和5.4%(失业人数分别达到了530万人和567.6万人),到了 1984 年和 1985 年这一数值下降为 1.9% 和 1.8%（失业人数也只有 235.7 万人和 238.5 万人），但到 1992 年失业率又上升到了 2.3%（失业人数为 363.9 万人）。之所以会出现这一现象，前期较高的失业率主要是因为大量参加“上山下乡”运动的知青返城，城镇的公有制企业难以为这些人员提供足够多的就业岗位；中期的失业率降低，一方面是因为政府通过各种途径解决了大量的返城知青的工作问题，另一方面也是国家允许城镇居民自谋职业、允许其他所有制经济发展的结果；后期的失业率上升可能是一定程度上受国有企业改革和民营经济发展的影响。但从就业参与度这一指标来看，城镇居民的参与权总体是在增强的。

表 5.2　1978—1992 年城镇居民就业参与度情况

年份	城镇就业人员（万人）	城镇登记失业人员（万人）	城镇登记失业率（%）
1978	9514	530.0	5.3
1979	9999	567.6	5.4
1980	10525	541.5	4.9
1981	11053	439.5	3.8
1982	11428	379.4	3.2
1983	11746	271.4	2.3
1984	12229	235.7	1.9
1985	12808	238.5	1.8
1986	13292	264.4	2.0
1987	13783	276.6	2.0
1988	14267	296.2	2.0
1989	14390	377.9	2.6
1990	17041	383.2	2.5
1991	17465	352.2	2.3
1992	17861	363.9	2.3

资料来源：国家统计局国民经济综合统计司编：《新中国六十年统计资料汇编》，中国统计出版社 2010 年版。

表 5.3　1978—1992 年按三次产业类型分就业人员情况

年份	就业人员	按三次产业分		
		第一产业	第二产业	第三产业
1978	40153	28318	6945	4890
1979	41025	28634	7214	5177
1980	42361	29122	7707	5532
1981	43725	29777	8003	5945
1982	45295	30859	8346	6090
1983	46436	31151	8679	6606
1984	48197	30868	9590	7739
1985	49873	31130	10384	8359
1986	51281	31254	11216	8811
1987	52784	31663	11726	9395
1988	54334	32249	12152	9933
1989	55330	33225	11976	10129
1990	64749	38914	13856	11979
1991	65491	39098	14015	12378
1992	66152	38699	14355	13098

资料来源:国家统计局国民经济综合统计司编:《新中国六十年统计资料汇编》,中国统计出版社 2010 年版。

从择业自由度来看,城镇居民面临的选择是增多的,除了可以进入公有制企业以外,还能够进入非公有制企业参与工作。虽然从一定程度上来讲,这种择业自由度的提升是被动的,或者是不得已的选择,但是毕竟可供选择的就业类型增多了,不再仅仅靠单位或国家指令来进行分配。一般而言,这一时期通过自主择业解决就业问题的主要是在第三产业。从三大产业类型来看,第三产业增长较为迅速,这说明城镇居民控制的劳动力要素参与权自由度在增大。

2. 农村居民控制的劳动力要素参与权测度

这一时期,农村实行了家庭联产承包责任制,改变了以前计划经济时期实行的人民公社的经营方式,农民按照一定的分配规则承包了一定数量的土地,拥有了农地承包经营权，农民控制的劳动力要素参与权发生了较大的变化。

从参与权类型来看，农村居民控制的劳动力要素既存在指令型参与权，也存在能力型参与权，但是能力型参与权在这一时期已经逐步占据了绝对的主导地位。根据这一时期的相关数据资料显示，除了一部分国营农场和少部分未“分田到户”的农村外，90%以上的农村都实行了家庭联产承包责任制。在家庭联产承包责任制下，农民参与生产的方式不再是以前的集体经营方式，而是按照人头或者其他公认的分配规则获得一定的土地承包经营权，农民在自己分到的这些土地上拥有较大的经营自主权，可以说经营的好坏取决于农民自身的能力，是属于能力型参与权类型。也就是说，这一时期 90%以上的参与权类型都属于能力型参与权。

表 5.4　1978—1992 年按城乡分就业人员情况

年份	就业人员	按城乡分	
		城镇	乡村
1978	40152	9514	30638
1979	41024	9999	31025
1980	42361	10525	31836
1981	43725	11053	32672
1982	45295	11428	33867
1983	46436	11746	34690
1984	48197	12229	35968
1985	49873	12808	37065
1986	51282	13292	37990
1987	52783	13783	39000
1988	54334	14267	40067
1989	55329	14390	40939
1990	64749	17041	47708
1991	65491	17465	48026
1992	66152	17861	48291

资料来源：国家统计局国民经济综合统计司编：《新中国六十年统计资料汇编》，中国统计出版社 2010 年版。

从农村的隐性失业率来看，农村这一时期也存在较多的剩余劳动力。这也说明，农村居民虽然均能够参与农业生产，但明显存在较多的剩余劳动力，这种能力型参与权是一种层次较低的参与权，农民不能够从中充分发挥自己的经营特长。家庭联产承包责任制的分田到户的方式很多是按人头分，这就导致了部分能力较强的农民不能获得较大面积的土地，能力较弱的农民不会获得较少的土地。加之，当时农地流转并不允许或者至少没有大面积展开，这就导致农民的能力型参与仅仅限于自己这一块土地内的能力型参与。

从择业自由度来看，农民能够择业的类型开始增多，但依旧非常有限。首先，农民依然被严格限制在农村，不能到城市务工。1978 年 76%的就业人员被限制在农村，到了 1992 年这一比例依旧高达 73%，这说明农村居民在这一时期绝大部分被限制在农村土地上。其次，随着乡镇企业的异军突起，部分农民开始选择到乡镇企业工作，这就使农民的择业自由度有了一定的提高，但比例非常有限。最后，随着改革开放的深入推进，农村的商业开始逐步繁荣，部分农民选择经商，从事服务行业，也在一定程度上扩大了农民的择业自由度。

（二）资本要素参与权测度

1. 国有资本要素参与权测度

这一时期，国有资本的参与权类型依旧属于指令型参与权，国家对公有制企业依旧有指标计划对其进行控制，国有资本按照指令进入生产系统进行生产。但是，又具备了新时期的一些显著特点，最为明显的就是赋予了公有制企业一定的经营自主权——公有制企业可以在完成国家计划指令之后生产一部分市场所需的产品。也就是说，这一时期国有资本在指令型参与权之外，还具备了部分能力型参与权类型。虽然，这是一种有条件的、计划外的能力型参与权，但是国有资本的参与权类型的确增加了，改变了以往单纯地依靠计划指令进行配置的方式，引入了部分市场配置资本的方式。因此，从参与权类型来看，国有资本的参与权类型是一种计划内的指令型参与权、计划外的能力型参与权，但是指令型参与权依旧占据着绝对的主导地位。

从参与的范围来看，受计划经济时期的影响，国有资本依旧是绝大多数行业的主要资本要素参与者，尤其是在一些垄断行业，几乎清一色的是国有资本才能参与。值得一提的是，在许多竞争性行业，国有资本依旧占据着相当大的份额，但是面临着来自民营资本和外资的激烈竞争，很多国有企业陷入了亏损状态。因此，从参与的范围来看，国有资本参与的范围是广泛的、全面的。但是，这种广泛的参与是受政府指令控制的，所有国有资本在政府的指令计划内是必须服从计划进行生产，不能根据市场需求进行调整。只有部分国有企业在完成了计划之外能够有一定的自主经营权，生产一部分适销对路的产品。从这个角度来看，国有资本的参与自由度是较低的。

2. 非公有资本要素参与权测度

改革开放战略的实施，为我国引进了大量的外资，外资开始参与我国的经济建设，并且民营资本也开始逐步活跃，这些非国有资本的参与权类型绝大部分属于能力型参与权。从社会固定资产投资的资金来源来看，在1981年我国利用的外资仅仅只有36.36亿元，而到1992年这一数值已经达到了468.66亿元，增长了将近12倍。民营资本的比重也逐年增大，并且在国家经济建设中扮演着越来越重要的角色。这些都说明，以民营资本和外资为代表的能力型参与权类型在这一时期是逐步增大的。但是，需要注意的是，这一时期非公有制经济依旧仅仅是作为一种重要的补充而存在，并没有在经济比重和就业比重中占据主导地位。

从参与自由度来看，这一时期非公有制经济能够进入的生产领域是有限制的，很多未经国家允许的行业，民营资本和外资是不能进入的。这些不能进入的领域主要是一些涉及国民经济战略和国家安全的一些行业，如石油、电力、铁路、银行等。具体而言，非公有资本能够进入的主要是一些竞争性行业，如劳动密集型产业、商贸服务业等。对于外资而言，我国对外资在一些行业或企业的资本金占比有着较为严格的控制，如部分行业或企业外资所占比重不得超过50%。对于民营资本而言,民营资本能够进入的主要是一些国有资本难以有效发挥作用的一些行业,如零售业等,可以说民营资本的进入一定程度上填补了一些国有资本留下的空白或缝隙。

表5.5　1981—1992年按资金来源分全社会固定资产投资(单位:亿元)

年份	按资金来源分			
	国家预算内资金	国内贷款	利用外资	自筹和其他资金
1981	269.76	122.00	36.36	532.89
1982	279.26	176.12	60.51	714.51
1983	339.71	175.50	66.55	848.30
1984	421	258.47	70.66	1082.74
1985	407.8	510.27	91.48	1533.64
1986	455.62	658.46	137.31	1869.19
1987	496.64	871.98	181.97	2241.11
1988	431.96	977.84	275.31	2968.69
1989	366.05	762.98	291.08	2990.28
1990	393.03	885.45	284.61	2954.41
1991	380.43	1314.73	318.89	3580.44
1992	347.46	2214.03	468.66	5049.95

资料来源:国家统计局国民经济综合统计司编:《新中国六十年统计资料汇编》,中国统计出版社2010年版。

(三)其他要素参与权测度

其他要素主要包括管理、技术等,这些要素的参与权在这一时期还未充分得到重视,但是较计划经济时期已经有了一定的改善。这主要体现为:第一,在引进外资的同时引进外国先进的管理和技术,并且给予了外资相应的优惠政策;第二,由于允许部分待业青年自谋职业,这就给这部分人所具备的管理和技术能力有了发挥的空间,可以根据自己的这些能力选择职业;第三,一部分"下海"的国企职工,将自己的技术能力和管理能力运用到创业过程中,给予了他们施展才能的机会；第四，随着市场竞争意识的形成，管理、技术等其他要素的参与权也越来越受到关注。

二、收入权的测度

与参与权相对应，收入权的测度也可以分为对劳动力要素收入权的测度、对资本要素收入权的测度和对其他要素收入权的测度。这一时期，收入权的类型既包括等级型收入权，也包括贡献型收入权，并且贡献型收入权的比重在逐步增大。

（一）劳动力要素收入权测度

1. 城镇居民控制的劳动力要素收入权测度

对于城镇居民控制的劳动力要素而言，居民就业有两种方式：一种是按照计划指令进入公有制企业进行生产，这类劳动力要素的收入权绝大部分属于等级型收入权；另一种则是进入非公有制企业进行生产，这类劳动力要素的收入权属于贡献型收入权。

在公有制企业进行生产的职工，劳动报酬获取的方式在一定程度上实行了等级工资制，即沿袭计划经济时期的八级工资制，但是，这一时期的等级工资制又具有新的特点。最为明显的就是，在一定程度上恢复了按劳分配的分配方式，同一级别的员工之间实行按劳分配，体现工作的努力程度，有一定的奖金和福利激励。然而，不可否认，这种按劳分配的程度依旧是较低的激励，很多公有制企业员工之间获得的工资差距并不大，平均主义依旧盛行。这也是后来很多国有企业陷入经营困境的重要原因。1988 年，国务院发布《全民所有制工业企业承包经营责任制暂行条例》，对国有企业实行“包死基数、确保上交、超收多留、歉收自补”为基本内容的承包经营责任制。在这种承包经营责任制下，公有制企业拥有了一定程度的经营自主权，经营绩效较好的企业可以在确保上缴的前提下，对员工实行一定程度的激励。

表 5.6　1978—1992 年不同所有制企业的平均工资　（单位:元）

年份	平均货币工资			
	整体均值	国 有	城镇集体	其他
1978	615	644	506	
1979	668	705	542	
1980	762	803	623	
1981	772	812	642	
1982	798	836	671	
1983	826	865	698	
1984	974	1034	811	1048
1985	1148	1213	967	1436
1986	1329	1414	1092	1629
1987	1459	1546	1207	1879
1988	1747	1853	1426	2382
1989	1935	2055	1557	2707
1990	2140	2284	1681	2987
1991	2340	2477	1866	3468
1992	2711	2878	2109	3966

资料来源:国家统计局国民经济综合统计司编:《新中国六十年统计资料汇编》,中国统计出版社 2010 年版。

在非公有制企业进行生产的职工,劳动报酬获取的方式则在很大程度上实行按贡献参与分配,一定程度上体现了劳动者的生产贡献。虽然,在当时我国劳动力较为充裕的前提下,劳动力价格被压到一个相当低的水平,但是,这些非公有制企业员工的平均工资依然高于全国的平均水平。根据《新中国 60 年统计资料汇编》提供的数据显示,1984 年其他类型的企业(主要是非公有制企业)的平均货币工资为 1048 元,而国有企业和集体企业则为 1034 元和 811 元,到了 1992 年,其他类型的企业平均工资上涨到了 3966 元,而国有企业和集体企业则仅为 2878 元和 2109 元。这说明,非公有制企业的劳动力要素收入权要大于公有制企业的收入权,对员工生产积极性的激励更高。

2. 农村居民控制的劳动力要素收入权测度

对于农村居民控制的劳动力要素而言,这一时期在全国范围内实行家庭联产承包责任制之后,其收入权的类型就发生了较大的变化——从以前的平均型收入权转向了贡献型收入权①。

表 5.7　1979—1992 年我国农村居民纯收入构成　　（单位:元）

年份	纯收入	工资性收入	家庭经营性收入	转移性收入
1979	160.2	100.7	44	15.5
1980	191.3	106.4	62.6	22.4
1981	223.4	113.8	84.5	25.1
1982	270.1	142.9	102.8	24.5
1983	309.8	57.5	227.7	24.6
1984	355.3	66.5	261.7	27.2
1985	397.6	72.2	296	29.5
1986	423.8	81.6	313.3	28.9
1987	462.6	95.5	345.5	21.6
1988	544.9	117.8	403.2	24
1989	601.5	136.5	434.6	30.5
1990	686.3	138.8	518.6	29
1991	708.6	151.9	523.6	33
1992	784	184.4	561.6	38

注:1983 年以前的工资性收入包括集体分配收入;转移性收入包括财产性收入。
资料来源:历年《中国农村统计年鉴》。

农村居民的这种贡献型收入权最为典型的特征就体现在农业生产上,当时流行的口号是“交足国家的,留够集体的,剩下的都是自己的”,农民可以对农产品有一定的剩余索取权。在这种收入权类型的激励下,农民的生产积极性极大地提高了,并且创造了我国 7%的土地养活了世界 22%的人口的奇迹。

① 虽然也有极少部分农村未实行分田到户,如华西村等,但是,绝大多数农村已经实行了家庭联产承包责任制,相应的收入权类型也随之改变。

从农民的家庭经营收入来看，自1982年国家肯定包产到户、包干到户都是社会主义集体经济的生产责任制开始①，呈现出了迅速增长的态势，短短的十年间增长了将近5倍。这表明，农村居民控制的劳动力要素收入权较计划经济时期有了较大的改善。

另外，农村居民获得的工资性收入在这一时期也有了一定的变化。在全国实行家庭联产承包责任制之后的几年中，农村居民的工资性收入不增反降，直到1987年以后才恢复到1979年的水平，并逐步开始增长。这也和我国乡镇企业的发展有着一定的关系，乡镇企业的前身大多都是原来的社队企业，其发展好坏直接影响农村居民的工资性收入。这也表明，这一时期农村居民进入乡镇企业获得工资性收入的比重还相对较小，劳动力要素的收入权更多地体现在农村居民的家庭经营性收入类别上。

（二）资本要素收入权测度

1. 国有资本要素收入权测度

这一时期，国家对国有企业进行了以放权让利为核心的改革，即赋予国有企业更多的经营自主权，试图搞活、壮大国有企业。

表5.8　1979—1992年中国各要素收入占比　（单位：%）

年份	劳动收入占比		资本收入占比		生产税净额
	*LS*1	*LS*2	*KS*1	*KS*2	*GS*
1979	52	52	35	35	13
1980	56	56	28	28	16
1981	59	59	24	24	17
1982	60	60	23	22	17
1983	61	62	20	20	19

① 1982年1月1日，中国共产党历史上第一个关于农村工作的一号文件正式出台，明确指出包产到户、包干到户都是社会主义集体经济的生产责任制。

续表

年份	劳动收入占比		资本收入占比		生产税净额
	*LS*1	*LS*2	*KS*1	*KS*2	*GS*
1984	58	59	23	22	19
1985	60	60	15	14	25
1986	60	61	20	19	20
1987	60	61	21	21	19
1988	60	61	23	22	17
1989	63	64	19	18	18
1990	61	62	21	20	18
1991	60	61	25	24	15
1992	58	59	27	26	15

资料来源:本书利用支出倒推法测算得出。

该时期最大的事件就是在国有企业中推行经营承包责任制,实行"包死基数、确保上交、超收多留、歉收自补"。这就表明,国有资本改变了以往对企业经营利润管得过严的做法,在"超收"的情况下,国有企业能够留下一部分经营利润自行支配。这就是说,国有资本在企业经营收入这一块的分割上对劳动者进行了一定程度的让渡,国有资本的收入权有所缩小。这也可以从我国资本收入占比的变化来反映,通过支出倒推法测算出来的我国资本收入占比在这一时期呈现出"U"型变化,但总体上下降了。

2. 非公有资本要素收入权测度

随着国家允许非公有制经济的发展,非公有资本要素也开始有了一定的收入权,这种收入权类型属于贡献型收入权,即按照资本贡献的大小来进行利润分配。非国有资本要素收入权又可分为企业控制的资本要素收入权和居民个人控制的资本要素收入权,下面我们将分别对这两者进行测度。

就企业控制的资本要素收入权而言,资方被赋予了对企业剩余的索取权,即在对企业职工支付了劳动报酬和必要成本之后,能够独享利润,这说明资方拥有的收入权较大,相应地,激励程度也较强,涌现了一大批"下海"经商的企业家。这一阶段资方之所以能够拥有较大的收入权主要是基于两个方面原因:一方面,当时全社会用于投资的资本较少,存在大量的资金缺口,资方属于供给方面的紧缺方,正所谓“物以稀为贵”;另一方面,当时社会上存在大量的剩余劳动力,在城市有一大批返城知青,在农村则有大量的剩余劳动力,正是这些“人口红利”能够使得资方对劳动者拥有较大的话语权。

就居民个人控制的资本要素收入权而言,这一时期居民的资本收入权较小。主要体现为:一是当时居民拥有的资本要素并不多,大部分居民还处在温饱水平上,资本要素在生产中的贡献较小;二是当时的投资渠道狭窄,绝大部分居民的资金都是存在银行,以储蓄存款的方式获取一定的利息收入,直接资本市场并未形成;三是当时居民个人控制的资本要素比较分散,难以形成规模。尽管如此,这一时期居民个人控制的资本要素的收入权还是较计划经济时期有着较大的进步,居民通过资本要素获得收入的行为逐步被社会认可。

(三)其他要素收入权测度

和其他要素的参与权一样,这一时期其他要素的收入权也相对较小,但是整体上呈现出增大的趋势。就管理要素而言,在国有企业实行经营承包责任制之后,厂长或经理的管理能力就被视为影响国有企业发展的重要因素,“超收多留”一定程度上体现了对管理要素的激励;而在非公有制企业,管理要素就显得更为重要,如果经营者管理不善就很有可能被市场淘汰,可以说管理要素在非公有制企业的收入权较大。就技术要素而言,也呈现类似的趋势,科学技术是第一生产力逐步得到认可,对技术要素激励也越来越强。

三、保障权的测度

这一时期,保障权的类型为差别型保障权,即机关事业单位人员和国有企业员工依旧享有福利型的社会保障权,但是,其他类型企业员工、其他城镇居民和农村居民均未能获得相应的社会保障权。下面，我们将分别对城镇居民保障权和农村居民的保障权进行测度。

（一）城镇居民保障权测度

1. 机关事业单位人员保障权测度

可以说，机关事业单位人员的保障权依旧是整个社会保障权最为充分的，是属于福利型的社会保障权。这部分人员不用缴纳社会保障费用就能获得由国家财政支持的社会保障待遇，内容包括养老、医疗、住房等。从覆盖范围维度来看，机关事业单位员工均能够获得这种保障，因而这些人群获得的保障权是普遍的，即只要进入了这个体制内，就拥有了获得这类保障的权利。从其提供的保障水平来看，这类保障在全社会是最高的，机关事业单位人员均能获得比较充分的保障。需要注意的是，受限于当时的经济社会发展水平，这类保障也有限，一定程度上是对原来计划经济体制下社会保障制度的恢复。

2. 企业职工保障权测度

企业职工的保障权则分化为两类：一类是公有制企业员工，这类群体依旧享受着由国有企业承担的社会福利，养老、医疗、住房等均参照机关事业单位员工执行，但是保障水平相对更低。1986 年以后，随着国有企业改革的推进，国有企业员工的这类保障权实际上是一定程度上弱化了，并且有部分国有企业由于经营陷入困境，社会福利待遇难以保障。另一类则是在这一时期如雨后春笋般发展的非公有制企业，这类企业员工在这一阶段基本上没有社会保障权，各类社会保障制度并未建立。直到这一阶段末，非公有制企业员工才开始逐步探索建立社会保障制度，但仅仅限于部分地区试点，并未普遍推广。

3. 其他城镇居民保障权测度

其他城镇居民大致包括没有就业单位的城镇居民和自由职业者，这类人中很多是返城的知青,他们基本上没有社会保障权。除了极少部分人员能够被安排进入公有制企业工作或获得一定的失业救助之外,他们的保障只能依靠传统的亲友救济或自身储蓄。

(二)农村居民保障权测度

和其他城镇居民一样,农村居民在这一阶段依旧没有社会保障权,传统的家庭保障和自我储蓄保障依旧是农民最重要的保障来源。尽管如此,这一阶段的保障权还是体现了一定程度的进步。这主要表现为收入权的改善使得农民自我保障的能力增强,可以通过增加储蓄、储备粮食等手段获得比计划经济时期更好的自我保障。农民的保障权依旧没有得到应有重视,仅在这阶段末开始探索农村社会保障的建立。

四、以承包制为主的改革时期权利配置特征总结

以承包制为主的改革时期权利配置特征大致可以总结如下:参与权主要由指令型参与权和能力型参与权构成;收入权则主要是由等级型收入权和贡献型收入权构成;保障权则是典型的差别型保障权。具体总结如表5.9所示。

表5.9 以承包制为主的改革时期权利配置特征总结

权利	权利配置类型	权利配置特征
参与权	指令型参与权、能力型参与权	1. 这一时期的参与权不仅有指令型参与权,也有能力型参与权,并且能力型参与权所占比重逐步增大; 2. 城镇居民控制的劳动力要素指令型参与权占主导;农村居民控制的劳动力要素能力型参与权占主导; 3. 国有资本的参与权类型是一种计划内的指令型参与权,计划外的能力型参与权,但是指令型参与权依旧占据着绝对的主导地位;非公有资本的参与权类型绝大部分属于能力型参与权; 4. 其他要素主要包括管理、技术等,这些要素的参与权在这一时期还未充分得到重视,但是较计划经济时期已经有了一定的改善

续表

权利	权利配置类型	权利配置特征
收入权	等级型收入权、贡献型收入权	1. 这一时期收入权的类型既包括等级型收入权，也包括贡献型收入权，并且贡献型收入权的比重在逐步增大； 2. 城镇居民控制的劳动力要素进入公有制企业的绝大部分属于等级型收入权，进入非公有制企业的属于贡献型收入权；农村居民控制的劳动力要素绝大部分属于贡献型收入权； 3. 国有资本在企业经营收入这一块的分割上对劳动者进行了一定程度的让渡，国有资本的收入权有所缩小；非公有资本要素也开始有了一定的收入权，这种收入权类型是属于贡献型收入权； 4. 和其他要素的参与权一样，这一时期其他要素的收入权也相对较小，但是整体上呈现出增大的趋势
保障权	差别型保障权	1. 这一时期，保障权的类型为差别型保障权，即机关事业单位人员和国有企业员工依旧享有福利型的社会保障权，但是，其他类型企业员工、其他城镇居民和农村居民均未能获得相应的社会保障权； 2. 机关事业单位人员的保障权依旧是整个社会保障权最为充分的，是属于福利型的社会保障权； 3. 国有企业员工享受着由国有企业承担的社会福利、非公有制企业几乎没有社会保障权； 4. 其他城镇居民和农村居民没有保障权，但传统的自我保障权得到一定程度增强

第二节　以承包制为主的改革时期权利配置变化的收入分配效果推断

根据前一节的分析，以承包制为主的改革时期的参与权类型包括指令型参与权和能力型参与权，收入权类型包括等级型收入权和贡献型收入权，保障权类型为差别型保障权。那么，这些权利配置的变化究竟会带来哪些收入分配效果？我们可以通过权利配置的变化来进行大致的推断。但出于简化，在推断之前，我们对这一阶段做如下假设：(1)指令型参与权相对应的收入权一般为等级型收入权；(2)能力型参与权相对应的收入权一般为贡献型收入权；

(3)参与权和收入权决定了初次分配效果,保障权则决定了最终的收入分配效果;(4)在对单一权利变化带来的收入分配效果变化进行推断时,假定其他两项权利保持不变。

一、基于参与权变化的收入分配效果推断

以承包制为主的改革时期,正值改革开放的春天,参与权类型由原来计划经济时期的单一指令型参与权转变为指令型参与权和能力型参与权并存的局面,并且能力型参与权所占比重逐步增大。在劳动力要素方面,农村居民由于家庭联产承包责任制的推广,使农村居民控制的劳动力要素能力型参与权占据了主导;虽然,城市居民控制的劳动力要素指令型参与权依然占据主导地位,但由于国有企业改革和商品经济的放开,部分城镇居民也是按照能力型参与进入劳动力市场,这其中以返乡知青和下岗职工为主。在资本要素方面,国有资本的参与权类型是一种计划内的指令型参与权,计划外的能力型参与权,但是指令型参与权依旧占据着绝对的主导地位;非国有资本的参与权类型绝大部分均属于能力型参与权。基于此变化,我们对这一时期收入分配效果变化作出如下推断:

推断1:就绝对收入而言,由于能力型参与权的增加导致生产要素的优化配置,会提升生产效率,因此,无论是农村居民的纯收入还是城镇居民的可支配收入均应呈上升趋势。

推断2:就收入分配格局而言,前期由于劳动力要素能力型参与权的增加,将使得劳动力要素收入占比上升;后期由于资本要素的能力型参与权增加,将使得资本要素份额提升。因此,劳动收入占比将呈现出先上升后下降的变化趋势。

推断3:就收入差距而言,前期由于农村居民的劳动力要素率先实现能力型参与权,居民收入差距将缩小,后期随着城镇居民劳动力要素和资本要素的能力型参与权的逐步扩大又将导致居民收入差距拉大。

二、基于收入权变化的收入分配效果推断

与参与权变化相对应，这一时期的收入权类型已经转变为贡献型收入权与等级型收入权并存的局面，且贡献型收入权的比重在逐步增大。具体而言，农村居民控制的劳动力要素绝大部分属于贡献型收入权，“多劳多得、少劳少得、不劳不得”的观念已深入人心。城镇居民控制的劳动力要素进入公有制企业则属于等级型收入权，依然遵照实行八级工资制；进入非公有制企业的则属于贡献型收入权，凭借自身能力获取收入。资本要素不再是单一的国有资本，出现了非公有资本，包括外资、民营资本等，国有资本的收入权有所缩小，非国有资本要素开始有了收入权。基于此，我们推断这种权利配置变化将带来以下收入分配效果：

推断4：就绝对收入而言，由于贡献型收入权比重的增大，农村居民和城镇居民的收入均得以增加，这一时期将呈现一个较快上升趋势；并且农村居民纯收入将率先实现较快增长，城镇居民的收入来源将更加多元化，基于资本获得的收入将增加。

推断5：就分配格局而言，前期由于农村居民控制的劳动力要素绝大部分获得了贡献型收入权，劳动力要素收入份额将增加；后期由于资本要素也开始出现贡献型收入权，资本要素收入份额将增加。整体而言，劳动力要素收入份额将出现先上升后下降的趋势。

推断6：就分配差距而言，前期由于农村居民收入权的增加将导致城乡居民收入差距缩小，从而导致整个居民收入差距的缩小；后期由于城镇居民收入权的增加，收入更加多元化，城乡居民之间的收入差距将再次拉大，从而导致整个居民收入差距的扩大。

三、基于保障权变化的收入分配效果推断

这一时期，保障权类型依旧属于差别型保障权，即针对不同群体保障权存

在较大差异。机关事业单位和国有企业职工依旧享受着福利型的社会保障权,这种保障权也是这一时期最为充分的保障权;其他群体包括非公有制企业员工、国企下岗职工、农村居民、自由职业者等均未能获得保障权。唯一值得一提的是,由于居民收入的增加,这一时期居民的自我保障权得到了一定程度的增强。在这种权利配置变化的前提下,我们对其产生的收入分配效果推断如下:

推断 7:就再分配而言,差别型保障权导致对社会优势群体获得了更多、更好的社会保障权,将致使出现收入逆向转移现象,故再分配对缩小居民收入差距有限,甚至还进一步拉大了居民收入差距。

推断 8:就贫困发生率而言,由于居民的自我保障权增加,居民既可以通过自身的勤劳脱贫,也可以通过先富带后富脱贫,贫困发生率将呈现出下降的趋势。

四、整体权利配置变化的收入分配效果推断

综上所述,该阶段整体权利配置变化的收入分配效果推断将如表 5.10 所示。

表 5.10　整体权利配置变化的收入分配效果推断

收入分配	参与权	收入权	保障权	整体权利配置变化
绝对收入	增加	增加	—	增加
分配格局	劳动力要素收入份额先增加后减小	劳动力要素收入份额先增加后减小	—	劳动力要素收入份额先增加后减小
分配差距	先缩小后增加	先缩小后增加	—	先缩小后增加
再分配和贫困	—	—	再分配呈现出逆向收入再分配效果、贫困将减少	再分配逆调节、贫困将减少

第三节　以承包制为主的改革时期我国收入分配体制改革效果评估

一、基于绝对收入指标的效果评估

上一节从参与权和收入权变化推断出，以承包制为主的改革时期无论是城镇居民还是农村居民的绝对收入都将增加，为了对其验证，本书将从国民总收入、城镇居民可支配收入和农村居民纯收入三个方面来进行对比评估。

从国民总收入变化情况来看，1978 年我国国民生产总值仅为 3645. 2 亿元，到 1992 年这一数值已经达到了 26937. 3 亿元，增加了 6. 39 倍；国内生产总值也从 1978 年的 3645. 2 亿元增加至 26932. 5 亿元，也增加了将近 6. 39 倍。从这些数值变化可以发现，这一阶段国民收入确实实现了较为快速的增长，与上一节推断的生产效率提升的结论相一致，推断 1 得以证实。

表 5. 11　1978—1992 年国民总收入和国内生产总值情况（单位：亿元）

年份	国民总收入	国内生产总值
1978	3645. 2	3645. 2
1979	4062. 6	4062. 6
1980	4545. 6	4545. 6
1981	4889. 5	4891. 6
1982	5330. 5	5323. 4
1983	5985. 6	5962. 7
1984	7243. 8	7208. 1
1985	9040. 7	9016. 0
1986	10274. 4	10275. 2
1987	12050. 6	12058. 6
1988	15036. 8	15042. 8
1989	17000. 9	16992. 3

续表

年份	国民总收入	国内生产总值
1990	18718.3	18667.8
1991	21826.2	21781.5
1992	26937.3	26923.5

资料来源:国家统计局国民经济综合统计司编:《新中国六十年统计资料汇编》,中国统计出版社 2010 年版。

从城镇居民可支配收入来看,1978 年城乡居民家庭平均每人可支配收入仅为 343.4 元,到了 1992 年已经达到了 2026.6 元,增加了将近 5 倍。从农村居民家庭平均每人纯收入增长来看,1978 年仅为 133.6 元,到 1992 年已达到 784 元,也增长了近 4.9 倍。这说明,无论是城镇居民还是农村居民在这一时期收入都实现了较大幅度增长,与我们的推断相一致。值得注意的是,城镇居民可支配收入在这一期间的前期,收入增长幅度较慢,低于农村居民纯收入的增长速度;而在后期,尤其是 1984 年以后,城镇居民可支配收入增长较快,快于农村居民纯收入增长速度。这和本书提出的推断 4 相一致。

表 5.12 1978—1992 年全国城乡居民家庭人均收支情况 (单位:元)

年份	城乡居民家庭 平均每人可支配收入	农村居民家庭 平均每人纯收入
1978	343.4	133.6
1979	405.0	160.2
1980	477.6	191.3
1981	500.4	223.4
1982	535.3	270.1
1983	564.6	309.8
1984	652.1	355.3
1985	739.1	397.6
1986	900.9	423.8
1987	1002.1	462.6

续表

年份	城乡居民家庭 平均每人可支配收入	农村居民家庭 平均每人纯收入
1988	1180. 2	544. 9
1989	1373. 9	601. 5
1990	1510. 2	686. 3
1991	1700. 6	708. 6
1992	2026. 6	784. 0

资料来源:国家统计局国民经济综合统计司编:《新中国六十年统计资料汇编》,中国统计出版社 2010 年版。

二、基于收入分配格局指标的效果评估

上一节本书对收入分配格局的推断为:由于权利配置发生变化,劳动收入占比将会出现先上升后下降的趋势。

表 5. 13　1978—1992 年中国各要素收入占比　　（单位:%）

年份	*LS*1	*LS*2	*KS*1	*KS*2	*GS*
1978	49	49	37	37	14
1979	52	52	35	35	13
1980	56	56	28	28	16
1981	59	59	24	24	17
1982	60	60	23	22	17
1983	61	62	20	20	19
1984	58	59	23	22	19
1985	60	60	15	14	25
1986	60	61	20	19	20
1987	60	61	21	21	19
1988	60	61	23	22	17
1989	63	64	19	18	18
1990	61	62	21	20	18

续表

年份	*LS*1	*LS*2	*KS*1	*KS*2	*GS*
1991	60	61	25	24	15
1992	58	59	27	26	15

资料来源:本书利用支出倒推法计算得出。

根据本书利用支出倒推法的测算结果,如果将个体业主的收入按照资本收入占比进行分劈,居民劳动收入占比(*LS*1)从1978年的49%上升至1989年的63%,再下降至1992年的58%;如果将个体业主收入全部划归劳动收入,则劳动收入占比(*LS*2)从1978年的49%上升至1989年的64%,再下降至59%。这一结果基本与我们的推断2和推断5一致。

三、基于收入分配差距指标的效果评估

上一节我们推断,以承包制为主的改革时期前期将出现居民之间收入差距缩小的现象,后期将出现居民收入扩大的趋势。下面,我们利用常用的基尼系数和阿特金森指数来对此进行验证。

从基尼系数来看,农村居民收入基尼系数在1978年仅为0.212,属于比较平均的水平,到1985年虽有波动但一直比较稳定,但到1986年后这一数值开始迅速突破0.3,并在之后一直处于上升趋势;而城镇居民收入基尼系数剔除异常值后,也大体呈现了同样的趋势。值得注意的是,城镇居民之间的基尼系数较农村居民之间的基尼系数要小。虽然,实际数据情况在前期并未出现明显缩小,与我们推断的有些出入,但是也没有出现明显的扩大;而后半期的基尼系数变化趋势基本与我们的推断3和推断6一致。

表5.14 1978—1992年我国城乡居民基尼系数演变情况

年份	农村	城镇	全国
1978	0.212	0.16	—

续表

年份	农村	城镇	全国
1979	—	—	—
1980	—	—	—
1981	0. 2406	0. 15	—
1982	0. 2317	0. 334	—
1983	0. 2416	0. 15	—
1984	0. 2439	0. 16	—
1985	0. 2267	0. 19	—
1986	0. 3042	0. 19	—
1987	0. 3045	0. 2	—
1988	0. 3026	0. 23	—
1989	0. 3099	0. 23	—
1990	0. 3099	0. 23	0. 35
1991	0. 31	0. 24	0. 36
1992	0. 31	0. 25	0. 39

资料来源:全国居民基尼系数(1990—1992 年)来源于统计局网站,农村、城镇居民基尼系数(1991—1992 年)来源于《中国居民收入分配年度报告(2011)》。1978—1989 年城镇与农村居民基尼系数来源于《转型期我国收入分配问题研究》(张小平、王迎春,2009)。

从阿特金森指数测算结果来看,在 $\varepsilon=0.5$ 的情况下,1978 年为 0. 0416,到 1983 年这一数值下降为 0. 0135,之后开始逐年上升,到 1992 年这一数值已经达到 0. 0514;在 $\varepsilon=2$ 的情况下,1978 年阿特金森指数为 0. 1234,到 1983 年下降至 0. 0463,之后开始逐年攀升,到 1992 年这一数值已经达到了 0. 1628。这与本书前面的推断 3 和推断 6 结果相一致。

表 5. 15　1978—1992 年阿特金森指数测算结果

年份	阿特金森指数($\varepsilon=0.5$)	阿特金森指数($\varepsilon=2$)
1978	0. 0416	0. 1234
1979	0. 0371	0. 1139
1980	0. 0258	0. 0822

续表

年份	阿特金森指数(ε=0.5)	阿特金森指数(ε=2)
1981	0.0256	0.082
1982	0.0184	0.0612
1983	0.0135	0.0463
1984	0.0145	0.0498
1985	0.0198	0.067
1986	0.0237	0.0793
1987	0.0251	0.084
1988	0.0282	0.0938
1989	0.0301	0.0996
1990	0.0345	0.1129
1991	0.0428	0.1369
1992	0.0514	0.1628

资料来源:笔者自行测算。

总体来看,除限于部分数据的可得性①,未能对再分配和贫困指标进行评估之外,本书对以承包制为主的改革时期的推断结果基本与实际情况相一致,这表明,本书的观点——权利配置变化是导致居民收入分配效果变化的重要原因是正确的。

① 由于再分配相关的数据指标在这一时期难以找到,所以推断7和推断8未能对其进行评估,但从一些文献资料来看,本书的推断基本上应该是正确的。

第六章　市场经济改革时期收入分配体制改革效果评估

第一节　市场经济改革时期的权利配置测度

党的十四大报告明确指出，我国经济体制改革的目标是建立社会主义市场经济体制。我国从1993年开始进入长达10年的社会主义市场经济与收入分配制度改革期。与上一阶段相比，这一时期无论是总体收入分配指导原则，还是具体的工资制度、就业制度、户籍制度、税收制度和社会保障制度等都发生了巨大变化，三种权利的配置状况也更加复杂。

一、参与权的测度

就业方式是参与权性质的重要体现。1979—1992年，我国先后经历了政府"统分统配"就业阶段①和体制内调控与体制外市场调节相结合的"双轨"就业阶段。在市场经济改革时期，1993—1996年，国有企业进行了一系列改革探索，包括建立现代企业制度试点，但内部岗位确定方式大多延续原先的计

① 1980年，中央明确提出实行劳动部门介绍就业，自愿组织起来就业和自谋职业相结合的"三结合"就业方针；1981年，国家劳动总局和国务院知青办合署办公并成立就业司，统管知青工作的遗留问题。

划配置机制,也即国有企业内部仍然属于指令型参与权。而1997—2002年,国有企业实施“抓大放小”“减员增效”改革,形成了大量下岗职工,安置这部分被推向社会的失业人员成为这一时期就业制度改革的核心任务,解决办法是:劳动者自主择业、市场调节就业和政府促进就业。同时,在整个市场经济改革时期,除国有企业之外的其他民营经济、个体小工商业者等均是按照自身人力资本选择参与经济系统,也即是能力型参与。总之,这一阶段劳动力资源的市场配置机制逐步取代了计划配置机制,我国逐步进入并基本确定市场导向的就业机制,因而这一阶段的参与权可以定性为指令型参与权与能力型参与权并存,能力型参与权逐步扩大并占主导地位。

从定量测度来看,由于城乡二元分割局面严重,民营经济、个体小工商业者的比例逐渐增加,因此,本节将对参与权按劳资要素、城乡居民、国有与非国有经济进行测度。

(一)劳动力要素参与权

1. 城镇居民控制的劳动力要素参与权

失业率是衡量劳动力要素参与权的重要指标①。失业率越高,表明劳动力要素参与经济体系统的程度越低,参与权也就越低;反之,失业率越低,参与权越高。因而城镇登记失业率能够用来衡量城镇居民控制的劳动力要素参与权②。

从图6.1城镇失业率来看,在市场经济改革时期,中国城镇居民失业率呈阶梯上升趋势,1993—1997年呈缓慢上升趋势,1998—2000年总体较平稳,

① 众所周知,失业率评价的是一个国家和地区的就业状况,表示为失业人数与劳动力人数的比重。同理,我国城镇登记失业率的计算方法为,“报告期末城镇登记失业人数”除以“期末城镇从业人员总数与期末实有城镇登记失业人数之和”。

② 值得注意的是,失业率与经济增长具有较强的相关关系,这一点对用失业率来衡量劳动力要素参与权有一定影响。但在其他情况不变时,经济增长率一定的情况下,失业率越高,则劳动力要素参与权越低。

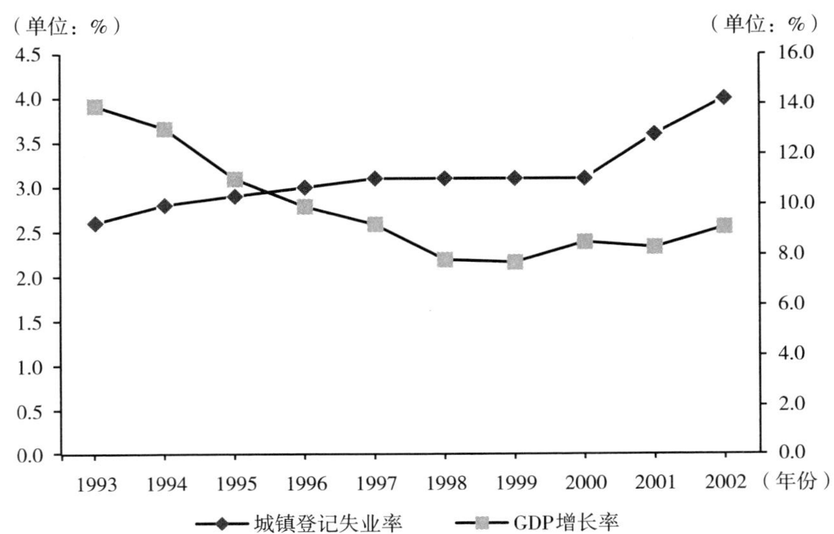

图 6.1　1993—2002 年城镇登记失业率与 GDP 增长率

资料来源：国家统计局国民经济综合统计司编：《新中国六十年统计资料汇编》，中国统计出版社 2010 年版。

2001 年以后上升趋势十分明显。从 1993—2000 年来看，经济增长率持续走低，下降了 5 个百分点，但城镇登记失业率并未上升至 5.1%①，表明这一阶段城镇居民劳动力要素的参与权得到较大程度提升，基本抵消了经济增长率下降带来的失业效应。从 2000—2002 年来看，失业率逐步攀升，这主要是 1998 年亚洲金融危机对经济运行的滞后效应在发挥作用，虽然 1998 年亚洲金融危机导致当年的经济增长率为这一阶段低谷，但劳动合同具有刚性，失业效应不会立刻显现，而是在之后几年逐步释放。2000—2002 年失业率提高，表明这一阶段城镇居民劳动力要素的参与权配置确实有所降低。

2. 农村居民控制的劳动力要素参与权

这一时期，非农业收入已经成为农村居民收入的一项重要来源，对农民增收、缓解贫困具有不可或缺的重要影响。农村居民获取非农收入的主要途径

① 根据奥肯定律，GDP 增长率每低于潜在产出 2%，失业率会提高 1 个百分点；经济增长下降 5%则意味着失业率增加 2.5 个百分点。

是外出务工,外出务工人数的绝对量及占农村总人口比重的变化能够较好反映农村居民控制的劳动力要素参与权。但直到2008年年底,国家统计局才正式建立农民工监测调查制度,因而这一阶段农民工数据的可获得性较差①,这一指标实际可操作性不强。研究发现,城镇化率也是决定农民劳动力要素参与权配置的一项重要指标。这一阶段,我国户籍制度进一步完善,城乡流动壁垒进一步减弱,农村大量剩余劳动力涌向城镇②。从现实状况来看,农民工外出务工人数也主要受城乡壁垒限制,因而城镇化率也能够间接反映农民参与权的配置状况。

如图6.2所示,在社会主义市场经济改革时期,中国城镇化水平上升趋势明显,从1993年的27.99%提高到2002年的39.09%,年平均提高1.23个百分点,表明农民劳动力要素的参与权配置在这一阶段显著优化。城镇化水平的提高,在扩张城市边界的同时也缩小了农村地域,其迅速推进使得农村剩余劳动力外出务工的交通成本、信息成本显著降低,在城镇居民工资性收入数倍于农民人均农业收入,以及户籍制度放松的情况下,大量农村剩余劳动力涌向周边城镇甚至外省。城镇化的迅速扩张也提供了大量岗位缺口,满足了大部分农村剩余劳动力的就业需求,农村青壮年劳动力大多选择放弃收入较低的农业生产活动而进城务工。由于这一阶段经济增长方式相对粗放,因此,对劳动力的专业技能要求较低,健康人力资本成为农村劳动力外出务工的最主要资本,因而这一阶段农村劳动力要素参与权主要表现为健康人力资本能力型的参与权,且这一参与权的配置不断优化。

---

① 据中国农民工问题研究总报告起草组报告,1993年全国农民工达到6200多万人,比1989年增加了3200多万人;另外,根据国家统计局、农业部、劳动和社会保障部综合测算,2004年,外出农民工数量约为1.2亿人,农民工总数约为2亿人。但是缺乏1993—2002年的连续数据。

② 2001年,国务院颁布《国务院批转公安部关于推进小城镇户籍管理制度改革意见的通知》,标志着小城镇户籍制度改革全面推进。资料来源:http://www.gov.cn/gongbao/content/2001/content_60769.htm。

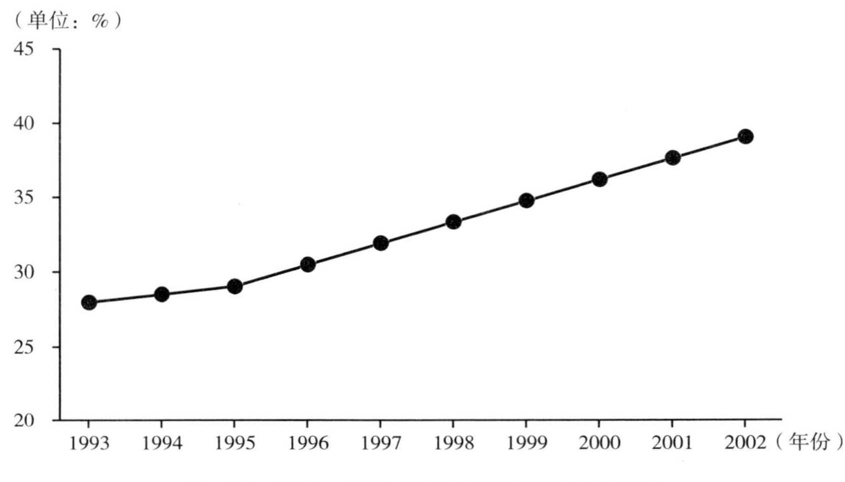

图 6.2　1993—2002 年我国城镇化率变化情况

资料来源：笔者根据历年《中国统计年鉴》计算得出。

（二）资本要素参与权

1. 国有企业控制的资本要素参与权

随着社会主义市场经济“公有制为主体，多种所有制经济共同发展”的基本经济制度的确立，一方面，民营经济占比逐渐增加；另一方面，国有企业开始经历重大改革措施，在 1996 年开始“抓大放小”改革，并探索股份制改革，产权主体逐渐多元化。国有企业控制的资本要素参与权也在这一过程中发生了较大变化。如图 6.3 所示，随着经济的快速发展，国有工业经济①的总资产不断增长，从 1993 年的 25354.66 亿元攀升至 2002 年的 89094.6 亿元，增长了 2.51 倍。但是国有工业经济占比并未随之攀升，1993 年国有资产占总资产比重为 66.76%，至 1997 年下降为 50.98%，2000 年上升至 68.8%，之后国有资

① 需要说明的是，本书使用的数据来源于历年的《中国工业经济统计年鉴》，因此在测度的时候是指国有工业企业的各项指标，后面在测度民营企业的各项指标时，也依然是指工业领域的民营企业，为简化起见，本书将民营工业企业简称为民营企业。后同。

产占比又缓慢下滑,至2002年为60.93%。从图6.3中也可以发现,国有及国有控股企业数占比在1998年以后也逐年递减,至2002年为22.63%。数据表明,这一阶段国有企业的资本要素参与权总体轻微减少,但也更加合理,目的是更好地发挥市场的基础性作用。①

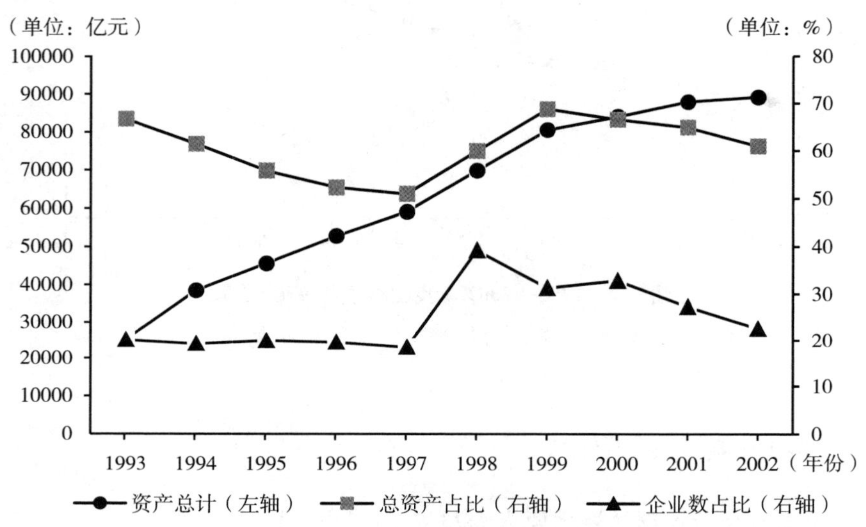

图6.3 1993—2002年国有工业经济占比情况

注:由于1996年、1997年、1999年、2000年的《中国工业经济统计年鉴》未出版,因此,相应年份的数据依据线性平滑法推算得出,下同。

资料来源:历年《中国工业经济统计年鉴》。

2. 非公有制企业控制的资本要素参与权

社会主义市场经济体制的确定,以及"允许和鼓励资本、技术等生产要素参与收益分配",使非公有制经济开始发展壮大,民营经济和外商经济开始涌入市场。从图6.4中可以看出,在这一阶段之初,民营企业和外商企业发展比较迅速,民营企业资产从1993年的4908.32亿元扩张至2002年的65932.44亿元,增长了12.4倍,外商企业资产从1998年的108821亿元提高至2002年

① 这一时期,中央各大报告的主流提法仍然是"市场在资源配置中起基础性作用"。

的 146217 亿元①。从总资产占比和企业数占比来看，民营企业从最初的 12.92%上升至 45.09%，企业数占比也从最初的 6.16%上升至 62.22%；外商企业资产占比从 1998 年的 19.6%上升至 2002 年的 21.6%，增加了 2 个百分点，企业数占比从 1998 年的 16%提高至 19%，增加了 3 个百分点。可以说，这一阶段民营企业和外商企业控制的资本要素参与权都大幅度增加，进一步提升了市场经济的运行效率。

二、收入权的测度

参与权是收入权的前提和基础，与参与权对应，收入权也可以分为劳动力要素收入权与资本要素收入权。总体来看，这一时期收入权的典型特征是等级型收入权与贡献型收入权并存，且相比上一阶段，贡献型收入权比例进一步提高。

（一）劳动力要素收入权

1. 城镇居民控制的劳动力要素收入权

这一阶段，城镇居民获取劳动收入的途径有两种，一是进入国家机关、事业单位；二是进入民营企业及其他企业。从前一种途径来看，1993 年 10 月，我国进行了第四次机关、事业单位的工资制度改革，目的在于引入竞争和激励机制，此时，国家机关的工资由职务工资、级别工资、基础工资和工龄工资构成，因而以等级型收入权为主；而事业单位的工资除职务工资外，还包括事业人员津贴，也就是活工资，因而已经逐渐包含按贡献分配的要素。从后一种途径来看，由于民营企业更具有市场经济性质，因而可能资本要素收入权相对较大，劳动力要素收入权较小，劳动力要素收入权以贡献型收入权为主。

从城镇居民收入构成来看，如图 6.5 所示，城镇居民工资性收入自 1993

---

① 由于数据的可获得性，外商企业的相关数据的起止年份为 1998 年至 2002 年。

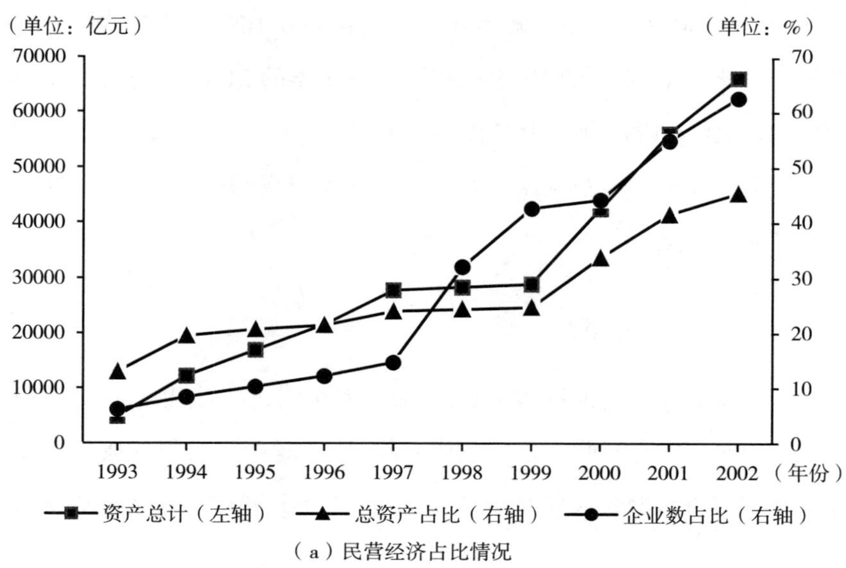

（a）民营经济占比情况

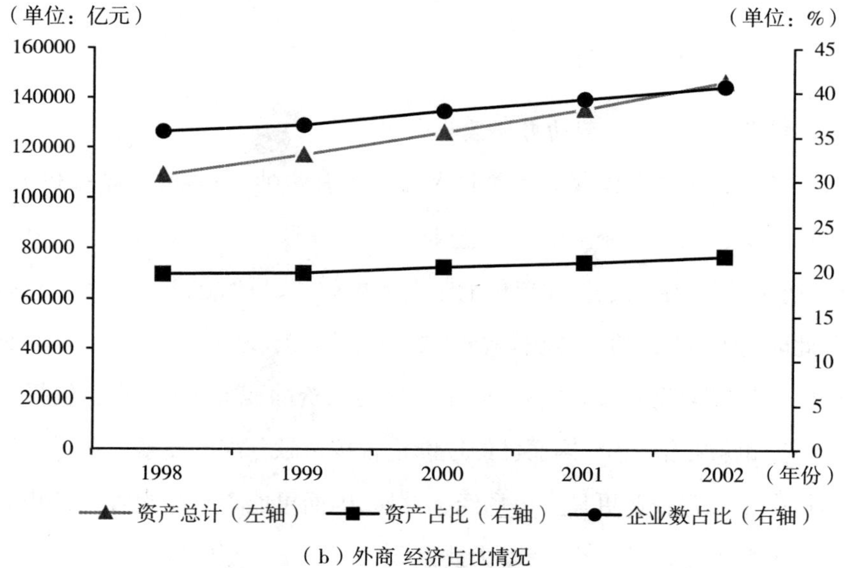

（b）外商 经济占比情况

图 6.4　1993—2002 年非公有制经济占比情况

资料来源：历年《中国工业经济统计年鉴》。

年起持续上升，从 1784.85 元上升至 2002 年的 5739.96 元，提高了 2.2 倍。但工资性收入占比自 1997 年起持续降低，表明城镇居民的劳动力要素收入权在这一阶段是逐步下降的，这是由于随着社会主义市场经济的初步建立，除劳动以外的资本、技术和管理等要素参与分配的比例逐步增加，资本要素的收入权得到提高，从而降低了劳动力要素的收入权比例。

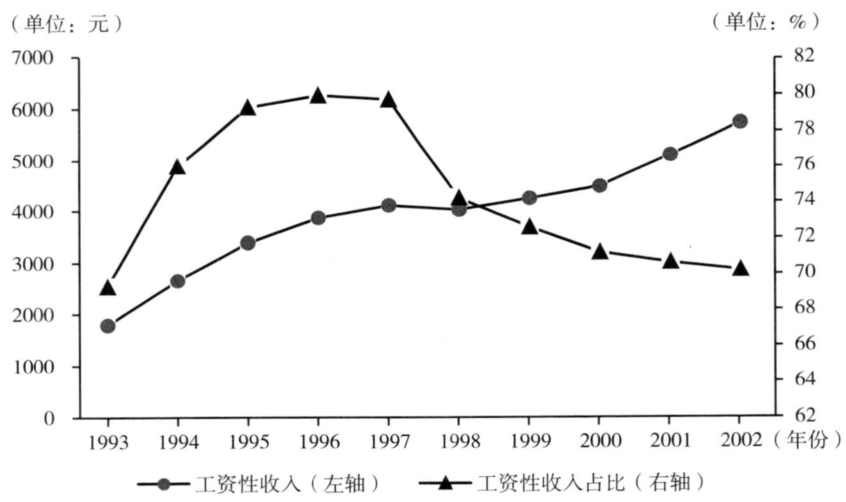

图 6.5　1993—2002 年城镇居民工资性收入及其占比

资料来源：历年《中国统计年鉴》。

2. 农村居民控制的劳动力要素收入权

这一时期，随着户籍制度的放开，农村剩余劳动力开始外出务工。农民工通过在乡镇企业和外出务工等多种形式，不仅促进了城镇经济的发展，也极大地提高了农民的劳动收入。

从图 6.6 可知，农村居民的劳动力要素收入权在这一阶段稳步上升，在 2002 年已经占到总收入的 33.94%。但这一阶段，以土地种植为主的农业经营性收入仍然是农民收入的主要组成部分。

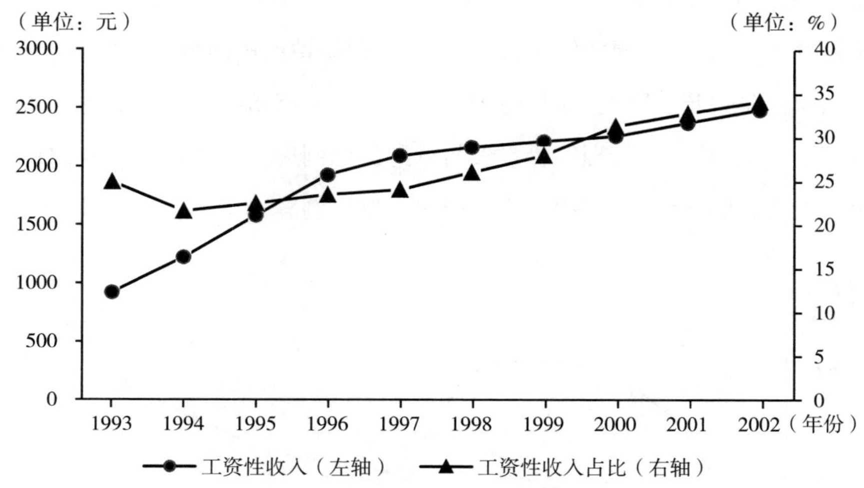

图 6.6　1993—2002 年农村居民工资性收入及其占比

资料来源：历年《中国统计年鉴》。

（二）资本要素收入权

从整个经济系统来看，资本收入占比是反映资本要素收入权的最佳变量。从图 6.7 可以看出，这一阶段我国资本收入占比呈现轻微波动，但总体较稳定。1993—1996 年资本收入占比缓慢下降，之后又缓慢回升，2000 年以后又趋于下滑，劳动收入占比则呈现出相反变化趋势。基于我国经济实际情况来看，这一阶段国有企业和民营企业应该都得到较快发展，资本要素收入权实际上应当是逐步提升的，但这一结果未在资本收入占比的变化中体现。

另外，从个人收入分配来看，1993—1998 年我国城镇居民财产性收入占比不断提高，由 1.83% 上升至 2.45%，1998—2002 年则又不断下降。尽管财产性收入在居民总收入中占比趋于减小，但其绝对规模显然得到较大提升。

三、保障权的测度

保障权是再分配领域的重要环节，直接关系到收入分配的最终格局。这

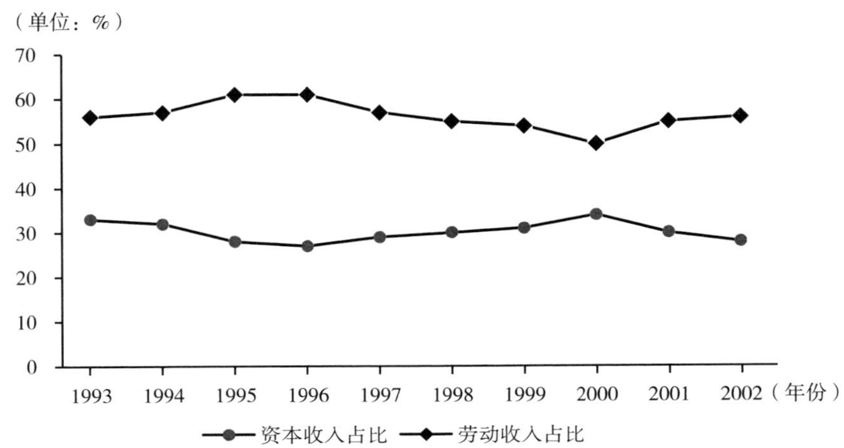

图 6.7　1993—2002 年我国资本收入占比变化情况

资料来源：根据《中国统计年鉴》公布的资金流量表，利用支出倒推法计算得出。

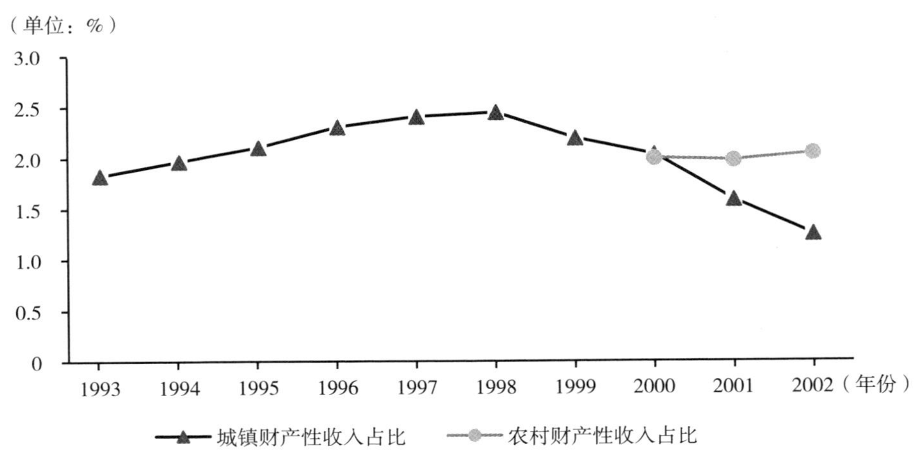

图 6.8　1993—2002 年农村与城镇居民财产性收入占比变化情况

注：2000 年以前，《中国统计年鉴》中未区分农村财产性收入和转移性收入。
资料来源：根据《中国统计年鉴》计算得出。

一阶段城乡居民的保障权配置属于过渡阶段，既有救助型保障权、差别型保障权，又开始建立普遍型保障权。这种差别既体现在城镇职工与城镇居民之间，也体现在城镇居民与农村居民之间，是典型的"双轨制"。

（一）城镇居民保障权

1. 城镇职工保障权

与上一阶段不同，这一阶段城镇国有企业、机关事业单位与一般民营企业的保障权开始趋同。1993—1998 年，国务院通过试点并最终确定了全国统一的企业职工基本养老保险制度和城镇职工基本医疗保险制度，福利分房制度也开始取消，国家开始全面推行住房公积金制度。如图 6.9 所示，城镇基本养老保险与基本医疗保险人数逐年增加，且城镇基本医疗保险人数上涨速度更快，反映了城镇职工的保障权朝着更加普遍的方向发展。

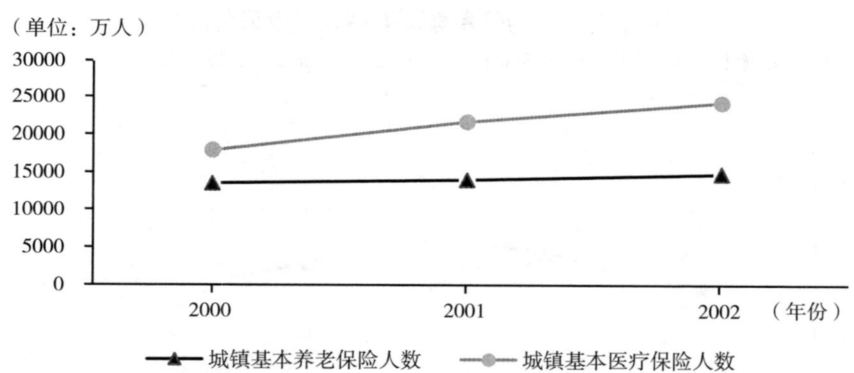

图 6.9　2000—2002 年城镇职工基本养老保险与医疗保险参保人数变化

资料来源：历年《国民经济与社会发展统计公报》。

2. 城镇居民保障权

这一阶段城镇居民的保障权大多属于救助型保障权，而且这一救助型保障权——失业保险制度，最初也不是针对所有城镇居民，而是作为国有企业职工“下岗分流、减员增效”的补充型政策措施。真正面向城镇居民的救助型保障权是 1999 年城镇居民最低生活保障制度。2000 年，领取城镇最低生活保障的城镇居民为 701 万人。但这一阶段，城镇居民的基本养老保险与医疗保险制度并未完全建立，城镇居民享受的保障权还较小，仍处于初级起步阶段。

另外,进城务工的农民工也享有部分保障权,如部分农民工参加了工伤保险,但与城镇一般职工相比差别较大。

(二)农村居民保障权

这一阶段农村居民的保障权主要以救助型保障权为主。救助型保障权主要指农村"五保"制度,至1997年,农村"五保"制度正式走上规范化、法制化轨道,这一救助型保障权有力地保障了农村特殊困难群体的基本生存权利,体现了分配正义。然而,这一阶段农村居民保障权并不普遍,政府引导和支持、农民自愿参加的新型农村合作医疗制度(以下简称"新农合")2003年才开始在全国试点。

四、市场经济改革时期权利配置特征总结

根据以上分析,社会主义市场经济改革时期权利配置特征大致可以总结为:参与权是指令型参与权与能力型参与权并存,指令型向能力型过渡;收入权是等级型收入权与贡献型收入权共存,贡献型收入权比重逐步增加;保障权是以救助型保障权为基础、逐步扩大普遍型保障权份额,城镇内部之间,城乡之间保障权存在明显差别。具体情况如表6.1所示。

表6.1　社会主义市场经济改革时期权利配置测度总结

权利类型	阶段性的权利配置	特征和趋势
参与权	指令型参与权	国企岗位确定以计划配置机制为主
	能力型参与权	下海潮、民工潮涌现,非国有资本逐渐发展壮大
收入权	等级型收入权	机关、事业单位存在职务工资与级别工资
	贡献型收入权	资本、技术、管理等要素按贡献分配的比例不断提高
保障权	救助型保障权	城镇居民开始领取最低生活保障金,农村有"五保"制度
	普遍型保障权	城镇职工开始享受统一的养老、医疗保障
	差别型保障权	城镇职工与其他城镇居民保障权差别大,城镇保障权水平与农村差别大

第二节　市场经济改革时期权利配置的收入分配效果推断

党的十四大以来,我国开始进入社会主义市场经济改革时期,随着改革的不断推进,这一时期参与权、收入权与保障权也呈现出新的特征。理论分析表明,不同的权利配置及其组合会产生不同的收入分配效果。本部分即是对社会主义市场经济改革时期权利配置的收入分配效果进行推断,首先分别对三种单一权利配置的收入分配效果进行推断,然后再推断这三种权利配置组合的整体收入分配效果。

一、参与权变化的收入分配效果推断

在社会主义市场经济改革时期,国有企业开始进行改革探索,开始建立现代企业制度试点,但由于改革顽疾较多,改革全面推进存在难度,因而在大型国有企业内部的改革方式仍延续计划配置机制,国有企业内部仍属于指令型参与权。同时,除国有企业之外的其他民营经济开始活跃,农村剩余劳动力大量涌入城镇,人力资本型的市场经济逐渐发挥重要作用,因而除国有企业以外的经济要素参与权属于能力型参与权,且随着国企改革的不断推进,这一阶段能力型参与权逐渐占据主导地位。在劳动力要素方面,从失业率来看,城镇居民劳动力要素的参与权有所降低,而得益于城镇化的快速推进,农村劳动力要素的参与权不断提高,且主要表现为健康人力资本能力型的参与权。从资本要素参与权来看,这一阶段国有总资产不断增长,但国有资产占总资产比重却趋于下降,这是“公有制为主体、多种所有制经济共同发展”的基本经济制度及国有企业“抓大放小”改革共同形成的结果,因而这一阶段国有企业控制的资本要素参与权逐渐降低。相应地,非公有制企业控制的资本要素参与权逐渐上升,由于非公有制企业参与权的提升体现的是能力型参与权比重的增加,

而能力型参与权提升意味着资源配置效率的优化。基于此,我们可以对这一时期参与权配置的收入分配效果作出以下推断:

推断 1:就绝对收入而言,由于能力型参与权配置逐渐占主导地位,因而整体经济系统的资源配置效率会得到明显提升,经济总量会迅速扩大,在总人口增长速度低于经济增速时,人均收入会得到提高,反之则反。

推断 2:就收入分配格局而言,单从劳动力要素与资本要素的参与权配置来看,均有所增加,即使假定二者的收入权同比例变化,暂时也无法推断出整体的收入分配格局。

推断 3:就收入差距而言,由于农村居民控制的劳动力要素能力型参与权配置和城镇居民劳动力要素的能力型参与权配置均呈现出增强趋势,城乡收入差距的变化趋势取决于农村居民与城镇居民的参与权增长率及收入增长率,若后者快于前者,则城乡收入差距将呈扩大趋势;反之则反。

二、收入权变化的收入分配效果推断

收入权配置是权利配置决定收入分配效果的重要一环。总体来看,市场经济改革时期收入权配置的典型特征是等级型收入权与贡献型收入权并存,且贡献型收入权的比重进一步提高。从劳动力要素的收入权配置来看,这一阶段进行了多次工资制度改革,更加体现按劳动力要素的贡献参与分配的分配原则,例如事业单位的工资除职务工资外,还包括按贡献分配的“活工资”部分。而农村居民通过乡镇企业以及外出务工等形式,其贡献型收入权配置也得到明显优化。从资本要素的收入权配置来看,随着“多种分配方式并存”的收入分配制度的实施,资本要素作为除劳动力以外的主要生产要素,其收入权配置也明显得到提高,且大多为贡献型收入权。基于此,我们推断这种收入权配置的变化将带来以下收入分配效果:

推断 4:就绝对收入而言,由于贡献型收入权比重的增加,农村居民和城镇居民的收入均得以增长,由于参与经济系统中收入分配的生产要素种类增加,因而农村与城镇居民的收入来源更加多元化。

推断5:就收入分配格局而言,由于劳动力、资本要素的收入权均实现较大程度提升,且其他生产要素开始参与收入分配,因而劳动收入占比、资本收入占比二者相对变化保持基本稳定。

推断6:就收入分配差距而言,城镇居民与农村居民的收入权配置均有所提高,但农村居民的收入来源主要是劳动力要素收入权,而城镇居民收入的来源相对更加广泛,因而城乡收入差距将逐步扩大;从居民收入差距而言,由于人力资本型的贡献型收入权比重增加,因而若人力资本差距扩大,则居民收入差距扩大,反之则反。

三、保障权变化的收入分配效果推断

这一时期,城乡保障权处于过渡阶段,既有救助型保障权、差别型保障权,又开始建立普遍型保障权。具体来说,城镇职工享有的保障权有企业职工基本养老保险制度、城镇职工基本医疗保险制度、住房公积金制度和失业保险制度等,可以说,相对上一阶段,城镇居民的保障权配置进一步优化。而农村居民经历了从保障权缺失到以救助型为主,开始出现普遍型保障权的过程。但城乡保障权配置存在明显的"双轨制"情形。基于此,我们推断这种权利配置的变化将带来以下收入分配效果:

推断7:就收入分配差距而言,由于城镇居民获得的保障权要明显优于农村居民,因而城乡收入差距将呈现扩大趋势;经济发展水平相对较高的地区,其保障权水平相对高于其他欠发展地区,因而地区收入差距也将扩大。

推断8:就再分配而言,差别型保障权使得社会富裕群体获得更多保障权,将导致出现收入分配"逆调节"现象;而普遍型保障权和救助型保障权的增加则可能导致农村贫困发生率的降低,总体效果依据三种类型保障权的综合收入分配效果而定。

四、整体权利配置变化的收入分配效果推断

整体来看,相比上一阶段,该阶段三种权利配置的组合更加优化,参与权更加体现能力,收入权更加注重贡献,保障权逐渐向普遍型过渡,该阶段整体权利配置变化的收入分配效果推断如表 6.2 所示。

表 6.2　整体权利配置变化的收入分配效果推断

	参与权	收入权	保障权	整体权利配置变化
绝对收入	—	增加	增加	增加
分配格局	—	劳动收入、资本收入占比变化基本稳定	—	—
分配差距	先缩小后扩大	扩大	扩大	先缩小后扩大

第三节　市场经济改革时期我国收入分配体制改革效果评估

在进行了一系列理论分析、收入分配效果推断之后,本部分将使用实际数据对市场经济改革时期我国收入分配体制改革的效果进行评估。一方面可以印证理论分析的正确性,另一方面也可以明晰收入分配体制改革效果,发现体制改革的不足,为下一步改革指明方向。具体而言,对市场经济改革时期我国收入分配体制改革的效果评估主要包括以下几个方面:绝对收入、分配格局、分配差距,以及再分配和贫困状况。

一、基于绝对收入指标的效果评估

依据前文效果推断部分论述,对绝对收入的评估主要包括城镇居民可支配收入与农村居民纯收入的变动,以及城乡居民收入的来源两部分。

（一）城乡居民绝对收入的变动

1992 年邓小平南方谈话之后，我国确定了走社会主义市场经济的道路，1993 年 11 月，党的十四届三中全会通过了《中共中央关于建立社会主义市场经济体制若干问题的决定》，此后，我国的基本经济体制成为社会主义市场经济体制，同时确定收入分配制度为“按劳分配为主体、多种分配方式并存”。在这样的经济体制下，我国城乡居民的参与权与收入权有了大幅改进，整体经济系统的资源配置效率明显提升，能力型参与权与贡献型收入权的比重明显提高。因而，城乡居民的绝对收入有了明显增加。

从图 6. 10 可以看出，在市场经济改革时期，我国城乡居民收入均有不同程度的增长，其中城镇居民人均可支配收入由 1993 年的 2577. 4 元提高到 2002 年的 7702. 8 元，增长了 1. 99 倍，而农村居民人均纯收入增长相对稍慢，由 1993 年的 921. 6 元提高到 2002 年的 2475. 6 元，增长了 1. 69 倍。这意味着推断 1 与推断 4 基本得到证实。

（二）城乡居民收入结构的变动

与城乡居民绝对收入增长相对应的是，城乡居民的收入结构也在总收入增长过程中不断变化。由于除劳动力之外的其他生产要素可以“允许和鼓励资本、技术等生产要素参与收益分配”，因而，城乡居民的收入来源也更加多元化，除工资性收入外，其他类型的收入占比也逐渐提升。如图 6. 11 和图 6. 12 所示。这意味着推断 4 得到了进一步的证实。

从图 6. 11 与图 6. 12 可以看出，在市场经济改革时期，对城镇居民而言，工资性收入占比一直占主导地位，虽然在这一阶段工资性收入占比不断降低，但 2002 年仍占 74. 5%，转移性收入与经营性收入也有不同程度的增长。对农村居民而言，农村家庭经营收入在 2002 年年末仍占 60%，但工资性收入增长较快，从 1993 年的 21. 1%增长到 2002 年的 33. 9%。这表明，劳动力要素的贡

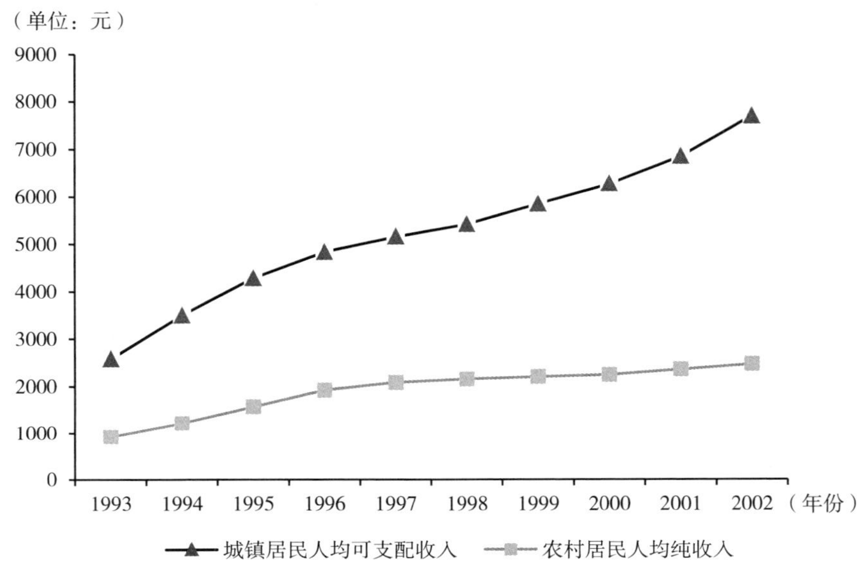

图 6.10　1993—2002 年城乡居民人均收入的变动趋势

资料来源：历年《中国统计年鉴》。

献型收入权仍然是城乡居民获取收入的重要渠道，但其他生产要素对居民收入的贡献程度也在逐渐提高。这意味着推断 6 得到了一定程度的证实。

二、基于收入分配格局指标的效果评估

绝对收入体现了总体国民收入“蛋糕”的做大，这是收入分配体制改革的总体效果。接下来我们将评估国民收入“蛋糕”的结构状况，也即收入分配格局，具体包括要素收入分配格局的评估和再分配率的测度。

（一）要素分配格局评估

党的十四大以来，除劳动力之外的其他生产要素逐渐参与收入分配，整体收入权配置的典型特征是等级型收入权与贡献型收入权并存，资本作为除劳动力以外的主要生产要素，其收入权配置也得到提高，且大多为贡献型收入

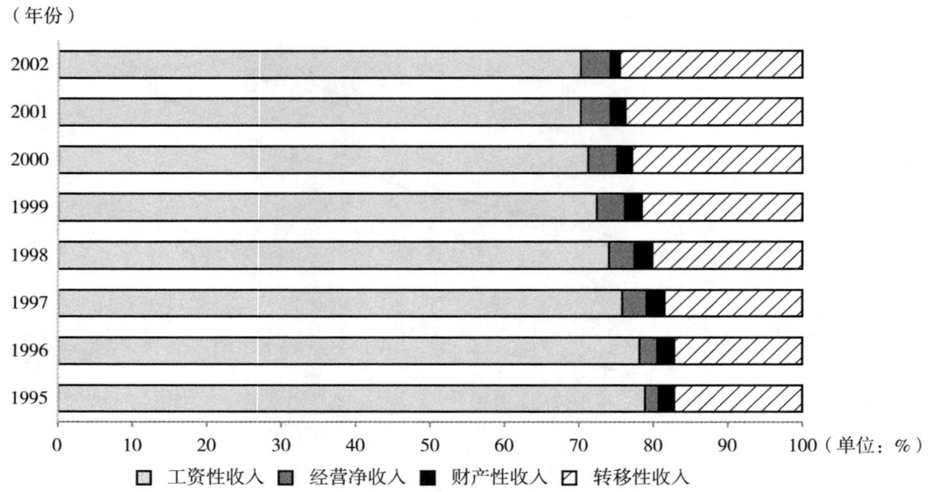

图 6.11　1995—2002 年城镇居民收入结构变动

资料来源：历年《中国统计年鉴》。

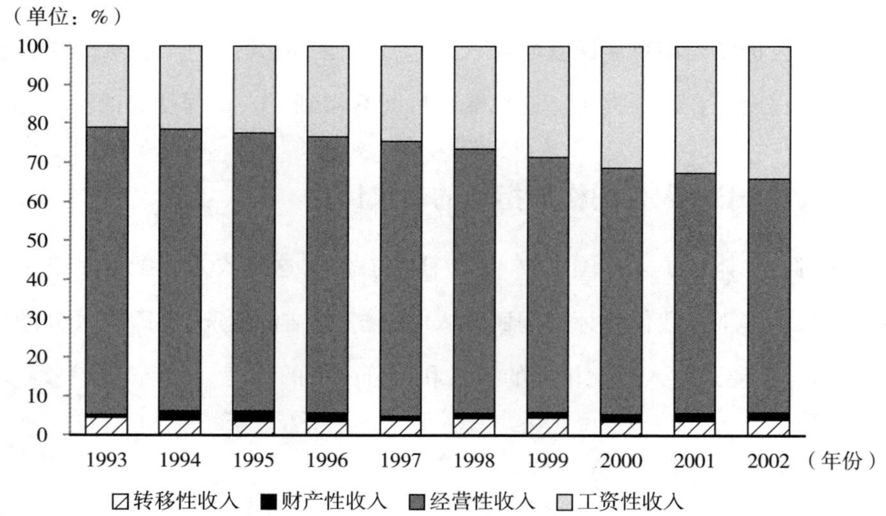

图 6.12　1993—2002 年农村居民收入结构变动

资料来源：历年《中国统计年鉴》。

权。因而我们得出推断：由于资本要素收入权和劳动力要素收入权都实现较大增长，因而劳动收入占比、资本收入占比将呈现轻微波动或基本稳定趋势。从实际情况来看，本书使用“支出倒推法”测算发现，1993—2002 年，劳动收入占比、资本收入占比总体上基本稳定，分别围绕 55%、30%左右水平上下波动，实际情况与上文的推断 2、推断 5 的推论基本相符。1993—2002 年中国要素收入占比详细变动如图 6. 13 所示。

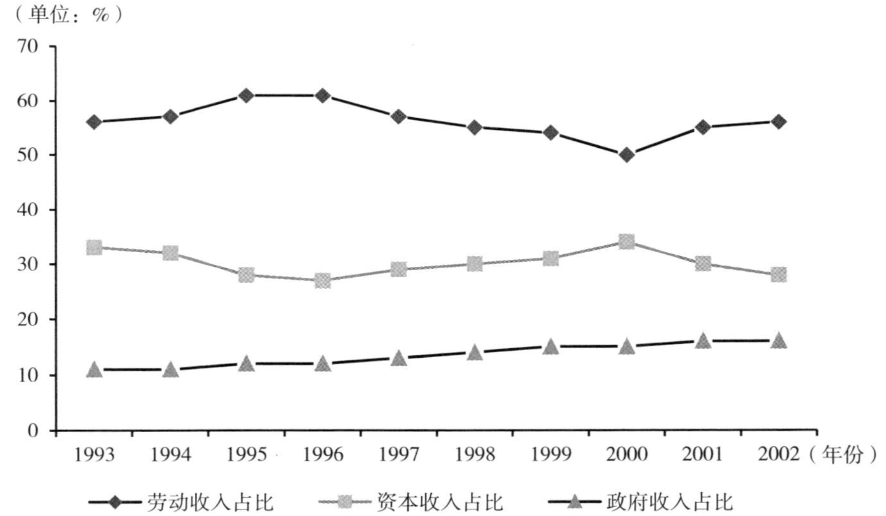

图 6. 13　1993—2002 年中国各要素收入占比情况

资料来源：笔者自行整理计算得到。

（二）再分配率测度

收入分配制度改革包括初次分配制度改革和再次分配制度改革，再次分配不仅体现着效率，更体现着公平，因而尤其重要。由于权利配置变化对收入分配效果的推断大多为定性分析，因而无法从权利配置的变动来推测出再分配政策的收入分配效果。本部分借鉴马蒂亚 · 福切萨托和萨缪 · 鲍尔斯（2014）的做法，引用再分配率来体现再分配政策的效果。基于数据可得性，本部分使用 1997—2002 年全国、农村内部、城镇内部再分配政策前后的泰尔指数来计算再分配率。

表 6.3　1997—2002 年全国及城乡的再分配率　　（单位:%）

年份	全国泰尔指数			城镇泰尔指数			农村泰尔指数		
	再分配前	再分配后	再分配率	再分配前	再分配后	再分配率	再分配前	再分配后	再分配率
1997	12.72	15.76	-23.89	4.18	3.74	10.43	4.40	4.33	1.52
1998	12.15	15.40	-26.78	4.12	3.69	10.54	4.15	4.09	1.47
1999	12.59	16.27	-29.17	4.00	3.59	10.23	4.22	4.25	-0.68
2000	12.89	17.27	-33.97	4.08	3.59	11.94	4.63	4.76	-2.70
2001	13.53	18.63	-37.72	3.97	3.74	6.00	4.82	4.90	-1.65
2002	15.31	20.89	-36.42	4.17	3.53	15.25	4.80	4.90	-2.11

资料来源:根据《中国统计年鉴》数据整理计算得到。

从表 6.3 数据可知:(1)总体来看,我国的再分配制度未能缩小居民收入差距,还一定程度上拉大了居民收入差距,存在逆向调节的现象。这种逆向调节的作用导致居民收入差距在初次分配格局的基础上进一步扩大,并且这种逆向作用总体呈现加大趋势,再分配率由 1997 年的-23.89%下降到 2002 年的-36.42%。这说明,在 1997—2002 年的再分配制度改革过程中,强化了再分配制度的“逆向转移”效果,我国整体再分配制度改革的效果不够理想。(2)再分配对城镇内部收入差距起到了正向收入再分配效果。从测算结果来看,再分配有效地缩小了城镇内部的收入差距,缩小幅度达到 10%—15%。这意味着我国的再分配制度在城镇地区发挥了“正向调节”作用,一定程度上促进了城镇居民内部收入公平。这和我国城镇地区的再分配制度相对完善是分不开的。在城镇,不仅有个人所得税制度能够在一定程度上调节居民之间的收入差距,还有相对完善的社会保障制度。1997 年之后,国家先后建立了企业职工基本养老保险制度、企业职工基本医疗保险制度、失业保险制度、工伤保险制度、计划生育保险制度、住房公积金制度、最低生活保障制度等。这些再分配制度能够在一定程度上平抑居民收入差距,从而使城镇内部收入差距在经过再分配之后有所缩小。(3)再分配对农村内部收入差距影响较小,大多数年份为逆向收入再分配效果。相对于再分配对全国居民收入差距的影响而言,再分配对农村内部收入差距的影响较弱,经再分配之后,农村内部收入差距仅扩大或缩小了1%—3%。这意味着推断8基本得到了证实。

三、基于收入分配差距指标的效果评估

在社会主义市场经济发展过程中,收入差距的存在是必然的,历史证明,绝对平均主义必不可取。然而,也不能任由收入差距无限扩大,过大的收入差距既不利于居民收入水平的提高,也不利于全面建成小康社会。为此,需要对收入分配体制改革带来的权利配置变化以及由此导致的收入分配差距进行评估。具体而言,包括对居民收入基尼系数和地区收入泰尔指数的测度。

(一)居民收入基尼系数的测度

从权利配置来看,这一阶段城乡居民的参与权、收入权处于不断提高之中,农村居民的保障权水平较低,因而全国、城镇与农村居民的收入差距呈现逐步拉大态势,而城镇居民由于有更多除劳动力以外的生产要素获得收入,且城镇保障权水平较低,因而城镇居民收入差距的扩大趋势可能快于农村。1993—2002年全国、城镇与农村的居民收入基尼系数如表6.4所示。

表6.4　1993—2002年全国、城镇与农村居民收入差距

年份	农村居民	城镇居民	全国居民
1993	0.32	0.27	0.42
1994	0.33	0.3	0.43
1995	0.34	0.28	0.42

续表

年份	农村居民	城镇居民	全国居民
1996	0. 32	0. 28	0. 4
1997	0. 33	0. 29	0. 4
1998	0. 34	0. 3	0. 4
1999	0. 34	0. 3	0. 42
2000	0. 35	0. 32	0. 42
2001	0. 36	0. 32	0. 43
2002	0. 37	0. 32	0. 44

资料来源:全国居民基尼系数来源于统计局网站,农村、城镇居民基尼系数来源于张小平、王迎春:《转型期我国收入分配问题研究》,科学出版社 2009 年版。

从图 6. 14 可以发现,总体而言,这一阶段居民收入差距不断提高,其中城镇居民收入基尼系数增长幅度大于农村居民,1993—2002 年城镇居民收入基尼系数提高了 0. 05,而农村居民收入基尼系数则提高了 0. 02,基本印证了前文的推断 3。这说明该阶段参与权与收入权配置的增速快于保障权的增速,保障权配置未能发挥缩小收入差距的作用,这其中城镇居民又快于农村居民。因此,今后收入分配体制改革的过程中,要注重“三权”齐头并进,不然可能产生“木桶效应”,进而扩大收入差距。

(二)地区收入泰尔指数的测度

从地区收入差距来看,我国的收入差距主要表现为地区间收入差距,1993—2002 年,地区间收入差距逐步提高,但地区内收入差距较小。改革开放以来,东部沿海地区在国家政策扶持以及凭借自身优越地理位置等条件下,城乡居民、企业等的各项权利得到充分提高,因而收入提高较快。但中西部地区发展速度相对较慢,从而导致地区间收入差距逐步拉开,如表 6. 5 所示。这意味着推断 7 基本得到了证实。

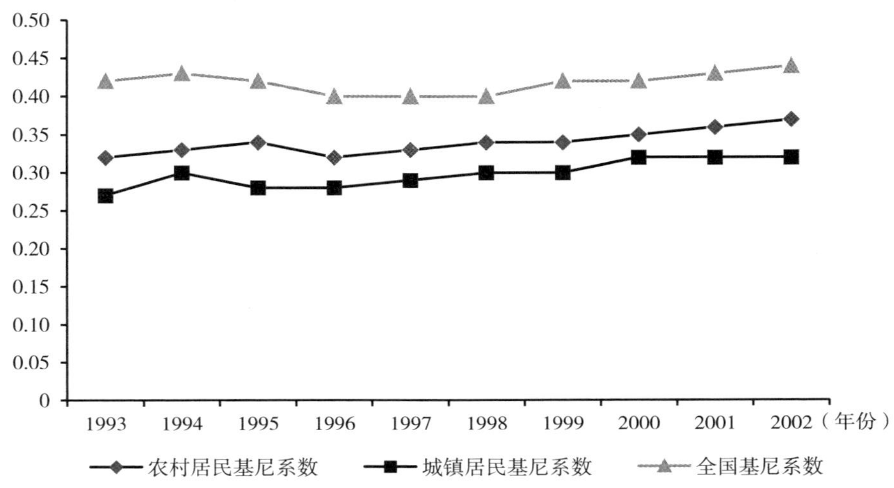

图 6.14　1993—2002 年全国、城镇及农村居民的收入基尼系数

资料来源：全国居民基尼系数来源于统计局网站，农村、城镇居民基尼系数来源于张小平、王迎春：《转型期我国收入分配问题研究》，科学出版社 2009 年版。

表 6.5　1993—2002 年全国、东部、中部、西部以及东北等四大地区居民收入泰尔指数

年份	全国	东部	中部	西部	东北部
1993	0.1065	0.0633	0.0081	0.0194	0.0293
1994	0.1077	0.0576	0.0063	0.0228	0.0212
1995	0.1044	0.0518	0.0043	0.0250	0.0151
1996	0.0612	0.0400	0.0055	0.0307	0.0118
1997	0.0980	0.0506	0.0104	0.0223	0.0145
1998	0.1091	0.0528	0.0075	0.0223	0.0158
1999	0.0220	0.0544	0.0075	0.0209	0.0158
2000	0.1041	0.0478	0.0081	0.0193	0.0184
2001	0.1174	0.0505	0.0101	0.0238	0.0165
2002	0.1172	0.0504	0.0100	0.0235	0.0163

资料来源：依据《中国统计年鉴》数据整理计算得到。

四、基于贫困指标的效果评估

(一)贫困发生率的测度

从权利配置的推断结果来看,随着保障权的逐步提升,绝对贫困发生率会逐渐下降。在社会主义市场经济改革时期,我国城乡居民以及经济组织的参与权、收入权大幅提升,城乡居民收入快速增长,国民收入总量不断增加。但是城乡居民保障权配置相对缓慢,尤其是农村居民,而贫困人口主要集中在农村,因而贫困发生率在改革初期较高,且降低相对缓慢,但仍处于不断下降过程中。1994—2002 年农村贫困发生率如表 6.6 所示。这进一步证实了推断 8 的推论。

表 6.6　1994—2002 年的农村贫困人口及贫困发生率

年份	1978 年标准		2008 年标准	
	贫困人口(万人)	贫困发生率(%)	贫困人口(万人)	贫困发生率(%)
1994	7000	7.7		
1995	6540	7.1		
1997	4962	5.4		
1998	4210	4.6		
1999	3412	3.7		
2000	3209	3.5	9422	10.2
2001	2927	3.2	9029	9.8
2002	2820	3.0	8645	9.2

注:a.1978 年标准为绝对贫困线标准,即以 1978 年物价水平表示的每人每年 100 元,其余年份依据农村居民消费物价指数逐年调整;b.2008 年标准为低收入线标准,在低收入标准下,2000 年的贫困线为 865 元人民币,此后同样依据农村居民消费物价指数逐年调整。

资料来源:《中国统计年鉴》。

第七章 市场经济完善时期收入分配体制改革效果评估

第一节 市场经济完善时期的权利配置测度

一、参与权的测度

就参与权而言,市场经济完善时期与市场经济改革时期一样,都是以能力型参与权为主、指令型参与权为辅的配置。但这二者在参与权配置的程度上存在一定的差异。这一时期,我国城乡二元分割格局还未完全打破,针对城乡的收入分配制度也有所不同,城镇居民和农村居民的参与权配置也存在差异。本节将按照分劳资、分城乡的方法进行测度。

(一)劳动力要素参与权

1. 城镇居民劳动力要素参与权

就业制度。2003年以来,我国的就业制度进一步完善。党的十六届三中全会强调“把扩大就业放在经济社会发展更加突出的位置,实施积极的就业政策,努力改善创业和就业环境”,在财税、金融、工商等方面出台了一系列促进就业创业政策,取得了较好的效果。2008年起我国实行的《中华人民共和国就业促进法》和《中华人民共和国劳动合同法》从维护劳动者合法权益与构建和谐劳动关系出发，着力改善劳动者在生产关系中的弱势地位，增强劳动力要素在经济系统中的参与度。

城镇居民就业情况。如表 7.1 所示，这一时期我国的失业率保持在比较稳定的水平，没有大幅波动，整体来看还有下降趋势，从 2003 年 4.3%下降至 2012 年的 4.1%，这十年间我国的劳动力数量是在不断增加的，而我国城镇新增就业人口数也在不断增加，从 2003 年的 859 万人增加至 2012 年的 1266 万人，反映了我国在就业政策方面的效果比较显著。① 这些数据反映了我国城镇居民参与经济活动的机会有所增多，劳动力要素的能力型参与权进一步提升。

表 7.1　2003—2012 年中国城镇居民就业情况

年份	中国城镇居民登记失业率(%)	城镇新增就业人口(万人)
2003	4.3	859
2004	4.2	980
2005	4.2	970
2006	4.1	1184
2007	4.0	1204
2008	4.2	1113
2009	4.3	1102
2010	4.1	1168
2011	4.1	1221
2012	4.1	1266

资料来源：历年《国民经济社会发展统计公报》。

2. 农村居民劳动力要素参与权

城镇化率是决定农村居民参与权配置的一项重要指标。随着户籍制度的

① 受 2008 年国际金融危机的影响，2008—2009 年我国居民的就业也受到了冲击，但由于政府相关政策的及时出台和有效的宏观调控，我国随后的就业情况一直朝着稳中向好的趋势演进。

进一步完善以及城乡流动壁垒的减弱,更多的农村人口到城镇寻求发展机会,我国的城镇化水平呈逐年上升趋势,城镇化率从 2003 年的 40.53%提升到 2012 年的 52.57%,增加了 12.04 个百分点。这一时期,我国取消了不少限制农村劳动力流动的政策,例如取消对企业使用农民工的行政审批和对农民进城务工就业的职业工种限制,农民工的就业机会和就业范围不断扩大,农民可以更加自由地参与到城镇的经济活动之中,能力型参与权得到进一步体现。

表 7.2　2003—2012 年中国城镇化率情况　（单位:%）

年份	城镇化率
2003	40.53
2004	41.76
2005	42.99
2006	44.34
2007	45.89
2008	46.99
2009	48.34
2010	49.95
2011	51.27
2012	52.57

资料来源:历年《中国统计年鉴》。

(二)资本要素参与权

1. 国有资本要素参与权

我们采用国有企业数量占比、国有资产占比和国有企业所有者权益占比等指标进行国有资本要素参与权的测度,如表 7.3 所示。根据《中国工业经济统计年鉴》,2003—2012 年,我国国有工业企业数量占比呈下降趋势,从 2003 年的 17.48%下降至 2012 年的 5.21%,降幅达 12.27 个百分点。国有工业企业的总资产占比、所有者权益占比也均呈逐年下降趋势:国有工业企业总资产占比由 2003 年的 55.99%下降至 2012 年的 40.62%,共减少 15.37 个百分点;所有者权益占比从 2003 年的 40.61%下降至 2012 年的 38.56%,降幅为 2.05 个百分点。这反映了国有资本的参与权在不断减弱。

表 7.3　2003—2012 年国有工业经济占比情况　(单位:%)

年份	企业数量占比	总资产占比	所有者权益占比
2003	17.48	55.99	40.61
2004	12.88	52.02	43.28
2005	10.12	48.05	43.04
2006	8.27	46.41	43.40
2007	6.14	44.81	43.35
2008	4.86	43.78	40.99
2009	4.72	43.7	39.49
2010	4.48	41.79	39.59
2011	5.25	41.68	38.78
2012	5.21	40.62	38.56

资料来源:历年《中国工业经济统计年鉴》。

2. 非公有制资本要素参与权

如表 7.4 所示,根据《中国工业经济统计年鉴》,民营企业和外商企业数量占比呈现下降趋势,分别从 2003 年的 71.05%、19.7%下降到 2012 年的 55.06%、16.6%,分别下降 15.99 个百分点、3.1 个百分点,但 2012 年民营企业和外商企业的数量占比合计仍超过 70%。在总资产占比方面,民营企业的总资产占比分别从 2003 年的 20.75%提升至 2012 年的 36.96%,增加了 16.21 个百分点;外商企业的总资产占比从 2003 年的 23.3%降至 2012 年 22.4%,减少了 0.9 个百分点。从外商企业所有者权益占比看,从 2003 年的 44.5%下降至 2012 年的 43.2%,下降了 1.3 个百分点。

表 7.4 2003—2012 年非公有制经济占比情况

（a） 2003—2012 年民营经济占比情况 （单位:%）

年份	企业数量占比	总资产占比
2003	71.05	20.75
2004	80.58	23.24
2005	84.03	25.67
2006	70.32	27.11
2007	73.11	27.90
2008	57.71	30.22
2009	58.93	31.09
2010	60.34	33.15
2011	55.47	34.35
2012	55.06	36.96

（b） 2003—2012 年外商经济占比情况

年份	企业数量占比	总资产占比	所有者权益占比
2003	19.7	23.3	44.5
2004	20.7	25.8	43.7
2005	20.7	26.3	43.2
2006	20.2	26.5	43.7
2007	20.0	27.3	42.8
2008	18.3	26.0	44.0
2009	17.4	25.2	43.6
2010	16.4	25.1	44.6
2011	17.6	24.0	43.0
2012	16.6	22.4	43.2

注:由于国家统计局并未提供民营工业企业主要指标,其所有者权益占比数据缺失。
资料来源:历年《中国工业经济统计年鉴》。

二、收入权的测度

随着社会主义市场经济的不断发展,我国始终存在“资本短缺”与“劳动力过剩”这样一对突出矛盾，尤其是经济全球化进程加快，资本在全球范围内的自由流动与劳动力受市场供求、技术要求、地理空间等多种因素的束缚形成鲜明对比，普通劳动者在企业中未能获得充分重视，“强资本、弱劳动”的整体格局日趋明显，资本通常可以“理所应当”地雇佣劳动。当然，在社会主义市场经济完善时期，我国也相继出台了一系列政策措施，着重改善和调节劳动和资本在收入权方面的关系。这一时期，劳动和资本之间的收入权关系得到了一定改善。将社会主义市场经济完善时期与社会主义市场经济改革时期相比，收入权越来越趋向于贡献型收入权。

（一）劳动力要素收入权

劳动收入占比。数据表明，我国居民80%左右的收入来源于劳动报酬①。因此，劳动收入占比能较好地反映劳动者收入权的变动情况。表7.5的劳动收入占比是根据中国统计年鉴中GDP收入法核算得出的结果。数据表明，这一时期我国劳动收入占比基本呈倒“N”型变动趋势。2003—2007年劳动收入占比呈下降趋势，从2003年的49.62%下降至2007年的39.74%；2009年提升至46.62%，之后有明显下降趋势，2011年降至44.94%，2012年又逐渐上升。

表7.5　2003—2012年劳动收入占比变动　（单位：%）

年份	劳动收入占比
2003	49.62
2004	45.99
2005	41.4
2006	40.61
2007	39.74

① 资料来源：国家发展和改革委员会就业和收入分配司、北京师范大学中国收入分配研究院编著：《中国居民收入分配年度报告（2016）》，中国社会科学出版社2016年版，第12页。

续表

年份	劳动收入占比
2008	45.77
2009	46.62
2010	45.01
2011	44.94
2012	45.59

资料来源:历年《中国统计年鉴》。

城镇居民工资性收入。如表7.6所示,我国城镇居民的工资性收入占比呈下降趋势,从2003年的70.74%降至2012年的64.30%,降幅达6.44个百分点。这一时期,我国城镇居民工资性收入占比主要呈现以下几个特点:从数字上看,工资性收入仍然是城镇居民收入的主体,2003—2012年平均占比为68.53%;从下降幅度看,2010—2012年的较大幅度下降主要是受国际金融危机的影响。

表7.6 2003—2012年城镇居民工资性收入占比变动 (单位:%)

年份	工资性收入占比
2003	70.74
2004	70.62
2005	68.88
2006	68.93
2007	68.65
2008	71.60
2009	72.10
2010	65.17
2011	64.27
2012	64.30

资料来源:历年《中国统计年鉴》。

农村居民工资性收入。如表7.7所示,我国农村居民工资性收入变动在社会主义市场经济完善时期整体呈上升趋势，从 2003 年的 35.02%上升至 2012 年的 43.55%，增幅达 8.53 个百分点。与城镇居民相比，农村居民工资性收入也受到了金融危机的冲击，但变化趋势是相反的，金融危机爆发后农村居民的工资性收入占比提高了，而城镇居民的工资性收入占比下降了。这一时期，我国对农民工的合法权益进行了有效保障，农民工的收入权较以往有提高，在缩小城乡居民收入差距方面发挥了较大作用。

表 7.7　2003—2012 年农村居民工资性收入占比变动　（单位：%）

年份	工资性收入占比
2003	35.02
2004	34.0
2005	36.08
2006	38.33
2007	38.55
2008	38.94
2009	40.0
2010	41.07
2011	42.47
2012	43.55

资料来源：历年《中国统计年鉴》。

（二）资本要素收入权

资本收入占比。如表 7.8 所示，我国资本收入占比呈现出“先上升、后下降”的趋势，与劳动收入占比的变化趋势相反。在市场经济完善时期，资本收入从 2003 年的 36.09%上升到 2007 年的 46.0%，随后几年总体处于下降趋势，2012 年下降到 38.51%。可以发现，金融危机以来，资本要素的收入权总体呈下降趋势。在市场经济完善时期，按贡献型收入权逐渐倾向劳动力要素，而资本要素按贡献的收入权则逐渐降低。

表 7.8　2003—2012 年资本要素收入占比变动　（单位:%）

年份	资本报酬占比
2003	36.09
2004	39.94
2005	44.48
2006	44.83
2007	46.0
2008	39.55
2009	38.18
2010	39.74
2011	39.45
2012	38.51

资料来源:历年《中国统计年鉴》。

国有资本收入权①。如表 7.9 所示,2006—2012 年,国有企业上缴利润从 116 亿元提高到 1495.9 亿元,上缴比例从 1.54%提高至 6.81%②。为获取国有企业利润上缴的实际比例,我们对利润总额进行了调整,按照《中华人民共和国企业所得税法》③的有关规定,我国的企业所得税适用比例税,税率为 25%,为此我们对实现利润进行 25%的税收扣除,得到净利润,然后计算“实际的”利润上缴比例。可以看到,经过调整后的利润上缴比例从 2006 年的

① 国有企业在 1994 年以后的 13 年时间里并不需要上缴利润,这对于国有企业的发展有较大的促进作用。经过“抓大放小”改革、“三年改革脱困”等重大改革后,国有企业的活力进一步释放,其经营绩效和效益都显著增强,社会关于恢复征缴国有企业利润的舆论占据主流。为此,国家经过充分考虑之后,于 2007 年 12 月颁布了《中央企业国有资本收益收取管理暂行办法》,明确对国有企业利润采取“适度、从低”原则,并划分为 10%、5%、暂缓 3 年上交或免交三类上缴档次。2010 年国家又对中央企业利润上缴比例进行了调整。2012 年,地方国有企业利润开始纳入国有资本经营预算。参见 http://www.sasac.gov.cn/n2588035/n2588320/n2588335/c4259810/content.html。

② 此处的利润上缴比例并非“真实”的上缴比例,此处的实现利润是利润总额,在计算上缴比例的时候,应该是上缴比例除以企业实现的净利润,但由于财政部未公布净利润,因此只能以利润总额代替,这就会“低估”企业实际上缴的利润比例。

③ 该税法于 2007 年 3 月 16 日第十届全国人民代表大会第五次会议通过。

2.05%提高至 2012 年的 9.08%，仍然处于较低水平。从长期来看，2006—2012 年，中央企业上缴的利润总金额为 3907.8 亿元，净利润的总金额为 63580.9 亿元，上缴的部分所占比例仅占总金额的 6.15%，还有很大提升空间。

表 7.9　2006—2012 年国有企业实现利润及上缴情况

年份	2006	2007	2008	2009	2010	2011	2012
上缴利润（亿元）	116	139.9	443.6	388.7	558.7	765	1495.9
实现利润（亿元）	7546.9	11000	6384.3	9445.4	13415.1	15023.2	21959.6
上缴比例（%）	1.54	1.27	6.95	4.12	3.28	5.09	6.81
扣税后的净利润（亿元）	5660.2	8250	4788.2	7084.1	10061.3	11267.4	16469.7
扣税后的上缴比例（%）	2.05	1.7	9.26	5.49	5.55	6.79	9.08

资料来源：笔者根据财政部官方网站相关数据整理而成。

城镇居民和农村居民的财产性收入。如表 7.10 所示，我国城镇居民财产性收入占比呈上升趋势，从 2003 年的 1.6%提升到 2012 年的 2.62%，共提升 1.02 个百分点；农村居民财产性收入呈现出稳步上升趋势，从 2003 年的 2.5%提升到 2012 年的 3.15%，增幅为 0.65 个百分点。通过测算发现，在社会主义市场经济完善时期，中国居民财产性收入占比约 3%。这表明对于农村居民和城镇居民，工资性收入仍然是居民收入的主要来源，资本收入仍只占居民收入的小部分。

表 7.10　2003—2012 年中国城镇居民和农村居民财产性收入占比变动

（单位：%）

年份	城镇居民财产性收入占比	农村居民财产性收入占比
2003	1.6	2.5
2004	1.7	2.6
2005	1.8	2.7

续表

年份	城镇居民财产性收入占比	农村居民财产性收入占比
2006	2. 1	2. 8
2007	2. 5	3. 1
2008	2. 27	3. 11
2009	2. 29	3. 24
2010	2. 47	3. 42
2011	2. 71	3. 28
2012	2. 62	3. 15

资料来源:历年《中国统计年鉴》。

三、保障权的测度

保障权有两个重要维度:普遍性与充分性。普遍性是覆盖的范围,充分性是保障的力度。无论是“每人每月发一元钱”的政策,还是“转移支付最穷的一个人 14 亿元”的政策,都不能兼顾保障的普遍性和充分性,不具备可行性和有效性。就社会主义市场经济完善时期的保障权而言,我们主要以医疗保障制度和养老保障制度的覆盖程度和待遇标准作为考察指标,针对城镇和农村的各类人群(机关单位员工、企业员工、无业人员、留守农民和农民工)进行测度。然而,社会主义市场经济完善时期在诸多方面的保障权与社会主义市场经济改革时期相比,变化较小,比如企业职工的保障权,针对类似情况我们则简要叙述。

(一)城镇居民保障权

1. 机关事业单位人员保障权

机关事业单位人员享受的医疗保障制度与企业基本一致,皆延续 1998 年实行的城镇职工基本医疗保险制度的保障办法。虽然各城市的保障力度依据政策和收入水平有所不同,但我们认为这部分的保障权配置改变较小。

2. 企业职工保障权

社会主义市场经济完善时期企业职工的养老保障制度与医疗保障制度与市场经济改革时期相比,变动比较小,分别沿用1998年实行的城镇职工基本医疗保险制度和2006年经过调整的企业职工基本养老保险制度。

3. 其他城镇居民保障权

城镇居民医疗保险,于2007年开始在一些省份试点,2010年逐步在全国推开,逐步实现全覆盖。不同于城镇职工基本医疗保险,城镇居民医疗保险主要面对城镇的非从业人员,如老人、残疾人、学生、儿童等。依据不同的情况,缴费也有所不同。针对重度残疾人、享受低保待遇人员、特殊困难家庭人员和低收入家庭60周岁以上老年人,采用个人不缴费,医疗保险费全部由政府补助的办法。针对70周岁以上的老年人,采用个人缴纳医疗保险费120元,其余440元由政府补助的办法;针对其他非从业城镇居民,采用个人缴纳医疗保险费330元,其余230元由政府补助的办法。

(二)农村居民保障权

1. 留守农村的农民保障权

2009年9月,国务院颁布了《国务院关于开展新型农村社会养老保险试点的指导意见》,这意味着我国的"新农保"正式展开,并于2013年基本实现了制度上的全覆盖。"新农保"的基本原则是"保基本、广覆盖、有弹性、可持续"。

从2002年起,"新农合"开始启动,主要在中西部的农村地区开始试点,2003年开始在全国农村地区推广,但补助标准较低,仅不低于每人每年10元。2012年起,补助标准从每人每年200元提升至240元。

2. 农民工保障权

农民工是一个特殊人群,他们在城市务工,但大部分农民工很难在城市落户。在保障权方面,农民工可以在农村选择参加"新农合",而在城镇选择城镇居民医疗保险。在养老保险上,农民工可以根据"多缴多得"原则,结合自身的实际情况参加新型农村社会养老保险。

四、市场经济完善时期权利配置特征总结

根据以上分析结果,市场经济完善时期我国权利配置测度总结如表 7.11 所示。

表 7.11 市场经济完善时期的权利配置测度总结

权利类型	阶段性的权利配置	特征和趋势
参与权	能力型参与权为主	城镇登记失业率已控制,且维持在一个较低且平稳的水平。总体来看,其参与经济系统的权利有所提升
		教育成本降低、教育机会增加、教育质量提升、户籍制度进一步开放。居民参与经济系统的机会增加,"起点公平"进一步得到实现
		城镇化率水平逐年提升,城市与农村的就业壁垒渐渐消除,农村有能力者可多渠道、多方式入户城市,参与经济系统
		国有经济占比逐年下降,民营企业在经济总量的占比逐年提升。在市场经济完善时期,能力型参与的比重增加,指令型参与的比重进一步减少
收入权	贡献型收入权为主	劳动收入在国民收入中占比有回升趋势。劳动收入占比的回暖,有利于提升劳动者整体的收入水平。但资本收入占据其主导地位,劳动力要素贡献仍处在弱势
		农村居民的工资性收入占比和财产性收入占比显著提升,农村居民的收入权更能体现劳动的贡献型收入
		国有资本利润上缴情况虽有改善,但依然不容乐观,上缴比例仍不高
保障权	普遍型保障权为主	随着"新农保"实现农村地区全覆盖,养老保障制度的覆盖面极大增加。但在保障的力度上,养老保障制度在国企与私企、城镇与农村之间仍然存在一定区别。保障权趋于普遍,但不充分
		医疗保障制度随着城镇居民基本医疗保险、新农合和城乡医疗救助等医疗保障体系的建成和完善,城乡居民都同样享有医疗保障和救助。医疗保障在覆盖面上得到了极大的提高,但在保障力度上仍有欠缺,需要进一步改进

第二节　市场经济完善时期权利配置的收入分配效果推断

基于前述章节对收入分配的论述,我们采用定性分析方法对本阶段的权利配置进行推断。就权利配置而言,存在指令型、能力型、实现型三种参与权,平均型、等级型、贡献型、需求型四种收入权,救助型、普遍型、差别型、充分型四种保障权。目前,我国仍难以满足实现型参与权的标准,只存在指令型参与权和能力型参与权两种;在市场经济“多劳多得”的体制下,亦不存在平均型收入权和需求型收入权,只存在贡献型收入权和较弱的等级型收入权;在保障体系较为完善的时期,救助型保障权占比已非常低,更多的是普遍型保障权和较弱的差别型保障权,充分型保障权有望逐步实现。因此,本节主要考察以上几种权利在本阶段的配置,从同质性权利变化和异质性权利变化两种模式进行推断。

一、参与权变化的收入分配效果推断

国有企业内的指令型参与权减弱。在市场经济完善时期之前,尤其在计划经济时期,人们普遍将“进入国企”看作是“铁饭碗”。当时国有企业过强的指令型参与权会造成部分国有企业生产效率低下、企业创新能力与市场竞争力不足。一部分因经营不善已退出历史舞台或依靠政府扶持勉强维持,另一部分则通过有效的市场化改革,将自身定位成市场竞争者之一,遵循市场能力竞争法则。显然,在国有企业经历多次重大改革之后,企业竞争力明显增强。目前,国有企业的指令型参与权较弱,能力型参与权较强,所有重要职位如技术工人、管理人员等基本是通过市场选拔进入国有企业,需要依靠能力才能胜任。虽然国有企业改革任道而重远,但其使注重市场效率的能力型参与权在

国有企业占主导地位。

农民非农收入增加。自 20 世纪 80 年代以来，我国推行家庭联产承包责任制，农民拥有了部分经济资源的自主配置权，尤其是择业的自主权，农民的谋生方式不再被限制。农民趋向于进城务工，涉足非农经济领域，非农收入对农民收入增长的贡献率不断增加。

根据以上两点，可作出以下推断：

推断 1：就绝对收入而言，由于能力型参与权变强，指令型参与权变弱，生产要素得以优化配置，生产效率得以提升，因此，无论是农村居民的纯收入还是城镇居民的可支配收入均应呈上升趋势。

推断 2：就收入差距而言，由于劳动力要素能力型参与权配置的不断增强，农民的工资性收入占比持续提升，因而城乡收入差距可能呈缓慢下降趋势。

二、收入权变化的收入分配效果推断

贡献型收入权逐步偏向于劳动贡献。在市场经济完善时期，收入权配置仍分为贡献型收入权和等级型收入权，而贡献型收入权亦包括劳动贡献型收入权和资本贡献型收入权两种。本时期，资本要素的贡献依然占主导地位，资本与劳动收益存在失衡，但劳动力要素贡献的作用已得到重视，其存在的失衡关系开始缓解。这一时期尤其是 2008 年以来，我国出台了一系列行之有效的政策措施来保障劳动者的合法权益，例如《劳动合同法》的出台、最低工资制度的推行都有利于增强劳动者的收入权，因此劳动收入占比在 2008 年以后会处于上升趋势，但是在 2008 年以前劳动收入占比会基本处于下降趋势，企业仍倾向于注重资本方的利益。

等级型收入权程度减弱。我国国有企业一直存在按等级划分待遇的收入分配制度，但是由于以下两个方面的原因，等级型收入权在市场经济完善时期的表现程度变弱。一是绩效工资占国有企业员工总工资收入的比例已比较高,而按等级划分的档案工资过低,以致无法拉开基于等级的收入差距。一个绩效好的科员级干部的收入很有可能高于科长和副处长。因等级差异而引起的收入差距已比较小,按劳动贡献分配成为主流,从根本上杜绝了国有企业内磨洋工、不劳动的情况再次发生。二是等级型收入权所能带来的隐性收入大大减少,对权力的监管已较为严格。在过去等级越高,权力越大,所以等级差异带来的非工资性收入也越多,这部分灰色收入也应纳为等级型收入的范畴。

根据以上两点,可作出以下推断:

推断 3:就绝对收入而言,由于贡献型收入权配置的增强,居民的收入普遍得以持续增长。

推断 4:就收入分配格局而言,资本要素收入和劳动力要素收入同时增加,劳动收入占比呈现先下降后逐步回升的趋势。

推断 5:就收入差距而言,劳动力要素贡献收入权在后期有所增强,等级型收入权减弱,从长期来看,居民收入差距呈现出先扩大后缩小的趋势。

三、保障权变化的收入分配效果推断

社会保障体制具有普遍性。我国进一步致力于健全"全覆盖的"、人人享有的、无差异的社会保障体制,取得了显著成效。农村地区的新型农村合作医疗、新型农村养老保险实现全覆盖,农业补助也已到位,农民普遍受益于保障体制的再分配效应。

根据上述观点,可作出以下推断。

推断 6:就绝对收入而言,普遍型保障权增加了低收入者,尤其是农民的收入。

推断 7:就分配差距而言,由于保障权具有普遍性,但充分性仍不够,在一定程度上能缩小城乡收入差距,但贡献程度有限,无法实现逆转。

推断 8:就贫困发生率而言,普遍型保障权有显著的减贫效果,贫困发生率逐年下降。

四、整体权利配置变化的收入分配效果推断

综上所述，该阶段整体权利配置变化的收入分配效果推断如表 7.12 所示。

表 7.12　整体权利配置变化的收入分配效果推断

收入分配指标	参与权	收入权	保障权	整体权利配置变化
绝对收入	增加	增加	低收入者的收入增加	增加
分配格局	劳动力要素收入份额先下降后上升	劳动力要素收入份额先下降后上升	—	劳动力要素收入份额先下降后上升
分配差距	先扩大后缩小	先扩大后缩小	先扩大后缩小	先扩大后缩小
贫困发生率	—	—	贫困减少	贫困减少

第三节　市场经济完善时期我国收入分配体制改革效果评估

一、基于绝对收入指标的效果评估

根据上一节对市场经济完善时期收入分配效果的推断，我们认为居民的绝对收入在本时期应是普遍增加的。本节将从城镇居民可支配收入和农村居民人均收入两方面出发，检验其正确性。从表 7.13 和表 7.14 可以看出，城镇居民的人均总收入在 2003 年为 8474.2 元，2012 年增长至 26959.0 元，增长 2.2 倍；农村居民的人均纯收入从 2003 年的 2622.2 元提高到 2012 年的 7916.6 元。其中值得注意的是，农民的工资性收入和转移性收入的增加幅度最为明显，农民更广泛地参与非农经济，并且社会保障的力度有所增加，与我

们对参与权和保障权的分配效果的推断一致。总的来看，推断1、推断3、推断6基本得到了证实。

表7.13　2003—2012年我国城镇居民人均收入及其构成　（单位:元）

指标	人均总收入	工资性收入	经营性收入	财产性收入	转移性收入
2003	8472.20	6410.22	403.82	134.98	2112.20
2004	9421.61	7152.76	493.87	161.15	2320.73
2005	10493.00	7797.54	679.62	192.91	2650.70
2006	11759.50	8766.96	809.56	244.01	2898.66
2007	13785.80	10234.76	940.72	348.53	3384.60
2008	17067.78	11298.96	1453.57	387.02	3928.23
2009	18858.08	12382.11	1528.68	431.84	4515.45
2010	21033.40	13707.70	1713.50	520.30	5091.90
2011	23979.20	15411.90	2209.70	649.00	5708.60
2012	26959.00	17335.60	2548.30	707.00	6368.10

资料来源:历年《中国统计年鉴》。

表7.14　2003—2012年农村居民人均纯收入及其构成　（单位:元）

年份	纯收入	工资性收入	经营性收入	财产性收入	转移性收入
2003	2622.2	918.4	1541.3	65.8	96.8
2004	2936.4	998.5	1745.8	76.6	115.5
2005	3254.9	1174.5	1844.5	88.5	147.4
2006	3587.0	1374.8	1931	100.5	180.8
2007	4140.4	1596.2	2193.7	128.2	222.3
2008	4760.6	1853.7	2435.6	148.1	323.2
2009	5153.2	2061.3	2526.8	167.2	397.9
2010	5919.0	2431.1	2832.8	202.2	452.9
2011	6977.3	2963.4	3222.0	228.6	563.3
2012	7916.6	3447.5	3533.4	249.1	686.7

资料来源:历年《中国统计年鉴》。

二、基于收入分配格局指标的效果评估

上一部分的推断认为,劳动收入占比在本时期有先下降后缓慢回升的趋势。如表 7.15 所示,从整体来看,劳动收入占比在这一时期确实呈现出先下降后上升趋势,资本收入占比在这一时期呈现出先上升后下降趋势,与前面推断基本一致。不过具体来看,2009—2011 年的劳动收入占比呈下降趋势,2012 年有所回升,资本收入占比的变化趋势正好相反,这是由于收入分配体制对收入分配效果的影响并非立竿见影,且分配制度对经济数据的影响具有一定的滞后性导致的。从结果来看,推断 2 与推断 4 基本得到了证实。

表 7.15　2003—2012 年要素收入占比变动　（单位:%）

年份	劳动收入占比	资本收入占比	政府收入占比
2003	49.62	36.09	14.29
2004	45.99	39.94	14.07
2005	41.4	44.48	14.12
2006	40.61	44.83	14.56
2007	39.74	46.1	14.16
2008	45.77	39.55	14.68
2009	46.62	38.18	15.2
2010	45.01	39.74	15.25
2011	44.94	39.45	15.61
2012	45.59	38.51	15.9

注:《中国统计年鉴》未提供 2004 年和 2008 年的收入法 GDP。
资料来源:历年《中国统计年鉴》。

上一部分的推断认为,由于保障权的普遍性,在一定程度上能缩小城乡收入差距,但无法实现逆转。如表 7.16 所示,我国的再分配率从 2003 年的-0.3030 下降至 2012 年的-0.2113,可以得出我国再分配在某些方面确实发挥了正向的调节作用,但是并不足以将整个再分配率变为正数,整体来看我国

再分配依然处于逆向调节状态,城乡之间的再分配率也反映了这一事实。另外,我们还可以发现,农村内部的再分配率从负数变成了正数,反映了我国再分配对于农村内部的收入差距发挥了正向调节作用,大大促进了农民增收,缩小了收入差距;而城镇内部的再分配率一直是正数,并呈现出递增趋势,反映了城镇居民享受到比较有保障的再分配政策,内部收入差距不断缩小。总的来看,推断 7 基本得到了证实。

表 7.16　2003—2012 年再分配率指标测算结果

年份	全国	农村内部	城镇内部	城乡之间
2003	-0. 3030	-0. 0160	0. 1685	-0. 4597
2004	-0. 2908	-0. 0173	0. 1490	-0. 4346
2005	-0. 2665	-0. 0223	0. 1538	-0. 4019
2006	-0. 2421	-0. 0141	0. 1519	-0. 3636
2007	-0. 2378	-0. 0065	0. 1576	-0. 3488
2008	-0. 2230	0. 0357	0. 1768	-0. 3364
2009	-0. 2195	0. 0459	0. 1834	-0. 3312
2010	-0. 2270	0. 0309	0. 2115	-0. 3523
2011	-0. 2184	0. 0203	0. 1825	-0. 3377
2012	-0. 2113	0. 0273	0. 1682	-0. 3210

注:$再分配率 = 1 - \frac{分配后的不平等指数}{分配前的不平等指数}$

资料来源:笔者自行测算。

三、基于收入分配差距指标的效果评估

根据推断,我国市场经济进入完善时期后,居民收入差距有逐步缩小的趋势,贫困人口大幅减少。我们将用阿特金森指数和农村贫困发生率对此进行验证。

从阿特金森指数测算结果来看,在 $\varepsilon = 0.5$ 的情况下,2003 年阿特金森指数为 0. 0805,到 2012 年下降至 0. 0687;在 $\varepsilon = 2$ 的情况下,2003 年为 0. 2708,

到2012年降至0.2622。由表7.17可见,阿特金森指数在2007年达到了最高点,随后的下降趋势明显,这表明市场经济完善时期的分配制度已初显成效,居民的收入差距有逐步缩小的趋势,与我们的推断7一致。

表7.17　2003—2012年我国阿特金森指数测算结果

年份	阿特金森指数(ε=0.5)	阿特金森指数(ε=2)
2003	0.0805	0.2708
2004	0.0792	0.2699
2005	0.0793	0.2732
2006	0.0809	0.2806
2007	0.0822	0.2874
2008	0.0812	0.2863
2009	0.0813	0.2889
2010	0.0753	0.2777
2011	0.0705	0.2654
2012	0.0687	0.2622

资料来源:笔者自行测算。

四、基于贫困指标的效果评估

从农村贫困发生率的测度来看,2003年农村地区低于扶贫标准1067元的贫困人口为8517万人,2008年降至4007万人,贫困发生率从9.1%降至4.2%。2009—2011年,我国不断提高扶贫标准,从之前的1067元提高至2009年的1196元,紧接着提高至2010年的1274元,最后提高至2011年的2300元,按照2011年的扶贫标准,我国的农村贫困人口数量2012年为9899万人,贫困发生率为10.2%。因此,依据我国农村贫困发生率的数据,我们的推断与实际情况基本符合。也即推断8基本得到了证实。

表 7.18　2003—2012 我国农村贫困人口规模及贫困发生率

年份	扶贫标准(元)	农村贫困人口(万人)	农村贫困发生率(%)
2003	1067	8517	9.1
2004	1067	7587	8.1
2005	1067	6432	6.8
2006	1067	5698	6.0
2007	1067	4320	4.6
2008	1067	4007	4.2
2009	1196	3597	3.8
2010	1274	2688	2.8
2011	2300	12238	12.7
2012	2300	9899	10.2

资料来源:历年《中国统计年鉴》。

整体而言,市场经济完善时期的绝对收入普遍增加,收入分配格局有逐渐倾向于劳动能力的趋势,收入分配差距逐步缩小,本阶段的实际情况与推断基本一致。由于目前仍处于市场经济完善时期,权利配置随着当前收入分配制度的变化而发生变化,同时权利配置对分配效果的影响也需要一个过程,所以导致了部分数据与我们的推断有所出入。

第八章　市场经济成熟时期收入分配体制改革效果评估

第一节　市场经济成熟时期的权利配置测度

一、参与权的测度

党的十八届三中全会提出让市场在资源配置中起决定性作用,要“建设统一开放、竞争有序的市场体系……加快形成企业自主经营、公平竞争……商品和要素自由流动、平等交换的现代市场体系,着力清除市场壁垒,提高资源配置效率和公平性”。可以说,党的十八大以来,市场作用的范围越来越广、程度越来越深,劳动与资本的参与权更加广泛和深入。因此,就参与权而言,市场经济成熟时期的能力型参与权更加明显。

(一)劳动力要素参与权

1. 城镇居民劳动力要素参与权

就业制度。党的十八届三中全会提出要“规范招人用人制度,消除城乡、行业、身份、性别等一切影响平等就业的制度障碍和就业歧视”,《中华人民共和国国民经济和社会发展第十三个五年规划纲要》提出“把促进充分就业作为经济社会发展优先目标、放在更加突出位置,坚持分类施策,提高劳动参与率,稳定并扩大城镇就业规模”,并提出以劳动者素质提升行动、高校毕业生就业促进和创业引领、农民工职业技能培训、特殊就业人群职业培训、公共就业创业服务体系建设等为核心的促进就业行动计划,进而实现比较充分和高质量的就业,党的十九大报告中提出“要坚持就业优先战略和积极就业政策,实施更高质量和更充分就业”;2019 年李克强在政府工作报告中首次把就业优先政策置于宏观政策层面,与财政政策和货币政策并列,就业目标近年来首次由第三位上升到第二位,实施职业技能提升行动等,充分体现了国家对就业的高度重视,我国的就业制度也日趋成熟。

城镇居民就业情况。如表 8. 1 所示,2013—2019 年我国城镇登记失业率呈现出下降趋势,从 2013 年的 4. 05%降至 2019 年的 3. 60%,城镇新增就业人口稳定保持在 1300 万以上的水平,基本实现了比较充分的就业,在世界经济形势复杂多变的情况下能够取得这样好的就业成绩单,充分反映了我国在就业方面的民生导向,这也说明本阶段城镇居民参与经济系统的机会有所增多,劳动力要素的参与权进一步增强。

表 8. 1　2013—2019 年中国城镇居民就业情况

年份	中国城镇居民登记失业率(%)	城镇新增就业人口(万人)
2013	4. 05	1310
2014	4. 09	1322
2015	4. 05	1312
2016	4. 02	1314
2017	3. 90	1351
2018	3. 80	1361
2019	3. 60	1352

资料来源:历年《国民经济社会发展统计公报》。

2. 农村居民劳动力要素参与权

户籍制度。2014 年《国务院关于进一步推进户籍制度改革的意见》提出

“进一步调整户口迁移政策,统一城乡户口登记制度,全面实施居住证制度,加快建设和共享国家人口基础信息库,稳步推进义务教育、就业服务、基本养老、基本医疗卫生、住房保障等城镇基本公共服务覆盖全部常住人口”;《中华人民共和国国民经济和社会发展第十三个五年规划纲要》提出“推进有能力在城镇稳定就业和生活的农业转移人口举家进城落户,并与城镇居民享有同等权利和义务”,“全面实施居住证暂行条例,推进居住证制度覆盖全部未落户城镇常住人口”,“健全促进农业转移人口市民化的机制”;2016 年《关于深入推进新型城镇化建设的若干意见》和《推动 1 亿非户籍人口在城市落户方案》进一步扩大了农村居民的参与权,实现能力型参与权倾向于劳动能力。从城镇化率指标可以看出,如表 8. 2 所示,市场经济成熟期间,我国城镇化率从 2013 年的 53. 73%提升到 2020 年的 63. 89%,整体提升 10. 16 个百分点。

表 8. 2　2013—2020 年中国城镇化率　　（单位:%）

年份	中国城镇化率
2013	53. 73
2014	54. 77
2015	56. 10
2016	57. 35
2017	58. 52
2018	59. 58
2019	60. 60
2020	63. 89

资料来源:历年《中国统计年鉴》。

(二)资本要素参与权

1. 国有资本要素参与权

如表 8. 3 所示,2013—2017 年,中国国有工业企业数量占比基本维持在

5%左右。同时,国有工业企业的总资产占比、所有者权益占比均呈下降趋势,2017 年有所回升:国有工业企业总资产占比由 2013 年的 39. 50%下降至 2016 年的 38. 47%,2017 年回升至 39. 19%;所有者权益占比从 2013 年的 35. 61%下降到 2016 年的 33. 61%,2017 年回升至 35. 13%。

表 8. 3　2013—2017 年国有工业经济占比情况　（单位:%）

年份	企业数量占比	总资产占比	所有者权益占比
2013	5. 03	39. 50	35. 61
2014	4. 98	38. 81	34. 77
2015	5. 03	38. 83	34. 06
2016	5. 02	38. 47	33. 61
2017	5. 1	39. 19	35. 13

资料来源:历年《中国工业经济统计年鉴》。

2. 非公有资本要素参与权

如表 8. 4 所示,民营企业数量呈现上升趋势,从 2013 年的 56. 35%上升到 2017 年的 57. 72%,而外商企业数量呈现出下降趋势,从 2013 年的 16. 3%下降到 2017 年的 12. 73%,但民营企业和外商企业的数量占比合计达到 70%以上。民营企业总资产占比呈上升趋势,从 2013 年的 21. 56%提升到 2015 年的 22. 38%,随后下降至 2017 年的 21. 63%;外商经济的资产占比呈下降趋势,从 2013 年的 21. 8%下降至 2017 年的 19. 25%,所有者权益占比也呈下降趋势,从 2013 年的 22. 7%下降至 2017 年的 20. 11%。

表 8. 4　2013—2017 年非公有制经济占比情况

（a）　2013—2017 年民营经济占比情况　（单位:%）

年份	企业数量占比	总资产占比
2013	56. 35	21. 56
2014	56. 57	22. 27
2015	56. 51	22. 38

续表

年份	企业数量占比	总资产占比
2016	56. 60	22. 06
2017	57. 72	21. 63

（b）　2013—2017 年外商经济占比情况

年份	企业数量占比	总资产占比	所有者权益占比
2013	16. 30	21. 80	22. 70
2014	14. 60	20. 70	21. 50
2015	13. 80	19. 70	20. 60
2016	13. 10	19. 59	20. 44
2017	12. 73	19. 25	20. 11

注:由于国家统计局并未提供民营工业企业主要指标,其所有者权益占比数据缺失。
资料来源:历年《中国工业经济统计年鉴》。

二、收入权的测度

在社会主义市场经济成熟时期,党和国家更加强调发展成果全民共享,不断增强人民的获得感、幸福感和安全感,劳动者的收入权得到了更多保障,城乡居民收入都在稳步提升,收入分配进一步凸显劳动者贡献,劳动收入占比稳步回升。与此同时,资本的收入权有所下降,但是资本收入占比呈现出先下降后上升趋势。

(一)劳动力要素收入权

1. 城镇居民劳动力要素收入权

劳动收入占比。如表 8. 5 所示,劳动力要素收入占比总体呈缓慢回升趋势,从 2013 年的 46. 05%上升至 2017 年的 47. 51%。与上一阶段相比,社会主义市场经济成熟时期劳动收入占比有所提高。收入权的改善得益于相关政策制度的完善,收入权按贡献参与分配的模式正逐渐偏向劳动力要素的贡献,收入分配格局正向有利于劳动者的方向改善。

表 8.5　2013—2017 年劳动力要素收入占比变动　（单位:%）

年份	劳动收入占比
2013	46.05
2014	46.51
2015	47.89
2016	47.46
2017	47.51

资料来源:历年《中国统计年鉴》。

城镇居民工资性收入。如表 8.6 所示,城镇居民工资性收入占比呈下降趋势,从 2013 年 64.07%下降至 2019 年的 60.35%,下降了 3.72 个百分点。

表 8.6　2013—2019 年城镇居民工资性收入占比变动　（单位:%）

年份	工资占比
2013	64.07
2014	62.19
2015	61.99
2016	61.47
2017	61
2018	60.62
2019	60.35

资料来源:历年《中国统计年鉴》。

2. 农村居民劳动力要素收入权

在农村居民劳动收入权测度方面,我们利用农村居民工资性收入占比来分析农村居民的收入权变化。如表 8.7 所示,农村居民工资性收入变动在社会主义市场经济成熟时期呈现出上升趋势,从 2013 年的 38.73%上升至 2019

年的41.09%,提升了2.36个百分点。对于农村居民的收入权,相关制度更倾向于体现劳动力要素的贡献,提升了农村居民的工资性收入,缩小了城乡居民收入差距。

表8.7　2013—2019年农村居民工资性收入占比变动　(单位:%)

年份	工资占比
2013	38.73
2014	39.59
2015	40.28
2016	40.62
2017	40.96
2018	41.02
2019	41.09

资料来源:历年《中国统计年鉴》。

(二)资本要素收入权

资本收入占比。如表8.8所示,在市场经济成熟时期,资本收入占比先下降后上升,从2013年的38.17%下降至2015年的37.24%,2017年又回升到38.3%。

表8.8　2013—2017年资本要素收入占比变动　(单位:%)

年份	资本收入占比
2013	38.17
2014	37.86
2015	37.24
2016	38.34
2017	38.3

资料来源:历年《中国统计年鉴》。

从表 8. 9 可以看出,2013—2017 年全国国有资本经营收入增长较快,从 1651. 36 亿元增加至 2578. 69 亿元。我们对国有企业实现利润进行了 25%的企业所得税扣除得到净利润,并计算了税后上缴比例。可以看到,国有资本收益税前上缴比例从 6. 87%提高至 8. 9%,税后收益上缴比例从 9. 2%提高至 11. 86%。

表 8. 9　2013—2017 年全国国有及国有控股企业实现利润及上缴情况

年份	2013	2014	2015	2016	2017
国有资本收益(亿元)	1651. 36	2023. 44	2560	2608. 95	2578. 69
国有企业实现利润(亿元)	24050. 5	24765. 4	23027. 5	23157. 8	28985. 9
利润上缴比例(%)	6. 87	8. 17	11. 12	11. 24	8. 9
扣税后的净利润(亿元)	18037. 9	18574. 1	17270. 6	17368. 4	21739. 4
扣税后的上缴比例(%)	9. 2	10. 9	14. 8	15	11. 86

资料来源:笔者根据财政部官方网站相关数据整理而成。

城镇居民财产性收入和农村居民财产性收入。根据表 8. 10,我国城镇居民财产性收入呈上升趋势,从 2013 年的 9. 64%提升到 2019 年的 10. 37%,共提升 0. 73 个百分点;农村居民财产性收入虽也呈现出上升趋势,从 2013 年的 2. 06%提升到 2019 年的 2. 36%,但仅提升 0. 3 个百分点,远低于城镇居民的增加幅度。这表明无论是农村居民还是城镇居民,工资性收入仍然是居民收入的主要来源,资本收入仍然只占居民收入的小部分。

表 8. 10　2013—2019 年中国城镇居民和农村居民财产性收入占比变动

(单位:%)

年份	城镇居民	农村居民
2013	9. 64	2. 06
2014	9. 75	2. 12
2015	9. 75	2. 20

续表

年份	城镇居民	农村居民
2016	9.73	2.20
2017	9.91	2.26
2018	10.26	2.34
2019	10.37	2.36

资料来源:历年《中国统计年鉴》。

三、保障权的测度

就社会主义市场经济成熟时期的保障权而言,我们主要以养老保障制度和医疗保障制度的覆盖程度和待遇标准作为考察指标,针对城镇和农村的各类人群(机关单位员工、企业员工、无业人员、留守农民和农民工)进行测度。

(一)城镇居民保障权

1. 机关事业单位人员保障权

国务院2015年发布的《国务院关于机关事业单位工作人员养老保险制度改革的决定》确立了机关事业单位的基本养老保险制度,将原来的事业单位人员由所在单位保障转变为由单位、个人和政府共同保障的新机制。新的养老保障机制对机关事业单位人员的保障有所减弱,但是提高了整个社会保障体系的一体化水平。保障制度的“并轨”取消了对机关事业单位的特殊化待遇,提升了社会整体保障权的普遍性。

机关事业单位人员享受的医疗保障制度与企业基本一致,皆延续1998年实行的城镇职工基本医疗保险制度和2006年经过调整的职工基本养老保险制度的保障办法。虽然各城市的保障力度依据政策和收入水平有所不同,但我们认为这部分的保障权配置改变甚微。

2. 企业职工保障权

社会主义市场经济成熟时期的企业职工的养老保障制度与医疗保障制度与完善时期相比,变动比较小,分别沿用 1998 年实行的城镇职工基本医疗保险制度和 2006 年经过调整的职工基本养老保险制度。

3. 其他城镇居民保障权

城镇居民医疗保险的保障金额没有一个统一的标准,依据地域差异而有所不同。但就制度的保障力度而言,每个地区都呈现逐年增强趋势,2017 年财政对居民医保的人均补贴达到了 450 元,个人缴费提高至 180 元,个人总计 630 元。总体来说,城镇居民医疗保险制度从普遍性和充分性两方面提升了社会保障权。

(二)农村居民保障权

2014 年,国务院决定将新型农村社会养老保险与城镇养老保险合并为城乡居民基本养老保险,缩小了城乡差距,实现基本公共服务均等化。新阶段的保障机制具有较强的普遍性。

农村医疗制度。2014 年,新型农村合作医疗补助标准达到 320 元/人·年,2016 年达到 420 元/人·年。2015 年,新农合已基本完成全国范围内农村地区的全覆盖。2016 年 1 月,国务院印发的《关于整合城乡居民基本医疗保险制度的意见》将城镇居民基本医疗保险和新型农村合作医疗保险制度合并,逐步建立统一的城乡居民医保制度。截至 2017 年年底,除辽宁省和西藏自治区外的其他 29 个省份和新疆生产建设兵团都已推进城镇居民基本医疗保险和新型农村合作医疗保险的整合工作。

四、市场经济成熟时期权利配置特征总结

根据以上分析结果,市场经济成熟时期我国的权利配置测度总结如表 8.11 所示。

表 8.11　市场经济成熟时期的权利配置测度总结

	阶段性的权利配置	特征和趋势
参与权	能力型参与权	城镇登记失业率不断下降,且维持在一个较低且平稳的水平。总体来看,劳动者参与经济系统的权利有所提升
		教育机会增加、教育质量提升、户籍制度进一步开放。居民参与经济系统的机会增加,“起点公平”进一步得到实现
		城镇化率水平逐年提升,城市与农村的就业壁垒渐渐减少,农村有能力者可多渠道、多方式参与经济系统
		国有经济占比保持稳定,民营企业在经济总量的占比逐年提升,能力型参与的比重进一步增加
收入权	贡献型收入权	劳动收入在国民收入中占比呈上升趋势
		农村居民的工资性收入占比比较稳定,财产性收入占比基本保持稳定,略微上升
		国有资本利润上缴情况有所提升,但改善空间仍较大
保障权	普遍型保障权	城乡居民养老保险制度实现统一,养老保障水平逐年提高
		城乡居民医疗保险制度逐渐统一,医疗保障水平逐年提高

第二节　市场经济成熟时期权利配置的收入分配效果推断

一、参与权变化的收入分配效果推断

农民非农收入增加。2014 年颁布的《国务院关于进一步推进户籍制度改革的意见》以及近些年的相关政策措施的出台,进一步解放和扩大了农民的参与权,不断有新增农民进城务工,涉足非农经济领域,非农收入对农民收入

增长的贡献率呈上升趋势,农民的能力型参与权进一步增强,农民的收入也得到了普遍提升,越来越多的农民工在城镇安家落户。

根据以上论述,可作出以下推断:

推断 1:就绝对收入而言,由于能力型参与权变强,生产要素得以优化配置,生产效率得以提升,因此,无论是农村居民的纯收入还是城镇居民的可支配收入均应呈上升趋势。

推断 2:就收入差距而言,由于劳动力要素能力型参与权配置的不断增强,农民的工资性收入占比持续提升,因而城乡收入差距呈进一步下降趋势。

二、收入权变化的收入分配效果推断

这一时期,共享发展理念得到更好践行,普通劳动者的待遇进一步改善,劳动者的收入权有更多保障,城乡居民收入都在稳步提升,收入分配进一步凸显劳动者贡献,短期内劳动收入占比总体应呈上升趋势,中长期内由于科学技术的不断进步,劳动收入占比存在负面冲击,可能在某一时期内会有所下降。与此同时,资本的收入权虽有所下降,但从整体来看,我国的资本仍属于稀缺资源,资本收入权变化不会太大,甚至可能出现反复,尤其是结合近年来我国经济形势和世界经济形势的变化,政府减费降税力度不断增强,资本的收入权还有可能进一步提升,因此资本收入占比可能呈现出下降与上升交替变化趋势。

根据以上两点,可作出以下推断:

推断 3:就绝对收入而言,由于贡献型收入权配置的增强,居民的收入普遍得以持续增长。

推断 4:就收入分配格局而言,短期内劳动收入占比总体呈上升趋势,资本收入占比则呈现出下降与上升交替变化趋势。

推断 5:就收入差距而言,劳动力要素贡献收入权有所增强,等级型收入权减弱,从长期来看,居民收入差距有逐步缩小趋势。

三、保障权变化的收入分配效果推断

保障权逐渐由普遍性向充分型转变。2014年年初,原城镇居民养老保险与“新农保”合并为城乡居民养老保险,2016年原城镇居民基本医疗保险与新农合整合为城乡居民基本医疗保险,其保障效果更具普遍性。国务院于2015年年初发布了《国务院关于机关事业单位工作人员养老保险制度改革的决定》,事业单位的员工不再享有国家的特殊待遇,保障的差异性减弱,普遍性增强。总体而言,城乡基本的社会保险体系已经建成,虽然在充分性方面还亟须完善,但已具备一定的普遍性。

根据上述观点,可作出以下推断。

推断6:就绝对收入而言,普遍型保障权增加了低收入者,尤其是增加了农民的转移性收入。

推断7:就贫困发生率而言,普遍型保障权有显著的减贫效果,贫困发生率逐年下降。

四、整体权利配置变化的收入分配效果推断

综上所述,该阶段整体权利配置变化的收入分配效果推断如表8.12所示。

表8.12　整体权利配置变化的收入分配效果推断

	参与权	收入权	保障权	整体权利配置变化
绝对收入	增加	增加	低收入者的收入增加	增加
分配格局	劳动力要素收入在波动中缓慢回升	劳动力要素收入在波动中缓慢回升	—	劳动力要素收入在波动中缓慢回升,但长期存在负面冲击
分配差距	逐步缩小	逐步缩小	逐步缩小	逐步缩小
贫困发生率	—	—	贫困减少	贫困减少

第三节　市场经济成熟时期我国收入分配体制改革效果评估

一、基于绝对收入指标的效果评估

根据上一节对收入分配效果的推断,我们认为居民的绝对收入在本时期应是普遍增加的。从表 8.13 和表 8.14 可以看出,城镇居民的人均可支配收入从 2013 年的 26467.0 元提升至 2019 年的 42358.8 元,农村居民的人均纯收入从 2013 年的 9429.6 提升至 2019 年的 16020.7 元。农民的工资性收入和转移性收入的增加幅度最为明显,农民更广泛地参与非农经济,反映了社会保障的力度进一步增强,与我们对参与权和保障权的分配效果的推断一致。同时,结合表 8.13 与表 8.14,我们可以测算出:总的来看,城乡居民相对收入差距呈下降趋势,从 2013 年的 3.13 倍下降至 2019 年的 2.64 倍。因此,从结果来看,推断 1、推断 2、推断 3、推断 6 基本得到了证实。

表 8.13　2013—2019 年我国城镇居民人均收入及其构成　(单位:元)

年份	人均可支配收入	工资性收入	经营净收入	财产性收入	转移性收入
2013	26467.0	16617.4	2975.3	2551.5	4322.8
2014	28843.9	17936.8	3279.0	2812.1	4815.9
2015	31194.8	19337.1	3476.1	3041.9	5339.7
2016	33616.2	20665.0	3770.1	3271.3	5909.8
2017	36396.2	22200.9	4064.7	3606.9	6523.6
2018	39250.8	23792.2	4442.6	4840.4	6988.3
2019	42358.8	25564.8	4840.4	4390.6	7563.0

资料来源:历年《中国统计年鉴》。

表 8.14　2013—2019 年农村居民人均纯收入及其构成　　（单位：元）

年份	人均纯收入	工资性收入	经营性收入	财产性收入	转移性收入
2013	9429. 6	3652. 5	3934. 9	194. 7	1647. 5
2014	10488. 9	4152. 2	4237. 4	222. 1	1877. 2
2015	11421. 7	4600. 3	4503. 6	251. 5	2066. 3
2016	12363. 4	5021. 8	4741. 3	272. 1	2328. 2
2017	13432. 4	5498. 4	5027. 8	303. 0	2603. 2
2018	14617. 0	5996. 1	5358. 4	342. 1	2920. 5
2019	16020. 7	6583. 5	5762. 2	377. 3	3297. 8

资料来源：历年《中国统计年鉴》。

二、基于收入分配格局指标的效果评估

上一部分的推断认为，劳动力要素收入占比在本时期总体呈上升趋势。整体来看，劳动收入占比在这一时期呈现出上升趋势，从 2013 年的 46. 05%提升至 2017 年的 47. 51%，资本要素收入占比在这一时期呈现出先下降后上升趋势，从 2013 年的 38. 17%下降至 2015 年的 37. 24%，后又回升至 2017 年的 38. 3%，与前面的推断基本一致。从结果来看，推断 4 基本得到证实。

表 8.15　2013—2017 年要素收入占比变动　　（单位：%）

年份	劳动收入占比	资本收入占比	政府收入占比
2013	46. 05	38. 17	15. 78
2014	46. 51	37. 86	15. 63
2015	47. 89	37. 24	14. 87
2016	47. 46	38. 34	14. 20
2017	47. 51	38. 30	14. 19

资料来源：历年《中国统计年鉴》。

三、基于收入分配差距指标的效果评估

根据推断，我国市场经济进入成熟时期后，居民收入差距有逐步缩小趋

势,贫困人口大幅减少。从基尼系数指标来看,全国居民收入基尼系数呈现出先下降后上升趋势,从 2013 年的 0.473 下降至 2015 年的 0.462,后又回升至 2018 年的 0.468,反映了收入差距的波动性,但总体来看,基尼系数是下降了,2019 年较 2013 年下降了 0.8 个百分点,居民收入差距总体呈波动下降趋势,但仍需进一步观察。从结果来看,推断 5 基本得到了证实。

表 8.16　2013—2019 年我国基尼系数变化情况

年份	基尼系数
2013	0.473
2014	0.469
2015	0.462
2016	0.465
2017	0.467
2018	0.468
2019	0.465

资料来源:国家统计局。

四、基于贫困指标的效果评估

从农村贫困发生率的测度来看,截至 2020 年年底,我国脱贫攻坚战取得全面胜利,农村贫困人口由 2013 年的 8249 万人下降为 0,贫困发生率下降了 13.1 个百分点。因此,依据我国农村贫困发生率的数据,我们的推断与实际情况基本符合。也即推断 7 基本得到了证实。

表 8.17　2013—2020 年我国农村贫困人口规模及贫困发生率

年份	扶贫标准(元)	农村贫困人口(万人)	农村贫困发生率(%)
2013	2300	8249	13.1
2014	2300	7017	7.2
2015	2300	5575	5.7

续表

年份	扶贫标准(元)	农村贫困人口(万人)	农村贫困发生率(%)
2016	2300	4335	4. 5
2017	2300	3046	3. 1
2018	2300	1660	1. 7
2019	2300	551	0. 6
2020	2300	0	0

资料来源:历年《中国统计年鉴》,2018 年数据来源于国家统计局统计公报。

第九章　中国要素收入分配制度改革效果评估

收入分配主要包括两个层次:一个是规模性收入分配,即居民或个人的收入分配,主要研究居民、家庭或个人的收入分配变化、影响因素、收入差距变动等方面(李实等,2008);另一个是功能性收入分配,即要素收入分配,其主要研究要素收入分配占比多少的问题(郭庆旺和吕冰洋,2012)。现有研究主要集中在规模性收入分配领域,从要素收入分配角度对我国收入分配进行深入探究将有利于剖析影响我国收入分配制度改革的根本症结(钱震杰,2011;吕冰洋和郭庆旺,2012)。

长期以来,大量学者对收入分配的现状、问题、解释等方面进行了深入而广泛的研究(郭庆旺和吕冰洋,2012;李稻葵等,2009;白重恩和钱震杰,2009),而企业要素收入分配至关重要,一方面,企业内部的收入分配问题至关重要,其分配的公平与否直接影响企业价值的创造和员工工作的热情。另一方面,企业是收入分配的微观主体,企业在创造公平的就业环境和维护劳动收入等方面都发挥了关键作用,是当前收入分配制度改革必不可少的组成部分。长期以来,对居民收入分配问题的研究受到了国内学者的主要关注(蔡昉,2005;李实和赵人伟,2007),从居民内部及居民个人之间的分配不公问题、成因及对策等角度进行研究,长期忽视了企业内部的要素收入分配问题。

但从 20 世纪 90 年代以来,我国收入分配存在一个“资升劳降”的典型事实,这使得越来越多的学者开始从研究居民收入分配问题转向对要素收入分配问题的研究(罗长远和张军,2009a;国家发改委课题组,2012),试图从规模性收入分配的角度来探究我国收入分配不公问题的根源。在当前背景下,对要素收入分配制度的研究既有利于促进我国收入分配的整体公平,又对居民收入分配具有重要影响,尤其需要从权利配置的视角定量评估我国企业要素收入分配制度的效果,具有重要的理论意义和现实意义。

以亚当·斯密、大卫·李嘉图为代表的古典经济学家、剑桥学派以及马克思都非常重视要素收入分配,他们曾从劳动力、资本和土地三个生产要素来研究收入分配的内在规律。但 20 世纪 40 年代至 70 年代,许多国外学者通过对美英等国家的经验研究表明,劳动力要素收入份额一直保持稳定水平(Kuznets,1955;Keynes,1939;Kaldor,1955)。在新古典框架下,要素收入分配长期保持不变被概括为“卡尔多典型事实”之一,但 20 世纪 70 年代后半期要素收入分配份额的演变,要素收入份额并不稳定,不再存在“卡尔多事实”,要素收入分配问题开始日益得到重视。现有文献的研究,主要可以概括为三个方面:第一,关于要素收入分配格局的测算。从要素收入份额为常数的“卡尔多事实”(Hicks,1932;Kaldor,1955),到 20 世纪 70 年代以来劳动份额在穷国下降富国上升,要素收入分配份额的测度成为分析要素收入分配格局变化的关键。白重恩和钱震杰(2009a)将要素收入分配测度的数据来源主要分为国民经济核算的“资金流量表”(实物部分)、收入法核算的省级 GDP 数据,以及投入产出表的使用表。吕冰洋和郭庆旺(2012)认为利用宏观数据来测算要素收入分配需要充分考虑税前和税后的区别,税后劳动力要素和资本要素的分配份额一直低于税前分配。第二,关于要素收入分配成因机制的研究。新古典理论认为,要素分配份额变化的内在机制主要受有偏技术进步和要素之间的替代关系两个方面的影响(钱震杰,2011)。白重恩和钱震杰(2008)在 CES 函数基础上,结合我国实际情况将国有企业转制、垄断等原因纳入模型中,结果表明,垄断和所有制转型是我国制造业部门资本收入份额上升的主要原因。影响要素收入分配的因素大致包括:所有制转型(白重恩和钱震杰,2008)、产业转型升级(罗长远和张军,2009a)、技术进步(Acemoglu,2000,2003;张杰等,2012)、资本回报(李稻葵等,2009)及制度(Williamson,1985;刘长庚等,2013)。第三,进一步探究要素收入分配对收入差距(Atkinson,2000)、居民和个人内部的收入分配(郭庆旺等,2012)等方面的影响,并在此基础上提出相应的对策建议。

现有研究存在以下不足:一是从数据看,宏观数据是现有研究主要使用的数据,但是利用微观数据的研究较少,尤其缺少大型微观企业数据的支撑;第二,现有研究较少对企业要素收入分配格局演变的测算和分析,而采用科学的计算方法对企业要素收入分配的系统测算既有助于了解企业要素收入分配的现状,又有利于对我国企业要素收入分配制度改革进行效果评估;第三,关于中国企业的要素收入分配制度改革效果的评估仍有待于进一步完善。

鉴于以上分析,本章试图从以下三个方面弥补上述文献存在的问题:第一,利用 1998—2007 年连续十年的中国工业企业数据库面板数据对我国企业的要素收入分配占比进行系统测算,明晰我国企业要素收入分配格局的演变过程,为相关研究提供微观基础。第二,通过合理定义企业内部资本要素、劳动力要素的范围,系统测算中国企业要素收入分配的格局演变。第三,从权利配置理论出发,基于平等的参与权和共享的收入权两个维度评估权利配置对企业的要素收入分配的影响程度。

第一节　要素收入分配制度改革评估的思路与方法

一、数据说明

本章的数据主要来源于 1998—2007 年中国工业企业数据库,这一数据是我国目前可获得的企业层面最大、最全的微观企业数据库，本章使用样本区间的观测值超过 200 万个①。中国工业企业数据库主要包含全部国有企业和主营收入在 500 万元以上的民营企业，对应中国 30 个主要制造业行业。由于该数据跨度时间长且具有代表性，因此存在样本匹配不统一、指标缺失、数值异常等多种问题（聂辉华等，2012）。在现有研究的基础上（余淼杰，2010；Brandt 等，2012），笔者对样本的整合和处理做了大量的工作，具体包括以下四方面内容：

第一，对历年样本的面板构建。根据企业的名称、地址和其他信息（例如年龄、规模等）对不同年份的企业进行识别，主要以企业的法人代码为基础进行匹配，构建连续十年的面板数据。

第二，三位码行业层面的统一。根据 2002 年的国民经济行业分类标准 GB/T4754—2002，将 2003 年以前的行业（1994—GB）对应到 2002—GB 三位数行业层面，实现样本区间内三位码行业的统一。

第三，按照以下原则对观测值进行处理：一是删除不符合财务准则的样本，例如固定资产总额小于固定资产净额；从业人数小于 8 人；累计折旧低于当期折旧等。二是删除关键变量为缺失值的样本观测值。三是剔除营业利润绝对值大于 1 以及资产负债率小于零或大于 1 的样本。

第四，为了控制样本的极端值，对关键指标进行第 1 和第 99 百分位的缩尾（Winsor）处理，并以 1998 年为基期对主要变量进行平减处理。

二、测算方法

收入法和生产法是测算企业工业增加值的主要方法，由于收入法既可以避免大量样本损失，又可以防止资本收入占比被高估，因此在计算企业要素收

① 需要说明的是，现有的中国工业企业数据库的时间跨度是 1998—2013 年，但由于 2008—2013 年相关收入指标的缺失，并不能用来对企业要素收入分配进行测算与评估，因此本章只利用 1998—2007 年的中国工业企业数据库进行评估。

入分配占比时更加合理(钱震杰,2011)。本章核算的企业层面增加值包括劳动力要素收入和资本要素收入两个方面。

在企业内部,资本收入占比与要素收入占比之和等于1。根据白重恩和钱震杰(2009),本章主要根据要素成本增加值法计算企业要素收入分配占比问题。企业要素收入分配中的占比测算公式表示为:

$$\text{劳动力要素收入份额} = \frac{\text{劳动力要素收入}}{\text{企业增加值}} = \frac{\text{本年应付工资总额} + \text{本年应付福利费总额}}{\text{企业增加值}} \tag{9.1}$$

$$\text{资本要素收入份额} = \frac{\text{资本要素收入}}{\text{企业增加值}} = \frac{\text{固定资产折旧} + \text{营业利润} + \text{生产税和产品税项目} - \text{补贴收入}}{\text{企业增加值}} \tag{9.2}$$

三、评估思路与评估模型

在企业要素收入测算的基础上,本章从权利配置角度对企业的要素收入分配制度改革效果进行系统评估。根据权利配置理论,企业要素收入分配被界定在初次收入分配领域,因此,本章主要从参与权和收入权两个维度评估企业要素收入分配制度的改革效果。研究的具体思路如下:

首先,在胡奕明和买买提依明·祖农(2013)研究的基础上,设定权利配置影响企业要素收入分配的基本计量模型如下:

$$\ln Pay_{it} = \alpha + \theta \ln hh\, i_{t_{it}} + \varphi\, Monopoly_{it} + \partial \sum Capital_{it} + \zeta \sum District_{it} + \gamma \ln size_{it} + \lambda \ln tfpop_{it} + \delta \ln KtY_{it} + \varphi \sum X_{it} + \sigma_{it} \tag{9.3}$$

根据计量模型(9.3)的设定,被解释变量包括劳动收入占比(*labor*)、资本收入占比(*profit*),均用自然对数形式表示。权利配置各维度的代理变量和控制变量的确定将在下节进行阐述。

然后,根据张晓波等(Zhang 等,2003),建立关于双对数模型的具体分解方法,量化解释变量对被解释变量的解释程度。其基本公式可以表示为,如果 $Y = \alpha + \sum \beta_i X_i + \varepsilon$,那么可以得到:

$$\sigma^2(Y) = \sum \beta_i cov(Y, X_i) + \sigma^2(\varepsilon) \tag{9.4}$$

其中, β_i 表示解释变量的回归系数, $\sigma^2(Y)$ 表示解释变量 Y 的方差项, $cov(Y, X_i)$ 表示被解释变量与解释变量 X 的协方差项, ε 表示服从正态分布的随机扰动项。在式(9.5)对基准回归模型进行方差分解如下

$$\sigma^2(Y) = \begin{cases} \sum_{i=1}^{n} \beta_{1i} cov[\log(Y_1), \log(X_i)] + \sigma_1^2(\varepsilon) \\ \sum_{i=1}^{n} \beta_{2i} cov[\log(Y_2), \log(X_i)] + \sigma_2^2(\varepsilon) \end{cases} \tag{9.5}$$

其中, n 代表自变量个数。本章主要根据式(9.5)进行分析。

四、变量的选取

(一)被解释变量

企业要素收入分配包括劳动收入和资本收入。劳动收入占比(*labor*)和资本收入占比(*profit*)的计算方法依据前文的计算公式确定。

(二)解释变量

解释变量最重要的是确定企业要素收入分配的权利配置的两个维度,即参与权和收入权。根据权利配置理论,参与权维度代表影响企业能否公平参与市场竞争的相关变量,因此我们选取参与权的代理变量为:(1)赫芬达尔指数(*HHI*)。用 ln*hhi* 表示,代表企业所在行业的市场集中程度。本章主要参照刘志彪等(2003)计算行业(二位码)的 *HHI*,其计算方式为:

$$HHI = \sum (X_i / X)^2$$

其中，$X = \sum X_i$，X_i 为企业 i 的销售额。(2)按垄断性质划分的行业类型。用 *Monopoly* 表示，设置为虚拟变量。其中，垄断行业为 1，其他为 0。计算方法主要参考岳希明等(2010)。(3)所有权性质。根据资本实收资本占比，将企业的所有权性质划分为国有企业(*Capital_state*)、集体企业(*Capital_coll*)、法人企业(*Capital_corp*)、民营企业(*Capital_pers*)、港澳台企业(*Capital_hk*)和外资企业(*Capital_for*)六种类型。(4)地区类别。*District* 代表地区类别。根据统计局 2003 年公布标准，将全国 31 个省(自治区、直辖市)划分为东部地区、中部地区和西部地区三大区域。

收入权维度代理变量的确定。收入权维度只能够影响企业内的员工或劳动者能否更加公平，更多地获得相应的收入，与企业盈利能力密切相关。根据相关研究，我们选取收入权的代理变量如下：(1)企业规模。ln*size* 代表企业规模的自然对数，企业规模用固定资产总额表示。一般而言，企业规模越大，越倾向于吸收就业和拥有较强的盈利能力，因此更有利于提高员工的收入权。(2)全要素生产率。用 ln*tfpop* 表示。大量研究表明，全要素生产率能够显著影响企业内部的要素收入分配，对企业内部的收入权配置具有重要影响。我们使用 *OP* 法计算企业的全要素生产率，具体方法参见杨汝岱(2015)。(3)资本—产出比。ln*KtY* 代表资本—产出比的自然对数，用企业的年均固定资产净额除以企业的工业增加值即可得到资本—产出比。

(三)控制变量

控制变量包括($\sum X$)：(1)企业年龄。ln*age* 代表企业年龄的自然对数。(2)出口，用 *export* 表示，其中，1 代表是，0 代表否。(3)资产负债率，用 ln*lev* 表示。(4)行业因素(*industry*，二位码)和年份因素(*year*)。关于变量的设定如表 9.1 所示。

表 9.1　变量定义

变量	变量名称	变量定义
第一部分:因变量		
劳动力要素收入占比	*labor*	参见前文公式
资本要素收入占比	*profit*	同上
第二部分:自变量		
(1)参与权维度		
赫芬达尔指数	*hhi*	请参见刘志彪等(2003)定义
行业类型	*Monopoly*	请参见岳希明等(2010)定义
所有权性质	*Dum_ownship*	根据实收资本占比大小确定
地区类别	*Dum_district*	根据统计局 2003 划分标准
(2)收入权维度		
企业规模	*size*	用固定资产总额代表
全要素生产率	*tfpop*	具体参见杨汝岱(2015)
资本—产出比	*KtY*	固定资产年均净额/企业增加值
第三部分:控制变量		
企业年龄	*age*	被调查年份-开业年份+1
出口	*export*	“出口”=1;“非出口”=0
资产负债率	*lev*	总负债与总资产之比
行业虚拟变量	*industry*	二位码行业对应的虚拟变量
年份虚拟变量	*year*	年份对应的虚拟变量

五、统计性描述

本章的主要变量的描述性统计如表 9.2 所示。

表 9.2　各主要变量的统计性描述

Panel A:基本变量的描述							
变量	样本量	mean	sd	CV	min	p50	max
ln*labor*	1526699	3.599	0.645	0.179	−2.640	3.734	4.630
ln*profit*	1526699	3.973	0.523	0.132	−5.545	4.097	4.624
ln*age*	1526699	2.199	0.755	0.344	0.693	2.079	5.880
ln*size*	1526699	8.368	1.637	0.196	4.277	8.286	12.75
ln*tfpop*	1526699	1.306	0.336	0.257	−0.751	1.353	1.869
ln*KtY*	1526699	0.842	0.591	0.702	−0.00620	0.729	7.374
ln*lev*	1526699	3.862	0.672	0.174	1.276	4.063	4.599
export	1526699	0.278	0.448	1.612	0.000	0.000	1.000
ln*hhit*	1526699	0.001	0.003	2.464	0.000	0.001	0.247
Panel B:要素分配份额按照企业性质分组均值的差异检验和单因素方差分析(单位:%)							
变量	按垄断性质分组检验			按地区性质分组检验			
	Non-monopoly	Monopoly	Diff.	East	Middle	West	组间差异F值
laboratio	42.407	39.702	2.705***	57.608	59.576	55.853	1408.64***
proforatio	57.593	60.298	−2.705***	36.218	37.826	33.959	1510.99***
变量	按所有权性质分组检验						
	Capital_state	Capital_coll	Capital_corp	Capital_pers	Capital_hk	Capital_for	组间差异F值
laboratio	50.845	40.768	40.085	41.223	48.845	41.676	1408.64***
profiratio	49.154	59.232	59.915	58.777	51.155	58.324	6984.12***

注:在概率论和统计学中,变异系数,又称"离散系数",是概率分布离散程度的一个归一化量度,其定义为标准差与平均值之比。

要素分配份额按照企业性质分组均值的差异检验和单因素方差分析检验结果见表9.2的Panel B。结果显示:(1)按垄断性质分组检验发现,垄断行业劳动收入份额较非垄断行业显著低2.7个百分点,而资本收入份额较非垄断行业分别显著高2.705个百分点。这表明垄断行业更有利于提高资本要素收入,与白重恩和钱震杰(2008)的研究结论一致。(2)按地区性质分组检验发现，东部地区、中部地区和西部地区之间的要素收入分配呈现显著的差别（在1%显著水平下）。在劳动力要素收入份额方面，“中部>东部>西部”；在资本要素收入方面，“中部>东部>西部”。单从地区来看，西部地区更有利于提高劳动力要素收入份额，中西部地区在资本要素收入份额方面有趋同趋势，而西部地区资本要素收入份额平均值只有34%，这表明西部地区产业结构明显落后于中部和东部地区，亟须进行相应的产业优化升级和调整。（3）按所有权性质分组检验发现，六类企业之间的要素收入分配呈现显著差别（在1%显著水平下）。在劳动力要素收入份额方面，“国有>港澳台>外资>民营>集体>法人”；资本要素收入份额方面，则呈现相反的结果。

第二节　我国要素收入分配格局演变

依据前文的计算方法，本部分从劳动力要素收入和资本要素收入的占比两个层次重点考察企业要素收入分配在样本区间内的格局演变，这既有利于我国企业要素收入分配制度的效果评估，又有助于我们清晰地把握现阶段我国企业要素收入分配的格局。

一、企业要素收入分配的总体格局演变

如图9.1和图9.2所示，近年来我国要素收入分配格局发生了明显的变化，即资本收入占比逐年上升趋势明显，但是劳动收入占比却逐年下降。为方便对比，笔者引用了吕冰洋和郭庆旺（2012）关于宏观的要素收入分配的计算结果（见图9.1），从宏观层面的结果来看，1998—2007年，我国劳动收入占比共计下降5.4个百分点，从1998年的53.4%下降到2007年的48.0%；资本收入占比共计上升5.4个百分点，从1998年的46.6%上升到2007年的52.0%。宏观要素收入分配的格局变动趋势表明，我国劳动收入占比下降较为明显。

从企业层面的要素收入占比计算结果看，我国企业层面的计算结果与

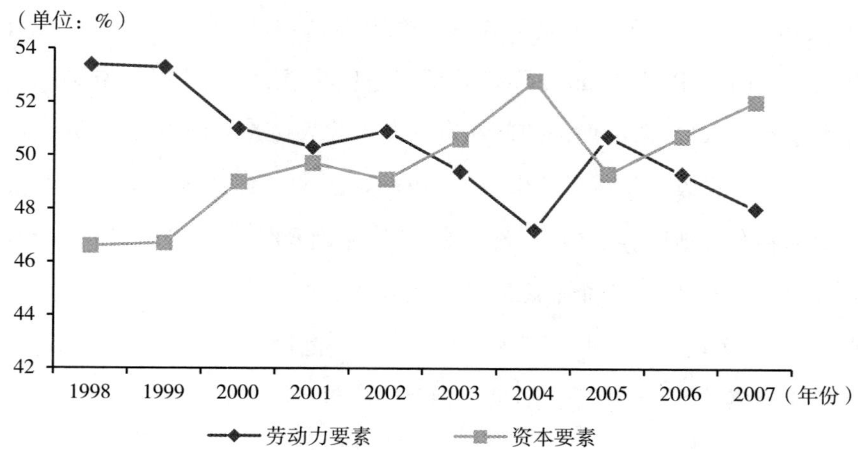

图 9.1　1998—2007 年宏观层面要素收入分配的格局演变

资料来源：笔者根据中国工业企业数据库测算。

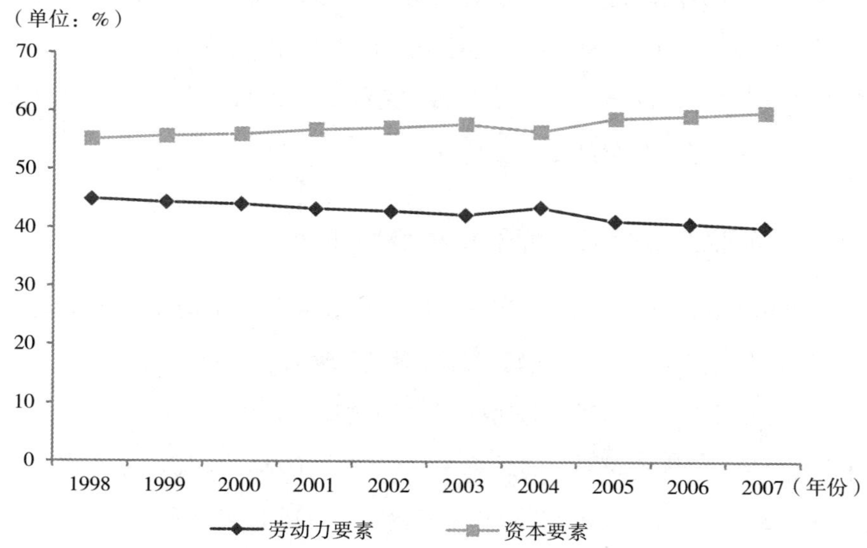

图 9.2　1998—2007 年企业层面要素收入分配的格局演变

资料来源：笔者根据中国工业企业数据库测算。

宏观层面的计算趋势基本一致。1998—2007 年，企业劳动收入占比总体呈下降趋势，共计下降 4.7 个百分点，数值上从 44.9%下降到 40.2%；企业资本收入占比总体上呈上升趋势，共计上升 4.7 个百分点，从 55.1%上升到 59.8%。宏观层面和微观企业层面的要素收入占比变动一致表明：时间维度上，资升劳降是基本趋势；空间维度上，资强劳弱是基本格局。但是，通过宏观和微观企业层面的要素收入分配格局测算发现，企业劳动力要素收入占比始终低于宏观劳动力要素占比，因此微观企业劳动收入占比下降可能是造成宏观劳动力要素占比的一个较为重要的原因，这与张杰等（2012）的结论相一致。

如何对企业要素收入分配的现状进行解释？企业内部劳资占比的此起彼伏与这一时期我国的收入分配制度改革紧密相连。首先，政府在政策上肯定了要素参与分配的地位。党的十五大第一次明确要"鼓励资本等生产要素参与分配"。随后，党的十六大进一步确立了"劳动、资本等生产要素按贡献参与分配"的原则。因此，要素收入分配的政府政策导向对现阶段企业内部收入分配格局的形成具有重要的影响。我国企业要素收入分配格局的演变与政府和市场间的相互作用密切相关。

二、垄断和非垄断行业的要素收入分配格局演变

为考察垄断行业与非垄断行业要素收入分配的区别，根据前文划分标准分别测算垄断行业和非垄断行业的要素收入分配变动，具体如图 9.3 和图 9.4 所示。

根据 1998—2007 年垄断行业和非垄断行业的要素收入分配格局变动结果，整体上呈现三个特点：第一，无论是垄断行业还是非垄断行业，企业要素收入分配都呈现劳动收入占比整体下降，而资本收入占比逐年提升。第二，垄断行业的劳动收入占比和资本收入占比相比非垄断行业下降更快。从数量上来看，垄断行业的劳动收入占比在样本区间内共计下降 9.9 个百分点，从 45.6%

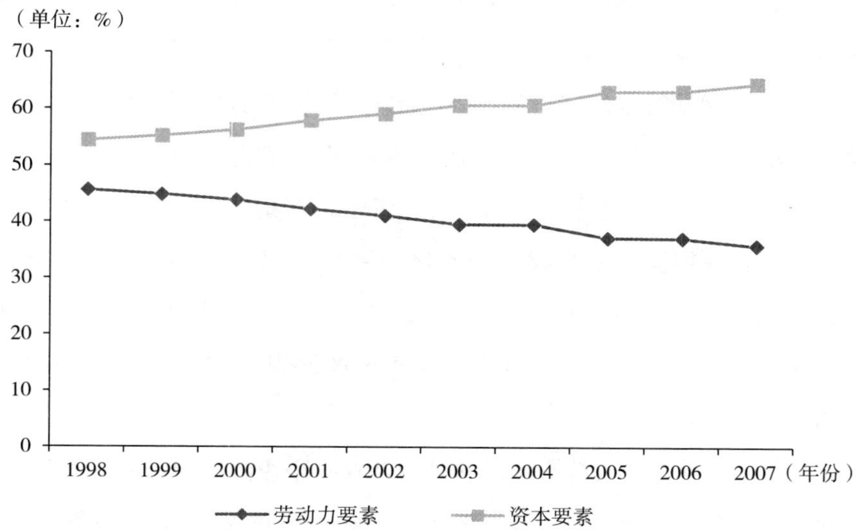

图 9.3　1998—2007 年垄断行业的企业要素收入分配格局演变

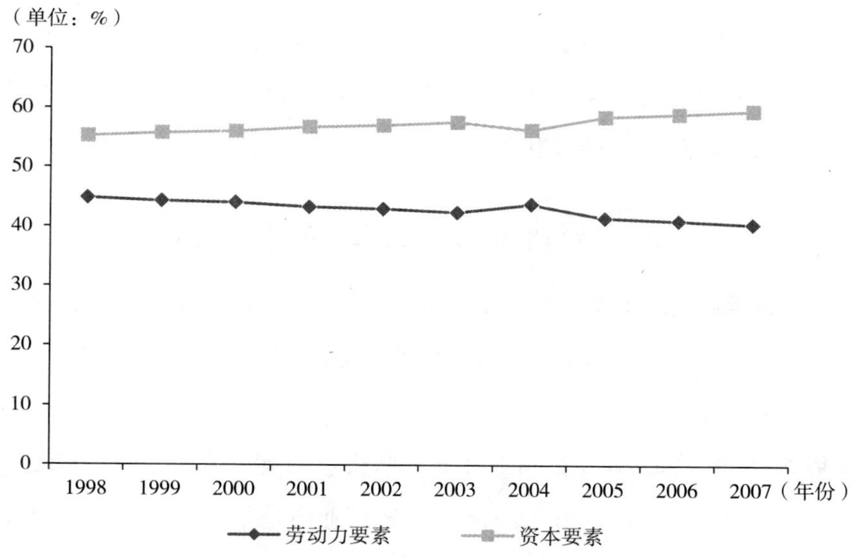

图 9.4　1998—2007 年非垄断行业的企业要素收入分配格局演变

资料来源：笔者根据中国工业企业数据库测算。

下降到 35. 7%，而资本收入占比共计上升 9. 9 个百分点，由 54. 4%提高至 64. 3%；非垄断行业的劳动收入占比在样本区间内共计下降 4. 4 个百分点，从 44. 8%下降到 40. 4%，而资本收入占比则上升了 4. 4 个百分点，从 55. 2%上升至 59. 6%。因此，从数值上看，垄断行业内部的要素收入分配问题更加严重，这与垄断行业性质密切相关，即通过依靠国家赋予企业的垄断地位而获取高额利润，对企业内部的要素收入问题有重要影响。

三、不同规模企业的要素收入分配格局演变

张杰等（2012）指出，中国情境下的企业规模对要素收入分配具有重要的影响。根据上文定义的企业规模基础上，按照企业规模的第 33 百分位和第 66 百分位将企业规模定义为三组，分别为小规模企业、中等规模企业和大规模企业。不同企业规模具体如图 9. 5 所示。

根据 1998—2007 年按企业规模的企业要素收入分配变动结果，整体上呈现三个特点：第一，对于小规模企业而言，劳动收入占比呈微弱上升趋势，相应的资本收入占比呈微弱下降趋势，而对于中等和大规模企业，资本上升的趋势更加明显，而劳动收入占比下降也更加明显。就小企业而言，这类企业通常并未采用股份制分红的形式，更加注重员工工资待遇，因此劳动收入占比仍能呈整体上升的趋势。第二，从整体波动情况看，企业规模越大，则资本收入占比上升更加显著，劳动收入占比下降更快，而这在大规模企业中体现得尤为清晰。第三，从数值上看，小规模企业劳动收入占比在样本区间内共计上升了 0. 1 个百分点，从 46. 3%上升至 46. 4%；资本收入占比在样本区内共计下降 0. 1 个百分点，从 53. 7%下降到 53. 6%；中等规模企业劳动收入占比在样本区间内共计下降了 5. 2 个百分点，从 45. 1%下降至 39. 9%，资本收入占比在样本区内共计上升了 5. 2 个百分点，从 54. 9%提高到 60. 1%；大规模企业劳动收入占比在样本区间内共计下降了 9 个百分点，从 43. 4%下降至 34. 4%，资本收入占比在样本区内共计上升了 9 个百分点，从 56. 6%上升到 65. 6%。从均值

来看,大规模企业的劳动收入占比最低,只有 37.7%,而资本收入占比最高,占比超过 60%。

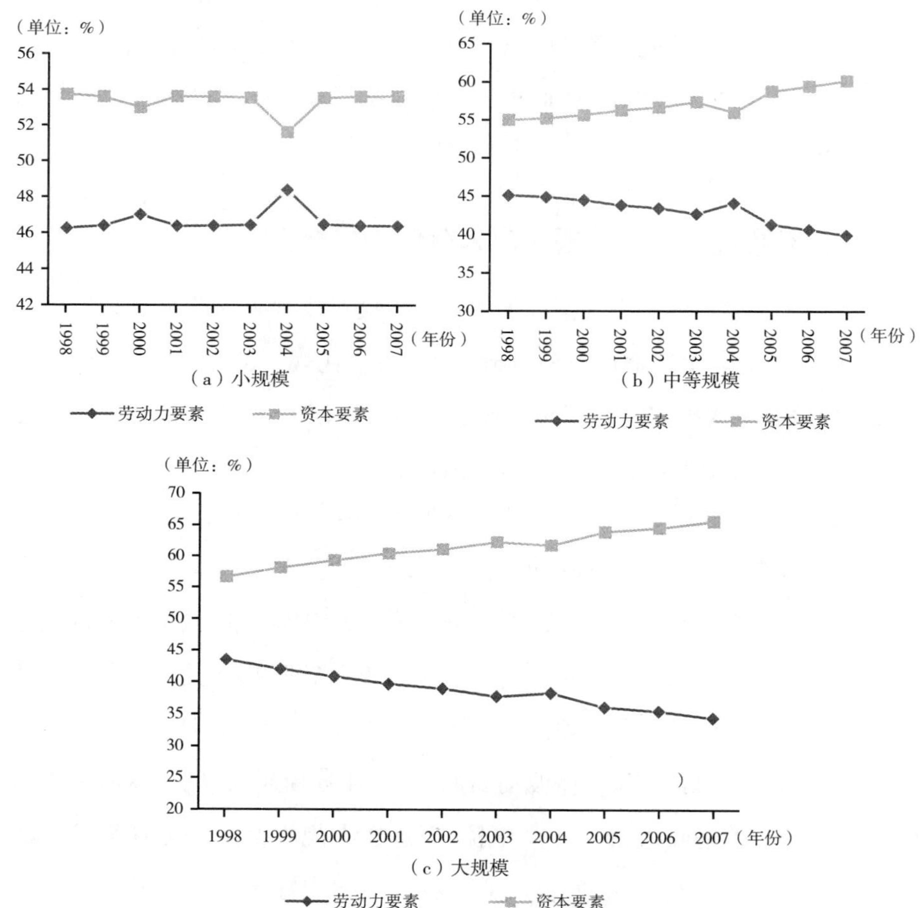

图 9.5 1998—2007 年不同规模中国企业要素分配格局演变

资料来源:笔者根据中国工业企业数据库测算。

四、不同所有权类型的企业要素收入分配格局演变

进一步地,本节从企业所有权类型角度考察企业的要素收入分配格局的演变。不同所有权类型的企业要素收入分配格局的演变如图 9.6 所示。

根据 1998—2007 年按不同所有制类型的企业要素收入分配变动结果，具体呈现三个特征：第一，整体而言，国有企业、民营企业的劳动收入占比呈现逐年下降趋势，而资本收入占比则呈逐年提高态势，与此相反的是，港澳台合资企业、集体企业和外商独资企业的劳动收入占比则先下降后上升，而资本收入占比的趋势与之相反。这表明并非所有企业的劳动收入占比在样本区间内均呈逐年下降趋势。另外，研究也发现国有企业的劳动收入占比也呈现整体下降趋势。第二，国有企业的劳动收入占比虽然最高，样本区间内的均值达到了 50.9%，但是国有企业的劳动收入占比下降最快，样本区间内共计下降了 10.4 个百分点，从 53.6%下降到了 43.2%，而资本收入占比上升最快，样本区间内共计上升了 10.4 个百分点，从 46.4%上升至 56.8%。民营企业由于其企业所有制类型问题，资本和劳动收入占比的波动也较大，劳动收入占比在样本区间内共计下降了 3.1 个百分点，从 42.6%下降到 39.5%，而资本收入占比在样本区间内共计上升了 3.1 个百分点，从 57.4%上升至 60.5%。根据上述结果，由于其他类型企业的要素收入占比变动并不大，因此国有企业和民营企业内部要素收入分配的变动成为我国企业要素收入分配不公的重要原因。

在计划经济时期，国有企业并不需要留存利润，即使亏损也由国家进行补贴，这段时间国有企业的利润全部上缴给国家，这段时间劳动收入占比在国有企业中保持较高水平。1994 年分税制改革后，国有企业在 1993—2007 年长时期不上缴利润，并在 2007 年以后开始将国有企业纳入到利润上缴范围。国有企业利润不上缴直接导致企业留存了大量的收益剩余，使资本方更容易对剩余进行攫取，导致企业内部劳动者的利益受损，从而不利于劳动收入占比的提升。国有企业利润上缴模式对我国现阶段国有企业的内部收入分配产生了一定的影响。

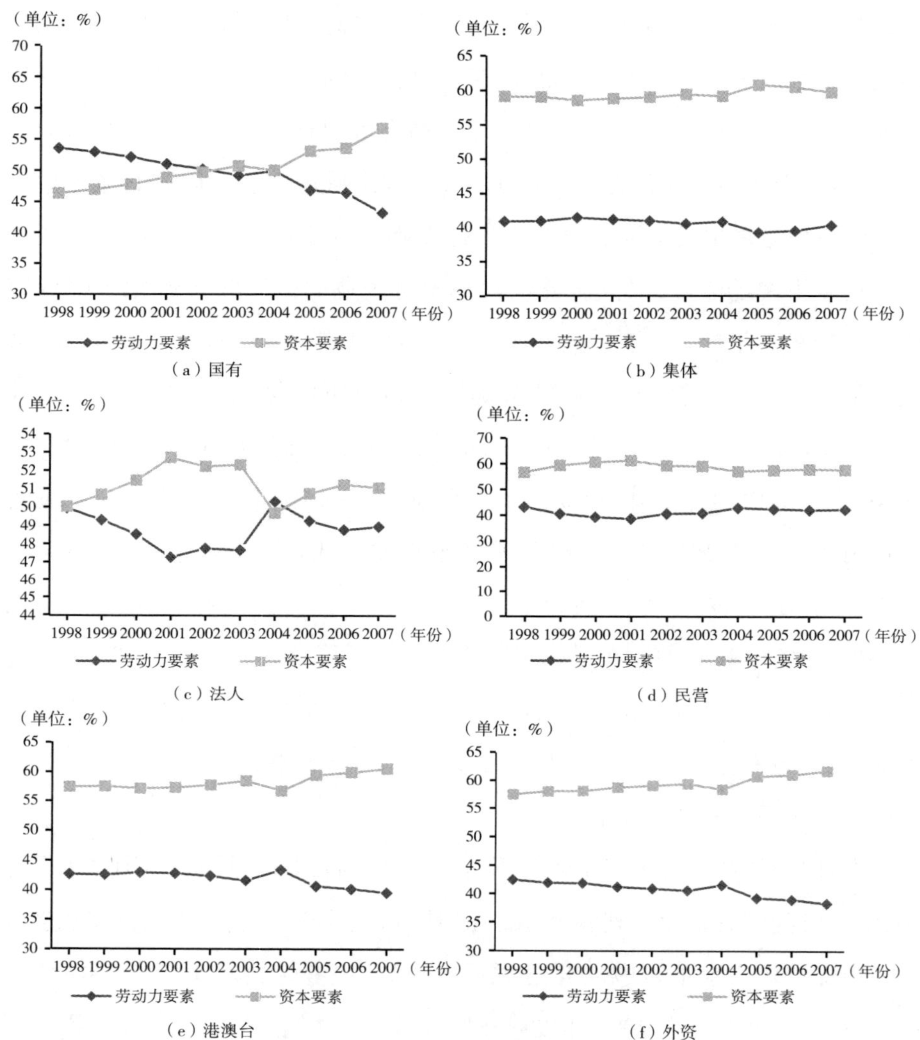

图 9.6　1998—2007 年不同所有权企业要素收入分配格局演变

资料来源：笔者根据中国工业企业数据库测算。

第三节　中国要素收入分配制度改革效果评估

根据计量模型(9.3)的构建，本章分别针对权利配置影响劳动力要素收入占比和资本要素收入占比进行实证检验,并进行了相应的稳健性检验,以检验结果的真实性和可靠性。

一、权利配置影响企业要素收入分配效果的评估结果

(一)基准回归评估结果

根据计量模型(9.3),本章的基准回归结果如表 9.3 所示。

表 9.3　权利配置影响企业要素分配的基准回归

因变量		劳动收入占比对数		资本收入占比对数	
		回归系数	T 值	回归系数	T 值
参与权	ln*hhi*	4.086***	(16.31)	−1.485**	(−47.60)
	Monopoly	−0.213***	(−17.56)	0.268***	(96.62)
	Capital_coll	−0.132***	(−60.32)	0.153***	(86.47)
	Capital_corp	−0.066***	(−36.98)	0.125***	(73.50)
	Capital_pers	−0.076***	(−42.86)	0.159***	(91.67)
	Capital_hk	0.058***	(21.77)	−0.029***	(20.41)
	Capital_for	−0.039***	(−11.58)	0.045***	(77.45)
	East	−0.087***	(−56.93)	0.077***	(56.12)
	Middle	−0.124***	(−60.43)	0.037***	(23.64)
收入权	ln*size*	−0.137***	(−369.17)	0.097***	(334.02)
	ln*tfpop*	−0.667***	(−401.31)	0.475***	(345.83)
	ln*KtY*	0.213***	(198.83)	−0.117***	(−137.48)
控制变量		控制		控制	
行业		控制		控制	
年度		控制		控制	
Constant		4.732***	(363.89)	2.791***	(261.11)
Adj-R^2		0.301		0.241	

续表

因变量	劳动收入占比对数		资本收入占比对数	
	回归系数	T 值	回归系数	T 值
F 值	11748.47		8677.37	
Obs.	1526699		1526699	

资料来源:笔者根据中国工业企业数据库使用 Stata 软件统计。

根据基准回归结果,在参与权方面,从赫芬达尔指数看,市场势力越强的企业,越有利于资本要素收入占比的提升,而不利于劳动收入占比提高。在行业性质方面,垄断企业由于内部权利配置更倾向于资本方的分配,不利于劳动收入占比的提高。所有权性质方面,相对于国有企业,其他类型企业均有利于提高资本收入占比,回归结果表明国有企业由于其国有性质仍较其他性质企业更有利于劳动者,只是近些年来由于向"民营企业看齐"、更注重资本回报率等原因,致使国有企业劳动力要素收入占比下降显著。从地区分类看,相比西部地区,中西部地区更有利于资本收入占比的提高。在收入权方面,企业规模对要素收入分配的影响与前文企业要素收入分配格局演变的结论相一致,即规模越大的企业,劳动收入占比越低。随着企业规模的提升,企业往往更注重考虑资本方的利益,逐渐忽视劳动者的收入分配,导致这一结果的产生。从全要素生产率来看,企业全要素生产率显著降低了劳动收入占比,却提高了资本收入占比,这表明现阶段我国制造业企业并不重视对人才的引进和员工素质的培养,单纯依靠引进国外设备来提高企业生产率,导致收入分配更加不利于劳动者。从资本—产出比看,这一指标有利于劳动收入占比的提高,根据白重恩和钱震杰(2008)研究,我国工业部门企业发展存在一定问题,可能产生发展陷阱,政府如果使用财政政策,将有效促进就业增长,改善要素收入分配现状。从出口指标看,我国劳动力成本的比较优势存在,仍然是出口有利于我国劳动收入占比的提高。

（二）进一步稳健性检验

根据模型设定，本章还进行了多方面的稳健性检验，这些工作包括：

根据张杰等（2012）对劳动收入的定义①，将本章“狭义”的劳动收入定义为“广义”的劳动收入，即在本章定义的劳动收入基础上加上“失业保险、养老医疗保险费、住房公积金”三项，剔除2004年之前样本。替代后的回归结果与之前结果相一致，结论不变。

为克服企业年龄和企业规模可能随时间变化而带来的序列相关性，本章将企业年龄和企业规模根据区间样本的第33百分位和第66百分位，分别划分为三类，年龄大的企业为3，年龄中的企业为2，年龄小的企业为1，企业规模按相同方法处理。替代后进行回归，结果仍不变。

在此基础上，根据所有权性质、垄断性质和地区进行分类，分别进行回归，结果表明各因素对要素分配的影响符号基本不变，只是不同性质企业的影响程度存在差异，结论基本一致。

二、权利配置对企业要素收入分配影响的解释程度

在基准回归结果的基础上，本节进一步借助回归方程的方差分解测算权利配置对企业要素收入分配的影响程度和趋势变化。首先，从权利配置研究要素收入分配，为本章的研究提供了崭新的视角；其次，在实证回归的基础上，将权利配置纳入企业要素收入分配的研究，更加符合现实，并通过张晓波等（2003）进行方差分解，寻找影响企业要素收入分配背后的真正原因。

---

①　张杰等（2012）将劳动报酬定义为“本年应付工资总额、本年应付福利费总额、劳动待业保险费、养老保险和医疗保险，以及住房公积金和住房补贴”等五个方面，但由于中国工业企业数据库有些指标缺失，为保持连贯性，本章将劳动报酬定义为工资总额和福利费总额两个方面，而对于张杰等（2012）定义的“广义”劳动报酬，本章只能通过2005—2007年数据进行进一步的稳健性检验。

(一)权利配置对企业要素收入分配的总体贡献度

根据张晓波等(2003)的分解公式,在单因素对企业要素收入分配影响分解的基础上,进一步得到权利配置各维度对要素收入分配的影响,分别如表9.4所示。

表9.4 权利配置对企业要素收入分配影响的解释程度 (单位:%)

维度	劳动力要素收入占比			资本要素收入占比		
	平均解释	最大解释	最小解释	平均解释	最大解释	最小解释
参与权维度	1.16	2.31	0.44	2.86	6.71	-2.59
收入权维度	18.63	25.80	11.41	10.95	17.02	4.97
总体解释	19.79	28.11	11.41	13.81	23.73	2.38

资料来源:笔者根据中国工业企业数据库使用Stata软件统计。

根据表9.4的权利配置对企业要素收入分配影响的解释程度计算结果,发现以下三点结论:

总体上,权利配置平均程度上能够解释企业内部劳动力要素收入占比为19.79%、资本要素收入占比为13.81%;能够解释劳动力要素收入占比为最大程度为28.11%、资本要素收入占比为23.73%;能够解释劳动力要素收入占比最小程度为11.41%、资本要素收入占比为2.38%。分解结果表明,权利配置对企业要素收入分配的影响非常大。另外,值得注意的是,权利配置对企业内部劳动力要素收入占比的影响相对更大,这进一步表明,当前企业内部权利配置的不公是造成企业内劳动力要素收入占比偏低的重要原因。

权利配置影响各维度上,收入权的解释程度最大,对劳动力要素占比和资本要素收入占比平均解释程度分别达到18.63个百分点、10.95个百分点。参与权对劳动力要素和资本要素的影响程度在权利配置中相对较弱,平均贡献程度分别达到1.16个百分点、2.86个百分点。这表明,收入权是影响企业要素收入分配制度改革的关键权利配置因素，其核心是赋予员工共享企业收益的权利。

在劳动力要素和资本要素收入占比方面，企业内部的收入权对劳动力要素和资本要素的分配具有重要影响，收入权对劳动力要素收入分配的影响尤为重要，达到了18.63个百分点。从分解结果看，企业内部的收入权配置应更倾向于劳动者，提高劳动者获得收入的权利，能够有助于直接改善“资强劳弱”的格局。同时，参与权的作用也不可忽视，应加强企业间的市场流动，建立公平公正的市场竞争体系，强化市场竞争。

（二）权利配置对企业要素收入分配贡献度的动态变化

考虑到时间因素的影响，进一步分析在时间跨度上权利配置对劳动力要素收入占比和资本要素收入占比的贡献程度，本节测算了样本区间内权利配置各因素对劳动力要素收入占比和资本要素收入占比解释程度的动态变化，测算结果如表9.5—表9.7所示。

表9.5—表9.7的结果显示了主要权利配置各维度对企业要素收入分配解释程度的动态变化。可以发现，从劳动力要素收入占比和资本要素收入占比的变动来看，收入权维度中的两个最大影响因素是全要素生产率和企业规模。虽然全要素生产率的解释力度很大，无论对劳动力要素还是资本要素的变化解释力都超过4%，但却呈逐年下降趋势，这表明不重视人力资本的企业发展模式限制了劳动力要素收入占比的提高。相反，企业规模对要素收入分配的影响却越来越大，呈逐年上升趋势。

表9.5　1998—2007年权利配置各维度对企业劳动力要素收入分配影响的解释程度

（单位：%）

年份	参与权维度				收入权维度		
	ln*hhi*	*Monopoly*	*Dum_ownship*	*Dum_district*	ln*size*	ln*tfpop*	ln*KtY*
1998	−0.040	−0.078	1.686	0.287	15.321	3.975	2.159

续表

年份	参与权维度				收入权维度		
	ln*hhi*	*Monopoly*	*Dum_ownship*	*Dum_district*	ln*size*	ln*tfpop*	ln*KtY*
1999	-0. 029	-0. 045	1. 444	0. 263	15. 264	3. 613	2. 373
2000	-0. 042	0. 021	1. 026	0. 295	14. 103	3. 059	2. 391
2001	-0. 056	0. 090	0. 702	0. 226	12. 425	2. 456	2. 469
2002	-0. 058	0. 156	0. 622	0. 211	11. 133	2. 014	2. 457
2003	-0. 063	0. 238	0. 566	0. 237	10. 191	1. 795	2. 415
2004	-0. 057	0. 358	0. 524	0. 061	9. 690	1. 199	2. 78
2005	-0. 042	0. 340	0. 641	0. 157	9. 447	1. 456	2. 912
2006	-0. 032	0. 282	0. 571	0. 144	9. 025	1. 425	3. 199
2007	-0. 025	0. 314	0. 569	0. 112	8. 449	1. 420	3. 376
平均解释程度	-0. 044	0. 167	0. 835	0. 199	11. 505	2. 241	2. 653
最大解释程度	-0. 025	0. 358	1. 686	0. 295	15. 321	3. 975	3. 376
最小解释程度	-0. 063	-0. 078	0. 524	0. 061	8. 449	1. 199	2. 159

资料来源：笔者根据中国工业企业数据库使用 Stata 软件统计。

表 9. 6　1998—2007 年权利配置各维度对企业资本要素收入分配影响的解释程度

（单位：%）

年份	参与权维度				收入权维度		
	ln*hhi*	*Monopoly*	*Dum_ownship*	*Dum_district*	ln*size*	ln*tfpop*	ln*KtY*
1998	-0. 001	-0. 373	2. 221	2. 874	3. 036	5. 794	1. 35
1999	-0. 001	-0. 268	2. 029	2. 879	3. 979	5. 395	1. 218
2000	-0. 002	-0. 108	1. 657	3. 246	4. 979	4. 856	1. 037
2001	-0. 002	0. 036	1. 244	2. 216	5. 66	4. 222	0. 481
2002	-0. 002	0. 119	1. 015	2. 475	6. 434	3. 919	0. 245
2003	-0. 003	0. 202	0. 689	3. 913	7. 03	3. 28	0. 244
2004	-0. 003	0. 378	0. 432	0. 672	8. 500	2. 584	-0. 628
2005	-0. 002	0. 461	0. 363	0. 929	9. 182	3. 09	-0. 549
2006	-0. 002	0. 44	0. 276	0. 209	9. 454	3. 014	-0. 655

续表

年份	参与权维度				收入权维度		
	ln*hhi*	*Monopoly*	*Dum_ownship*	*Dum_district*	ln*size*	ln*tfpop*	ln*KtY*
2007	−0.002	0.573	0.131	−2.347	9.875	2.979	−0.521
平均解释程度	−0.002	0.146	1.006	1.707	6.813	3.913	0.222
最大解释程度	−0.001	0.573	2.221	3.913	9.875	5.794	1.35
最小解释程度	−0.003	−0.373	0.131	−2.347	3.036	2.584	−0.655

资料来源：笔者根据中国工业企业数据库使用 Stata 软件统计。

表 9.7　1998—2007 年权利配置各维度对政府部门要素收入分配影响的解释程度

（单位：%）

年份	参与权维度				收入权维度		
	ln*hhi*	*Monopoly*	*Dum_ownship*	*Dum_district*	ln*size*	ln*tfpop*	ln*KtY*
1998	−0.003	−0.017	4.232	0.02	0.325	1.554	1.692
1999	−0.002	−0.013	4.685	−0.034	0.214	2.122	1.732
2000	−0.002	−0.013	4.397	0.057	0.235	2.160	1.713
2001	−0.003	−0.016	4.513	0.088	−0.006	2.135	1.965
2002	−0.004	−0.016	5.258	0.061	−0.166	1.772	1.915
2003	−0.001	−0.023	5.724	0.073	−0.318	2.066	1.914
2004	−0.001	−0.028	5.942	0.016	−0.561	1.915	1.727
2005	−0.001	−0.026	6.090	0.016	−0.58	1.746	1.664
2006	−0.001	−0.023	5.229	0.068	−0.515	1.506	1.624
2007	−0.001	−0.020	4.858	0.119	−0.450	1.311	1.281
平均解释程度	−0.002	−0.019	5.093	0.048	−0.182	1.829	1.723
最大解释程度	−0.001	−0.013	6.090	0.119	0.325	2.160	1.965
最小解释程度	−0.004	−0.028	4.232	−0.034	−0.580	1.311	1.281

资料来源：笔者根据中国工业企业数据库使用 Stata 软件统计。

在表 9.5—表 9.7 的方差分解结果基础上，测算收入权和参与权对企业要素收入分配的影响效果。本章重点分析的是权利配置各维度对劳动力要素和资本要素收入占比的影响，如图 9.7 所示。该图清晰地呈现了权利配置各维度对企业劳动力要素和资本要素收入占比贡献的动态变化，呈现三个主要特点：

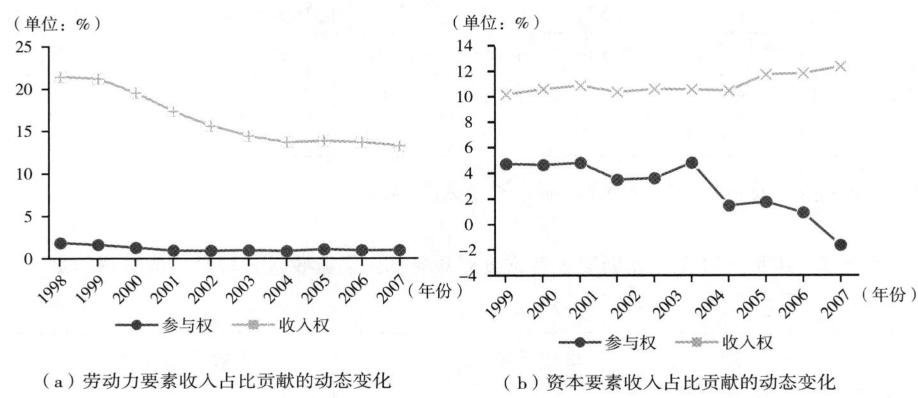

（a）劳动力要素收入占比贡献的动态变化　（b）资本要素收入占比贡献的动态变化

图 9.7　1998—2007 年权利配置各维度对企业劳动力要素和资本要素收入占比解释程度的动态变化

资料来源：笔者根据中国工业企业数据库测算。

第一，总体来看，权利配置各维度对要素收入分配总体影响贡献大小依次为收入权、参与权。权利配置中的收入权维度对劳动收入占比和资本收入占比都具有重要影响，尤其是对劳动力要素收入占比的平均贡献达到 16.399 个百分点，对资本要素收入占比在样本区间内的平均贡献达到 10.948 个百分点。参与权对劳动力要素收入占比和资本要素收入占比的平均贡献最小，分别为 1.158 个百分点、2.856 个百分点。

第二，如图 9.7(a)所示，收入权虽然对企业劳动力要素收入占比贡献最大，但是却在样本区间内呈逐年下降趋势，且趋势较为明显，从 1998 年能够贡献 21.455 个百分点，下降到 2007 年的 16.399 个百分点，共计下降 5.056 个百分点。这表明企业内部的收入分配普遍重视能够带来更高资本回报率的资本方，给予资本方的收入权越来越高，而对劳动者的收入权却不够重视，最终造成收入权在企业劳动力要素收入占比的变动中作用日益下降。参与权对企业劳动力要素收入占比的影响较为稳定。

第三，如图 9. 7(b)所示，收入权对于企业内部资本要素收入占比的贡献最大，但是与对劳动力要素收入占比的影响过程相反，收入权对资本要素收入占比的贡献呈逐年增长趋势，从样本区间最初的 10. 180 个百分点提高到 12. 333 个百分点，这一结果也证明了第二点的结论。参与权对企业内部资本要素收入占比的提升影响日益降低，从样本区间内最初的 4. 721 个百分点下降到-1. 645 个百分点，共下降 6. 366 个百分点，这表明市场机制有必要进一步完善。一方面，市场存在不公平竞争的问题，垄断企业尤其是垄断国有企业拥有更多的"资源"，使其在市场竞争中拥有更多的优势；另一方面，政府在资源配置中的作用较大，限制了企业在市场中参与资源配置的能力。权利配置对企业劳动和资本要素收入占比的解释程度具体测算结果如表 9. 8 所示。

表 9. 8　1998—2007 年权利配置各维度对企业劳动力要素和资本要素收入占比的解释程度

（单位:%）

年份	劳动力要素收入占比		资本要素收入占比	
	参与权	收入权	参与权	收入权
1998	1. 855	21. 455	4. 721	10. 180
1999	1. 633	21. 250	4. 639	10. 592
2000	1. 300	19. 553	4. 793	10. 872
2001	0. 962	17. 350	3. 494	10. 363
2002	0. 931	15. 604	3. 607	10. 598
2003	0. 978	14. 401	4. 801	10. 554
2004	0. 886	13. 669	1. 479	10. 456
2005	1. 096	13. 815	1. 751	11. 723
2006	0. 965	13. 649	0. 923	11. 813
2007	0. 970	13. 245	-1. 645	12. 333
平均	1. 158	16. 399	2. 856	10. 948

资料来源：笔者根据中国工业企业数据库使用 Stata 软件统计。

第四节　要素收入分配制度改革效果评估的总体评价

根据对我国企业要素收入分配的格局演变测算以及制度改革效果评估的结果,本章得到以下结论:

第一,权利配置对企业要素收入分配具有重要影响,而权利配置中的收入权对企业要素收入分配的解释力度超过10%。权利配置各维度对企业要素收入分配的影响效果如下:(1)总体上,权利配置平均程度上能够解释企业内部劳动力要素收入占比为24.85%、资本要素收入占比为17.55%;能够解释劳动力要素收入占比为最大程度为35.21%、资本要素收入占比为29.55%;能够解释劳动力要素收入占比最小程度为15.53%、资本要素收入占比为4.8%。分解结果进一步表明,权利配置对企业要素收入分配的影响非常大。(2)维度上,收入权的影响程度最高,平均解释程度分别达到18.63个百分点和10.95个百分点。

第二,我国企业要素收入分配的症结在于更多强调资本方的收入权,而劳动者所获得的收入权则呈逐年下降趋势。(1)总体来看,权利配置各维度对要素收入分配总体影响贡献大小依次为收入权、参与权。权利配置中的收入权维度无论对劳动力要素收入占比还是资本要素收入占比的影响都很大,对劳动力要素收入占比在样本区间内的平均贡献达到16.399个百分点,对资本要素收入占比在样本区间内的平均贡献达到10.948个百分点。(2)收入权虽然对企业劳动力要素收入占比贡献最大,但是却在样本区间内呈逐年下降趋势,且趋势较为明显,从1998年能够贡献21.455个百分点,下降到2007年的16.399个百分点,共计下降5.056个百分点。这表明企业内部的收入分配普遍重视能够带来更高资本回报率的资本方,给予资本方的收入权越来越高,而对劳动者的收入权却日益不重视,最终造成收入权在企业劳动力要素收入占比的变动中作用日益下降。(3)收入权对于企业内部资本要素收入占比的贡献最大,但是与对劳动力要素收入占比的影响过程相反,收入权对资本要素收入占比的贡献呈逐年增长趋势。

第三,全要素生产率和企业规模是收入权影响企业内部劳动力要素和资本要素收入占比变动的主要因素。企业的技术进步主要是资本偏向型而非劳动偏向型,资本相对劳动在企业利益分割中占据主导地位,从而导致企业内部倾向于提高资本要素收益。全要素生产率代表的技术进步对要素分配的影响呈现逐年递减趋势,而企业规模对要素收入分配的影响越来越大,并成为影响资本要素收入份额不断提高的主要因素。

第十章　中国收入再分配制度改革效果评估

再分配制度作为收入分配制度的重要组成部分，在扭转初次分配格局、防止两极分化和保障低收入者基本生活等各方面都有着无可取代的作用。总体而言，为服务经济体制改革需要，我国对再分配的认识经历了“效率优先、兼顾公平”到“再分配要更加注重公平”的转变，与此相对应，再分配制度也经历了一系列变迁。然而，这些再分配制度改革究竟产生了何种效果？这有待于科学、系统地评估。根据本书的理论分析，再分配主要涉及保障权的配置，因此，本章将依据保障权的配置变化来进行评估，并作出解释。

接下来的结构安排如下：首先，基于居民保障权的变化对我国整体再分配制度改革效果进行评估，得出评估结论并予以解释；然后，基于居民养老保障权配置变化以养老保险制度为例对具体再分配制度改革效果进行评估，得出结论并予以解释；最后，对上述进行总体评价。

第一节　再分配制度改革效果评估的思路与方法

一、整体再分配制度改革效果评估的基本思想和主要方法

（一）评估的基本思想

如何对整体再分配制度改革产生的效果进行评估？从再分配制度改革产生的直接效果角度来看，无非是存在三种情形：一是如大多数人所期望的，再分配制度产生了正向的调节效果，即通过一定程度的“调高提低”使居民收入差距得以缩小；二是人们所不愿意看到的，再分配制度不但没有把居民之间原本的收入差距缩小，反倒是进一步拉大了居民之间的收入差距；三是再分配制度产生了“中性”效果，即再分配制度并没有改变初次分配的结果，或者说该分配制度在某一方面拉大了居民收入差距，但又在其他方面缩小了居民收入差距，最后总体效果不变。既然如此，要评估整体再分配制度改革产生的效果，最基本的思想就是考察再分配制度改革前后不平等指标的变化，如基尼系数、泰尔指数等，根据不平等指标的前后变化可以得出再分配产生的效果。值得注意的是，这里必须厘清：一是对收入的合理界定，区分哪一部分是属于初次收入分配获得的，哪一部分是属于再次收入分配获得的。二是要考虑数据的可得性和指标的可行性，这两者相辅相成，如果没有优良的指标来对得到的数据进行测算，则难以反映出再分配的真实效果；相反，再优良的指标，没有可行的数据用来计算也是徒劳。三是要在实证结果的基础上纳入规范分析，合理评估相应的研究结论。

（二）评估的主要方法

此处拟采用两种方法来进行评估：第一种方法是通过对不平等指标的测度，分别测算再分配之前和再分配之后的收入不平等指标；第二种方法则是通

过寻找变量构建计量回归模型来进行评估。对于第一种方法,我们选择泰尔指数(Theil Index)这一指标,由于其具有良好的可分解性,能够用来分别测算城乡之间、城镇内部、农村内部和全国的泰尔指数。在泰尔指数测算结果的基础上,再运用再分配率指标(Redistribution Ratio)对其产生的再分配效果进行直接考察。对于第二种方法,笔者将结合前面的权利配置理论来构建计量模型,并寻找恰当的变量来考察再分配制度改革产生的效果。

1. 泰尔指数(Theil Index)的测算

之所以选择泰尔指数而没有选择常用的基尼系数,主要是基于泰尔指数具有良好的可分解性,基尼系数虽然也可以分解,但分解应用时要求各组间完全不重叠,这一条件在实际情况下一般难以满足。泰尔指数隶属于广义熵指数(GE 指数),其表达式如下:

$$\begin{cases} \sum_{i=1}^{n} f(y_i)\ [(y_i/u)^{c} - 1]\ , c \neq 0,1 \\ \sum_{i=1}^{n} f(y_i)\ (y_i/u)\ \log(y_i/u)\ , c = 1 \\ \sum_{i=1}^{n} f(y_i)\ \log(y_i/u)\ , c = 0 \end{cases} \tag{10.1}$$

其中,y_i 表示样本 i 的收入,u 表示总体样本的平均收入,$f(y_i)$ 表示样本 i 中的人口占总体样本人口的比重。当 $c=0$ 时,表示对样本中低收入群体赋予了较大的权重,此时广义熵指数即为 $GE(0)$。当 $c=1$ 时,表示对所有组都赋予了相同的权重,此时的广义熵指数即为 $GE(1)$,也称泰尔指数。无论是 $GE(0)$还是泰尔指数,其值越大则表明收入越不平等。由于我们的目的是对再分配的效果进行评估,为了客观起见,我们选择了对所有组都赋予相同权重的泰尔指数进行测度。泰尔指数经过后来的发展①,其通用公式如下:

---

① 具体参见安东尼·夏洛克斯(Anthony Shorrocks)、万广华:《世界经济文汇》,《收入差距的地区分解》2005 年第 3 期。

$$I_T = \sum_j \sum_i \left(\frac{P_{ij}}{P}\right) \ln\left(\frac{\frac{P_{ij}}{P}}{\frac{Z_{ij}}{Z}}\right) \tag{10.2}$$

$$I_b = \sum_i \left(\frac{P_i}{P}\right) \ln\left(\frac{\frac{P_i}{P}}{\frac{Z_i}{Z}}\right) \tag{10.3}$$

$$I_{wi} = \sum_j \left(\frac{P_{ij}}{P}\right) \ln\left(\frac{\frac{P_{ij}}{P}}{\frac{Z_{ij}}{Z}}\right) \tag{10.4}$$

$$I_w = \sum_i \left(\frac{P_i}{P}\right) I_{wi} = \sum_i \sum_j \left(\frac{P_i}{P}\right)\left(\frac{P_{ij}}{P}\right) \ln\left(\frac{\frac{P_{ij}}{P}}{\frac{Z_{ij}}{Z}}\right) \tag{10.5}$$

式(10.2)为整体泰尔指数,式(10.3)为区域间泰尔指数,式(10.4)为各区域内部的泰尔指数,式(10.5)为组内的泰尔指数,上述公式满足：

式(10.2)=式(10.3)+式(10.5)。其中,P 和 Z 分别为整个区域的样本总收入和总人口,P_i 和 Z_i 分别为第 i 区域的总收入和总人口,P_{ij} 和 Z_{ij} 分别为第 i 区域内样本 j 的收入和人口数。

2. **再分配率(Redistribution Ratio)的测算**

根据马蒂亚·福切萨托和萨缪·鲍尔斯(2014)①的定义,再分配率的计算公式如下：

$$RDR = 1 - \frac{INDEX_{RE}}{INDEX_{PR}} \tag{10.6}$$

其中,RDR 表示再分配率,$INDEX_{RE}$ 表示经过再分配后的收入不平等指

① 具体参见 Mattia Fochesato, Samuel Bowles,"Nordic Exceptionalism? Social Democratic Egalitarianism in World-historic Perspective",*Journal of Public Economics*,2014。

标，$INDEX_{RE}$ 表示再分配前的不平等指标。RDR 大于 0、小于 0 或等于 0，则分别表示正向收入再分配、逆向收入再分配和中性再分配效果。

3. 计量回归分析方法

笔者构建了面板数据的计量模型，具体表达式如下：

$$INDEX = \beta_0 + R_1\beta_1 + R_2\beta_2 + R_3\beta_3 + X\beta_4 + \varepsilon \tag{10.7}$$

其中，$INDEX$ 为不平等指标，β_0 为常数项，$R_1\beta_1$ 为保障权代理变量的向量表达式，$R_2\beta_2$、$R_3\beta_3$、$X\beta_4$ 分别为参与权、收入权和其他控制变量的向量表达式，ε 为随机误差项。

二、具体再分配制度改革效果评估的基本思想和主要方法

在评估了整体再分配制度改革效果之后，还需要对具体再分配制度的改革效果进行评估。理论上来说，将这些具体再分配制度改革的效果测算出来之后，对其进行加权平均就能得到整体的再分配效果，和前面的评估形成一致，并相互佐证。遗憾的是，限于人力、物力、时间等条件，我们难以这样做。为此，我们只有选择具有代表性的再分配制度进行效果评估。那么，该如何选择呢？基于本书的理论分析，整体的再分配制度改革效果评估是基于居民总体的保障权来进行的，此处我们选择更为具体的居民保障权——养老保障权来进行评估。具体而言，基于我国城乡二元结构的特点，对于城市我们选择企业职工基本养老保险制度（以下简称"基本养老保险"），对于农村我们选择新型农村社会养老保险制度①。

① 需要指出的是，新型农村基本养老保险制度在 2014 年已经和城镇居民基本养老保险制度进行了合并，统称城乡居民养老保险制度。但由于本章考察的期间在 2014 年之前，所以此处依然称作"新农保"。

（一）企业职工基本养老保险制度改革效果评估的基本思想与主要方法

1. 相关说明

纵观我国的企业职工基本养老保险制度改革历程，大致经历了改革前企业包养老待遇的福利模式（以下简称“改革前方案”）、1997 年建立的统账结合的社会养老保险制度（以下简称“1997 年改革方案”）和 2005 年进一步完善之后的养老保险制度（以下简称“2005 年改革方案”）三种方案。

根据企业职工基本养老保险制度的特点，限于本书能够获得的数据和其他约束条件，我们拟采用统计模拟和精算方法对其产生的收入再分配效果——代际内和代际间收入再分配效果进行评估。之所以这么做，主要是考虑到企业职工基本养老保险制度的实施时间相对较长，其产生的收入再分配效果相对容易进行评估，其再分配的力度也大，根据我们所能获取的数据可以较好地得出具体的评估结论。加之，统计模拟和精算方法可以很好地适应这种长时间效果评估，并且可以对比历次改革的效果。

2. 评估测算模型

我国的企业职工基本养老保险制度属于部分积累制，由于个人账户部分归个人所有①，我们仅对现收现付制部分的收入再分配效果进行评估。为简化分析，我们假定有五类参保人员：高收入者、中高收入者、中等收入者、中低收入者和低收入者。根据我国养老保险制度的规定，职工月平均工资低于当地平均工资 60%的，按 60%计算缴费工资基数；超过当地职工平均工资 300%的部分不计入缴费工资基数，也不计入计发养老金基数。此处我们采用参保者的终生纯收益额（*PPV*）这一指标来度量收入再分配程度。参保者的终生纯收益额（*PPV*）等于参保者未来养老金收入现值（*BPV*）和缴费现值（*CPV*）之

① 《中华人民共和国社会保险法》第十四条规定，个人账户不得提前支取，记账利率不得低于银行定期存款利率，免征利息税。个人死亡的，个人账户余额可以继承。

差。根据规定我们假设这五类人员的缴费工资与当年在职职工平均工资的比值(n)分别为300%、200%、100%、80%、60%。这些指标的计算与参保当年在职职工的年平均工资(w)、未来年平均工资增长率(g)、未来年平均利率(r)、参保者缴费率(θ)、参保者缴费年限(t)、参保者退休后领取养老金的年限(e)和参保者的性别(sex)等有关。

根据国务院1978年发布的《关于工人退休、退职的暂行办法》规定,我们将企业职工退休后领取到的养老金比例设为退休前工资的75%。并且改革前方案下参保者不需要缴费,因此其纯收益额就等于退休后领取到的养老金现值。我们可以由年金相关计算知识得到改革前方案下参保者终生纯受益额(PPV_0)。

当r和g不相等时,

$$PPV_0 = BPV_0 = \frac{0.75nw\,(1+g)^{t-1}\left[1-\left(\frac{1+g}{1+r}\right)^{e}\right]}{(1+r)^{t-1}(r-g)} \tag{10.8}$$

当r和g相等时,

$$PPV_0 = BPV_0 = \frac{0.75nwe}{1+r} \tag{10.9}$$

根据《国务院关于建立统一的企业职工基本养老保险制度的决定》及相关规定,我们可以得到1997年改革方案下参保者的终生纯受益额(PPV_{97})①。

$$PPV_{97} = BPV_{97} - CPV_{97} \tag{10.10}$$

当r和g不相等时,

$$BPV_{97} = \frac{0.2w\,(1+g)^{t-1}\left[1-\left(\frac{1+g}{1+r}\right)^{e}\right]}{(1+r)^{t-1}(r-g)} \tag{10.11}$$

① 值得注意的是,1997年改革后对养老保险缴费年限有了15年的最低限制,低于15年的不能获得统筹账户发放的养老金,因此这部分人的缴费就成为净转出。

$$CPV_{97} = \frac{0.17nw(1+r)\left[1-\left(\frac{1+g}{1+r}\right)^{t}\right]}{r-g} \tag{10.12}$$

当 r 和 g 相等时，

$$BPV_{97} = \frac{0.2we}{1+r} \tag{10.13}$$

$$CPV_{97} = 0.17nwt \tag{10.14}$$

同理，根据《国务院关于完善企业职工基本养老保险制度的决定》及相关规定，我们可以得到 2005 年改革方案下参保者的终生纯受益额（PPV_{05}）。

$$PPV_{05} = BPV_{05} - CPV_{05} \tag{10.15}$$

当 r 和 g 不相等时，

$$BPV_{05} = \frac{0.5wt\%(n+1)(1+g)^{t-1}\left[1-\left(\frac{1+g}{1+r}\right)^{e}\right]}{(1+r)^{t-1}(r-g)} \tag{10.16}$$

$$CPV_{05} = \frac{0.2nw(1+r)\left[1-\left(\frac{1+g}{1+r}\right)^{t}\right]}{r-g} \tag{10.17}$$

当 r 和 g 相等时，

$$BPV_{05} = \frac{0.5wt\%(n+1)e}{1+r} \tag{10.18}$$

$$CPV_{05} = 0.2nwt \tag{10.19}$$

（二）“新农保”制度改革效果评估的基本思想与主要方法

1. 相关说明

国务院于 2009 年 9 月正式启动了新型农村社会养老保险试点工作，参保对象为年满 16 周岁（不含在校学生）、未参加城镇职工基本养老保险制度的农村居民，满足条件的农村居民可以在户籍地自愿参保。与以个人缴费为主的自我储蓄型老农保不同，“新农保”基金由“个人缴费+集体补助+政府补贴”构成，强调了政府补贴的责任，在基础养老金这一块中央政府对中西部地区给予全额补助，对东部地区则给予50%的补助（国务院，2009）。个人每月领取的养老金分为两大部分：一是基础养老金，为最低标准①加上地方财政可能加发的部分；二是来自个人缴费，为个人账户累计额除以139。对于已达到或超过60岁的农村老人，只要参保或者其符合条件的子女参保就有权利领取基础养老金。

根据“新农保”制度的特点，对于其实施的效果我们重点评估其产生的其他方面的政策效果。之所以这么做，主要是因为“新农保”保障水平相对较低，再分配力度不大，去评估其再分配效果意义不大。但是，其产生的其他方面的政策效果却具有相当大的意义（陈华帅和曾毅，2013）。因此，我们将重点评估“新农保”产生的其他方面的政策效果。具体而言，笔者将从老人经济来源、代际转移、居住意愿、营养结构、老年照料、心理健康和幸福感七个方面来系统地评估“新农保”政策实施的效果。

2. 评估的基本思想

总体来看，“新农保”使农村老人获得了一项收入的增项，即每月可以获得至少55元的养老金，这会带来何种效应？由于在前面我们已经说明，笔者着重关注其在其他方面产生的效果，而不去评估其产生的收入再分配效果，故主要对其产生的其他效果进行理论分析。老人获得了更多的收入来源，最直接的效果就是增强老人经济的独立性，老人可以更多依赖自己而减少对子女的依赖。这就需要评估两个方面的效果，即老人的经济来源和子女代际转移的替代性。老人的经济来源可能由原来的依靠子女转变为依靠自己的养老金。子女也有可能因为老人有了自己的经济来源而减少对老人的代际转移。当然，这些结论还存在一定的争议有待进一步实证。另外，这种养老金收入也可能带来一些间接的效果，如消费和精神福利。对于消费来说，主要涉及三个

① 测算期内为55元/月。

方面:一是对居住的消费,有研究表明,具有经济实力的老人更加倾向于自己独居或与配偶居住,而不是与孩子居住在一起;二是食物消费,老人可能会更加注重自己的身体而消费更多的健康食品,如摄入更多的蛋白质、吃更多的蔬菜、水果等;三是对照料服务的消费,由于子女不可能完全满足老人照料服务的需求,有养老金收入可能会使老人更多去购买社会上的养老照料服务。对于精神福利来讲,可能会对老人在心理健康和幸福感两个方面产生正向影响。如"新农保"给予了老人基本的生活保障,使老人心理得到了一定慰藉。也有可能老人会觉得"新农保"政策使自己更加被政府和社会所关注,在原来的传统养老基础上加了一层社会保障,可以使参保老人幸福感得以提升。

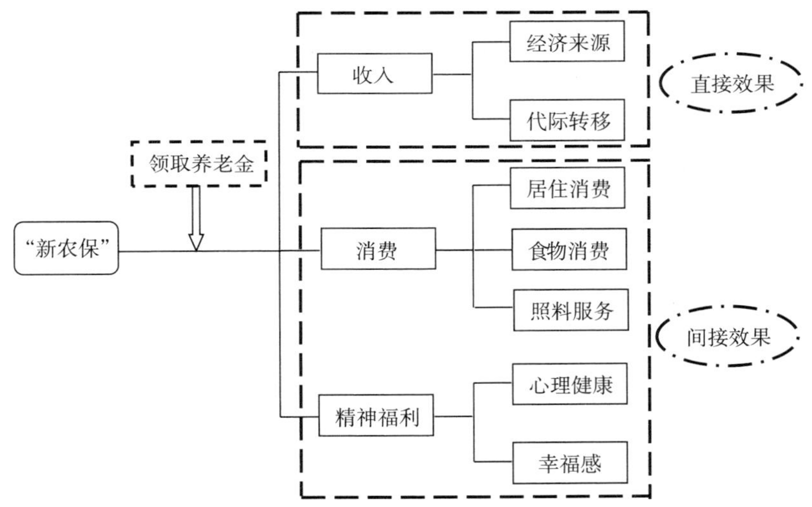

图 10.1　评估"新农保"政策效果的基本思路

3. 评估方法

笔者利用"新农保"实施前和实施后的两期面板数据,参照相关文献的做法,采用罗森鲍姆和鲁宾(Rosenbaum 和 Rubin,1983)提出 PSM 方法来对其进行评估。具体而言,就是按照倾向得分将未参保人群中与参保人群中得分相近的进行匹配,来估计参保者的平均处理效应(Average Treatment Effect on the

Treated,ATT)。具体步骤参见罗森鲍姆和鲁宾(1983)。

第二节　整体再分配制度改革效果评估

一、基于泰尔指数测算对再分配制度改革效果的评估

(一)收入的界定和相关数据说明

1. 收入的界定

厘清初次分配收入和再次分配收入对本章的测度至关重要。就理论上而言,将居民获得的收入分解为初次分配获得的收入和再次分配获得的收入,然后再在此基础上对比不平等指标的测度结果就可以对再分配效果进行评估。然而,现实生活中对此类统计并没有这么详尽,我们只好利用能够得到的数据对产生效果进行近似测算。查阅国家统计局发布的《中国统计年鉴》,我们能得到农村居民的分项收入和城镇居民的分项收入①数据,其中转移性收入②我们可以将之视为通过再分配而获得的收入,而转移性收入以外的其他收入我们可以将其近似地视为初次分配收入。严格来说,这样做势必存在一定的出入,但受限于数据的可获得性和数据的代表性,加之转移性收入占再分配收入的绝大部分比重,这样处理也是合适的。

2. 相关数据的说明

测度泰尔指数的数据主要来源于历年《中国统计年鉴》,部分人口数据来自《中国人口统计年鉴》。考虑到我国西藏自治区的数据存在部分年份的数

① 国家历年统计年鉴分别提供了城镇居民和农村居民按来源的分项收入,城镇居民的收入包括总收入、可支配收入、工资性收入、经营净收入、财产性收入和转移性收入,农村居民的收入包括纯收入、工资性收入、家庭经营纯收入、财产性收入和转移性收入。

② 转移性收入则可视为经过再次分配之后获得的收入,转移性收入主要由离退休金、价格补贴、赡养收入、赠送收入、亲友搭伙费、记账补贴、出售财物收入、其他组成(统计局,2015)。

据缺失,我们未将其纳入分析。另外,按照通常处理,我国港澳台地区的数据也未纳入分析,故本章用于分析的数据仅限除西藏自治区外的30个省份。对于数据年份的选取,我们考虑到重庆市是在1997年才从四川省独立出来设为直辖市的,故开始测度的年份始于1997年,截止年份定为2013年。当然,不少文献建议将重庆市并入四川省进行处理,但是,这一处理忽视了不同地方政府和政策环境的影响,可能会导致较大偏差。况且,就本章目的而言,选择从1997年开始测度的结果将更加准确和更加具有代表性。因此,本章测度泰尔指数的年份限定为:1997—2013年①。

(二)泰尔指数的测算结果

依据前文所提供的测算式(10.2)、式(10.3)、式(10.4)和式(10.5),本章将分别对全国、城乡之间、城镇内部和农村内部的泰尔指数进行测算。我们将首先测算初次分配的泰尔指数,然后再测算再分配之后的泰尔指数,最后再测算再分配率指标。

1. 初次分配后的泰尔指数测算

表10.1为笔者对初次分配后的泰尔指数测算结果。首先,我们来看全国泰尔指数。在测算期间,全国泰尔指数经历了先逐步增加再逐步降低的一个过程,呈现出倒"U"型的变化趋势,这说明全国收入差距在经历了急剧扩大的趋势后,近年来收入差距有所缩小。其峰值发生在2006年,高达0.1802,到2013年降为0.1349,但依然属于较高的水平。其次,我们再来看一下农村内部泰尔指数。从中可以发现,农村内部居民之间的收入差距并不大,最高的年份为2006年,其数值也仅为0.0505,远低于全国泰尔指数的水平。并且,这

① 还有一项需要说明的是,国家统计年鉴在2001年和2002年之间变换了城镇居民收入来源的统计项目。2001年之前,其总收入中分为国有单位职工收入、集体单位职工收入、其他经济类型单位职工收入、财产性收入和转移性收入五项;而自2002年开始,总收入则被分为了工薪收入、经营净收入、财产性收入和转移性收入。由于本章对城镇居民收入来源的分析仅仅限于总收入和转移性收入,故不受此影响,数据也保持了良好的一致性。

表 10.1　1997—2013 年初次分配后的泰尔指数测算结果

年份	全国	农村内部	城镇内部	城乡之间
1997	0.1272	0.0440	0.0418	0.0844
1998	0.1215	0.0415	0.0412	0.0801
1999	0.1259	0.0422	0.0400	0.0850
2000	0.1289	0.0463	0.0408	0.0858
2001	0.1353	0.0482	0.0397	0.0919
2002	0.1531	0.0480	0.0417	0.1089
2003	0.1715	0.0503	0.0452	0.1244
2004	0.1707	0.0478	0.0449	0.1247
2005	0.1756	0.0492	0.0456	0.1289
2006	0.1802	0.0505	0.0444	0.1340
2007	0.1739	0.0464	0.0394	0.1325
2008	0.1694	0.0449	0.0381	0.1293
2009	0.1716	0.0460	0.0372	0.1320
2010	0.1595	0.0421	0.0368	0.1213
2011	0.1509	0.0410	0.0358	0.1138
2012	0.1452	0.0392	0.0331	0.1107
2013	0.1349	0.0359	0.0313	0.1024

资料来源:笔者根据《中国统计年鉴》自行测算。

一期间农村居民之间的收入差距虽然有所起伏,但总体变化程度并不大,处于相对平稳的状态。然后,我们再来考察一下城镇居民内部的泰尔指数测算结果。有意思的是,城镇居民内部收入差距与农村居民内部之间的收入差距所呈现出的变化趋势大体一致,而且在绝大多数年份其收入差距还要小于农村居民的水平。以其峰值为例,2005 年其测算值仅为 0.0456,低于农村居民内部泰尔指数峰值。这一测算结果也表明,城镇居民内部的收入分配可能相对平均。最后，我们再来重点考察城乡居民之间的收入差距。可以发现与预期一致，城乡居民之间的收入差距远远高于农村居民内部和城镇居民内部之间的收入差距，但是低于全国居民收入差距。从变化趋势来看，其与全国泰尔指数的变化高度吻合，也是典型的倒“U”型曲线。其峰值出现的年份也和全国泰尔指数一致，在 2006 年高达 0. 1340，意味着城乡居民的收入差距十分明显。通过上述分析，我们可得出：导致全国居民收入差距的主要原因是城乡居民之间的收入差距，分解结果显示，后者对前者的贡献均值大致为 72%，这也表明在城乡二元结构的体制下，城乡居民之间的收入差距扮演了拉大全国居民收入差距的重要角色，必须引起高度重视。

2. 再分配之后的泰尔指数测算

如表 10. 2 所示，再分配之后泰尔指数的测算结果与初次分配之后测算的结果在趋势上极其相似。更为惊讶的是，全国泰尔指数的测算结果比初次分配后的测算结果都要高，其最高值达到了 0. 2238，比初次分配之后测算结果的峰值 0. 1802 高出 0. 0436，其余年份也不例外。就农村居民内部而言，再分配之后，有的年份的泰尔指数要高于初次分配的测算结果，而有的年份又低于初次分配的测算结果，但总体而言依然保持相对平稳，变化不大。就城镇居民内部而言，再分配之后，其测算结果均小于初次分配的结果，这表明再分配在城镇居民内部确实起到了正向的收入调节作用。值得注意的是，城乡居民之间的收入差距在此期间并没有因为再分配而缩小，其测算结果的数值和全国泰尔指数一样，也是大于初次分配之后的测算结果。其峰值在初次分配后的测算结果只有 0. 1340，到了再次分配之后，其测算结果的峰值反而达到了 0. 1827，这很可能表明，在对城乡居民之间收入差距进行调节的时候，再分配并没有起到“调高提低”的作用。

表 10. 2　1997—2013 年再分配之后泰尔指数测算结果

年份	全国	农村内部	城镇内部	城乡之间
1997	0. 1576	0. 0433	0. 0374	0. 1177
1998	0. 1540	0. 0409	0. 0369	0. 1154
1999	0. 1627	0. 0425	0. 0359	0. 1241
2000	0. 1727	0. 0476	0. 0359	0. 1325
2001	0. 1863	0. 0490	0. 0374	0. 1446
2002	0. 2089	0. 0490	0. 0353	0. 1689
2003	0. 2234	0. 0511	0. 0376	0. 1816
2004	0. 2203	0. 0487	0. 0382	0. 1790
2005	0. 2224	0. 0503	0. 0386	0. 1806
2006	0. 2238	0. 0512	0. 0376	0. 1827
2007	0. 2153	0. 0467	0. 0332	0. 1788
2008	0. 2071	0. 0433	0. 0314	0. 1729
2009	0. 2093	0. 0439	0. 0304	0. 1758
2010	0. 1957	0. 0408	0. 0290	0. 1640
2011	0. 1839	0. 0401	0. 0293	0. 1523
2012	0. 1759	0. 0381	0. 0276	0. 1462
2013	0. 1657	0. 0363	0. 0277	0. 1362

资料来源:笔者根据《中国统计年鉴》自行测算。

3. 再分配率指标的测算及分析

本章的目的是对再分配制度改革效果进行效果评估,因而我们的核心问题是:再分配究竟产生了何种效果? 为此,我们依据马蒂亚·福切萨托和萨缪·鲍尔斯(2014)提出的再分配率指标来直观地考察这一效果。由于我们已经测算了初次分配和再次分配的结果,直接代入前文的式(10. 6)就能很快地测算出再分配率,如表 10. 3 所示。从中可得出以下结论:

表 10.3　1997—2013 年再分配率指标测算结果

年份	全国	农村内部	城镇内部	城乡之间
1997	−0.2389	0.0152	0.1043	−0.3940
1998	−0.2678	0.0147	0.1054	−0.4408
1999	−0.2917	−0.0068	0.1023	−0.4610
2000	−0.3397	−0.0270	0.1194	−0.5437
2001	−0.3772	−0.0165	0.0600	−0.5732
2002	−0.3642	−0.0211	0.1525	−0.5506
2003	−0.3030	−0.0160	0.1685	−0.4597
2004	−0.2908	−0.0173	0.1490	−0.4346
2005	−0.2665	−0.0223	0.1538	−0.4019
2006	−0.2421	−0.0141	0.1519	−0.3636
2007	−0.2378	−0.0065	0.1576	−0.3488
2008	−0.2230	0.0357	0.1768	−0.3364
2009	−0.2195	0.0459	0.1834	−0.3312
2010	−0.2270	0.0309	0.2115	−0.3523
2011	−0.2184	0.0203	0.1825	−0.3377
2012	−0.2113	0.0273	0.1682	−0.3210
2013	−0.2286	−0.0119	0.1168	−0.3298

资料来源：笔者根据《中国统计年鉴》自行测算。

第一，再分配制度整体调节效果并不乐观，即不但未能缩小收入差距，反而进一步恶化了初次分配结果。从再分配率指标来看，在整个测算期间，再分配率均小于 0，这表明我国的再分配制度在调节居民收入分配方面并没有起到"调高提低"的作用，反而存在一定程度的"劫贫济富"现象，再分配将居民收入差距在初次分配的基础上进一步拉大了 30%左右。但是，值得注意的是，这里面有一个转折点值得关注，即 2001 年前后。在此之前，再分配率指标显示再分配制度的逆向收入再分配作用是逐年增强的，而在之后则出现了一定的缓和与下降，但依旧不足以扭转这种局面。这也表明，在 2001 年之后再分配制度改革可能出现了有利于发挥正向收入再分配作用的趋势，但这种改革力度依旧有待加强。

第二，再分配制度对农村居民内部收入差距调节的作用相对较小，在2007年之前大部分年份产生的效果都是负面的，而在此之后的大部分年份则出现了“正调节”，即有利于缩小收入差距的效果。从测算结果来看，再分配对农村居民内部产生的作用极其有限，仅在初次分配和再次分配的基础上扩大或缩小了1%—5%。至于为什么会在2007年出现一个拐点，我们大致可以从以下几个方面对制度进行解释：一是农村地区的新型农村合作医疗得以逐步铺开，农村居民享受到了医疗保险带来的医疗保障，很大程度上减少了一部分农村居民因病致贫、因病返贫的风险。二是国家在2006年废除了农业税，并在2007年得以全面执行，农村居民因此得到了巨大的实惠，减轻了农业税负，间接地增加了农民收入。三是国家在2006年决定实施农村义务教育全民免费政策，使农村居民的支出“大头”——小孩的学费得到了大幅的减少，极大地减轻了农村居民经济支出的压力，对于农村居民来说无疑是一项重大的惠民政策。四是国家在2009年开始了“新农保”的试点，并迅速实现了制度全覆盖，由于这一制度有政府的补贴做支撑，使农村老人在60岁之后都能够领到一定的养老金，极大地改善了农村老人的生活状况。这些再分配制度的改革都使得农村居民内部的收入差距得以缩小。

第三，再分配制度有效地调节了城镇居民内部收入差距，在一定程度上缩小了城镇居民内部之间的收入差距。从再分配率指标来看，通过再分配使得城镇居民内部的收入差距在初次分配的基础上缩小了10%—21%，很大程度上促进城镇居民内部的收入公平。之所以会出现这种效果，我们大致可以从两个方面作出解释：一方面，城镇地区的社会保障制度相对完善，其养老、医疗、教育、住房、最低生活保障等制度使城镇居民在再分配这一块获得的转移支付相对较多，而这些制度中很多都体现了对中低收入群体的倾斜；另一方面，城镇地区的个人所得税调节作用的力度在逐步增大，越来越多的富人被征缴了个人所得税，这也在一定程度上缓解城镇居民内部的收入差距。

第四,再分配制度对缩小城乡居民收入差距并未起到作用,反倒增大了城乡居民之间的收入差距。从测算结果来看,再分配使城乡居民收入差距在初次分配结果的基础上进一步恶化,这一效应为30%—60%,十分明显。在此,我们也可以通过再分配率的测算结果断定:再分配制度对城乡居民收入差距的调节不力是导致再分配制度整体出现这种效果的主因。之所以这么断定,主要是基于再分配对农村居民内部的调节作用非常小,并且在2007年之后还出现了正向调节的效果,而对城镇居民内部收入差距的调节效果则一直为正向,这就说明,再分配制度对城乡居民之间的收入差距调节的逆向作用是导致其在全国居民收入差距调节出现这种效果的主因。

(三)再分配效果评估的解释

从评估结论可知,我国再分配制度整体出现了逆向收入再分配效果,那么,究竟如何来解释这一结果呢?笔者认为,保障权城乡分割是造成整体再分配逆向调节的根本原因。一方面,在城乡二元分割的体制下,再分配的城市偏向性导致城镇居民获得的再分配收入要远远大于农村居民;另一方面,再分配收入占城镇居民总收入的比重要远远高于再分配收入占农村居民的比重,调节力度存在"重城轻农"的扭曲。具体而言,我们可以通过相关数据来进行佐证。

从农村居民和城镇居民两者获得的转移性收入数据来看,农村居民较城镇居民获得的人均转移性收入明显较少(见图10.2)。这一绝对收入差距在1997年仅为947.78元,但到了2013年,这一差距扩大至6225.94元。而转移性收入的相对差距也在测算期间平均达到了14.61倍,远远高于城乡居民总体收入差距。值得一提的是,相对收入差距在2003年的峰值21.18倍之后出现了拐点,之后逐年下降,到2013年这一相对差距已经降为了8.94倍,但依旧远远高于城乡居民收入差距。之所以在2003年之后出现拐点,很大的原因是政府在2003年之后对农村居民的社会保障制度越来越重视,尤其在医疗、养老、教育等农村居民反映强烈的领域取得了较大突破,很大程度上减轻了农村居民的支出负担。

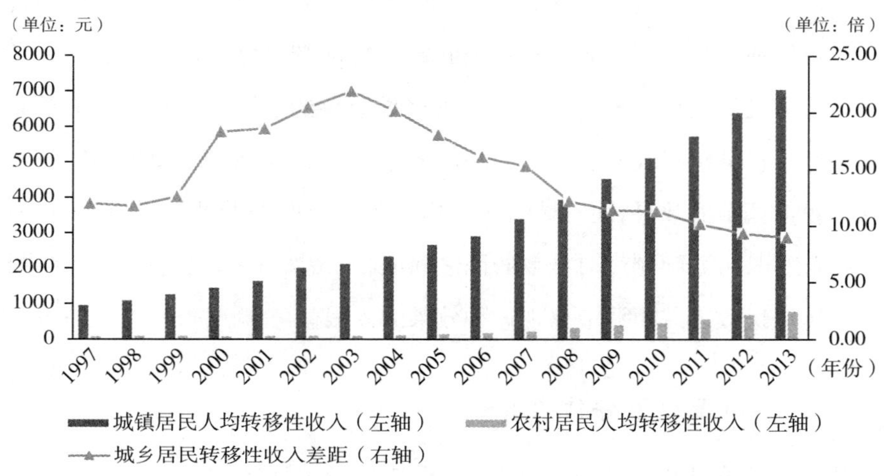

图 10. 2　1997—2013 年城乡居民人均转移性收入差距趋势

注:柱形图对应左边的刻度轴,曲线图对应右边的刻度轴。

资料来源:笔者根据《中国统计年鉴》自行测算。

表 10. 4　1997—2013 年城镇、农村居民人均转移性收入比重的变化

(单位:%)

年份	城镇居民转移性收入比重	农村居民转移性收入比重
1997	18. 37	3. 79
1998	19. 96	4. 26
1999	21. 48	4. 53
2000	23. 28	3. 50
2001	24. 32	3. 71
2002	26. 01	3. 97
2003	24. 93	3. 69
2004	24. 63	3. 93
2005	25. 26	4. 53
2006	24. 65	5. 04
2007	24. 55	5. 37

续表

年份	城镇居民转移性收入比重	农村居民转移性收入比重
2008	24.89	6.79
2009	26.29	7.72
2010	26.65	7.65
2011	26.17	8.07
2012	25.92	8.67
2013	26.01	8.82

资料来源：笔者根据《中国统计年鉴》自行测算。

就转移性收入的再分配力度来看，对城镇居民的再分配力度要明显大于对农村居民的再分配力度。这可以从城乡居民各自的收入来源结构中反映出来，如表10.4所示，城镇居民人均获得的转移性收入年均达到了24.32%。这意味着城镇居民的收入中有将近1/4的收入是通过转移性再分配获得的，加之，针对城镇居民的再分配制度有很大程度上带有一定的正向收入再分配性质，低收入群体能够从中获得一定的好处，这就使得城镇居民内部之间的收入差距能够得以缩小。而在农村居民的收入结构中，转移性收入的比例则小得多，年均仅为5.53%，低的年份甚至只有3.50%，远远低于其在城镇居民收入中所占的比重，这也意味着再分配对农村居民的收入影响不大。正是这种城乡分割的再分配制度导致了其产生逆向收入再分配的效果。

二、保障权配置对城乡居民收入差距影响的效果评估

（一）变量的选取和模型的设定

本节的重点是考察保障权配置对城乡居民收入差距造成的影响，这就必然涉及如何选取保障权的代理变量问题，当然，还得将本书理论中提到的参与权和收入权寻找到合适的代理变量。具体而言，将按以下方式选取代理变量：

关于因变量的选取。根据前文设定的模型，因变量即为城乡居民收入差距，但相对本章而言，如何来进行测算更为合理？就目前许多文献的做法来看，为了简单方便，一般就直接采用城乡居民二者的人均可支配收入之比来进行衡量，然而，王少平和欧阳志刚（2008）指出，这种做法忽略了农村和城镇人口变化带来的影响，存在一定的不合理之处。基于此，笔者采用泰尔指数（*theil*）来衡量城乡居民收入，这种指标相对于城乡居民收入比更加能够反映实际收入差距的变化。当然，吕冰洋和郭庆旺（2012）指出，居民消费相对居民收入来讲，能够更好地衡量居民的持久性收入，我们采纳他们的建议，采用城乡居民消费泰尔指数（*xftheil*）进行稳健性分析。i 省 t 时期泰尔指数测算公式如下：

$$theil_{it} = \sum_{j=1}^{2}\left(\frac{p_{jt}}{p_t}\right)\ln\left(\frac{p_{jt}}{p_t}\Big/\frac{z_{jt}}{z_t}\right) = \left(\frac{p_{1t}}{p_t}\right)\ln\left(\frac{p_{1t}}{p_t}\Big/\frac{z_{1t}}{z_t}\right) + \left(\frac{p_{2t}}{p_t}\right)\ln\left(\frac{p_{2t}}{p_t}\Big/\frac{z_{2t}}{z_t}\right) \tag{10.20}$$

其中，$j=1$ 和 $j=2$ 分别表示城镇区域和农村区域，z_{1t} 和 z_{2t} 则分别表示位于 t 时期的城镇人口数量和农村人口数量，z_{1t}表示 t 时期的总人口数量，p_{1t} 和 p_{2t} 分别表示 t 时期城镇和农村的总收入或总消费，p_t 表示 t 时期的总收入或总消费。

自变量的选取。毫无疑问，笔者重点关注的自变量为保障权配置的代理变量，然而如何选取这一代理变量却是一个难点问题。但是，考虑到农村居民最为关心的两个问题：一个是教育方面的问题；另一个是医疗方面的问题。为此，我们将利用这两个方面来描述保障权①，并将之纳入回归模型。具体而言，在城乡居民享受的教育方面，我们选取两者在义务教育教师资源的差异来

① 严格来说，保障权的衡量指标应该有很多，但有的指标难以找到相应的分省份、分城乡的数据，有的指标则过于复杂，难以有效选择。但是，医疗和教育，其中一个保障了居民最基本的生存权——病有所医，另一个则保障了居民最基本的发展权——学有所教，从这两个方面进行选取能够较好地反映城乡居民之间保障权方面的差异。另外，选取这两面的指标还有一个重要的原因，即这方面的数据相对容易获得。

进行衡量,城乡普通中学专任教师之比(*teacher*)是可行的代理变量。如果这一指标越大,说明农村居民和城镇居民在教育方面享受到的保障权差异越大,即越不平等。那么,我们根据前面的理论进行推断其回归系数应该为正,即比值越大,拉大居民收入差距的可能性越大。在医疗资源方面,影响最大的要数医疗服务人员在城乡之间分布的差异,因而我们选择了城乡医疗服务人员之比(*doctor*)这一代理变量作为衡量指标。和前面教育的代理变量一样,医疗资源分布越不平等,则拉大城乡居民收入差距的可能性也越大,为此,我们大致可以预计其回归系数也应该为正。

控制变量——参与权配置代理变量的选取。从总报告的理论分析框架为依据出发,参与权主要涉及各生产要素进入生产领域机会的问题,而劳动力和资本作为最重要的两种生产要素,其参与机会是否平等可以作为衡量城乡居民参与权的重要依据。为此,对于劳动力要素,我们选择了城市化率(*urb*)这一指标,根据相关文献,城市化率越高,劳动力要素的城乡流动越为自由,二者之间进入生产领域或获取就业机会就越为平等。对于资本要素,我们则选择了农业贷款/农业 GDP(*argloan*)这一指标,GDP 的数值越大,意味着农村居民所控制的资本要素越多,利用资本要素进行农业生产的机会也越多,二者之间对于资本要素的使用也就越平等。根据我们的预计,参与权越平等则越有利于缩小城乡居民收入差距,其回归系数应为负。

控制变量——收入权配置代理变量的选取。理论上来讲,收入权的配置很大程度上决定了居民初次收入分配格局,只有参与了生产的要素才能从生产系统中获得收入权,最基本的要素也是劳动力和资本。对于城乡居民而言,二者之间的收入权差异很大程度上就表现在劳动报酬和资本报酬上,基于此,笔者以城乡居民工资性收入之比(*salary*)和城乡居民财产性收入之比(*capital*)作为收入权配置两项指标的代理变量。根据我们的理论,这两项代理指标数值越大,越意味着城乡居民二者之间的收入权配置不平等,因此预计其回归系数应为正。

其他控制变量。根据相关文献，我们可知还有一些其他变量也能够影响城乡居民的收入差距，应该对其进行控制。这些变量包括经济的开放度、经济结构转型、经济发展水平等，我们分别用进出口总额/GDP（*trade*）、服务业占 GDP 的比重（*trade*）、人均 GDP 的对数（ln*gdp*）指标来进行代理。另外，为了验证库兹涅茨假说的倒"U"型曲线论，我们还引入了人均 GDP 对数的平方项（ln*gdp*2）。

通过上述理论分析，除了遴选变量的过程，笔者还对被解释变量——城乡居民收入泰尔指数（*srtheil*）和城乡居民消费泰尔指数（*xftheil*）均采用对数形式，旨在最大限度地减少数据异方差造成的影响，具体构建的模型如下：

$$\ln theil_{it} = \beta_0 + \beta_1 teacher_{it} + \beta_2 doctor_{it} + \beta_3 urb_{it} + \beta_4 argloan_{it} + \beta_5 salary_{it} + \beta_6 capital_{it} + \beta_7 trade_{it} + \beta_8 service_{it} + \beta_9 \ln gdp_{it} + \beta_{10} \ln gdp2_{it} + \mu_i + \varepsilon_{it} \quad (10.21)$$

其中，$\ln theil_{it}$ 表示泰尔指数的对数，分别采用 $\ln srtheil_{it}$（城乡收入差距泰尔指数的对数）和 $\ln xftheil_{it}$（城乡消费差距泰尔指数的对数）作为被解释量来进行模型估计，该式中下标 i 表示地区，t 表示时间，μ_i 为个体效应或随机效应，ε_{it} 为误差项。

（二）数据说明和描述性统计

为了保持一致的统计口径和出于数据可得性的考虑，笔者选择了 2002—2013 年的年份跨度。这些数据主要来源于历年《中国统计年鉴》《中国人口统计年鉴》《中国教育统计年鉴》《中国金融年鉴》《中国农村统计年鉴》《新中国六十年统计资料汇编》等。

另外，笔者按照现有研究通常的做法做了以下技术处理：一是为了消除通货膨胀带来的影响，我们对涉及的收入数据均进行了消胀处理；二是考虑到我国西藏自治区的数据部分变量存在缺失值，没有将其纳入我们的计量回归分析中，同样，我国的港澳台地区的数据也没有纳入进来，故实际上用于回归分析的省份只有 30 个；三是对于极少部分的缺失值，我们采用了适当的方法进

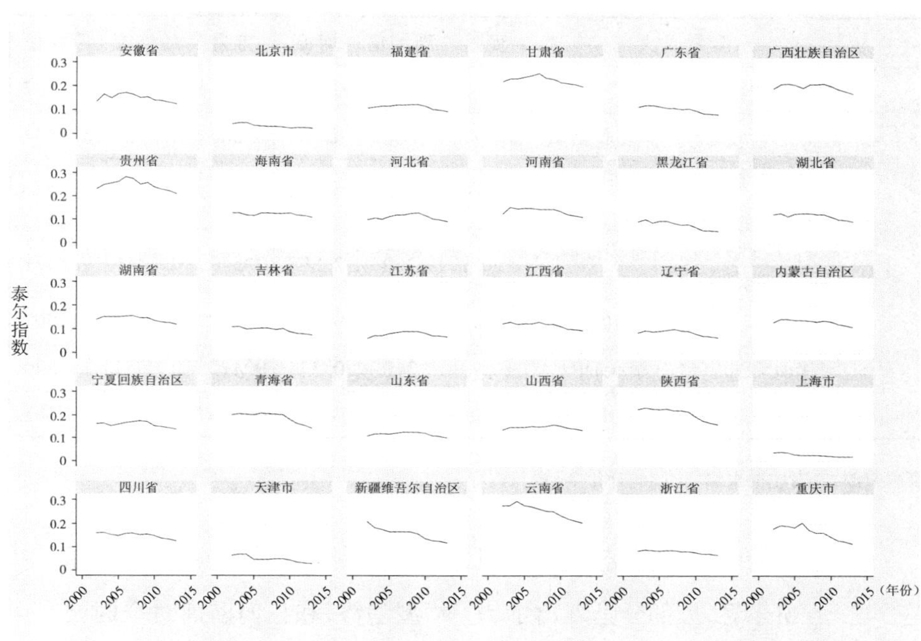

图 10.3　2000—2015 年各省（自治区、直辖市）城乡区域泰尔指数时间趋势

行了补齐，包括插值法、取平均值法或趋势推断法。四是对异常值进行了处理和修正。表 10.5 为各主要变量的描述性统计。

表 10.5　各变量的描述性统计

<table>
<tr><th></th><th colspan="2">变量含义</th><th>变量</th><th>观测值</th><th>均值</th><th>方差</th><th>最小值</th><th>最大值</th></tr>
<tr><td rowspan="2">被解释变量</td><td colspan="2">泰尔指数（收入）</td><td>srtheil</td><td>360</td><td>0. 134</td><td>0. 0584</td><td>0. 0195</td><td>0. 2936</td></tr>
<tr><td colspan="2">泰尔指数（消费）</td><td>xftheil</td><td>360</td><td>0. 123</td><td>0. 0489</td><td>0. 0149</td><td>0. 2658</td></tr>
<tr><td rowspan="2">解释变量</td><td rowspan="2">保障权</td><td>城乡普通中学专任教师之比</td><td>teacher</td><td>360</td><td>2. 462</td><td>2. 2225</td><td>0. 5321</td><td>21. 198</td></tr>
<tr><td>城乡医疗服务人员之比</td><td>doctor</td><td>360</td><td>5. 198</td><td>3. 4775</td><td>1. 3008</td><td>47. 248</td></tr>
</table>

续表

	变量含义		变量	观测值	均值	方差	最小值	最大值
控制变量	参与权	城市化率	*urb*	360	0.536	0.1854	0.2085	0.9507
		农业贷款/农业 GDP	*argloan*	360	0.703	0.8668	0.0924	6.9534
	收入权	城乡居民工资性收入之比	*salary*	360	7.204	5.3237	1.8239	46.259
		城乡居民财产性收入之比	*capital*	360	2.887	2.5409	0.2416	9.9471
	其他	人均 GDP 的对数	ln*gdp*	360	9.923	0.7279	8.0561	11.508
		进出口总额/GDP	*trade*	360	0.334	0.4132	0.0357	1.6829
		第三产业/GDP	*service*	360	0.396	0.0767	0.2860	0.7685

资料来源:笔者主要根据《中国统计年鉴》自行测算。

我们对因变量(城乡居民收入泰尔指数)的测算结果如图 10.3 所示。从这 30 个省份来看,大部分呈现出了倒“U”型趋势,和我们前面对全国城乡居民收入差距的测算结果一致。但是,也呈现出一些特点,表现为东部地区省份如浙江省、上海市等城乡居民收入差距较小;而在一些西部省份如贵州省、甘肃省等城乡居民收入差距较大。

(三)计量回归结果及解释

表 10.6 为我们的计量回归结果。由于笔者使用的实证数据是典型的“短面板”数据,一般的计量回归方法涉及在固定效应回归(FE)和随机效应回归(RE)的选择,根据豪斯曼(Hausman)提出的选择方法可以决定选择哪一种方法回归更有效。就本章的计量回归而言,豪斯曼检验结果认为,固定效应为更优的估计方法,其回归结论也更为有效。但出于比较的目的,我们也将随机效应回归结果列在后面。在实证结果分析中,我们最为关注的就是保障权配置的两个代理变量的回归系数,因为其涉及对再分配制度改革效果的评估,我们将对此进行重点分析。

首先,我们来看一下不引入控制变量的计量回归结果。从第(1)列可以很明确地看到保障权的代理变量数据均为正,且在较高的显著性水平下通过了显著性检验。这一实证结果正和我们在前面的预计一致。由此可见,城乡分割的保障权配置——给予城镇居民比农村居民更多的保障权,的确使得城乡居民之间的收入差距进一步拉大。这也进一步证明,笔者提出的权利配置理论对收入分配差距具有较强的解释力。

其次,将参与权配置的代理变量纳入来进行回归分析,如计量结果(2)所示。保障权配置的两个代理变量均在1%的显著性水平下显著,这也进一步证实了城乡分割的保障权配置会进一步拉大城乡居民之间的收入差距。而参与权配置的两个变量在回归中均为负,也和我们在前面的预期一致。这说明,城乡居民在参与配置权上获得更加均等的机会,可以在一定程度上缩小城乡居民收入差距。

再次,让我们将收入权配置的两个代理变量也考虑进来,并做回归分析,其结果如第(3)列所示。不出我们意料,两个代理保障权配置的变量依旧显著为正,并且保持了良好的一致性。当然,有关新纳入的收入权配置代理变量也和前面理论预期相一致,均显著为正。这也表明,收入权配置的不平等会进一步拉大城乡居民之间的收入差距,要改善这一点必须在收入权配置上也进行发力。

最后,我们将所有的其他控制变量也囊括进来进行分析,结果如第(4)列所示。从中可以看出,我们最关注的保障权配置代理变量 *teacher* 和 *doctor* 均保持了良好的稳健性,这说明造成再分配制度逆向调节的主要原因的确是城乡分割的保障权,保障权配置的不合理。我们再来看看其他控制变量,参与权配置和收入权配置的代理变量也保持了较好的一致性,稳健性较好。而新纳入的代表经济开放度(*trade*)和代表经济结构(*service*)则虽然回归系数为负,但均未能通过显著性检验。而代表经济发展水平($\ln gdp$)的回归系数却显著为正,而其平方项($\ln gdp^2$)显著为负,这恰好印证了库兹涅茨曲线的存在，这一研究结果也和许多文献相一致（郭庆旺和吕冰洋，2012）。再让我们来看看随机效应估计的结果，如第（5）列所示。除了部分控制变量由原来的不显著变得显著之外，我们所关心的保障权配置变量却依旧保持了良好的一致性，这也证明了我们的实证结论是稳健的、可靠的。

表 10.6　保障权配置对城乡收入差距（lnsrtheil）的影响

模型序号	（1）	（2）	（3）	（4）	（5）
模型形式	***FE***	***FE***	***FE***	***FE***	***RE***
teacher	0.006** （2.27）	0.020*** （5.47）	0.021*** （5.68）	0.017*** （5.10）	0.018*** （5.07）
doctor	0.021*** （9.48）	0.007*** （3.66）	0.006*** （3.45）	0.005*** （2.71）	0.004** （2.09）
urb		−0.582*** （−14.2）	−0.543*** （−11.8）	−0.294*** （−4.33）	−0.298*** （−4.11）
argloan		−0.060*** （−5.15）	−0.060*** （−5.25）	−0.025** （−2.04）	−0.015** （−2.13）
salary			0.007*** （3.06）	0.009*** （4.32）	0.009*** （4.14）
capital			0.008* （1.90）	0.006** （2.54）	0.005** （2.17）
trade				−0.021 （−0.37）	−0.185*** （−3.55）
service				−0.079 （−0.44）	−0.320* （−1.73）
ln*gdp*				1.671*** （8.57）	1.829*** （8.88）
lngdp^2				−0.088*** （−8.68）	−0.097*** （−9.03）
常数项	−2.223*** （−117.88）	−1.752*** （−52.32）	−1.843*** （−44.11）	−9.800*** （−10.33）	−10.38*** （−10.30）
R－squared	0.22	0.55	0.57	0.66	0.65
Wald 值					616.79***
Hausman 值					54.68***
Observations	360	360	360	360	360

注：括号内的数据为系数的 *t* 值，下同。*、**、*** 分别表示在 10%、5%、1%的水平上显著。

当然，为了进一步验证研究结论的稳健性，我们将因变量用城乡消费泰尔指数来代替，这样更加有利于衡量城乡居民之间持久性收入差距。我们依照前面计量回归的同样步骤进行了回归，其结果如表 10.7 所示。从中我们可以发现无论是我们关注的保障权配置变量还是其他控制变量都与前面的计量回归结果保持了良好的一致性，这就充分地表明我们的计量回归结果的稳健性，其得出的结论是可靠的。保障权城乡分割的歧视性配置的确导致了城乡居民收入差距的进一步拉大。

表 10.7　保障权配置对城乡消费差距（lnxftheil）的影响

模型序号	（6）	（7）	（8）	（9）	（10）
模型形式	*FE*	*FE*	*FE*	*FE*	*RE*
teacher	0.002** (2.22)	0.027*** (2.78)	0.026*** (2.75)	0.027*** (3.24)	0.026*** (3.52)
doctor	0.032*** (6.56)	0.011** (2.29)	0.010** (2.10)	0.008** (1.98)	0.007* (1.65)
urb		−0.849*** (−7.98)	−0.850*** (−7.10)	−0.339** (−2.03)	−0.292* (−1.80)
argloan		−0.155*** (−5.11)	−0.154*** (−5.12)	−0.063** (−2.04)	−0.064** (−2.31)
salary			0.007** (2.23)	0.010* (1.91)	0.012*** (2.62)
capital			0.027** (2.45)	0.009** (2.21)	0.010** (2.24)
trade				−0.058 (−0.42)	−0.162* (−1.90)
service				0.012*** (2.62)	0.006 (1.51)
ln*gdp*				4.424*** (9.19)	4.544*** (9.88)
lngdp^2				−0.243*** (−9.68)	−0.248*** (−10.4)
Constant	−2.357*** (−55.93)	−1.609*** (−18.57)	−1.737*** (−15.92)	−22.68*** (−9.67)	−23.08*** (−10.20)

续表

模型序号	(6)	(7)	(8)	(9)	(10)
模型形式	***FE***	***FE***	***FE***	***FE***	***RE***
$R-squared$	0. 12	0. 32	0. 34	0. 53	0. 53
Wald 值					433. 24***
Hausman 值					11. 88***
Observations	360	360	360	360	360

注:括号内为稳健的 t 值,*、**、*** 分别表示在 10%、5%、1%的水平上显著。

(四)评估小结

基于泰尔指数测度对再分配制度改革效果评估得出了以下几个主要结论:(1)我国整体再分配制度改革没有缩小全国居民收入差距,反而增大了全国居民收入差距,对全国居民收入差距的影响呈现为逆向收入再分配。(2)再分配在 2007 年之前的大部分年份产生了逆向再分配效果,而在 2007 年之后的大部分年份则产生了正向收入再分配效果,对农村内部收入差距的影响较为微弱。(3)再分配显著地缩小了城镇内部居民之间的收入差距,呈现出了对城镇内部居民收入差距的正向再分配的调节效果。(4)再分配显著地扩大了城乡居民之间的收入差距,并且作为主要原因造成了整体出现逆向收入再分配现象。

基于省际面板数据回归对再分配制度改革效果评估主要得出了以下结论:城乡分割的保障权配置——给予城镇居民比农村居民更多的保障权,使城乡居民之间的收入差距进一步拉大。这表明,城乡居民保障权配置不合理是导致城乡居民收入差距拉大的重要原因,要改善收入分配状况需从保障权配置的优化着手——赋予城乡居民普遍充分的保障权。当然,根据本章的实证结果,保障权配置若能跟参与权、收入权配置良好地结合起来,实现三者的良性互动则更有利于改善城乡居民收入分配现状。

第三节　中国养老保险制度改革效果评估

一、企业职工基本养老保险制度改革再分配效果评估

在一定的假设条件下，我们可以根据前面的评估测算模型对三种改革方案下产生的再分配效果进行对比分析。我们模拟分析利率、工资增长率、缴费年限、参保者的寿命和性别这五个变量对养老保险收入再分配效果的影响。

（一）利率对养老保险收入再分配效果的影响

我们进行假设：工资增长率设为5%、缴费年限假设为40年、退休后平均领取养老金的年限为15年①。

表10.8　不同利率水平下养老保险收入再分配效果对比

方案	收入分组	r=0.01	r=0.02	r=0.03	r=0.04	r=0.05	r=0.06	r=0.07	r=0.08
改革前方案	高收入者	202.29	126.52	79.64	50.44	32.14	20.60	13.29	8.62
	中高收入者	134.86	84.35	53.09	33.63	21.43	13.74	8.86	5.74
	中等收入者	67.43	42.17	26.55	16.81	10.71	6.87	4.43	2.87
	中低收入者	53.94	33.74	21.24	13.45	8.57	5.49	3.54	2.30
	低收入者	40.46	25.30	15.93	10.09	6.43	4.12	2.66	1.72
1997年改革方案	高收入者	-30.03	-26.70	-23.34	-20.25	-17.54	-15.23	-13.28	-11.64
	中高收入者	-14.03	-14.05	-13.20	-12.01	-10.74	-9.54	-8.46	-7.51
	中等收入者	1.98	-1.40	-3.06	-3.76	-3.94	-3.85	-3.64	-3.37
	中低收入者	5.18	1.13	-1.03	-2.11	-2.58	-2.72	-2.67	-2.54
	低收入者	8.38	3.66	1.00	-0.46	-1.22	-1.58	-1.71	-1.72

① 根据第六次全国人口普查详细汇总资料计算，2010年我国人口平均预期寿命达到了74.83岁。故此处假定人均预期寿命为75岁，退休后领取养老金的年限就为15年。

续表

方案	收入分组	r=0.01	r=0.02	r=0.03	r=0.04	r=0.05	r=0.06	r=0.07	r=0.08
2005年改革方案	高收入者	15.44	0.34	-7.47	-11.17	-12.57	-12.74	-12.28	-11.54
	中高收入者	16.29	3.98	-2.62	-5.95	-7.43	-7.88	-7.80	-7.44
	中等收入者	17.13	7.61	2.23	-0.73	-2.29	-3.03	-3.31	-3.34
	中低收入者	17.30	8.34	3.20	0.31	-1.26	-2.06	-2.41	-2.51
	低收入者	17.47	9.07	4.17	1.35	-0.23	-1.08	-1.51	-1.69

注:假设工资增长率为5%,缴费年限为40年,退休后平均领取养老金的年限为15年。

如表10.8所示,在不同利率水平下,三种不同的改革方案下基本养老保险呈现出不同的收入再分配效果。我们先来看一下改革前的方案,由于不需要缴费,无论是低收入群体还是高收入群体的终身纯收益额均为正,但这种体制下高收入群体获得养老金收入明显要高于低收入群体,即将退休前的收入差距延续到了退休之后。这不得不说是一种逆向的收入再分配,而且在利率水平越低的情况下,这种效应就越强。然后,我们再来看看1997年的改革方案,这种方案下,在利率低于4%的前提下,出现了我们所希望看到的正向收入再分配效果,即"调高提低"(我们假定当年在职职工参保的平均工资为1元,用以简化分析,下同)。但在利率大于或等于4%的情况下,所有的收入群体的终身纯收益额均为负,这就表明,存在一个有利于未来一代的代际收入转移,未来一代他们的养老负担将得以减轻。最后,我们再来看看2005年的改革方案,在利率水平低于3%的情况下,所有的收入群体终身纯收益额均为正,存在一个代际内的正向收入再分配,但对于下一代来说,他们的养老负担将加重。但当利率水平等于或大于5%时,各收入群体则出现了向下一代进行收入转移的代际再分配现象。

(二)工资增长率对养老保险收入再分配效果的影响

如表10.9所示,在不同的工资增长率情形下,改革前的方案是所有收入群体均为终身纯受益者，但依旧存在“富者依旧富裕、贫者依旧贫穷”的现象。而在 1997 年的改革方案中，基本上体现了收入向低收入者转移的正向再分配效应，但在工资增长率低于 6%的情况下，这种再分配效应还有利于减轻下一代的养老负担。在 2005 年的改革方案下，当工资增长率提高时，代际内的正向收入再分配效应会逐步减弱，当工资增长率达到 8%时，此时所有的收入群体成为终身纯受益者，而下一代的养老负担将会加重。相比较而言，2005 年的改革方案比 1997 年的改革方案在代际内的正向收入再分配功能有所削弱。

表 10.9　不同工资增长率水平下养老保险的再分配效果对比

方案	收入分组	g=0.01	g=0.02	g=0.03	g=0.04	g=0.05	g=0.06	g=0.07	g=0.08
改革前方案	高收入者	8.51	13.33	20.83	32.45	50.44	78.21	120.96	186.62
	中高收入者	5.67	8.89	13.88	21.63	33.63	52.14	80.64	124.41
	中等收入者	2.84	4.44	6.94	10.82	16.81	26.07	40.32	62.21
	中低收入者	2.27	3.55	5.55	8.65	13.45	20.86	32.26	49.77
	低收入者	1.70	2.67	4.17	6.49	10.09	15.64	24.19	37.32
1997 年改革方案	高收入者	-11.44	-13.14	-15.15	-17.52	-20.25	-23.34	-26.71	-30.15
	中高收入者	-7.37	-8.36	-9.48	-10.72	-12.01	-13.25	-14.22	-14.57
	中等收入者	-3.31	-3.59	-3.82	-3.92	-3.76	-3.15	-1.74	1.01
	中低收入者	-2.50	-2.63	-2.68	-2.56	-2.11	-1.13	0.76	4.12
	低收入者	-1.68	-1.68	-1.55	-1.20	-0.46	0.89	3.26	7.24
2005 年改革方案	高收入者	-11.32	-12.11	-12.60	-12.46	-11.17	-7.84	-1.07	11.36
	中高收入者	-7.30	-7.68	-7.78	-7.35	-5.95	-2.91	2.87	13.11
	中等收入者	-3.27	-3.25	-2.97	-2.23	-0.73	2.02	6.81	14.85
	中低收入者	-2.46	-2.36	-2.00	-1.21	0.31	3.01	7.60	15.20
	低收入者	-1.66	-1.47	-1.04	-0.18	1.35	3.99	8.39	15.54

注：假设平均利率为 4%，缴费年限为 40 年，退休后平均领取的养老金年限为 15 年。

(三)缴费年限对养老保险收入再分配效果的影响

不同的缴费年限下养老保险呈现出来的再分配效果也不同,如表 10.10 所示。改革前的方案由于不用缴费,依然是各收入群体均为终身纯受益者,在此不再细说。从 1997 年改革方案来看,如果缴费年限低于 15 年,则对所有收入群体来说都是不利的,因为按照现有制度规定,低于 15 年的缴费年限将不能从统筹账户中获得养老金发放。当缴费年限符合规定时,低收入者是养老金纯受益者,而高收入者则为"净转出"。但当缴费年限为 40 年时,低收入群体也有"净转出",出现了有利于下一代的代际间转移。就 2005 年的改革方案来看,基本上和 1997 年改革方案相类似,但是对于低收入者来说缴费年限即使等于 40 年,其也是终身纯受益者,并且缴费年限越长越有利于其获得更多的净收益。

表 10.10　不同缴费年限下养老保险的再分配效果对比

方案	收入分组	t=10	t=15	t=20	t=25	t=30	t=35	t=40
改革前方案	高收入者	37.85	39.71	41.65	43.70	45.84	48.08	50.44
	中高收入者	25.24	26.47	27.77	29.13	30.56	32.06	33.63
	中等收入者	12.62	13.24	13.88	14.57	15.28	16.03	16.81
	中低收入者	10.09	10.59	11.11	11.65	12.22	12.82	13.45
	低收入者	7.57	7.94	8.33	8.74	9.17	9.62	10.09
1997 年改革方案	高收入者	−5.33	−4.66	−7.49	−10.45	−13.56	−16.83	−20.25
	中高收入者	−3.55	−1.93	−3.76	−5.67	−7.68	−9.79	−12.01
	中等收入者	−1.78	0.80	−0.03	−0.89	−1.80	−2.76	−3.76
	中低收入者	−1.42	1.35	0.72	0.06	−0.63	−1.35	−2.11
	低收入者	−1.07	1.89	1.47	1.02	0.55	0.05	−0.46

续表

方案	收入分组	t=10	t=15	t=20	t=25	t=30	t=35	t=40
2005 年改革方案	高收入者	−6.27	−4.34	−5.76	−7.16	−8.53	−9.87	−11.17
	中高收入者	−4.18	−2.45	−3.22	−3.96	−4.67	−5.33	−5.95
	中等收入者	−2.09	−0.56	−0.68	−0.77	−0.80	−0.80	−0.73
	中低收入者	−1.67	−0.19	−0.18	−0.13	−0.03	0.11	0.31
	低收入者	−1.25	0.19	0.33	0.51	0.74	1.02	1.35

注:假设平均利率为 4%,工资增长率为 5%,退休后平均领取的养老金年限为 15 年。

(四)参保者的寿命对养老保险收入再分配效果的影响

在之前的考察中我们都假设养老金领取的年限为 15 年,在这里,我们放松这个假定,考察领取养老金年限变化对再分配效果的影响,如表 10.11 所示。显而易见,参保者的寿命越长其领取的养老金年限也越长,所获得的终身纯收益额也越多,即使是存在“净转出”的人员,其也可以减少“净转出”。从 1997 年的改革方案来看,领取养老金年限低于 20 年的收入群体其终身纯收益额均为负,而当领取年限大于 20 年后,低收入群体能够实现正的终身纯收益额,但高收入者只能减少净转出。在 2005 年的改革方案中,由于制度设计考虑了参与积极性的激励,把领取年限在 15 年的低收入缴费者也纳入了终身纯受益范围内,其代际内收入再分配效应增强,但代际收入再分配功能减弱。

表 10.11　不同领取养老金年限下养老保险的再分配效应对比

方案	收入分组	e=5	e=10	e=15	e=20	e=25	e=30	e=35	e=40
改革前方案	高收入者	16.02	32.82	50.44	68.93	88.32	108.67	130.01	152.40
	中高收入者	10.68	21.88	33.63	45.95	58.88	72.45	86.67	101.60
	中等收入者	5.34	10.94	16.81	22.98	29.44	36.22	43.34	50.80
	中低收入者	4.27	8.75	13.45	18.38	23.55	28.98	34.67	40.64
	低收入者	3.20	6.56	10.09	13.79	17.66	21.73	26.00	30.48

续表

方案	收入分组	e=5	e=10	e=15	e=20	e=25	e=30	e=35	e=40
1997年改革方案	高收入者	-23.31	-21.82	-20.25	-18.61	-16.88	-15.08	-13.18	-11.19
	中高收入者	-15.07	-13.57	-12.01	-10.36	-8.64	-6.83	-4.93	-2.94
	中等收入者	-6.82	-5.33	-3.76	-2.12	-0.39	1.41	3.31	5.30
	中低收入者	-5.17	-3.68	-2.11	-0.47	1.25	3.06	4.96	6.95
	低收入者	-3.52	-2.03	-0.46	1.18	2.90	4.71	6.61	8.60
2005年改革方案	高收入者	-23.41	-17.43	-11.17	-4.59	2.30	9.54	17.13	25.09
	中高收入者	-15.13	-10.65	-5.95	-1.02	4.15	9.58	15.27	21.24
	中等收入者	-6.85	-3.87	-0.73	2.55	6.00	9.62	13.41	17.39
	中低收入者	-5.20	-2.51	0.31	3.27	6.37	9.63	13.04	16.62
	低收入者	-3.54	-1.15	1.35	3.98	6.74	9.63	12.67	15.85

注:假设平均利率为4%,工资增长率为5%,缴费年限为40年。

(五)参保者的性别对养老保险收入再分配效果的影响

这里主要考虑到我国对男性和女性在退休年龄规定上有一定差别,并且统计上来讲,女性平均寿命要长于男性,这势必影响到缴费年限和领取养老金的年限问题。为此,我们考察性别差异对养老保险收入再分配效应的影响,如表10.12所示。在利率为4%,工资增长率为5%,缴费年限男性为40年、女性为35年,并且男性、女性退休后领取养老金的年限分别为12年和17年①的假设前提下,我们发现,无论在哪一次改革方案下,男性的终身纯收益额都要低于女性。除了改革前方案男性和女性都获得了正的终身纯收益额,在后续的1997年和2005年的改革方案下,男性都是净转出者,而在女性之间并不全是净转出者,存在一种正向的收入再分配效应。但相比较而言,2005

① 根据第六次全国人口普查的结果显示,男性人口平均预期寿命为72.38岁,女性人口平均预期寿命为77.37岁,故此处假定退休后领取养老金的年限男性为12年,女性为17年。

年的方案弱化了男性的净转出力度,但增强了女性之间的正向收入再分配功能。

表 10.12　不同性别下的养老保险的再分配效应对比

方案	收入分组	男性	女性
改革前方案	高收入者	39.77	55.03
	中高收入者	26.51	36.69
	中等收入者	13.26	18.34
	中低收入者	10.60	14.68
	低收入者	7.95	11.01
1997 年改革方案	高收入者	−21.20	−16.21
	中高收入者	−12.96	−9.18
	中等收入者	−4.71	−2.14
	中低收入者	−3.06	−0.74
	低收入者	−1.41	0.67
2005 年改革方案	高收入者	−14.96	−7.70
	中高收入者	−8.80	−3.71
	中等收入者	−2.63	0.29
	中低收入者	−1.40	1.08
	低收入者	−0.16	1.88

注:假设平均利率为 4%,工资增长率为 5%,缴费年限男性为 40 年、女性为 35 年,退休后领取养老金的年限男性为 12 年、女性为 17 年。

二、新农保政策效果评估

(一)样本选择

本章所使用的数据采自 2008/2009 年和 2011/2012 年两期的中国老年健康影响因素跟踪调查(CLHLS)数据,并由此构造了面板数据并且基于下列原则对数据进行了处理:(1)剔除有资格享受离退休待遇的样本1684人;(2)剔除参加城镇职工基本医疗保险和城镇居民医疗保险的444个;(3)剔除参保时间早于2008/2009年调研时间的样本330个;(4)剔除调查问卷问题F2-4和F2-7存在自相矛盾的样本16个;(5)对关键变量存在缺失、逻辑关系错误或异常的样本进行了修正、剔除。

(二)变量说明

本章的关键变量是虚拟变量"被访老人是否参加新农保"。我们对其取值为若"参加了新农保"则赋值为1,否则取0。笔者主要依据2011/2012年调查问卷"您是否参加养老保险""您有哪些社会保障和商业保险"及"参保时间"几个问题来确定。笔者对于如果有在2008年调查时还没有养老金而在2011/2012年调查之后有了养老保险金的参保者,并且该养老金不属于离退休金或商业养老保险的,也认为其参加了"新农保"。

(三)描述性统计

表10.13为参保组和控制组老人在七个方面的描述性统计结果。

表10.13 描述性统计

变量		2008年		2011/2012年	
		参保组	控制组	参保组	控制组
1.经济来源	(1)依赖自己或配偶(其他=0)	0.217* (0.412)	0.192 (0.394)	0.152 (0.359)	0.139 (0.346)
	(2)依赖子女(其他=0)	0.721 (0.449)	0.729 (0.444)	0.713 (0.453)	0.730 (0.443)
	(3)依赖政府或集体补助(其他=0)	0.046* (0.209)	0.060 (0.238)	0.066** (0.248)	0.086 (0.280)

续表

变量		2008 年		2011/2012 年	
		参保组	控制组	参保组	控制组
2.代际转移	(1)子女向父母(元)	1803 (2322)	1900 (2548)	2154 (3288)	2265 (4124)
	(2)父母向子女(元)	103 (530)	130 (997)	305 (2400)	191 (1141)
	(3)子女向父母的净转移(元)	1701 (2361)	1770 (2663)	1849 (3894)	2066 (4190)
3.居住意愿	(1)想独居或与配偶住(其他=0)	0.448** (0.497)	0.413 (0.492)	0.423*** (0.494)	0.355 (0.479)
	(2)想与子女同住(其他=0)	0.506 (0.500)	0.528 (0.499)	0.493* (0.500)	0.525 (0.499)
	(3)想住养老机构(其他=0)	0.012* (0.110)	0.021 (0.143)	0.016 (0.126)	0.020 (0.140)
4.营养结构	(1)是否经常吃水果(是=1)	0.359** (0.480)	0.323 (0.468)	0.378*** (0.485)	0.297 (0.457)
	(2)是否经常吃蔬菜(是=1)	0.916*** (0.278)	0.882 (0.322)	0.912*** (0.284)	0.848 (0.389)
	(3)是否经常吃高蛋白食物(是=1)	0.478 (0.450)	0.454 (0.498)	0.507 (0.500)	0.483 (0.499)
5.病时照料	(1)自己或配偶照料(其他=0)	0.350*** (0.477)	0.284 (0.451)	0.271*** (0.445)	0.208 (0.406)
	(2)子女照料(其他=0)	0.619*** (0.486)	0.681 (0.466)	0.683*** (0.465)	0.724 (0.447)
	(3)雇人照料(其他=0)	0.003*** (0.055)	0.015 (0.121)	0.013 *(0.114)	0.021 (0.145)
6.心理健康	(1)是否经常感到紧张(是=1)	0.048 (0.213)	0.057 (0.231)	0.047 (0.213)	0.042 (0.199)
	(2)是否经常感到孤独(是=1)	0.068 (0.252)	0.075 (0.263)	0.056** (0.229)	0.076 (0.266)
	(3)是否感到老不中用(是=1)	0.279** (0.449)	0.248 (0.432)	0.276** (0.447)	0.246 (0.431)

续表

变量		2008 年		2011/2012 年	
		参保组	控制组	参保组	控制组
7.幸福感	(1)自评生活满意 (满意=1)	0.603*** (0.489)	0.513 (0.499)	0.590*** (0.492)	0.513 (0.500)
	(2)自评富裕程度 (富裕=1)	0.116 (0.306)	0.110 (0.303)	0.152 (0.359)	0.133 (0.339)
	(3)生活来源够用 (够用=1)	0.741 (0.438)	0.733 (0.443)	0.767 (0.423)	0.731 (0.443)
	(4)是否与年轻时一样快活 (是=1)	0.279** (0.449)	0.248 (0.432)	0.276** (0.447)	0.246 (0.431)
	(5)自评健康 (很好或好=1)	0.513** (0.500)	0.470 (0.499)	0.420** (0.494)	0.382 (0.486)
	(6)生病能及时得到治疗 (能=1)	0.927 (0.260)	0.914 (0.281)	0.938*** (0.241)	0.902 (0.298)
样本量		988	4756	988	4756

注:(1)参保组是指在两期调查之间参保的群体,控制组则是指在2011/2012年调查之前均未参保的群体,两组样本在2008年调查之前均没有参保。(2)此处采用 t 检验来考察同一期内参保组和未参保组之间的各变量是否存在显著差异。(3)由于问卷各因变量均有“其他”选项,故将变量中各选项加总并不一定等于1。(4)括号内为稳健的t值,*、**、***分别表示在10%、5%、1%的水平上显著。

(四)样本匹配效果

我们必须先对样本的匹配效果进行检验才可以进行PSM估计。而从图10.4、图10.5可以发现,匹配后的Kernel密度分布和各协变量的标准化偏差均显示我们的匹配效果相对较好,基于匹配后的数据来进行PSM分析是可行的。

(五)基本结果及分析

表10.14即为我们对“新农保”政策效果评估的结果。首先,我们来看参加“新农保”对老人经济来源的影响。从中可以看出,虽然在匹配之前参保老

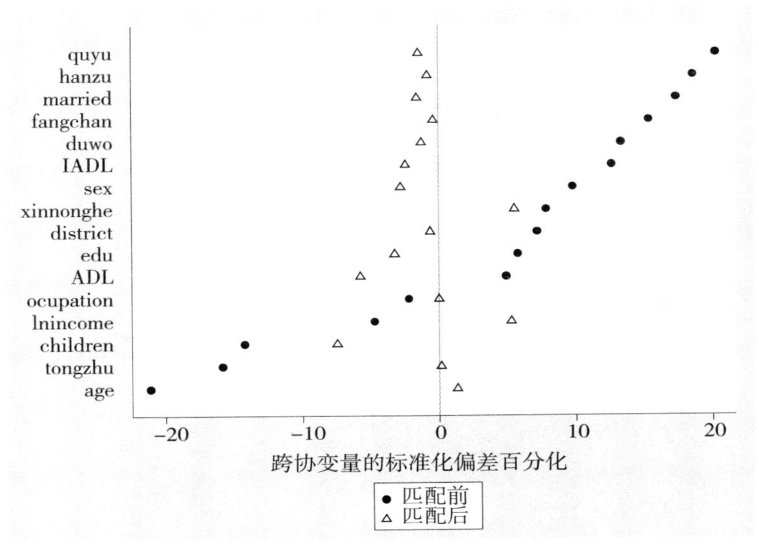

图 10.4　各协变量的标准化偏差图示

注:quyu:居住在东部省份(中西部=0);hanzu:民族(汉族=1);married:有配偶(无配偶=0);fangchan:老人有房产(否=0);duwo:是否有独立卧室(无=0);IADL:器具性生活自理能力(受损=0);sex:性别(男性=1);xinnonghe:参加新农合(参加=1);district:出生地(农村=1);edu:受教育年限;ADL:日常生活自理能力(受损=0);ocupation:退休前职业(技术管理类=1);lnincome:家庭人均收入对数;children:目前存活子女个数;tongzhu:是否与子女同住(否=0);age:年龄。

人的经济独立性有所增强,但是匹配后,这种效果却并不明显。也就是说,参保老人可能相对于那些和自己经济状况相距甚远的那些老人确实更加独立,但相对于和自己相似生活水平的老人来说却并没有说明其他优势。很可能是因为我国目前的“新农保”养老金水平较低,并不足以改变其主要经济来源。再看看,参加“新农保”对农村老人获得代际转移收入的影响,虽然有的子女可能减少了对父母的经济转移,但这种效应却并不明显。这一方面是由于养老金水平较低,难以完全取代从子女那获得的代际转移收入;另一方面也可能是由于子女对老人的收入转移可能更多的是出于一种赡养老人的孝心,并不会因为老人有了养老金收入就大幅减少。

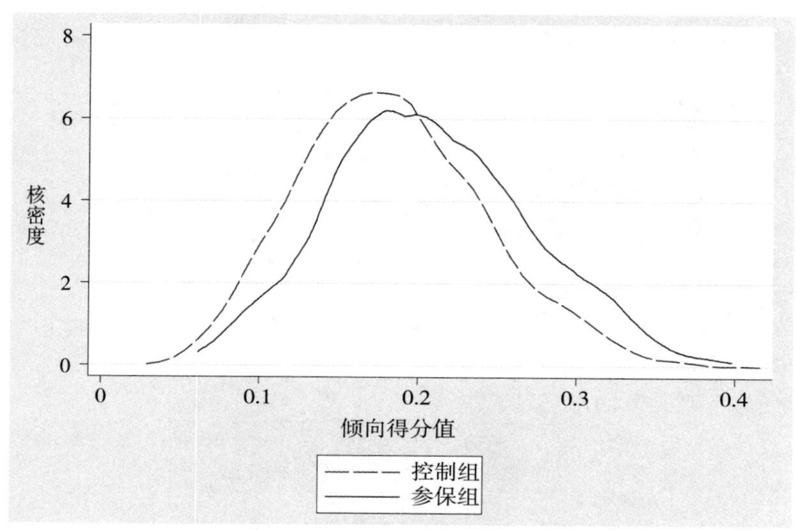

图 10.5　匹配后的 Kernel 密度分布

表 10.14　“新农保”政策实施的效果评估

变量名称	样本	参保组	控制组	ATT	标准误	T 检验
1. 经济来源						
(1)依赖自己或配偶	匹配前	0.205	0.176	0.029	0.011	2.57***
	匹配后	0.205	0.220	−0.016	0.016	−0.94
(2)依赖子女	匹配前	0.702	0.752	−0.049	0.013	−3.90***
	匹配后	0.702	0.710	−0.008	0.018	−0.42
(3)依赖政府或集体补助	匹配前	0.051	0.049	0.002	0.006	0.25
	匹配后	0.051	0.048	0.004	0.009	0.40
2. 代际转移						
(1)子女向父母	匹配前	1973.949	2078.177	−104.229	97.647	−1.07
	匹配后	1976.809	2168.917	−192.107	149.979	−1.28
(2)父母向子女	匹配前	209.925	170.862	39.063	39.092	1.00
	匹配后	207.625	201.219	6.047	64.587	0.09

续表

变量名称	样本	参保组	控制组	ATT	标准误	T 检验
(3)子女向父母的净转移	匹配前	1767. 887	1901. 883	-134. 002	102. 726	-1. 30
	匹配后	1762. 993	2005. 659	-242. 666	150. 459	-1. 61
3. 居住意愿						
(1)想独居或与配偶住	匹配前	0. 399	0. 314	0. 084	0. 013	6. 18***
	匹配后	0. 399	0. 360	0. 039	0. 019	1. 97**
(2)想与子女同住	匹配前	0. 544	0. 621	-0. 076	0. 014	-5. 38***
	匹配后	0. 544	0. 573	-0. 029	0. 020	-1. 43
(3)想住养老机构	匹配前	0. 011	0. 007	0. 004	0. 002	1. 59
	匹配后	0. 011	0. 005	0. 006	0. 003	1. 68*
4. 营养结构						
(1)是否经常吃水果	匹配前	0. 372	0. 326	0. 045	0. 014	3. 26***
	匹配后	0. 372	0. 331	0. 042	0. 019	2. 14**
(2)是否经常吃蔬菜	匹配前	0. 924	0. 883	0. 041	0. 009	4. 50***
	匹配后	0. 924	0. 891	0. 032	0. 012	2. 72***
(3)是否经常吃高蛋白食物	匹配前	0. 501	0. 485	0. 017	0. 015	1. 14
	匹配后	0. 501	0. 467	0. 035	0. 020	1. 70*
5. 病时照料						
(1)自己或配偶照料	匹配前	0. 364	0. 278	0. 086	0. 013	6. 49***
	匹配后	0. 364	0. 335	0. 029	0. 019	1. 50
(2)子女照料	匹配前	0. 611	0. 699	-0. 089	0. 014	-6. 56***
	匹配后	0. 611	0. 649	-0. 038	0. 019	-1. 94*
(3)雇人照料	匹配前	0. 004	0. 006	-0. 002	0. 002	-0. 83
	匹配后	0. 004	0. 004	0. 000	0. 002	0. 00
6. 心理健康						
(1)是否经常感到紧张	匹配前	0. 049	0. 050	-0. 001	0. 006	-0. 17
	匹配后	0. 049	0. 052	-0. 004	0. 009	-0. 40

续表

变量名称	样本	参保组	控制组	ATT	标准误	T 检验
(2)是否经常感到孤独	匹配前	0.051	0.054	-0.003	0.007	-0.52
	匹配后	0.051	0.063	-0.012	0.009	-1.27
(3)是否感到老不中用	匹配前	0.269	0.238	0.031	0.012	2.47**
	匹配后	0.269	0.240	0.029	0.018	1.61
7. 幸福感						
(1)自评生活满意	匹配前	0.609	0.537	0.071	0.014	4.92***
	匹配后	0.608	0.521	0.088	0.020	4.36***
(2)自评富裕程度	匹配前	0.142	0.128	0.014	0.010	1.40
	匹配后	0.142	0.102	0.040	0.013	3.01***
(3)生活来源够用	匹配前	0.749	0.737	0.012	0.013	0.90
	匹配后	0.749	0.718	0.031	0.018	1.70*
(4)是否与年轻时一样快活	匹配前	0.352	0.309	0.043	0.013	3.17***
	匹配后	0.352	0.309	0.043	0.019	2.27**
(5)自评健康	匹配前	0.475	0.439	0.036	0.014	2.51**
	匹配后	0.475	0.431	0.044	0.020	2.17**
(6)生重病能及时得到治疗	匹配前	0.941	0.922	0.019	0.008	2.46**
	匹配后	0.941	0.904	0.037	0.011	3.35***

注：*、**、*** 分别表示在10%、5%、1%的水平上显著。

从参保对老人居住意愿的影响来看，参保显著地提升了老人们的独居意愿。这一研究结论和许多研究文献相一致（Soldo 等，1990）。这说明，养老金的发放确实使一部分老人萌生了自己独自居住或和配偶居住的想法。从参保对老人营养结构的影响来看，参保老人比未参保老人更多地消费高蛋白质类食物，也更经常地购买蔬菜和水果食用，这一效果非常显著。这表明，养老金的发放增强了参保老人在改善营养结构方面的消费，这对于老人的健康来说无疑具有相当重要的意义。从参保对病时照料的影响来看，虽然在匹配前增加了其购买照料服务的能力,一定程度上减轻了子女的负担,但匹配后依旧未能有显著的影响。这主要是因为"新农保"提供保障水平过低,不足以支撑起购买足够的社会照料服务,尤其是像生病照料这种,子女的照料具有市场上难以替代的因素。

从参保对其心理健康的影响来看,参保使农村老人的心理压力有所缓解,减轻了其孤独感和紧张感,但是这种效果却并不显著。可能造成这些心理健康的原因相对复杂,"新农保"对其影响相对有限。从参保对幸福感的影响来看,参加"新农保"使农村老人的幸福感得到了较大的提升,在六个方面都通过了显著性检验。这表明,"新农保"虽然保障水平不高,但是对于农村老人来讲,从没有社会养老保险到有社会养老保险,是一种极大的鼓舞,获得了传统养老保障的额外保障也使他们对生活态度更加积极。

(六)评估小结

针对企业职工基本养老保险制度改革效果评估主要得出了以下结论:改革前的方案下企业职工由于不用向养老保险基金缴费,达到退休年龄之后就自动从企业领取退休金,因此各收入群体的终身纯收益额均为正,但是这种制度更有利于高收入者,将退休前的收入差距延续到了退休之后,实际上也是一种逆向收入再分配。1997 年发布的改革方案正式建立了具有一定收入再分配功能的社会养老保险制度,明显改善了改革前的调节效果。考虑代际内收入再分配,由于达到一定缴费年限的退休人员均可以获得一定的"平均奖",导致这种分配更加有利于低收入群体,实现了正向收入再分配功能。从代际间收入再分配来看,年青一代的养老负担相对较轻,出现了有利于向下一代转移收入的再分配现象。2005 年改革方案的再分配效果与 1997 年改革方案有些类似,但是又存在自身的特点。总体来看,就是加强了缴费和给付待遇之间的联系,弱化了一定程度上的代际内再分配功能,提高了各群体的待遇,不过可能导致下一代的养老负担加重,引发代际不公平。

针对"新农保"制度产生的政策效果评估结果表明:"新农保"在一定程度上增强了农村老人的经济独立性,对子女负担有所减轻,但这些效果并不显著;对提升农村老人独居意愿和改善其膳食结构有着非常显著的影响,尤其对农村参保老人的幸福感提升起到了重要的作用。但由于保障水平过低,并不足以购买到社会照料服务,子女照料依旧是病时照料的主体。总体而言,"新农保"实施的政策效果是正面的,进一步完善"新农保"制度具有重要的意义。

第四节　再分配制度改革效果的总体评价

一、整体再分配制度改革效果总体评价

从前面对整体再分配制度改革效果的评估来看,虽然在调节居民收入分配状况上还有不尽如人意的地方,但近年来我国整体再分配制度改革总体朝着积极的方向迈进,这主要表现为:(1)再分配率的绝对值自2003年开始逐渐缩小并呈现出下降的趋势,这与我国的收入再分配政策的变化是分不开的,相关政策文件不再或者少提"效率优先,兼顾公平"的原则,逐渐取而代之的是2007年提出的"初次分配和再次分配都要处理好效率与公平之间的关系,再分配要更加注重公平"的原则。在这种政策导向下,国家的相关再分配制度——转移支付、税收和社会保障等也开始逐步贯彻这一原则,居民的保障权配置进而逐步得到改善,正向再分配调节力度也有所加大。特别巧合的是,这刚好和我国新型农村医疗保险制度开始试点的时间出现了重合,农村居民的医疗保障权开始得到重视。(2)不可否认,再分配制度在城镇居民内部确实扮演了缩小城镇居民内部之间的收入差距的作用,促进了城镇居民之间的收入分配公平。这得益于城镇居民相对完善的再分配制度,尤其是社会保障制度的再分配功能。城镇居民自20世纪90年代末就逐步开始建立了"五险一金"制度,并且经过多年的逐步完善,这些制度已经相对成熟。这也表明,我

国城镇居民的保障权配置相对合理，有效地发挥了正向收入再分配调节的功能，抑制了城镇居民之间收入差距的扩大。(3)农村内部居民的再分配在2007年之后出现了逆转，开始呈现出微弱的正向收入再分配效果，这得益于农村居民相关再分配制度的完善。这些制度包括新型农村基本养老保险制度从试点到全覆盖、农业税的免缴、义务教育全免费、"新农保"的实施等。可以说，农村居民保障权配置也在逐步趋于合理。由此可见，我国再分配制度正在逐步完善，保障权配置亦逐步向赋予居民普遍充分的保障权方向迈进。

尽管如此，我国再分配制度现阶段也还存在诸多有待完善的地方，集中体现为对城乡居民收入差距调节不力，不但未能缩小城乡居民之间的收入差距，反而在一定程度上拉大了城乡居民之间的收入差距。根据笔者对城乡泰尔指数的测算和计量回归实证分析，均得出了一致的结论，即再分配制度未能有效抑制城乡居民收入差距拉大是导致整体居民收入差距拉大的重要原因，其根源在于城乡二元结构制度安排下城乡居民保障权配置不够合理。具体表现为，赋予了城镇居民更为普遍充分的保障权，而农村居民的保障权则在很长时间内处于缺失或低水平状态，虽然进入21世纪以来这一状况有所改善，但相对城镇居民，农村居民所获得的保障权差距较大。这也表明，要改善收入分配状况，再分配制度必须通过进一步改革和完善来改善农村居民保障权配置状态，使农村居民保障权配置趋于合理。

二、养老保险制度改革效果总体评价

对具体再分配制度改革效果评估以养老保险改革为例，在城镇选择了企业职工基本养老保险制度为评估对象，在农村地区选取了新型农村社会养老保险制度为评估对象。主要评估企业职工基本养老保险制度产生的收入再分配效果，主要评估新型农村社会养老保险制度产生的其他政策效果。

就企业职工基本养老保险制度而言，在三种方案下，收入再分配力度最大的数1997年改革方案，无论从代内收入再分配还是从代际收入再分配均是如此。因此,若仅仅从收入再分配这一功能来看,这一方案无疑是相对较优的。但是,值得注意的是,这一方案也存在一些缺陷,如缴费激励不足导致员工参保积极性不高,这对企业职工基本养老保险制度扩面和可持续性的影响是不利的。正是基于这些问题,才有了2005年的改革方案,这一方案虽然在一定程度上弱化了其收入再分配功能,但在一定程度上提高了职工缴费的积极性,相对更有利于制度的可持续性。所以,从这个角度来看,2005年的改革方案又要优于其他方案。基于此,我们认为企业职工基本养老保险制度改革产生的效果应该是多维的,本章我们仅仅评估了其产生的收入再分配效果,可能存在一定的不足。尽管如此,根据我们的评估结论,我们认为企业职工基本养老保险制度改革依然需要赋予职工更加充分的养老保障权,进一步增强企业职工基本养老保险制度的公平性和可持续性,以保障职工老有所养。

就"新农保"制度而言,"新农保"从实质意义上结束了农村居民没有养老保险的局面,本身是一种巨大的制度进步,是一件惠及几亿农民的重大利好,使农村居民养老保障权开始得到了真正意义上的重视。从本章的评估结论来看,"新农保"对提升农村老人独居意愿、改善其膳食结构和幸福感提升起到了显著的影响,使得农村参保老人获得了实实在在的利益。总体来看,"新农保"制度产生的政策效果是正面的,这也是"新农保"制度在广大农村能够得以顺利铺开的重要原因。然而,不可忽略的是,"新农保"制度解决了农村居民养老保障权的普遍性问题——到老年的时候均能获得一定的养老金,但却没有解决农村居民养老保障权的充分性问题——保障水平有待提高。按照现行政策,基础养老金的发放水平尚不能有效预防老年贫困问题,对于部分老人而言,虽然领取到了基础养老金,但依旧可能陷入贫困。基于此,笔者认为,"新农保"(注:现在是"城乡居民养老保险")应该在财政可承受范围内进一步提高基础养老金的发放水平,赋予农村居民更加充分的养老保障权。

第十一章　中国农村改革的减贫效果评估

贫困问题是一个全球性问题，影响着经济、社会、政治等方方面面，其极易使本就贫穷国家的经济社会发展陷入恶性循环之中，更是当前地区冲突、恐怖主义蔓延和环境恶化等问题的重要根源之一。人类社会发展的共同目标之一就是消除贫困，消除极端贫困人口已被列入联合国千年发展目标。多年来，国际社会为消除贫困作出了积极努力，数据统计表明，1990 年全球极端贫困人口为 19 亿人，2020 年这一数据已降至 8 亿人左右，从占世界人口比例 35. 7%降至 9. 5%，减贫人口达到 10. 6 亿人①，全球减贫收效明显。作为发展中国家，中国的减贫成效显著，从 1978 年的 2. 5 亿贫困人口降到 2017 年的 3046 万，2021 年农村贫困人口全部脱贫②，且贫困标准不断提高，脱贫人口占到全世界减贫人口总数的 70%以上。

减贫成效是既定事实，减贫理念才是核心。大量文献对我国农村致贫根

---

① 在这期间，国际贫困线标准不断上调，从 1990 年按购买力平价折算的每人日均 1 美元，到 2008 年的 1. 25 美元；2015 年 10 月，世界银行进一步将国际贫困线标准上调至每人日均 1. 9 美元。

② 数据来源于《中国农村住户调查年鉴》，2007 年及以前为绝对贫困线标准下的数据，2008 年开始，绝对贫困线与低收入线合并为统一的扶贫标准，因此，2008 年及以后数据与 2008 年以前数据不可比。

源与脱贫理念进行了研究,代表性观点大致有三种:一是涓滴效应论,认为经济增长会自发惠及穷人,通过发挥经济增长的“涓滴效应”就能逐步减缓贫困(Dollar 和 Kraay,2002;Chambers、Ying 和 Hong,2008);二是公共财政支持论,认为偏远地区农村贫困的主因是交通不便和自然资源匮乏,只有增加公共财政支出才能缓解区域发展障碍,从而带动农民致富(王曙光,2011);三是可行能力提高论,这一论点认为,贫困的主因是人力资本投资不足,从而导致物质资本积累速度放缓,使贫困陷入“恶性循环”(王弟海,2012)。但以上三种理论均存在不同局限性。笔者认为,贫困与权利休戚与共,贫困标准的制定和变动始终以满足人的各种权利为准绳,从马斯洛需求层次理论出发,当个体的需求层次逐渐升级时,贫困标准也会随之从生存权提高到自由权、发展权等,权利丰富和完善的同时贫困概念也在不断演进。一个处于绝对贫困的个体必定缺乏基本生存权。因此,笔者仍然从权利配置视角来评估农村减贫效果。

第一节　中国农村改革减贫效果评估的思路与方法

一、研究思路

首先,笔者从权利配置视角对我国农村改革的减贫效应进行测度。对基于洛伦兹曲线的减贫效应测度方法进行说明,通过收入密度函数,将洛伦兹曲线转化为具体数理函数形式。运用 1993 年、2004 年和 2011 年中国健康与营养调查(CHNS)数据对中国农村减贫效应进行测度,估计出洛伦兹曲线的参数,然后通过比较洛伦兹曲线的实际值和拟合值以及斯特维斯(Gastwirth)基尼系数上下界法确定洛伦兹曲线具有较好的拟合效果。

其次,笔者对权利配置影响农户减贫的效果进行评估。本章主要是基于明瑟收入模型与回归方程的分解分析法对权利配置的减贫效应进行计量实证层面的进一步论证与检验。一是对明瑟收入模型与回归方程的分解分析法进行介绍,然后使用省级动态面板数据(2000—2012年)来验证本书结论的正确性,在“三权”代理变量的选取方面,参与权配置以城镇化水平和农村人均受教育程度表示,收入权以工资性收入占比表示,保障权以转移性收入占比表示。二是通过使用广义矩估计方法(GMM)和基于回归方程的分解分析法进行实证评估。

二、研究方法

(一)减贫效果测度的研究方法

布吉尼翁(Bourguignon,2003)认为,收入分配演变可分解为两种不同的效应:一是收入分配结构不变但总收入比例发生变化的增长效应(growth effect);二是平均收入不变但收入分配结构发生变化的分配效应(distribution effect)。由三角分析方法来看,收入密度函数服从对数正态分布,布吉尼翁(2003)明确定义了三个收入密度函数,即初始分布Ⅰ、虚拟分布Ⅱ以及最终分布Ⅲ。

假设累计分布函数由 $F_t(Y)$ 表示,贫困线用 z 表示,且不随时间而变化,贫困人口占总人口的比重是 H_t,则其关系可表示为:

$$H_t = F_t(z) \tag{11.1}$$

由此,减贫总效应可以用分布Ⅲ时的贫困率与分布Ⅰ时的贫困率之差表示:

$$\Delta H = H_{t1} - H_{t0} = F_{t1}(z) - F_{t0}(z) \tag{11.2}$$

在此表示方法中,用收入 x 的方差来测度收入分配的公平性,方差越小表示分配越公平,收入差距越小。假设虚拟分布用 $\widetilde{F}_t(\cdot)$ 表示,虚拟分布方差与初始分布方差相同,虚拟分布均值与最终分布均值相同,曲线可唯一确定。那么,我们可以把减贫总效应进一步分为增长效应和分配效应两部分:

$$\Delta H = H_{t1} - H_{t0} = \left[\widetilde{F}_t\left(\frac{z}{y_{t1}}\right) - \widetilde{F}_t\left(\frac{z}{y_{t0}}\right)\right] + \left[\widetilde{F}_{t1}\left(\frac{z}{y_{t1}}\right) - \widetilde{F}_t\left(\frac{z}{y_{t1}}\right)\right] \quad (11.3)$$

上式中,第一个中括号为收入分配结构不变时收入增长带来的减贫效果,即增长效应(growth effect),第二个中括号为收入不变时分配结构变化带来的减贫效果,即分配效应(distribution effect)①。

笔者认为,收入增长和分配结构发生变化的实质或核心是权利配置组合发生变化:农户所拥有的参与权、收入权越充分,则收入增长就越快;所拥有的保障权越充分,那么收入分配结构就更加公正,收入差距和贫困发生率就越小。因此,可将减贫总效应分解为收入权效应和保障权效应两部分②。其中,收入权效应(Income-right effect)是指由农户参与权、收入权变得更加充分所带来的收入增加,从而减少绝对贫困的效果;保障权效应(Security-right effect)是指由农户的保障权变得更加充分所带来的收入增加和收入差距缩小,从而减少绝对贫困和相对贫困的效果③。具体减贫效果分解曲线如图 11.1 所示④。

图 11.1 中,横轴表示收入的对数 x (简称收入),纵轴表示收入密度函数 $f(x)$,分布曲线服从对数正态分布。初始分布Ⅰ为 t_0 时刻的收入密度函数,以函数 $f(x_0)$ 表示。$f(x_0)$ 与贫困线、横轴围成的封闭区域为初始的贫困发生率 H_{t0} ;最终分布Ⅲ $f(x_1)$ 与贫困线、横轴围成的封闭区域即为最终的贫困发

---

① 具体分解过程可以参见 Datt G., M. Ravallion,"Growth and Redistribution Components of Changes in Poverty Measures: A Descomposition with Application to Brazil and India in the 1980s", *Journal of Development Economics*, No. 2, 1992, pp. 275 – 295. Kakwani N,"Performance in Living Standards: An International Comparison", *North-Holland*, No.41, 1993。

② 如前所述,参与权是农户获得收入权、促进农村减贫的前提,这里无法将参与权的减贫效应分解出来。

③ 由于布吉尼翁三角方法假定贫困线不变,因而这里的保障权效应主要指减少绝对贫困的效果。

④ "贫困—增长—不平等"中减贫效应的分解方法相比其他分解方法具有明显优势,但布吉尼翁(2003)假定收入密度函数服从对数正态分布,这一设定可能是有偏的,因而,示意图不代表笔者最终采用的收入密度函数,而只是分解思想的说明。笔者将运用上一节推导出的收入密度函数进行减贫效应的分解。

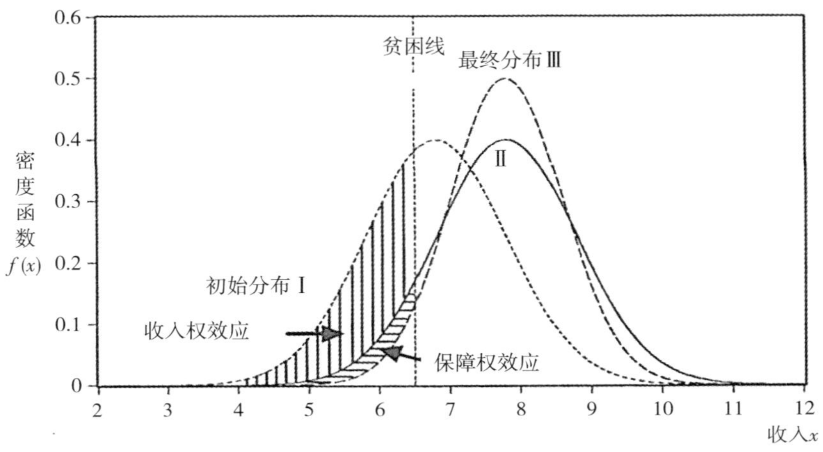

图 11.1　权利配置的减贫效果分解示意

生率 H_{t1}；减贫效果 ΔH 为上述两个阴影区域之和，即图中全部阴影面积。方差表示保障权大小，保障权越大，方差越小；反之，保障权越小，方差越大。虚拟分布Ⅱ方差与初始分布Ⅰ方差相同，因此分布Ⅱ曲线与分布Ⅰ曲线之间的竖线阴影面积表示收入权效应，最终分布Ⅲ曲线与虚拟分布Ⅱ曲线之间的横线阴影面积表示保障权效应。

借鉴布吉尼翁（2003）的"贫困—增长—不平等"三角方法，笔者将基于洛伦兹曲线与收入密度函数之间的关系，对我国农村改革的减贫总效应进行分解，分析不同权利配置组合以及各单一权利在我国农村减贫中所起到的作用。

洛伦兹曲线 $L(p)$ 的含义为：假设有收入 x_i ，$i=1,2,\cdots,n$ ，且 $x_{i-1} \leqslant {}_i$ ，令收入不超过 x_i 的人口所占比重为 p_i ，而 $L(p_i)$ 表示占比为 p_i 的人口所拥有收入与全部人口的收入之比，那么洛伦兹曲线就是由一系列点 $\{p_i, L(p_i)\}$ 所组成的曲线，且可确定曲线两端的点：(0,0)和(1,1)。上述内容也可以用累积分布函数（cumulative distribution function）和收入密度函数（income density function）来表示。令收入为 x，其概率密度函数为 $f(x)$ 、累积分布函数为 $F(x)$ ，那么 $f(x)$ 与 $F(x)$ 有如下关系：

$$F(x) = \int_0^x f(z)\,\mathrm{d}z \tag{11.4}$$

累积分布函数 $F(x)$ 表示收入不超过 x 的人口占比 p，即 $F(x) = p$。若全部人口平均收入为 u，则 $u = \int_0^\infty zf(z)\,\mathrm{d}z$。收入 x 的一阶分布函数可表示为：

$$F_1(x) = \frac{1}{u}\int_0^x zf(z)\,\mathrm{d}z \tag{11.5}$$

则洛伦兹曲线可通过收入密度函数表示为：

$$L(p) = \frac{\int_0^x zf(z)\,\mathrm{d}z}{\int_0^\infty zf(z)\,\mathrm{d}z} = \frac{1}{u}\int_0^x zf(z)\,\mathrm{d}z = F_1(x) \tag{11.6}$$

若 $f(x)$ 连续，则 $F_1(x)$ 的导数为：

$$\frac{\mathrm{d}\,F_1(x)}{\mathrm{d}x} = \frac{xf(x)}{u} = \frac{\mathrm{d}L}{\mathrm{d}x} \tag{11.7}$$

因此，有如下形式成立：

$$L'(p) = \frac{x}{u}\ ,\ L''(p) = \frac{\mathrm{d}\,L'(p)\,\mathrm{d}x}{\mathrm{d}p}\cdot\frac{\mathrm{d}x}{\mathrm{d}p} = [uf(x)]^{-1} \tag{11.8}$$

总之，若有洛伦兹曲线 $L(p)$、收入 x，收入不超过 x 的人口占比为 p，那么求解式（11.5）可得收入密度函数 $f(x)$。接下来的工作是定义洛伦兹曲线模型。

王和饶（Ogwang 和 Rao，2000）基于现有洛伦兹曲线族，利用凸组合（Convex Combination）与加权积（Weighted Product）方法建立了两组混合型洛伦兹曲线模型，陈飞、卢建词（2014）通过数值模拟对王和饶（2000）的研究进行了拓展，定义了如下形式的洛伦兹曲线模型：

$$L_H(p) = p^a\left\{\delta[1-(1-p)^b m^{\frac{p}{2}}] + (1-\delta)\frac{e^{kp}-1}{e^k-1}\right\} \tag{11.9}$$

式中，$a \geqslant 0, b \in (0,1], m > 0, 0 \leqslant b - (\ln m)/2 \leqslant \sqrt{b}, k > 0, \delta \in [0,1]$。笔者采用上述形式的洛伦兹曲线模型，主要基于以下理由：这一模型

涵盖了现有的大多数洛伦兹曲线模型，且符合帕累托分布的理论依据，并具有良好的数学性质。

（二）减贫效果评估的研究方法

明瑟收入模型作为研究收入增长领域的一项重要基础模型，自提出以来便在收入分配领域得到了广泛应用。本部分将首先对明瑟收入原始模型进行简单的介绍，并根据专题研究的侧重点，对该模型进行有针对性的拓展，以此来考察权利配置及其他相关因素对农村居民收入增长的影响程度；接下来，进一步使用基于回归方程的分解分析方法来考察各影响因素的相对贡献度。

1. 明瑟收入模型及其扩展

明瑟（Mincer，1974）基于人力资本理论推导出了用来研究收入决定因素的工资收入模型，该模型主要研究受教育程度、工作经验这两个维度分别对工资收入带来什么影响。首先，设定 C_{t-1} 为 $t-1$ 时期的净投资额，I_{t-1} 为当期未发生投资支出时的总收入；假设 r 代表个人人力资本投资的平均回报率，且每一期的投资回报率不会发生变化：

$$I_t = I_{t-1} + r \cdot C_{t-1} \tag{11.10}$$

令 $k_t = C_t / I_t$，表示投资支出与收入比，可以看作单位时间内的投资，于是：

$$I_t = I_{t-1}(1 + r \cdot k_{t-1}) \tag{11.11}$$

通过无限递归，可以得到：

$$I_t = I_0(1 + r \cdot k_0) \cdot (1 + r \cdot k_1) \cdots (1 + r \cdot k_{t-1}) \tag{11.12}$$

因此，可推出对数近似 $\ln(1+r \cdot k) \approx rk$，进一步简化上式可得：

$$\ln I_t = \ln I_0 + r\sum_{i=0}^{t-1} k_i \tag{11.13}$$

因此，净投资收益可得 Y_t：

$$\ln Y_t = \ln I_0 + r\sum_{i=0}^{t-1} k_i + \ln(1 - k_t) \tag{11.14}$$

其中,投资收益 $Y_t = I_t \cdot (1 - k_t)$,这里所说的投资大部分为学校教育投资支出,以及其他正式或非正式的工作培训(工作经验)。如果仅分析这两种因素对工资收入的影响,那么就可以将 k_t 分剥为 k_i 和 k_j ,其中 k_i 指的是对于学校教育的投资率, k_j 则指的是对于工作经验的投资率。于是,我们就得出了经典的明瑟人力资本收入方程(Human capital earnings function):

$$\ln Y_t = \ln I_0 + r\sum_{i=0}^{s-1} k_i + r\sum_{j=s}^{t-1} k_j \quad (11.15)$$

通常情况下使用其一般形式:

$$\ln y = \beta_0 + \beta_1 Sch + \beta_2 Exp + \beta_3 Exp^2 + \sum \beta_i X + e \quad (11.16)$$

在式(11.16)中,$\ln y$ 表示收入的对数, Sch 表示受教育程度, Exp 表示工作经验, X 则表示受教育程度和工作经验这两者以外的其他影响工资收入的个体特征,主要涵盖性别、职业性质、婚姻状况、地理位置等控制变量,除此之外的其他不可观测因素都用残差项 e 表示。

不同研究领域的学者根据各自的研究需求,对该收入模型进行了一系列的改进。大体可分为以下几类:一是着眼于截面数据的明瑟方程改进,李实和丁赛(2003)通过分析中国城镇劳动力市场,发现了就业者所在的企业所有制性质、行业和区域特征一方面与个人的教育变量之间存在一定的相关性;另一方面,还会对教育收益率的决定机制产生影响。因此,可以考虑引入教育变量与控制变量的相互项(Interaction term),例如采用 $\sum \beta_i X \cdot Sch$ 的形式,从而增加模型估计参数的可信度。于是,式(11.16)可变换为以下形式:

$$\ln y = \beta_0 + \beta_1 Sch + \beta_2 Exp + \beta_3 Sch \cdot Exp + \sum \beta_i X + e \quad (11.17)$$

另一种方式是增强方程结构的稳定性,张车伟(2006)和齐良书(2005)认为,教育回报不仅受不同行业、不同地区的影响,甚至会与不同阶段教育的特征存在联系,并将教育阶段作为一项虚拟变量加入模型中,于是明瑟方程可变换为以下形式:

$$\ln y = \begin{cases} \beta_{01} + \beta_{11}Sch + \beta_{21}Exp + \sum \beta_{i1}X + e_1 Sch \leqslant T \\ \beta_{02} + \beta_{12}Sch + \beta_{22}Exp + \sum \beta_{i2}X + e_2 Sch > T \end{cases} \tag{11.18}$$

其中,以教育年限 T 作为分界点,表示阶段受教育年限的收入回报率存在一定差异,乔治(George,2004)、杨国涛等(2014)也采取了类似的做法。

笔者使用明瑟方程估计农民收入增长的影响因素,其中,教育人力资本是影响农民收入的因素,但研究更侧重于权利配置组合对农民收入增长的影响。为使模型估计精准度更高,尽量降低随机干扰项对系数估计结果的影响,笔者将基于经典的明瑟方程,运用以下两种方法,构建影响农民收入的明瑟收入模型,同时将交互项和虚拟变量考虑进来,基本形式如下:

$$\ln y = \begin{cases} \beta_{01} + \beta_{11}Sch + \beta_{21}Exp + \beta_{31}Sch \cdot Exp + \sum \beta_{i1}X + e_1 Sch \leqslant T \\ \beta_{02} + \beta_{12}Sch + \beta_{22}Exp + \beta_{32}Sch \cdot Exp + \sum \beta_{i2}X + e_2 Sch > T \end{cases} \tag{11.19}$$

下文将结合研究内容展开深入阐释和实际运用。

2. 基于回归方程的分解分析法

瓦哈卡(Oaxaca,1973)和布林德(Blinder,1973)是最早研究基于回归方程分解分析方法的学者,他们在深入研究后提出了使用分解收入均值的组间差异的方法(Blinder-Oaxaca 分解法),用以分解工资差异。其分解方程为:

$$\ln \bar{w}^m - \ln \bar{w}^f = \sum \beta_j^m (\bar{x}_j^m - \bar{x}_j^f) + \sum \bar{x}_j^f (\beta_j^m - \beta_j^f) \tag{11.20}$$

其中,w 为工资,m 代表男性,f 代表女性,β 是工资参数的估计值,x 是男女性的个体特征。工资差异分解结果可分为两部分:上式右侧第一项表示,在男女性群体工资估计参数一致(没有歧视性因素)的情形下,两群体因为 x 不同而导致的工资水平存在差距,这一差距即使在男性、女性的劳动边际报酬相等时,仍然存在;上式右侧第二项则表示,在 x 保持一致时,工资支付标准存在歧视性行为。前者可被称为"隐性歧视",后者可被称为"显性歧视"。显然,在工资支付过程中,这两种歧视都理应被消除。

显而易见的是，在这个分解过程中是存在缺陷的，即在不适用于非线性估计的方程中，条件期望值 $E(w \mid x)$ 与 $\bar{x}\beta_j$ 并非一致。在之后的相关文献中，菲尔茨和尤（Fields 和 Yoo，2000）基于回归方程识别和量化了不同影响因素各自的贡献度。菲尔茨和尤（2000）要求使用半对数形式的线性收入决定函数，并使用变异系数的平方来衡量差异程度。

默多克和西古拉（2002）则开始使用标准的线性函数进行分解分析，其基本思路可以概括为，若 $Y = \sum \beta_i X_i + \beta_0$，那么收入 Y 的基尼系数就可以表示为各个解释变量 X 的拟合基尼系数的加权值之和：

$$Gini(Y) = \sum \beta_i E(X_i) / E(Y)\ C(X_i) \tag{11.21}$$

其中，β_i 表示解释变量 X_i 的边际收入，为依据回归模型所得到的相关系数，E 代表期望值，$C(X_i)$ 代表解释变量 X_i 的拟合基尼系数。

但正如万（Wan，2004）所提出批评的，菲尔茨和尤（2000）以及默多克和西古拉（2002）对模型形式和差异度的度量方法，都有过于严格的要求，更重要的一点是，并未证实残差项和常数项的解释能力：残差项没有解释能力意味着所选变量能完全解释被解释变量，但这很难使人信服；常数项没有解释能力则与常理相悖，因为在使用相对指标度量收入差距时，正（或负）的常量来源会使不平等总指标下降（或上升）——举例来说，以人头税表示的负的常量必定会加大收入差距，而以人均补贴表示的正的常量则可以缩小收入差距。万（2004）研究的创新点在于，其分解方法可以采用相对灵活的函数形式，并且能够度量常数项和残差项的贡献度。不过，万（2004）对于常数项和残差项贡献度的操作方式也经受了一些批评和质疑（洪兴建，2008）。此外，由于一般情况下分解分析的工作量较大，因此在使用该方法时，往往需要借助特定的计量软件工具，这限制了该方法的进一步推广运用。

张晓波等（2003）循着夏洛克斯（Shorrocks，1982）的思路，将劳动生产率函数中因变量（取对数后的人均 GDP）的差距（用方差表示）分解为函数各个变量的总和。其基本公式可以表示为,如果 $Y = a + \sum \beta_i X_i + \varepsilon$,那么可以得出:

$$\sigma^2(Y) = \sum \beta_i cov(Y,X_i) + \sigma^2(\varepsilon) \tag{11.22}$$

其中,用 $\sigma^2(Y)$ 的方差, $cov(Y,X_i)$ 表示因变量与自变量 X 的协方差。因此,笔者主要根据式(11.20)来对农村居民收入增长过程中各个权利配置贡献度展开研究。

表 11.1　1993 年、2004 年、2011 年中国农村贫困发生率变动情况

(单位:%)

区域	贫困线 a=家庭人均年收入 668 元(1990 年)				贫困线 b=家庭人均年收入 2300 元(2010 年)			
	1993(A)	2004(B)	2011(C)	C—A	1993(A_1)	2004(B_1)	2011(C_1)	C_1—A_1序号
辽宁	23.7	16.1	5.3	-18.4	35.3	22.9	7.1	-28.2
江苏	26.7	2.7	2.8	-23.9	40.7	5.4	5.2	-35.5
山东	28.7	11.4	9.3	-19.4	49.7	24.9	13.1	-36.6
河南	52.4	30.5	26.2	-26.2	70.6	39.6	36.9	-33.7
湖北	40.9	26.2	6.5	-34.4	64.2	38.3	9.3	-54.9
湖南	32	20.7	12.3	-19.7	43.8	29.8	16.4	-27.4
广西	36.1	19.2	11.9	-24.2	48.1	30.1	17.7	-30.4
贵州	42.5	27.2	10.6	-31.9	60.4	40.1	13.8	-46.6
东部	26.4	10.1	5.8	-20.6	41.9	17.7	8.4	-33.5
中西部	40.7	24.8	13.5	-27.2	57.4	35.7	18.8	-38.6
全国	35.5	19.3	10.6	-24.9	51.7	28.9	15	-36.7

资料来源:笔者根据 CHNS 数据计算整理得到。

由表 11.1 可知,农村家庭人均年收入无论按 668 元(1990 年价)计算还是按 2300 元(2010 年价)贫困线计算,总体而言,我国农村改革取得了较为明显的减贫效果。

第二节　中国农村改革减贫效果的测度

一、数据来源

本部分所使用数据为中国健康与营养调查数据(China Health & Nutrition Survey,CHNS)。使用这一数据库来分析我国农村减贫效果主要考虑了以下几点:(1)中国健康与营养调查数据抽样方法较为科学,样本代表性强。该数据库采用多阶段、随机聚类抽样调查,对我国东部、中部、西部9个省份及北京市、上海市、重庆市3个直辖市的城镇和农村进行了抽样调查,9个省份的县按收入低、中、高分层加权抽样,数据科学性和代表性较强。(2)中国健康与营养调查数据库调查期数跨度较长(共9期),且收入分配信息较为丰富,样本动态连续性较强①。(3)中国健康与营养调查数据库引用率较高,得到一致认可。

在本部分,笔者主要使用辽宁省、山东省、江苏省、河南省、湖北省、湖南省、贵州省和广西壮族自治区共8个省份1993年、2004年、2011年的农村住户数据。由于CHNS原始数据存在部分缺失值和异常值,因此需对数据进行前期处理。在估计洛伦兹曲线时,笔者将剔除家庭人均收入缺失的样本;鉴于洛伦兹曲线起始端点为(0,0),我们将家庭人均收入为负的观测值用零进行替换;对于极高异常值,使用Winsor命令分省份对右端0.5%的收入值进行缩尾处理。表11.2为处理前后的样本对比。

① 另一项研究收入分配的基础数据库是由赵人伟、李实、孟昕、基斯·格里芬(Keith Griffin)、卡尔·里斯金(Carl Riskin)、贝尔古斯塔夫森和西库勒(Björn Gustafsson & Terry Sicular)等组织的中国家庭收入项目调查(CHIPS),该数据库的运用也相当广泛,但时间跨度相对较短,仅有1988年、1995年、2002年和2007年四期数据,故而无法用于本专题研究。

表 11.2 1993 年、2004 年、2011 年初步处理前后的样本对比

区域	1993 年				2004 年				2011 年			
	样本量（户）		家庭人均收入最大值（元）		样本量		家庭人均收入最大值（元）		样本量		家庭人均收入最大值（元）	
	before	after	before	after	before	after	before	after	before	after	before	after
辽宁	283	283	16859.08	15930.15	341	341	80669	35721.7	337	337	343328	279247
江苏	300	300	19739	17856.29	331	331	32447.9	30539.2	325	325	188833.2	79799.5
山东	286	286	36998.71	13515.47	317	317	65971	61392.3	321	321	114239.8	78396.8
河南	296	296	9833.153	8733.072	331	331	85486.4	40069.4	328	328	275229.4	66637.7
湖北	296	296	18816.06	12413.56	324	324	40720	22689.5	323	323	260058.9	98516.9
湖南	297	297	21699.03	16917.48	309	309	31432.2	26993.9	317	317	63230	54420.1
广西	310	310	15695.92	13331.48	339	339	58955.9	21306.2	344	344	155877.7	107958.5
贵州	318	318	21070.57	11676.69	349	349	25859.1	19441.5	340	340	81179.9	54381
共计/平均	2386	2386	20088.9	13796.8	2641	2641	58237.2	45175.1	2635	2635	185247.1	102419.7

注：对样本量来说，before 表示进行数据处理前的样本户数，after 表示数据处理后的样本户数或分省进行 0.5%的高收入端压缩处理后的样本最大收入值。

资料来源：根据中国健康与营养调查数据中的农村家庭住户调查数据整理得到。

笔者将同时使用两条贫困线标准：一是世界银行 1993 年公布的根据国际购买力平价计算的“1.25 美元/人/天”的贫困线标准，利用农村居民消费价格指数（1990=100）换算为人均实际年收入是 668 元人民币；二是国家统计局 2011 年公布的根据 2010 年不变价测算的农民人均年收入 2300 元人民币。然而，中国健康与营养调查数据中的家庭人均收入分别是基于 1988 年、2011 年的消费价格指数，笔者分别按照 1990 年、2011 年的农村居民消费价格指数进行了换算。

笔者利用中国健康与营养调查数据库 1993 年、2004 年、2011 年的数据分别测算了中国农村整体、东部沿海省份、中西部省份①的农村住户人均收入变

① 由于本专题中 1993 年、2004 年和 2011 年的中国健康与营养调查数据只涉及 8 个省份，因此只分为东部沿海省份和中西部内陆省份，其中，东部沿海省份为辽宁省、江苏省和山东省，中西部内陆省份为河南省、湖北省、湖南省、广西壮族自治区和贵州省。

化及农村贫困发生率，具体情况如表 11. 3、表 11. 4 所示。

由表 11. 3 可知，全国农村住户的人均收入由 1993 年的 2965. 6 元逐步上升至 2011 年的 11863 元，2011 年是 1993 年的 4 倍。其中，东部沿海省份农村住户人均收入从 3510. 2 元上升到 15635. 5 元，后者是前者的 4. 45 倍，而中西部内陆省份 2011 年农村住户人均收入是 1993 年的 3. 62 倍。分阶段来看，1993—2004 年东部沿海省份上涨了 1. 3 倍，而中西部省份仅增长了 0. 8 倍，中西部省份农村住户平均收入只占东部省份的 60%，这一阶段东部、中部、西部农村地区的差距已开始逐步拉开。2004—2011 年，得益于西部大开发战略的实施及其他各种对中西部农村地区的政策支持，中西部省份农村住户人均收入快速增长，增长了 98. 2%，甚至超过东部省份农村住户人均收入 93. 3%的增长速度。

表 11. 3　1993 年、2004 年、2011 年中国农村家庭人均纯收入变动

区域	农村家庭人均纯收入（元）			人均收入变动（%）		
	1993 年（A）	2004 年（B）	2011 年（C）	（B−A）/A	（C−B）/B	（C−A）/A
辽宁	3537. 2	7742. 2	17098. 7	118. 9	120. 9	383. 4
江苏	3766. 7	9476. 8	17489. 9	151. 6	84. 6	364. 3
山东	3214. 5	7012. 2	12221. 8	118. 1	74. 3	280. 2
河南	1924. 5	4620. 0	6874. 1	140. 1	48. 8	257. 2
湖北	2362. 0	4388. 5	12565. 3	85. 8	186. 3	432. 0
湖南	3676. 1	6680. 7	10958. 5	81. 7	64. 0	198. 1
广西	2929. 8	4670. 9	8893. 0	59. 4	90. 4	203. 5
贵州	2379. 1	4067. 3	8950. 4	71. 0	120. 1	276. 2
东部省份	3510. 2	8088. 6	15635. 5	130. 4	93. 3	345. 4
中西部省份	2653. 5	4853. 7	9618. 3	82. 9	98. 2	262. 5
全国	2965. 6	6065. 1	11863. 0	104. 5	95. 6	300. 0

注：表中收入均以考虑了农村消费价格指数，以 2010 年不变价表示。
资料来源：笔者根据中国健康与营养调查数据计算整理得到。

表 11.4　1993 年、2004 年、2011 年中国农村贫困发生率变动情况

（单位:%）

区域	贫困线 a=家庭人均年收入 668 元(1990 年)				贫困线 b=家庭人均年收入 2300 元(2010 年)			
	1993 年(A)	2004 年(B)	2011 年(C)	C—A	1993 年(A_1)	2004 年(B_1)	2011 年(C_1)	C_1—A_1
辽宁	23.7	16.1	5.3	-18.4	35.3	22.9	7.1	-28.2
江苏	26.7	2.7	2.8	-23.9	40.7	5.4	5.2	-35.5
山东	28.7	11.4	9.3	-19.4	49.7	24.9	13.1	-36.6
河南	52.4	30.5	26.2	-26.2	70.6	39.6	36.9	-33.7
湖北	40.9	26.2	6.5	-34.4	64.2	38.3	9.3	-54.9
湖南	32	20.7	12.3	-19.7	43.8	29.8	16.4	-27.4
广西	36.1	19.2	11.9	-24.2	48.1	30.1	17.7	-30.4
贵州	42.5	27.2	10.6	-31.9	60.4	40.1	13.8	-46.6
东部	26.4	10.1	5.8	-20.6	41.9	17.7	8.4	-33.5
中西部	40.7	24.8	13.5	-27.2	57.4	35.7	18.8	-38.6
全国	35.5	19.3	10.6	-24.9	51.7	28.9	15	-36.7

资料来源:笔者根据中国健康与营养调查数据计算整理得到。

由表 11.4 可知,农村家庭人均年收入无论按 668 元(1990 年价)计算还是按 2300 元(2010 年价)贫困线计算,总体而言,我国农村改革四十多年来取得了较为明显的减贫效果。

二、洛伦兹曲线的参数估计及拟合效果评价

笔者认为,农村改革中农民的权利配置组合得到优化是我国农村减贫取得实质进展的核心。具体地,对农户减贫起到关键作用的三种核心权利分别是参与权、收入权和保障权。本部分我们将利用收入密度函数和洛伦兹曲线之间的联系,对权利配置组合中农户收入权和保障权提升带来的减贫效果进行分解,试图分析这两种权利在我国农村减贫中产生的积极影响。

（一）洛伦兹曲线的参数估计

令 $\Phi=(a,b,m,k,\delta)'$ 为参数向量，则洛伦兹曲线可表示为 $L(p,\Phi)$ 。为了估计出洛伦兹曲线的参数集 Φ ，需使用不少于 5 组的分组数据 $\{p_i,L(p_i)\}$ $i=1,2,\cdots,n$ 。其中，p_i 为按照收入由低至高排列的累积人口比例，$L(p_i)$ 为与累积人口比例 p_i 相对应的累积收入比例。在这里，我们将最优参数集合 Φ 满足的条件定义为：根据拟合的洛伦兹曲线计算得出的累积收入比例 $L_H(p_i)$ 与实际累积收入比例 $L(p_i)$ 的残差平方和最小①，即：

$$ESS(\tau)=\sum_{i=1}^{n}\left[L(p_i)-L_H(p_i)\right]^2=\sum_{i=1}^{n}\left[L(p_i)-L_H(p_i,\Phi)\right]^2 \quad (11.23)$$

本部分使用的农村住户数据中，在整理剔除缺失值后，1993 年全国农村住户数据有 2386 个样本，按照收入水平从低至高排序并进行分组，共得到 80 个分组样本；2004 年获得 2641 个农村住户样本，共 90 个分组样本；2011 年得到 2635 个农村住户样本，共 89 个分组样本。由此可计算得出不同住户人均收入分组 x_i 门槛下对应的累计人口比例 p_i 及与该累计人口比例对应的累计收入比例 $L(p_i)$。由于原洛伦兹曲线模型相对复杂，可利用 Matlab 软件的曲线拟合功能先估计洛伦兹曲线模型的参数初值，再进一步设定迭代次数和阻尼系数，计算得出各个参数的一阶偏导数，建立海塞矩阵（Hessian Matrix），运用列文伯格—马夸尔特法（Levenberg-Marquardt，LM 算法）②进一步确定洛伦兹曲线的精确参数。估计结果如表 11.5 所示。

---

① 最优参数集除了可满足残差平方和最小原则外，还可满足均方误差（MSE）最小和模型估计误差的最大绝对值（MAVE）最小的原则，详见 T. Ogwang、Rao，"Hybrid models of the Lorenz curve"，*Economics Letters*，Vol.69，2000，pp.39-44。

② LM 算法即为非线性最小二乘法的一种。另一种估算参数思路是将非线性函数线性化，然后通过线性最小二乘法来求解参数，但由于原洛伦兹曲线模型相对复杂，使用这一方法容易陷入局部最优解，且耗时较长。

表 11.5　1993 年、2004 年、2011 年中国农村收入分布的洛伦兹曲线参数估计结果

区域	年份	*a*	*b*	*m*	*k*	*δ*	*ESS*	样本组
全国	1993	0. 742	0. 652	0. 666	5. 094	0. 771	0. 009	75
	2004	0. 779	0. 544	0. 813	5. 119	0. 822	0. 019	87
	2011	0. 645	0. 737	1. 325	8. 176	0. 897	0. 009	89
东部	1993	0. 827	0. 675	0. 666	5. 109	0. 867	0. 009	72
	2004	0. 731	0. 601	0. 706	5. 119	0. 812	0. 015	86
	2011	0. 941	0. 506	0. 481	4. 112	0. 917	0. 009	84
中西部	1993	0. 789	0. 547	0. 277	5. 118	0. 667	0. 012	73
	2004	0. 747	0. 549	1. 075	5. 107	0. 946	0. 016	82
	2011	0. 921	0. 569	0. 944	7. 124	0. 936	0. 024	82

注：所有参数都是以 2010 年不变价表示的农村居民人均收入估计的，且所有参数均在 1%的水平下显著，故未标“＊”号。

资料来源：笔者使用 Matlab 软件估计得到。

由表 11. 6 结果可知，无论是全国层面，还是东部沿海省份或中西部内陆省份，所估计洛伦兹曲线的残差平方和（ESS）都小于 0. 025，由此表明，模型参数具有较大的可靠性，且参数估计值均在 1%的水平上显著，并满足洛伦兹曲线定义的参数区间约束条件，因此上述参数估计结果是有效的。

（二）洛伦兹曲线参数的拟合效果评价

为进一步评价上述洛伦兹曲线参数的拟合效果，笔者将实际人均收入小于等于 x_i 的累积人口比例 p_i 代入拟合出参数的洛伦兹曲线，并将拟合的与之相对应的累积收入比 $L_H(p_i)$ 与实际累积收入比 $L(p_i)$ 进一步比较，相关结果见表 11. 6。

表 11.6　洛伦兹曲线参数拟合效果评价(以 1993 年为例)

x_i	p_i	$L(pi)$	$L_H(pi)$	$\Delta(L_H(pi)-L(pi))$
100	0.0218	0.0001	0.0009	0.0007
300	0.0432	0.0017	0.0028	0.0011
600	0.0863	0.0083	0.0093	0.0010
900	0.1551	0.0261	0.0259	-0.0002
1200	0.2410	0.0566	0.0561	-0.0005
1500	0.3198	0.0926	0.0923	-0.0003
2000	0.4430	0.1650	0.1651	0.0001
2500	0.5511	0.2471	0.2470	-0.0001
3060	0.6433	0.3328	0.3329	0.0001
3780	0.7372	0.4409	0.4407	-0.0002
5400	0.8550	0.6200	0.6195	-0.0005
6660	0.9212	0.7548	0.7546	-0.0001
8760	0.9652	0.8671	0.8686	0.0015
10860	0.9841	0.9283	0.9285	0.0002
13740	0.9929	0.9637	0.9616	-0.0021
15000	0.9962	0.9798	0.9763	-0.0034

资料来源:笔者使用 Stata12 软件计算得出。

由结果可知,估计的洛伦兹曲线的拟合值与实际值差别很小,特别在累积人口收入占比的中间位置,估计的洛伦兹曲线参数拟合值逼近真实值,从全国层面的洛伦兹曲线参数的拟合效果来看,累计收入比的真实值与拟合值之差的绝对值小于 0.0035①。

三、中国农村减贫的权利配置效应分解

本部分笔者将基于前述理论,运用布吉尼翁(2003)的"贫困—增长—不

① 为节省篇幅,文中只列出了全国部分收入门槛的真实值与拟合值对比情况,也并未列出东部与中西部地区的拟合情况,但拟合效果与全国部分也相似,精度均非常高。

平等”分解方法，从权利配置视角将中国农村减贫的总效应分解为收入权效应与保障权效应。首先，利用前面估计出的洛伦兹拟合曲线，基于式(10.5)第一个等式中洛伦兹曲线与收入密度函数的关系，针对各条洛伦兹曲线利用数值求导的方法估计出对应的收入密度函数。给定 x 和 u，可根据相应的洛伦兹曲线，通过函数求导得到 $p = F(x)$，即对应的累积分布函数，接着再根据式(10.5)第二个等式计算即可得到收入密度函数。

同时，笔者根据国家统计局公布的人均年收入 2300 元(以 2010 年不变价)这一贫困线标准衡量农村减贫效果。其中历年的收入已按照对应年份的农村居民消费价格指数进行平减处理。1993—2011 年全国层面及东部省份、中西部省份农村减贫效果的分解示意如图 11.2—图 11.4 所示。

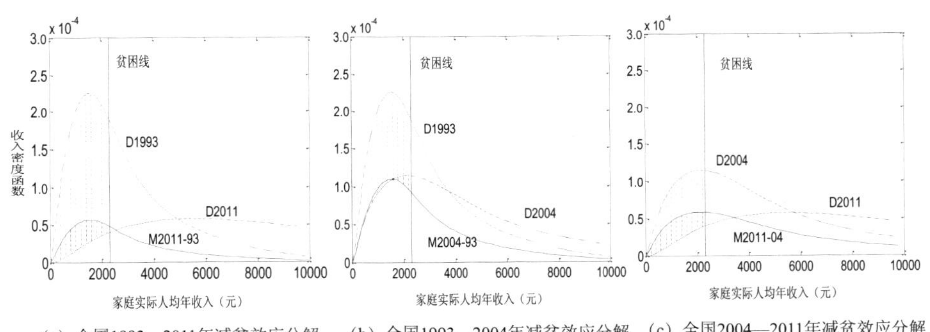

(a) 全国1993—2011年减贫效应分解　(b) 全国1993—2004年减贫效应分解　(c) 全国2004—2011年减贫效应分解

图 11.2　1993 年、2004 年、2011 年全国层面农村减贫效果分解

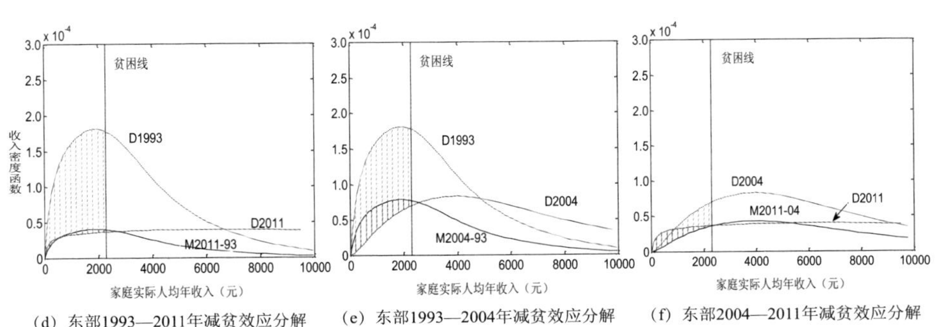

(d) 东部1993—2011年减贫效应分解　(e) 东部1993—2004年减贫效应分解　(f) 东部2004—2011年减贫效应分解

图 11.3　1993 年、2004 年、2011 年东部省份农村减贫效果分解

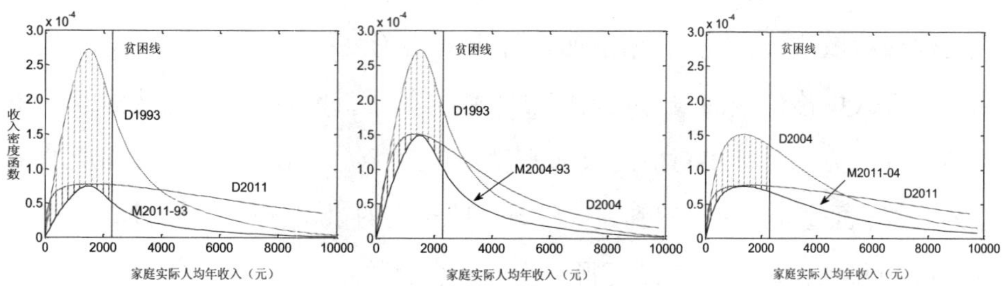

(g) 中西部1993—2011年减贫效应分解 (h) 中西部1993—2004年减贫效应分解 (i) 中西部2004—2011年减贫效应分解

图 11.4　1993 年、2004 年、2011 年中西部省份农村减贫效果分解

图 11.2—图 11.4 中，垂直虚线为贫困线，贫困发生率以贫困线左侧、收入密度函数与横轴所围成的封闭区域面积表示。从图 11.2(b)来说，收入密度函数从 D1993 曲线至 D2004 曲线之间贫困发生率的改变量表示全国农村整体 1993—2004 年的减贫总效应。其中，收入密度函数 D1993 曲线和 M2004-93 曲线所围成的阴影部分面积为收入权配置所起到的减贫效果(收入权效应)；收入密度函数 M2004-93 曲线和 D2004 曲线所围成的阴影部分面积为保障权配置所起到的减贫效果(保障权效应)。图 11.2—图 11.4 中其他示意图的含义与图 11.2(b)类似，在此不再赘述。

为了进一步定量测度我国农村改革过程中四十多年来权利配置的减贫效果，笔者基于上述权利配置分解原理对农村减贫效果即图 11.2—图 11.4 中各阴影部分面积进行了定量计算。计算结果如表 11.7 所示。

表 11.7　1993—2011 年中国农村改革权利配置的减贫效果分解

区域	贫困发生率(%)			权利配置的减贫效果分解(%)		
	A	B	C	B-A	C-A	B-C
1993—2011 年	D1993	D2011	M2011-93	总效应	收入权效应	保障权效应
全国	50.97	11.58	8.96	-39.39	-42.01	2.62
东部	39.4	8.25	6.59	-31.15	-32.81	1.66
中、西部	58.27	18.38	11.01	-39.89	-47.26	7.38

续表

区域	贫困发生率(%)			权利配置的减贫效果分解(%)		
	A	B	C	B-A	C-A	B-C
1993—2004 年	D1993	D2004	M2004-93	总效应	收入权效应	保障权效应
全国	50. 97	27. 62	21. 91	-23. 36	-29. 06	5. 70
东部	39. 4	15. 47	14. 66	-23. 94	-24. 74	0. 80
中、西部	58. 27	35. 25	28. 36	-23. 02	-29. 91	6. 88
2004—2011 年	D2004	D2011	M2011-04	总效应	收入权效应	保障权效应
全国	27. 62	11. 58	9. 65	-16. 03	-17. 96	1. 93
东部	15. 47	8. 25	6. 35	-7. 22	-9. 12	1. 90
中、西部	35. 25	18. 38	16. 41	-16. 86	-18. 84	1. 97

注:① D1993、D2004、D2011 分别表示相应年份的实际收入密度函数;② M2011-93 表示借鉴布吉尼翁(2003)分解方法构造的方差与 D1993 相同、均值与 D2011 相同的虚拟收入密度函数,M2004-93 和 M20011-04 的命名规则与 M2011-93 相似;③ 贫困发生率以相应年份的收入密度函数求贫困线左侧定积分得到;④ 在减贫效果分解结果中,“-”表示贫困发生率下降,“+”表示贫困发生率上升;⑤ 表中结果均是经过 2010 年不变价换算后计算得到,贫困线标准是以 2010 年不变价表示的人均收入 2300 元。

资料来源:笔者使用 Matlab 软件计算得到。

接下来,笔者将对上述农村减贫效果及分解结果进行较为详尽的分析。

(1)整体来看,1993—2011 年,我国农村减贫实现了十分明显的效果,并且这些减贫成效主要来自收入权的改善,即收入权效应,保障权配置不仅没有对减贫产生积极效应,反而对农村减贫形成了一定阻碍,说明我国农村保障权配置还有很大的提升空间。按 2010 年不变价家庭人均年收入 2300 元的贫困线标准衡量,四十多年来,我国农村整体贫困发生率由 1993 年的 50. 97%下降到了 2011 年的 11. 58%,实现减贫总效应 39. 39%;其中东部沿海省份的农村减贫总效应为 31. 15%,中西部内陆省份的农村减贫总效应为 39. 89%。取得这些成效的可能解释是,在我国农村改革的四十多年中,家庭联产承包责任制的实施、城乡二元结构的逐步缓解、农村税费减免优惠及其制度改革、农村金融体系的健全、农村医疗和养老等社会保障制度的完善以及西部大开发战略、国家三大扶贫攻坚计划等一系列支农惠农政策的实施,使农村地区的收入权得到提高,从而大幅度改善了我国农村住户的权利配置状况。我国农村减贫取得举世瞩目的成就,绝对贫困人口数量大大减少,达到6.6亿人,特别是在贫困人口占了总人口相当一大部分的中西部内陆省份,减贫人口比例高于东部沿海省份8.74%。这大幅度地提高了我国农村居民的收入水平,改善了其生活质量,同时,更为全球减贫作出了巨大贡献,过去四十多年来完成了全球70%的减贫任务。

从上述权利配置效应的减贫分解结果来看,1993—2011年我国农村整体收入权对减贫产生的是正向的促进作用,其效应达到42.01%,而保障权对减贫产生了一定的反向抑制作用,其效应为-2.62%。由此表明,第一,减贫效果主要是权利配置中收入权配置改善带来的收入权效应。随着中国特色社会主义市场经济体制的建立,我国收入分配体制逐渐过渡到"按劳分配为主体、多种分配方式并存",不单是劳动力要素,资本、技术、知识和管理等能够创造价值的其他各类要素在生产过程中也越来越大程度地被使用,既然参与了生产,那么就有获得收入或报酬的权利。农产品价格得到国家的保护,得到大力支持与补贴,加之农村剩余劳动力向城市大量流动,使农民的收入权获得大幅提升和优化配置。1993—2011年,我国农村家庭人均年纯收入从921.6元上升至6977.3元,增长了6.57倍,这将社会主义市场经济的效率原则体现得淋漓尽致。第二,保障权的配置未能得到明显改善,反而成为农村减贫的重要障碍,不符合收入分配公正的基本原则。这一结果也进一步印证了收入分配过程中存在的"逆调节"问题。中、西部内陆省份农村住户的分配"逆调节"问题要比东部沿海省份更严重,由此中西部省份农村家庭由于保障权不充分而因病致贫、返贫的可能性将大幅上升。据统计,目前我国7000多万贫困人口中,因病致贫是一大重要原因,达到近3000万人,占到全部贫困人口的39%。因此,进一步强化社会保障、完善再分配制度至关重要。换句话说,要着力提升全国农村居民特别是中西部地区农村居民的保障权。

(2)1993—2004年的全国减贫效果占到中国农村改革四十多年减贫总效

应的一半以上，或者说，这一时期减贫成效在改革四十多年中最为显著，其中东部省份农村地区的减贫成效要高于中西部省份，可能原因是中西部省份再分配制度的保障功能不完善，因而成为中西部地区农村减贫的“拦路虎”。具体地，这一阶段全国层面的贫困发生率由1993年的50.97%降低至2004年的27.62%，减贫总效应为23.36%，占1993—2011年减贫总效应的比例为59.3%。从主要原因来看，此阶段取得较大减贫成效的主要是由于整体经济增长、收入权得到充分优化所致的收入权效应，保障权配置反而起到了减贫“逆调节”的阻碍作用。从东部省份农村减贫来看，其减贫效果为23.94%，占到1993—2011年东部省份减贫总效应的76.9%，大大高于全国平均水平。究其原因，国家层面为促进经济持续快速增长、加入世界贸易组织（WTO），东部沿海省份纷纷制定了发展外向型经济的战略，产业结构加速调整、分工进一步合理化，并通过各种渠道和优惠政策向东部沿海省份输送了大量不可或缺的要素资源，由此沿海地区借势实现经济迅速增长，且促进了当地农村剩余劳动力大量向城市转移，兴起“农民工潮”①，大幅提升了东部地区农民收入水平。

从中西部地区来看，1993—2004年减贫总效应为23.02%，占1993—2011年中西部地区减贫总效应的比例为57.7%，其中收入权效应贡献显著，达到29.91%，甚至高于减贫总效应，而保障权效应却为负，为-6.88%。可见，保障权配置不当或不充分产生的减贫负效应抵消了收入权优化的减贫正效应的23%，这一阶段我国广大农村地区普遍处于保障权不充分甚至缺失状态。20世纪90年代分税制改革后，地方政府特别是县、乡两级政府财政压力进一步加大，农村地区向城市输送资源的“剪刀差效应”再次出现，地方政府迫于无奈不得不对农村合作医疗减少财政投入，在一定程度上削弱了农村合作医疗制度、社会保障制度的保障功能。2003年年底全国农村低保对象为396.8万人，而其中农村低保对象较少，实际享受最低生活保障的农村人口未能达到全

① 这一时期的另一股潮流是公务员“下海潮”。

部低保对象的一半。上述诸多因素共同导致这一时期我国中西部省份农村收入分配格局不乐观,农民保障权不充分甚至缺失对减贫产生了明显的负向影响,因此我国农村各项社会保障制度亟待完善,需大力提升农民这类弱势群体的保障权。

(3)2004—2011 年,我国农村减贫效果趋于减小,整体呈缓慢下降趋势,这一阶段中西部内陆省份的农村地区是减贫主力,农民保障权得到逐步优化提升,保障权的减贫反作用得到遏制,同时总体减贫难度也进一步加大。全国农村贫困发生率由 2004 年的 27.62%降低至 2011 年的 11.58%,减贫总效应减小了 16.04%,其中东部沿海地区农村减贫总效应仅为 7.22%。从可能原因来看,这一阶段全国贫困人口基数大幅减少,且贫困人口主要集中在"老、少、边、山"地区,由于贫困人口自身健康、教育等人力资本偏低,贫困地区地理条件较差、交通通达能力不高,因而这些地区的农民收入权提高存在一定的现实困难和阻碍。值得说明的是,中西部内陆省份的农村减贫成效明显,大大超过东部省份农村地区,主要有以下几点可能原因:第一,东部沿海省份经济基础较好,经过较长时间的减贫,已取得较大成效,贫困总人口已大幅减少,贫困人口基数降低,2004 年东部省份农村地区贫困发生率为 15.47%,甚至小于中西部省份 2011 年的 18.38%。第二,这一时期中西部省份特别是中西部农村地区发展进一步受到国家重视,西部大开发、中部崛起等国家战略相继实施,给中西部发展带来了良好机遇和政策支持,加之农村金融体系进一步完善,农户信贷可能性提高、资金可获得性增强,有效地促进了中西部省份及其农村地区的经济增长。第三,我国农村养老、医疗等社保体系不断完善,再分配制度更加健全,这一阶段,我国先后建立和实施了新型农村合作医疗制度、农村最低生活保障制度、新型农村合作养老保险制度等一系列制度,强化了再分配制度的保障支持功能,有效地扭转了保障权配置不足引致的减贫负效应。

从我国农村减贫历程及上述减贫效果的权利配置分解结果来看,在 20 世纪末,我国农村减贫总体上采用的是参与权高、收入权高、保障权低的市场效率式减贫方式,这一减贫路径客观上较好地实现了市场经济的效率原则,主要特点是尤其注重提高收入权以降低贫困,而保障权配置相对弱化,并产生了较大的减贫负效应。进入21世纪,我国农村减贫逐步转向参与权高、收入权高、保障权高的均衡减贫路径,由效率式减贫方式过渡到这一减贫模式不仅充分体现了市场效率原则,而且也体现了公平正义原则——通过建立和完善再分配制度,注重社会弱势群体的基本生存和发展权,从而有效抑制保障权不充分的负效应,促进减贫。可以预见,随着我国农村社会保障体系的逐步完善和保障水平的进一步提高,保障权将得到充分优化,使更多的农村居民共享改革发展成果,进一步降低农村贫困发生率,有力助推农村减贫,有利于我国为全球减贫事业作出新的贡献。

第三节　权利配置影响农户减贫效果的评估

权利配置是相对抽象的概念,没有办法将其变为具体化的实践层面。本部分将就权利配置这一概念的内涵开展进一步的分析,将通过权利配置的代理变量来分析其对农民收入增长的影响,以此来达到使权利配置的减贫机制更加具体和增强可操作性的目的。即运用扩展的明瑟收入方程,考察权利配置的具体形式如何影响农民的收入;基于回归方程的分解分析法,分解不同的权利配置对农民收入增长的贡献度。

一、指标选取

参与权、收入权和保障权的配置会对农民收入产生较为显著的影响,从而用以实现减贫。结合我国特殊国情的实际,不同省级单位之间农村经济社会发展差距度较大,“三权”的配置也在不同地区存在显著差异。本部分将结合我国实际,选取三权代理变量对权利配置的农民收入增长效应展开深入探究,分解出单一权利配置对农民收入增长的贡献度。

（一）农民收入指标

本专题所定义的贫困表象指的是收入贫困，农村人均纯收入增加意味着农村贫困的缓和。因难以获得各省历年农村贫困率的数据，我们便选取历年各省农村人均纯收入这一指标（*Income*）来衡量各地农村贫困状况。

（二）参与权指标

参与权表示的是生产要素的配置问题，农民本身拥有劳动力、土地、资本和技术等多种生产要素，而这些生产要素只有真正配置到经济系统中才能使农民获得要素收入。在农民所拥有的生产要素中，被配置于经济系统中的比值越高，就越能够从各种生产要素的产出贡献中获得更多的要素收入。因此，参与权的内涵有两个方面：一是农民自身已拥有生产要素；二是农民拥有能够将自身生产要素投进经济运行系统的机会和权利。

在本专题中，我们使用农村人均受教育年限这一指标来衡量农民拥有的生产要素，主要出于以下几方面的考虑：（1）土地是目前农民所拥有的最重要的生产要素之一，但依据现行政策“土地承包期限延长30年不变”，承包期间内“增人不增地，减人不减地”，因而，土地这一指标很难真正体现农户拥有生产要素的增减变化；（2）健康人力资本，其是农户自始至终都拥有的一项生产要素，但宏观层面的指标（如人均寿命）等不具有显著代表性、变动幅度不大，因此不予以采用；（3）农户储蓄资本、涉农贷款或以户为单位所拥有的固定资产数值，这一指标虽然能够反映农户拥有的物质资本情况，但这一类指标存在内生性较强的问题，一般而言，高收入的家庭所拥有的固定资产或储蓄也较多，故而也不采用这一类指标；（4）农村人均受教育年限，这一指标不仅能够较好地反映地区差异，并且具有一定变动度，因而具有较强的代表性。笔者将农村人均受教育程度由低至高划分为五个等级：小学以下 $h_{1,t}$ 、小学 $h_{2,t}$ 、初中 $h_{3,t}$ 、高中（包括中专） $h_{4,t}$ 、大专及以上 $h_{5,t}$ ，根据中国的实际各级教育学年制度，相应的受教育年限分别为：1 年、6 年、9 年、12 年和 16 年，农村人均受教育年限是依据各地区农村各种受教育程度的人口比例乘以相应的教育年限得到的。农村人均受教育年限(Educat) = $(1 \cdot h_{1,t} + 6 \cdot h_{2,t} + 9 \cdot h_{3,t} + 12 \cdot h_{4,t} + 16 \cdot h_{5,t})$ / 人口数 。

从农民将自身生产要素投入经济系统的机会和权利来看，户籍制度的松紧程度直接影响农民参与经济系统的机会和权利的大小，但户籍制度是一个定性的、非连续的抽象概念，很难直接度量。但随着研究的深入，我们发现伴随着户籍制度的松动，城镇化水平也随即提高，城镇化水平的变动间接见证了户籍制度的历史变迁。为此，笔者使用城镇化水平(*Urblize*)来衡量农户参与经济系统的机会和权利，随着城镇化水平的不断提高，农户拥有参与经济系统的机会和权利越大。

(三)收入权指标

从理论层面上来说，收入权应当由收入分配制度衡量，收入分配制度的完善在某种意义上意味着收入权的提高，但同样，难以找到合适的制度代理变量。从现实来看，收入权的大小可以直观地体现为农民收入来源的多寡，从目前农民收入构成结构来说，农村家庭工资性收入比重由 1983 年的 18. 6%增长至 2013 年的 45. 3%，这在一定程度上体现了农户运用其他生产要素获取收入的权利在不断提高。因而，笔者使用工资性收入占比(*Pwage*)来代表农户拥有的收入权，工资性收入占比越高，农户拥有的收入权越大。①

(四)保障权指标

保障权这一概念属于收入再分配领域，体现着收入分配制度的正义性，对于减少绝对贫困发挥着无可取代的重要作用。21 世纪以前的我国农村地区

① 类似地，财产性收入占比也能够衡量农户拥有的收入权的大小。

基本处于保障权缺失的状态，因病致贫、因病返贫现象时有发生，农村经济十分脆弱。21世纪以来，“新农合”“新农保”以及农村最低生活保障制度等一系列社会保障制度先后建立，农村居民拥有的保障权稳步增长。笔者以转移性收入占全国农村人均纯收入的比例来衡量农村居民所拥有的保障权（*Psub*）大小，之所以不使用转移性收入占各地区农村人均纯收入的比例是因为考虑到各地区经济发展水平存在较大差异，以转移性收入比上各地区农村人均纯收入很难准确反映农户保障权的变化。[①]

（五）与农民收入增长相关的其他控制变量

一是农村经济发展水平。毫无疑问，农村经济增长与农民收入增长显著正相关，笔者以农村人均 GDP 值来表示农村经济发展水平的高低（*Pgdp*）。二是财政支农比例（*Pfiscal*）。自2004年以来，中央“一号文件”持续关注“三农”问题13年，财政支农比例也不断提高，通过不断加大农业投入，对农村经济发展产生了极大的促进作用，自然也能够显著提升农民收入。三是农村人均固定资产投资（*Pinvest*）。农村固定资产投资直接作用于各省份和地区的基础设施建设，将对省内农户的经济活动和日常生活产生极大影响，从而也会在一定层面上影响农民收入水平。在本书中采用的是省级面板数据，为消除各省农村人口数量不一致因素所带来的干扰，故以农村固定资产投资除以各省份农村人口总数。四是农业现代化水平（*Argtech*）。事实证明，传统的以家庭为单位的农业生产效率低下，大部分都只是自给自足的小农经济模式。中央“一号文件”也多次重点提出“提高农业现代化水平”，这对于提高农业生产经营效率和产出回报率，从而提高农民经营性收入具有极大促进作用。为此，笔者采用单位农业播种面积所使用的农机总动力来衡量农业现代化水平。

影响农民收入的影响因素众多，在已选定上述指标的基础上，为减缓自相

---

① 比如，在经济相对发达的东部省份，人均收入可能与转移性支付同比例增长，故而不能体现保障权的变动。

关和异方差带来的干扰,以及方便后续使用基于回归方程的分解分析法进行研究,同时,鉴于农民收入受前期影响较大,借鉴张晓波等(2003)的研究,笔者选取双对数模型,建立以下动态面板模型:

$$\ln Income_{i,t} = \beta_0 + \beta_1 \ln Income_{i,t-1} + \beta_2 \ln Educat_{i,t} + \beta_3 \ln Urblize_{i,t} + \beta_4 \ln Pwage_{i,t} + \beta_5 \ln Psub_{i,t} + \beta_6 \ln Pgdp_{i,t} + \beta_7 \ln Pfiscal_{i,t} + \beta_8 \ln Pinvest_{i,t} + \beta_9 \ln Argtech_{i,t} + \eta_i + \varepsilon_{i,t} \tag{11.24}$$

在此回归模型中,i 和 t 分别代表第 i 个省份和第 t 年,η_i 表示不随时间变化的省级单位截面的个体差异;$\varepsilon_{i,t}$ 为随机干扰项。

二、数据来源

本部分将采用国家层面的宏观动态面板数据,时间窗口自 2000 年至 2012 年。本书代理变量中的农村人均纯收入、计算城镇化率所需的农村与城镇人口、工资性收入、转移性收入占比、计算财政支农比例所需的财政支农支出①、计算农业现代化所需农业播种面积和农业总动力来自 2001—2013 年《中国统计年鉴》,农村受教育年限相关数据来源于《中国农村住户调查年鉴》和《中国教育统计年鉴》,部分农村固定资产投资来源于《中国农村统计年鉴》等。由于西藏部分数据不完整,考虑到数据可得性,笔者最终选取我国 30 个省(自治区、直辖市)13 年共 390 个样本。由于农村人均纯收入、农村人均 GDP 和人均固定资产投资这三个变量涉及绝对数,因而对其按照 2012 年价格以 2000—2012 年的农村居民消费价格指数采取消除通胀处理。取对数后主要变量的描述性统计见表 11.8。

① 财政支农统计口径在 2000—2012 年进行过调整,本章中,2000—2006 年,财政支农支出以农业支出加林业支出加农林水利气象支出汇总表示,2007—2012 年财政支农支出合并为农林水事务支出一项。

表 11.8　主要变量的描述性统计性质

指标	中位数	均值	最大值	最小值	标准差	偏度	峰度	样本
ln*Income*	8. 250	8. 264	9. 787	7. 226	0. 551	0. 320	2. 473	390
ln*Educat*	2. 112	2. 095	2. 360	1. 722	0. 103	−0. 829	4. 883	390
ln*Urblize*	3. 751	3. 681	4. 492	2. 400	0. 422	−0. 386	2. 823	390
ln*Pwage*	3. 617	3. 506	4. 370	1. 818	0. 466	−1. 034	4. 234	390
ln*Psub*	1. 674	1. 661	3. 933	−0. 109	0. 677	0. 413	3. 746	390
ln*Pgdp*	8. 134	8. 131	9. 716	6. 692	0. 648	0. 003	2. 238	390
ln*Pfiscal*	2. 099	2. 071	2. 839	0. 758	0. 403	−0. 783	3. 821	390
ln*Pinvest*	7. 397	7. 496	10. 207	5. 487	1. 121	0. 374	2. 347	390
ln*Argtech*	8. 331	8. 377	9. 542	7. 183	0. 508	0. 236	2. 427	390

资料来源:笔者使用 Stata12 软件计算得出。

接下来研究三种权利配置以及其他主要控制变量对农民收入的影响程度,为此,需要构建合理的面板回归方程,在估计面板回归方程之前,我们先直观观察本章选取的各影响因素与农民人均纯收入之间的基本相关关系,见图 11. 5。

图 11. 5 表明,除财政支农比例与农村人均收入相关性不显著之外,其他变量均与农村人均纯收入显著正相关,这与上文部分所描述的指标选取部分的变量说明相符,且合乎经济学常理。但由于这一相关关系是通过采用混合截面数据的方式获取的,而且并未采取相关措施控制其他相关项,因而图中所表现出的线性相关关系并不一定完全真实可靠,也存在非线性关系的可能。即便如此,通过图 11. 5,我们仍然可以直观地观察到农村人均收入与本章所选取变量之间显著相关,这便已初步证实选取上述变量具有合理性。

三、权利配置影响农户减贫的贡献度分析

直观而言,我们发现参与权、收入权和保障权的代理变量都与增加农民收入存在相关关系,然而,这一切都有待更加深入的计量实证分析与检验。本部

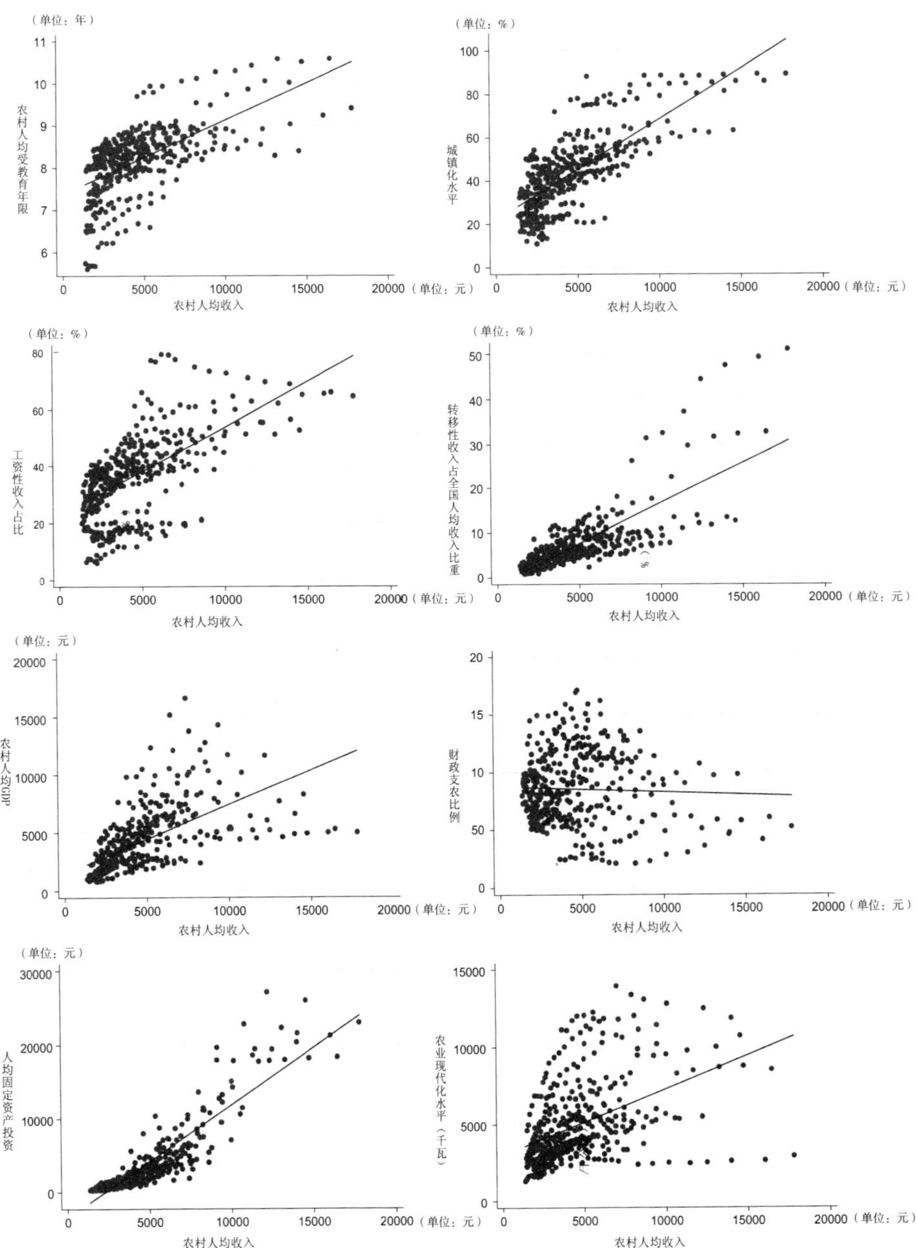

图 11.5　农村人均收入与各变量相关关系

分将采取面板模型方法，以静态面板固定效应与动态面板广义矩估计方法（GMM）为基础，参考基于回归方程的分解分析法，研究权利配置各代理变量与农户减贫之间更具体的相关关系，从而为农户减贫提供更加切实的政策建议。

（一）农户减贫影响因素的计量检验过程

在估计面板回归方程之前，我们先通过构建混合截面数据模型进行最小二乘法估计，利用 Stata12 统计软件的 Hettest、vif 和 ovtest 命令对模型可能存在的异方差、多重共线性和内生性问题展开检验。检验结果表明，混合截面数据模型不受异方差问题（p=0.0009）、内生性问题（p=0.0000）以及多重共线性问题（所有自变量的 vif 都小于 10）的影响①。

接下来估计不计农村居民人均收入滞后项（$\ln Income_{i,t-1}$）的静态面板模型，考虑固定效应与随机效应，分别构建全国、东部和中西部估计模型，并进行豪斯曼检验（Hausman test）。检验结果表明，全国、东部以及中西部的样本回归结果均显示模型拒绝存在随机效应的原假设，即应选择固定效应。但城镇化水平、农村人均受教育程度和农业现代化水平这几项系数不稳定，尤其是回归结果表明城镇化水平、农村人均受教育程度与农村人均收入反向变动，这似乎有悖经济常理，因此，我们可以认定模型中的解释变量仍然存在较为明显的内生性问题，导致参数估计不一致。为此，我们将农村居民人均收入滞后项（$\ln Income_{i,t-1}$）考虑进来，再进一步建立动态面板模型，并使用更加适用面板数据大 T、小 N 性质的广义矩估计（Generalized Method of Moments，GMM）方法，估计结果如表 11.9 所示。

① 这里的异方差、多重共线性以及内生性问题检验结果只能粗略地反映回归模型设定基本合理，下文还将结合回归结果进行更加严谨的实证分析与检验。

表 11.9 广义矩模型(GMM)的估计结果

解释变量	DIF1(1)	DIF2(2)	SYS1(3)	SYS2(4)
$\ln Income_{i,t-1}$	0.780*** (16.72)	0.776*** (42.99)	0.863*** (23.42)	0.849*** (42.82)
$\ln Urblize$	−0.0497* (−1.931)	−0.0550*** (−5.716)	−0.141*** (−6.401)	−0.141*** (−16.05)
$\ln Educat$	0.0494 (0.463)	0.0493 (0.525)	0.780*** (2.793)	0.738*** (5.525)
$\ln Pwage$	0.0422** (2.502)	0.0369 (1.526)	0.0104 (−0.153)	0.0844** (0.257)
$\ln Psub$	0.0499*** (3.222)	0.0438*** (4.433)	0.0476* (2.024)	0.0496*** (7.504)
$\ln Pgdp$	0.0839*** (3.924)	0.0877*** (11.07)	0.216*** (6.933)	0.220*** (19.06)
$\ln Pfiscal$	0.0122 (0.814)	0.00824 (1.083)	0.0118 (0.585)	0.0109 (1.076)
$\ln Pinvest$	0.0273* (1.736)	0.0376** (2.392)	0.0353* (1.759)	0.0350*** (3.213)
$\ln Argtech$	0.0109 (0.657)	0.00779 (0.827)	0.0139 (0.308)	0.00363 (0.270)
F 检验值	1538.46*** (0.000)	1419.63*** (0.000)	2059.96*** (0.000)	2624.67*** (0.000)
Hansen 检验的 p 值	0.113	0.874	0.549	0.999
差分 Hansen 检验 P 值	—	—	0.000	1.000
AR(2)检验的 p 值	0.001	0.668	0.329	0.524

注:括号内为稳健的 t 值,*、** 和 *** 分别表示在 10%、5%和 1%的置信水平上显著;DIF1、DIF2 分别为差分 GMM 法一步估计、两步估计,SYS1、SYS2 分别为系统 GMM 法一步估计、两步估计。

资料来源:笔者使用 Stata12 软件计算得出。

在确保模型设定基本合理后,为了保证 GMM 估计结果可靠和滞后阶稳健,避免出现“伪回归”现象,我们对面板残差的平稳性进行进一步检验。为提高检验功效,小样本应根据数据生成过程的特点并结合多种检验法进行检验。本章主要采取以下四种面板残差平稳性检验方法:LLC 检验、Breitung 检验、ADF-Fisher 检验和 HT 检验(Harris-Tzavalis),检验时均不将时间趋势项参与进来，根据 AIC 准则选取的最大滞后期为 9。检验结果显示四个模型的面板残差中有两种方法检验的 P 值小于 1%，这说明各面板残差均具有平稳性，上述 GMM 估计结果可信。

本章通过对比第(3)列和第(4)列的各项检验值，最终选择第(4)列系统 GMM 模型的一致有效估计量展开研究。

1. 农民收入滞后项视角($\ln Income_{i,t-1}$)

农民收入滞后项在 SYS1 和 SYS2 估计下，系数都高于 0.8，说明农民当期收入与前期已经形成的收入具有高度相关性，存在显著的“小富即安”思想①。家庭联产承包责任制的实施提高了农民收入，释放了“改革红利”，然而，经过四十多年的发展，“改革红利”已经逐步消失，并开始渐渐显露不适应生产力的发展状况，但这种以家庭为单位的农业经营模式依旧广泛存在于我国农村地区，且已经开始对农民收入的增长产生负面影响，这也从侧面反映了我国农村地区小农思想根深蒂固。今后，应努力引导我国农民从“道义小农”向“理性小农”转变，提高农业经营规模化、集约化水平，突破农民收入提高的桎梏。

2. 城镇化水平($\ln Urblize$)

城镇化水平在 1%的显著性水平下对农民收入产生逆向影响，这似乎有悖于常理。笔者认为，城镇化水平的提高实际上会有利于农民收入的增长，但这被三种“农转非”的事实掩盖了：一是户籍“农转非”，城镇化水平的不断提高给予了农业剩余劳动力人口大量就业机会，且这些剩余人口大多为青壮年，不甘于久居农村，向往走向大城市发展，他们一部分通过进城务工获得工资收入，并在附近城镇买房定居，最终获得城镇居民身份，这部分优质劳动力的农转非自然使得剩余农业人口的人均收入降低；二是征地“农转非”，土地城镇化的快速推进使部分农民通过征地获得高收入并直接转为城镇居民，留下部

① 张琳(2012)认为，“小富即安”是一种典型的小农文化心态，是建立在农耕文化基础上，农民文化传统和传统文化相互糅杂而成的一种文化心理和态度。农民文化传统具有安土重迁、循规蹈矩、崇拜权力、追求平均和稳定、安贫乐道和主张群体观念的特征。

分离城镇更远的农民仍旧从事传统农业生产，而他们由于地理位置本就不占优势，因而运输成本等更加高昂，农业生产的回报率不高；三是婚配“农转非”，近年来，农村女性通过婚配途径获得城镇居民身份的现象十分普遍，一定程度上削弱了农业生产能力，也造成了目前农村单身男性比例剧增的局面，陆铭和陈钊(2004)也得出了相似的结论。由此，我们发现，城镇化水平带来的农户参与权配置的优化虽然有利于提高农户收入，但留下的是更加“羸弱”的农村经济体系，要真正完成提高农村经济系统自身要素投入的回报率的任务依旧任重道远。

3. 农村人均受教育水平(ln*Educat*)

这部分与理论部分的分析结果一致，农村人均受教育水平能够显著提高农户收入，且显著性水平为1%，从个人层面来说，受教育水平本身不能直接影响农民收入，而是通过作用于人力资本投资回报率而间接影响收入(陈斌开等，2010)。值得注意的是，近年来，城乡教育公共品供给水平差距逐渐拉大，使得农村教育投资回报率相对较低，因而使得农村居民的私人人力资本投资减少。一个典型的事实是农村户口考生考取大学的人数占比逐年降低，2009年城乡大学生的比例分别是82.3%和17.7%，而1980年左右高校中农村生源占30%以上，农村生源率出现了显著下滑。相较于城市来说，农村地区的高生育率和低人力资本积累率所导致的“马尔萨斯稳态”是农民收入难以提升的根本原因(郭剑雄，2005)。因此，目前形势下要提升农民收入，就必须大力增加农村地区教育公共品投放，提高农村教育投资回报率，带动农村地区私人人力资本投资水平的提升。

4. 工资性收入占比(ln*Pwage*)

工资性收入占比是农户收入权的一个重要来源，回归结果显示，工资性收入占比在5%的显著性水平上正向影响农民收入。在农村地区，工资性收入主要来源于农户外出务工带来的收入，工资性收入占比的提高不仅意味着农户参与权配置的优化，也表明农户能够更加充分运用除土地之外的生产要素获得收入,自然能够表明收入权配置得到提高。贫困地区的生产水平本就相对落后,为摆脱贫困,这些地区的青壮年劳动力不得不转移至东部沿海等经济发达地区就业,从而能够显著提高收入水平,减缓贫困程度。

5. 转移性收入占比(ln*Psub*)

转移性收入占比是农户保障权配置的重要体现,转移性收入占比越高,农户的保障水平越高。回归结果显示,转移性收入占比的系数在1%的水平上与农民收入增长显著正相关,这也与理论分析一致。保障权的配置属于再分配领域,普及充分的保障权一方面彰显了收入分配制度的公平,是中国特色收入分配制度的重要内容,是践行社会主义核心价值观的重要体现,也是实现全面建成小康社会的必经之路。另一方面,普遍而充分的保障权也是市场经济效率原则的体现,普遍而充分的社会保障水平不仅能够降低农村居民的预防性货币需求、扩大消费、投资支出,还能显著提高农户人力资本水平,从而提高农户参与权与收入权,进而为经济增长提供更多资本,促进经济增长,创造更多财富。

6. 其他控制变量视角

一是农村经济发展水平(ln*Pgdp*)。农村经济发展水平在1%的水平下与农民收入增长显著正相关,这很容易理解,除外出务工收入外,农民的经营性收入、部分财产性收入与部分转移性收入均依靠农村经济增长。随着费景汉—拉尼斯模型所描述的劳动力转移第二、第三阶段的到来,外出务工农民将逐步返回家乡,届时,农村经济发展将迎来新一轮机遇,农村贫困在这一阶段也能够逐步被消除。今后应进一步着眼于农村经济的发展,“向农业输入现代生产要素和经营模式”①。二是财政支农比例(ln*Pfiscal*)。在回归模型中,财政支农比例与农民收入增长并无显著相关性,但从理论层面分析,财政支农支出有助于调节市场资源配置“不公平”现象,在一定程度上可以缓解农村物

① 转引自党的十八届三中全会《中共中央关于全面深化改革若干重大问题的决定》。资料来源:http://www.gov.cn/jrzg/2013-11/15/content_2528179.htm。

质资本积累匮乏的局面，为农村经济增长注入活力，最终有利于提高农民收入。其结果不显著的主要原因可能在于，虽然中央近年来对“三农”问题的重点关注使得财政支农比例不断加大，但真正投入农户的比例相对较少，从这一角度而言，应切实提高财政支农资金的利用效率与投放精准度。三是农村人均固定资产投资（ln*Pinvest*）。农村人均固定资产投资在1%的显著性水平下与农民收入呈正相关关系，投资作为我国经济增长的重要基础和动力源泉之一，其增长对于稳定经济增速具有不可替代的作用。尤其是在我国经济欠发达的农村地区，固定资产投资对于农村地区交通、水力和电力等基础设施的建设意义重大。四是农业现代化水平（ln*Argtech*）。回归结果显示农业现代化水平与农民收入影响并无显著相关关系，这可能与笔者的指标选取标准有关，事实上，自2013年以来，中央“一号文件”连续提到要“加快发展现代农业、推进农业现代化”这一方针，国家对此问题的重视程度可见一斑。然而，受限于地理环境，我国农村地区特别是中、西部边陲地区农业生产的机械化、自动化水平仍然较为低下，对提高农民收入所发挥的作用相对微弱，为提高农村地区的农业现代化水平，使其推动农民脱贫致富还需付出长期不懈的努力。

（二）权利配置影响农户减贫的贡献度分解

基于表11.9的结果，我们仅仅只能观测出权利配置对农民收入提高呈正向或负向相关关系，以及这种相关关系是否显著，而不能直接量化权利配置对农民收入提高的贡献度，为此，本部分基于回归方程的分解分析法对权利配置的减贫效果展开进一步的分析。

依据式（11.24），可以得到：

$$\sigma^2(\ln Income) = \sum \beta_i cov[\ln Income, \ln(X_{i,i=1,2,3,\cdots,12})] + \sigma^2(\varepsilon) \quad (11.25)$$

基于表11.9中第（4）列系统GMM模型两步估计结果，根据式（11.25），对回归方程进行分解分析，分解结果如下：

表11.10的分解结果表明，农民人均纯收入滞后项、城镇化水平、农村人

均受教育程度、工资性收入占比、转移性收入占比、农村经济发展水平、财政支农比例、农村人均固定资产投资和农业现代化水平这 9 个变量,平均解释了农民收入增长的 98.17%,其中最高达到 99.16%,最低也有 96.23%。这进一步说明模型总体而言具有可靠性,模型所选取的变量能够有效解释农民收入提高的根源。

表 11.10　各因素对农民收入提高的解释程度　　(单位:%)

	总体解释程度	最高解释程度	最低解释程度
农民人均纯收入滞后项	74.53	74.42	72.35
城镇化水平(参与权视角)	-8.12	-8.74	-7.76
农村人均受教育程度(参与权视角)	8.86	8.27	7.89
工资性收入占比(收入权视角)	3.74	4.94	4.95
转移性收入占比(保障权视角)	4.92	4.79	5.97
农村经济发展水平	9.36	9.37	9.1
财政支农比例	-0.05	-0.79	-1.73
农村人均固定资产投资	5.76	6.78	5.21
农业现代化水平	0.17	0.12	0.25
模型解释程度合计	98.17	99.16	96.23
残差项	1.83	0.84	3.77

资料来源:笔者使用 Stata12 软件计算得出。

就权利配置而言,如果将权利配置对农民收入提高贡献度的绝对值考虑进来,则总体模型中的参与权、收入权和保障权三项总计能够解释农民收入提高的 25.64%,其中,参与权影响 16.98%,占权利配置解释度的 66.2%。这表明,参与权配置是农民收入提高的一项重要影响因素,参与权是农户获取收入、摆脱贫困的先决条件,参与权的优化配置一方面需要政府提供更加公平有序的市场竞争环境;另一方面,也需要农户提高自身人力资本水平,在参与机会均等的情况下能够抓住机遇,通过自身努力提高参与权配置水平,当然,政府也应该提供一个具有相应优质教育、医疗公共品的外部环境,减少贫困群体的私人投资支出。收入权对提高农民收入的贡献度相对较小,总体解释度仅有3.74%,这可能是由于模型中已经涵盖了参与权配置的变量,而参与权又是收入权的前提,可能会影响收入权的解释度。但毋庸置疑的是,在农村人民能够普遍参与市场经济系统后,若收入权配置处于较低水平,则难以按要素贡献程度获得相应收入,仍然无法发挥提高收入水平的作用,提高收入权配置水平依旧是实现农户减贫的主体构成部分。保障权配置对农民收入提高的解释度为4.92%,约占权利配置解释程度的20%,未偏离前文回归模型估计结果,意味着普遍而充分的保障权的确能够通过各种机制直接或间接帮助农民收入的提高。当前,我国偏远农村地区的保障权水平还处于实现普遍的保障权的阶段,远远未达到充分保障权的标准。今后,应着力于完善社会保障制度,切实提高农村贫困群体的社会保障水平。从权利配置对农民收入提高影响的动态变化来看,也可以得到类似的结论(见图11.6)。

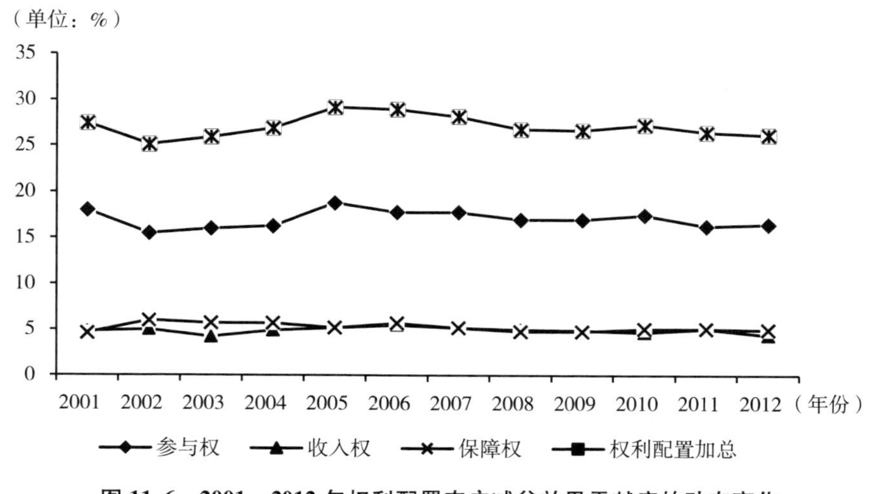

图11.6　2001—2012年权利配置农户减贫效果贡献度的动态变化

另外,控制变量中,农村经济发展水平与农村人均固定资产投资均会对农民收入的提高产生重要影响,这两者在模型中的总体解释度分别为9.36%和5.76%,回归方程的分解结果亦与前文分析结论一致,在此不再赘述。

第四节　中国农村改革减贫效果评估的总体评价

消除贫困是社会主义的本质要求，是“十三五”时期必须完成的一项政治任务。笔者从权利配置视角对1978年以来中国农村改革的减贫效果进行了评估，主要得出以下结论。

第一，农村减贫的本质在于优化权利配置。从贫困来源可发现，贫困与权利紧密相关。在生产力水平比较低下时，贫困标准的制定是以满足人的基本生存需要为基准；当经济发展到一定阶段时，贫困标准的制定又以实现人的发展为基准。从绝对贫困到相对贫困，从收入贫困到知识贫困，从生存权到发展权，从人身自由权、政治权再到社会权等，贫困概念的演进同时也伴随着人的权利的不断丰富和完善。因此，贫困的本质是权利的缺失，参与权是实现农村减贫的前提，收入权是实现农村减贫的主体，保障权进一步扩大农村减贫覆盖面，不同的权利配置组合对应着不同的减贫后果与路径，最优减贫路径的权利配置组合是参与权、收入权和保障权的有机结合。

第二，我国农村经济发展变迁得益于权利配置的不断优化。在四十余年的农村经济制度变迁过程中，我国农村贫困人口由1978年的7.7亿人下降至2018年的1660万人，贫困发生率从97.5%的高位下降至1.7%，累计减少7.5亿贫困人口。1978—1992年为农村改革起步阶段，权利配置最本质的变化是建立和推进了家庭联产承包责任制，使得农民的参与权从压抑到逐渐解放，收入权开始增加。1993—2012年为农村改革相对缓慢阶段，改革重心由农村转向城市，农村劳动力逐渐涌向城市工业部门，农民的收入权来源进一步扩展，农村社会保障体系开始逐步建立。2013年至今为农村改革全面深化阶段，国家大力支持农村经济体制改革，支农惠农政策陆续出台，农村金融投入力度不断加大，农村社会保障体系不断完善，农民的参与权、收入权持续增加，保障权较以往有较大提高。纵观四十余年的农村改革历程，我国农村权利配置实现了由参与权低、收入权低、无保障权到参与权比较平等、收入权比较广泛和保障权普遍转变。

第三，我国农村减贫成效显著，并呈现阶段性、区域性特征。（1）1993—2004 年我国农村减贫成效显著，减贫总效应占到 1993—2011 年减贫总效应的一半以上。东部地区减贫成效明显超过中西部地区，远超全国平均水平，这一时期减贫的主要动因是整体经济增长、收入权配置优化带来的收入权效应，保障权缺失发挥着不可忽视的减贫“逆向调节”作用，由于保障权配置不当导致的减贫负效应抵消了收入权配置优化减贫正效应的 23%。（2）2004—2011 年全国减贫速度开始放缓，东部贫困人口基数大幅减少，减贫难度加大，中西部农村地区成为减贫主力，这一时期我国农村地区先后建立了普遍的新型农村合作医疗制度、农村最低生活保障制度和新型农村养老保险制度等，这一系列再分配制度的出台与实施有效地遏制了保障权配置不足带来的减贫负效应。

第十二章　中国收入分配体制改革的主要结论与政策建议

收入分配是推动共同富裕实现的有效手段。收入分配体制改革是一项系统工程,不可一蹴而就,需要政策制定者自上而下的“顶层设计”,需要具有大视野、大格局和大魄力。自新中国成立以来,我国收入分配体制始终在不断改革中,取得了一系列成就,如人均收入水平不断增加,社会保障水平不断提高,实现贫困人口的全面脱贫;但也留下了一些诟病,如劳动收入占比不高,居民收入差距仍然较大,等等。本书在长期深入的研究基础上,从权利配置视角对我国新中国成立以来的收入分配体制改革进行了动态跟踪和效果评估,得出了一些可供参考的结论,提出了我国收入分配体制改革的一些政策建议。

第一节　中国收入分配体制改革的主要结论

第一,收入分配体制是经济体制的重要组成和体现,随着经济体制和收入分配指导思想的转变,不同阶段收入分配体制改革具有不同的典型特征。计划经济时期(1949—1978 年),主要体现了“公平优先”的分配思想,公有资本占据绝对主体地位,劳动力自由流动受限,逐步形成了较为单一的按劳分配原则,收入分配带有平均主义倾向,初次分配呈现出“寡而均”,城乡各内部居民收入差距较小，但社会保障制度的城乡区别对待情况比较明显；以承包制为主的改革时期（1979—1992 年），指导思想为"打破平均，促进效率提升"，允许个体、私营经济、外资等作为社会主义公有制经济的补充而存在，在农村推行家庭联产承包责任制，在城市推行以放权让利为核心的国有企业改革，实行按劳分配为主体、其他分配方式为补充的原则，城乡居民收入均提升较快，但收入差距后期有所扩大，试行个人所得税、社会保障制度等改革，但农村居民的社会保障仍处于缺失状态，再分配力度总体较小；市场经济改革时期（1993—2002 年），指导思想为"效率优先，兼顾公平"，逐步确立了公有制为主体、多种所有制经济共同发展的基本经济制度，实行按劳分配和按要素贡献分配相结合的原则，农村剩余劳动力更多涌向城镇，经济效率进一步提升，资本性收入增速远远快于工资性收入增速，资本收入占比稳步提升，收入差距进一步扩大，针对城镇职工建立了全国统一的企业基本养老保险制度、基本医疗保险制度，针对城镇居民和农村居民建立了救助型为主的社会保障制度，分税制、个人所得税和企业所得税等改革成为中国税制改革里程碑，体现了再分配的公平性；市场经济完善时期（2003—2012 年），指导思想为"效率与公平相协调"，进一步放开了对农村居民和非公有制经济的政策限制，劳动者权益得到了更多保护，国有企业利润恢复上缴，公共服务保障力度有所加强，农村医疗、养老保险逐步建立并不断扩大范围，失业保险制度逐渐完善，公平性在初次分配和再分配中均得到了更多体现，后期收入差距呈现出缩小趋势、劳动收入占比呈现出上升趋势；市场经济成熟时期（2013 年至今），指导思想为"更加强调发展成果全民共享"，户籍制度改革持续深化，城乡一体化体制机制加速健全，促进充分就业的体制机制不断健全，农民工收入有了更多保障，为公有制经济与非公有制经济共存共进建设了统一开放、竞争有序的市场体系，突出强调人人参与、人人尽力、人人享有的共享发展，公共服务保障力度进一步加强，逐步建立起了全覆盖的、统一的城乡居民社会养老、医疗保险制度等，更加重视农村贫困人口脱贫问题，人民的获得感、幸福感和安全感进一步增强。

第二，收入分配体制的理论内涵是涉及生产和分配等环节的权利配置，体现为参与权、收入权和保障权的配置。我们认为收入分配体制的经济学内涵应该是对要素（含劳动力、资本等）之间权利的配置，通过权利配置使要素的分配达到最优。广义联合产权制度通过产权的配置、产权的约束、产权的保障三种机制决定了收入分配的状况和效果，即保证各种要素所有者平等享有参与生产的权利，保证要素所有者根据贡献从生产中获得收入，保证低收入群体能够得到基本的生活保障，也即参与权、收入权和保障权的配置。“三权”坚持以人为本，更加注重对劳动贡献的分配，强调参与权的平等性、收入权的共享性和保障权的普遍充分性，坚持把“促进社会公平正义，增进人民福祉”作为收入分配体制改革的出发点和落脚点，最终实现起点公平、过程公平和结果公平的有机统一。“三权”是相互联系、相互影响的有机整体，参与权是收入权的门槛，决定了保障权的范围和对象；收入权是参与权的自然结果，决定了保障权的行使力度；保障权影响市场主体行使参与权的能力和决策，不同的保障权类型影响收入权效果的发挥。正是这三种权利的不同配置，构成了不同的收入分配体制，进而导致了不同的收入分配效果。

第三，当前我国收入分配领域的诸多问题都根源于参与权、收入权和保障权的配置不合理。首先，改革开放以来，我国逐步放开了劳动者和不同资本的参与权，但由于我国户籍制度、行业垄断、农村土地和房屋等方面的制度限制，使劳动者参与生产的权利，以及不同所有制资本参与市场竞争的权利仍然受到一定限制。其次，在初次分配中，更多强调物质资本所有权，而忽视非物质资本所有权，导致初次分配中劳动收入占比较以往降低了，资本方在收入权中占优势地位。最后，保障权较以往有很大改善，但是仍有一些不太到位的地方。例如我国农村居民养老金水平还可进一步提高；医疗体制尤其是重大疾病保障机制还不够完善，看病难、看病贵现象有待进一步缓解，农村居民就近就医、就好医仍需时日等。

第四，我国收入分配体制改革循着权利配置优化的良性路径进行，即参与权由指令型参与更多转向能力型参与，收入权由平均型分配更多转向贡献型分配，保障权由城乡区别对待更多转向普惠性分配。研究发现：(1)计划经济时期以指令型参与权、平均型收入权、差别型保障权为主要特征，其中指令型参与权由弱变强导致经济增长率和人均产值增长率下降；平均型收入权的特征是工资性收入调整滞后于劳动生产率的提高，导致劳动收入占比下降、资本收入占比上升；在指令型参与权与平均型收入权的共同作用下，城乡居民收入增速均较缓慢，城乡居民收入差距保持在相对稳定的水平；差别型保障权促使城镇居民的消费水平高于农村居民。(2)以承包制为主的改革时期以指令型与能力型参与权并存、等级型与贡献型收入权并存、差别型保障权为主要特征，其中能力型参与权的增加提高了生产效率，城乡居民收入增速较前一时期快，农村居民贫困发生率会降低；贡献型收入权的增加导致劳动收入占比前期呈现出上升趋势，后期由于资本要素的强势收入权而呈下降趋势，城乡居民收入差距呈先缩小、后扩大趋势；差别型保障权导致再分配调节力度有限。(3)市场经济改革时期以指令型与能力型参与权并存、等级型与贡献型收入权并存、普遍型与差别型保障权并存为主，其中能力型参与权的进一步增加促进了经济总量和人均收入的显著提升；贡献型收入权的进一步增强提高了城乡居民的收入及拓宽了其收入来源，资本收入权较劳动收入权更加强势，劳动收入占比呈下降趋势，资本收入占比呈上升趋势，人力资本的差异导致城乡居民收入差距有所扩大；救助型保障权的增加对农村社会保障水平有一定提升，降低了农村贫困发生率。(4)市场经济完善时期以能力型参与权、贡献型收入权和普遍型保障权为主，指令型参与权进一步减弱，等级型收入权仍在一定范围内存在，差别型保障权仍未消除，其中劳动力要素能力型参与权有所增强，农村居民不断涌入城市，农村居民的工资性收入占比不断加大，城乡收入差距呈缓慢下降趋势，劳动力要素的贡献型收入权在后期有所增加，劳动收入占比呈先下降、后上升趋势；普遍型保障权逐步增强，农村居民有了较以往更强的保障，提高了低收入群体收入，农村贫困发生率进一步下降。(5)市场经济成熟时期以能力型参与权、贡献型收入权和普遍型保障权为主，其中劳动力要素能力型参与权的增强大大提升了居民的工资性收入，改变了农村居民的收入结构，城乡收入差距呈缓慢下降趋势，劳动力要素的贡献型收入权有较大程度的提高，劳动收入占比总体呈逐步回升趋势；普遍型保障权逐步增强，农村居民有了较以往更强的保障，在现行贫困标准下绝对贫困人口基本消除。总的来看，我国收入分配体制改革循着权利配置优化的良性路径进行。但也要看到，参与权配置的平等性还可以进一步加强，收入权配置的共享性还亟待在更大范围内推广，保障权配置的充分性还需随着国家和地方经济实力的进一步增强而提高。

第五，初次分配中，由于企业内资本方收入权普遍强于劳动者收入权，导致劳动收入占比呈下降趋势。我们利用 1998—2007 年中国工业企业数据库进行实证分析，得出：(1) 总体来看，权利配置中的收入权维度对劳动力要素收入占比和资本要素收入占比的影响都很大，在样本区间内的平均贡献分别达到 16.4 个百分点、10.95 个百分点。(2) 收入权虽然对企业劳动力要素收入占比贡献最大，但却在样本区间内呈逐年下降趋势，且趋势较为明显，从 1998 年贡献 21.46 个百分点，下降至 2007 年的 16.4 个百分点，共下降 5.06 个百分点。这表明企业内部的收入分配更倾向于资本方，而对劳动者的收入权却不够重视。(3) 收入权对于企业内部资本要素收入占比的贡献最大，但与对劳动力要素收入占比的影响过程相反，收入权对资本要素收入占比的贡献呈逐年增长趋势。(4) 全要素生产率和企业规模是收入权影响企业内部劳动力要素和资本要素收入占比变动的主要因素。企业的技术进步主要是资本偏向型而非劳动偏向型，资本相对劳动在企业利益分割中占据主导地位，从而导致企业内部倾向于提高资本要素收益。

第六，由于保障权配置的城乡分割，我国整体再分配制度改革存在逆向收入再分配效果，但 2007 年以来农村内部再分配体现出正向调节作用。再分配制度变迁本质上是保障权配置的动态变化，保障权配置是否合理将直接影响再分配制度改革的效果。从再分配制度的历史变迁来看,我国再分配制度经历了从不普遍、不充分的保障权到普遍的但仍然不够充分的保障权转变,进而导致我国再分配制度在不同时期呈现出不同特征。我们利用 1997—2013 年的中国宏观经济数据,基于再分配前后收入不平等指标的测算和实证分析发现:我国整体再分配制度改革对全国居民收入差距的影响效果为逆向收入再分配,收入差距未能缩小反而有所扩大;再分配对农村内部收入差距的影响较为微弱,在 2007 年之前的大部分年份产生了逆向调节效果,而在 2007 年之后的大部分年份则产生了正向调节效果;再分配显著缩小了城镇居民内部差距,但却显著扩大了城乡收入差距。而造成这一结果的主要原因是保障权城乡分割,主要体现在两个方面。一方面,在城乡二元分割的体制下,再分配的城市偏向性导致城镇居民获得的再分配收入要远远大于农村居民;另一方面,再分配收入占城镇居民总收入的比重要远远高于再分配收入占农村居民的比重,调节力度存在“重城轻农”的扭曲。

第七,由于权利配置的不断改善,农民实现了由弱参与权、弱收入权、无保障权向参与权比较平等、收入权比较广泛和保障权比较普遍的转变,我国农村减贫效果显著,前期脱贫主要集中在东部农村地区,后期脱贫主要集中在中西部农村地区。1978—1992 年为农村改革起步阶段,权利配置最本质的变化是建立和推进了家庭联产承包责任制,使农民的参与权从压抑到逐渐解放,收入权开始增加。1993—2012 年为农村改革相对缓慢阶段,改革重心由农村转向城市,农村劳动力逐渐涌向城市工业部门,农民的收入权来源进一步扩展,农村社会保障体系开始逐步建立。2013 年至今为农村改革全面深化阶段,国家大力支持农村经济体制改革,支农惠农政策陆续出台,农村金融投入力度不断加大,农村社会保障体系不断完善,农民的参与权、收入权持续增加,保障权较以往有较大提高。农村减贫效果实证分析得出:(1)1993—2004 年我国农村减贫总效应占到 1993—2011 年减贫总效应的一半以上。东部地区减贫成效明显超过中西部地区,远超全国平均水平,这一时期减贫的主要动因是整体经济增长、收入权配置优化带来的收入权效应,保障权缺失发挥着不可忽视的减贫"逆向调节"作用,由于保障权配置不当导致的减贫负效应抵消了收入权配置优化减贫正效应的23%。(2)2004—2011年全国减贫速度开始放缓,东部贫困人口基数大幅减少,减贫难度加大,中西部农村地区成为减贫主力,这得益于我国农村地区先后建立了普遍的新型农村合作医疗制度、农村最低生活保障制度和新型农村养老保险制度等。

第八,我国收入分配体制改革的总体思路是设计平等的参与权、共享的收入权和普遍充分的保障权。权利配置不合理是导致我国收入分配体制中效率和公平正义不统一的更为基础性的原因。我国收入分配体制改革要妥善处理好参与权、收入权和保障权之间的关系,赋予市场主体平等的参与权、共享的收入权和普遍充分的保障权,体现人人参与、人人尽力、人人享有的共享发展要求,加快完善富有活力和效率的社会主义市场经济体制,构建初次分配、再分配、三次分配协调配套的基础性制度安排,加大税收、社保、转移支付等调节力度并提高精准性,扩大中等收入群体比重,增加低收入群体收入、合理调节高收入,取缔非法收入,形成中间大、两头小的橄榄型分配结构,促进社会公平正义,促进人的全面发展,使全体人民朝着共同富裕目标扎实迈进。

第二节 中国收入分配体制改革的政策建议

通过对我国收入分配现状的描述,本书抽象了收入分配体制改革的"三权"理论,当前我国收入分配状况的动态变化基本可以由"三权"理论来解释。因此,本书接下来将结合前文的"三权"理论和实证研究,针对我国当前收入分配领域存在的突出问题,提出相应的对策建议。总的来看,初次分配要保障劳动力、知识、技术、管理和资本等生产要素平等的参与权和共享的收入权;再次分配要让发展成果更多更公平惠及全体人民,分配结果实现普遍充分的保障权;改革全过程要力促从多渠道实现农民收入持续快速增长,促进基本公共服务均等化，加快完善城乡一体化体制机制，巩固拓展脱贫攻坚成果；形成中间大、两头小的橄榄型分配结构，使全体人民朝着共同富裕的目标扎实迈进。

一、以平等的参与权加快完善富有活力和效率的现代市场体系

党的十八届三中全会将市场在资源配置中的地位提高到了决定性的高度。让市场主体和生产要素自由、平等地参与市场经济活动是市场发挥决定性作用的应有之义，在这方面政府可以大有作为。根据前面章节的论述，能力型参与权一般对经济增长具有重要的推动作用，为此要让各要素（如劳动力要素、资本要素等）平等地参与市场竞争，充分释放市场活力。这也就意味着，能力型参与权必须要有平等参与的市场环境来保障。简言之，要赋予市场主体和生产要素平等的参与权，促进机会公平，实现充分竞争，正确处理效率和公平的关系，在高质量发展中促进共同富裕。

当前，我国在参与权配置方面存在一些问题。一是在就业领域还存在一些不公平问题，例如体制内单位的就业存在代际传承，就业歧视现象时有发生，影响居民能力型参与权的发挥。二是我国"重资本，轻劳动"使劳动者在企业内部未获得充分重视，不仅不同行业员工获得的劳动所得差距大，而且由于学历、领导重视程度、政府政策等多方面原因，中低收入职工工资增长始终缓慢，且远远落后于资本所有者获得收入的增长速度。三是一些行业的行政垄断阻碍了非公有制经济的发展，使非公有制经济未能充分享有与国有资本同等的发展权利。四是户籍制度还有待进一步完善农业转移人口进城仍然存在多种隐性限制，影响了劳动力的自由流动。为此，要着力从以下几个方面进行完善。

首先，劳动力要素的参与权方面，要保护劳动者平等就业的权利，进一步提高劳动者的谈判能力。一是促进劳动者平等就业、充分就业，优化劳动力要素配置，促进劳动生产率的提高。就业是劳动者获得收入的前提，实现充分就业有利于居民获取稳定的工资性收入。要健全大众创业体制机制，研究出台

《中华人民共和国反就业歧视法》，消除劳动力市场的性别歧视、高校歧视、残障歧视、地域歧视、户籍歧视等，深化政府机关、国有企事业单位公开招考制度改革，促进平等就业；要进一步深化户籍制度改革，降低农业人口向城镇转移的隐性成本，促进城乡、区域协调发展。二是着力强化工会职能，增强劳动者议价能力。当前我国工会组织主要起到发放企业福利、组织团体活动等作用，在保护劳动者权益方面的功能未能充分发挥，不利于劳动者协商谈判地位的提高。因此，要进一步发挥基层工会组织的重要作用，增强劳动者权益保护意识，建立工会、雇主和政府等多方协商的工资谈判机制，敦促完善职工权益保护的法律法规，维护职工权益，促进劳资关系和谐。三是探索劳动者参与企业管理模式。劳动者参与企业管理是增强其主人翁意识和议价能力的重要途径。要进一步完善《中华人民共和国劳动合同法》《中华人民共和国公司法》等相关法律法规，平等保护劳资双方权利。例如，《中华人民共和国公司法》第一百六十七条明确规定了资本直接参与利润分配的权利①，在确保资本所有者利益的同时却忽略了对普通员工而言所应享有的平等参与利润分配权利的确认和赋予；《中华人民共和国公司法》对公司性质的说明中提出“公司确立的基本条件是基于货币化的技术或资本”，但却并没有提到在企业生产运营中发挥重要作用的劳动力要素的承载体——劳动者，这样的提法同样不利于维护劳动者的平等参与权，应明确公司作为现代社会的一种生产组织形式，是劳动和资本的有机结合体，从根本上确立两者皆拥有平等地参与公司治理和分配的权利；《公司法》在权力机构的设置上，资本方可凭借其出资额——资本，享有公司的决策权力并天然担任要职，而劳动者则并不能通过提供劳动力这一要素从而享有公司的管理治理权，应进一步提高劳动者参与企业管理的权利。在具体实践中，可适当借鉴美国企业的员工持股制度、德国公司制企

① 该条规定：公司弥补亏损和提取公积金后所余税后利润，有限责任公司依照本法第三十五条的规定分配；股份有限公司按照股东持有的股份比例分配。第三十五条规定：股东按照实缴的出资比例分取红利。这些条款都从法律上天然赋予了资本方拥有攫取企业剩余的权利。

业的共同决策制、日本企业的员工分享制等典型模式的有益经验。

其次，资本要素的参与权方面，要理直气壮做强做优做大国有企业，大力发展非公有制经济。资本要素发展归根结底是要实现公有制经济与非公有制经济的发展，要毫不动摇地坚持和完善基本经济制度。一是要继续发挥国有经济的主导作用，进一步提高国有企业的经营效率和现代化治理水平，做优做强做大国有企业。二是要适当限制垄断行业国有资本过度放大的参与权，适度放开允许其他资本进入的行业准入，稳步推进国有企业混合所有制改革。原则上，在竞争性或非自然垄断性质的领域，均可以考虑进行混合所有制经济改革，充分调动民营资本参与国企改革的积极性，进一步促进国有资本和民营资本等资本的共同发展。三是要大力发展非公有制经济①，为各类资本要素的自由选择、平等参与、公平竞争提供更多的机会，进一步发掘各类要素市场价值和发展潜力。鼓励民营企业加快建立现代企业制度和职业经理人制度，出台政策鼓励和支持有条件的企业改制上市，进一步提高非公有制经济的发展能力；改善营商环境，减轻税费负担，提供更多市场化金融服务，加大对中小微企业的扶持力度；培育发展大型民营企业集团，加大对主业突出、市场影响力大、技术研发能力强的大型企业和企业集团的支持力度，形成大型企业集团的示范带动效应。构建大中小企业相互依存、相互促进的企业发展生态。

最后，政府要为营造具有平等参与权的市场环境作出进一步努力。一方面，在就业环境的营造上，针对干扰劳动力市场就业秩序的问题，出台制定严格的政策法规。另一方面，行业行政垄断是阻碍资本要素平等参与的最主要因素之一，要打破不合理的行政垄断，着力清除影响公平竞争的市场障碍，实

---

①　针对一些学者对我国公有经济主体地位的质疑，陈宗胜和高玉伟进行了反驳。他们对我国公有经济规模的测度表明，“中国公有制经济的主体地位和公有经济制度都没有发生根本性变化”，并指出我国应当从目前的国家、集体、外资、私企、合伙、个体等多种所有制并存阶段，转而实行公有经济仅需具有相对优势或比较优势的“混合经济”，其他所有制经济“还有很大潜力和广阔空间”。参见陈宗胜、高玉伟：《我国公有经济规模测度与深化混合经济改革潜力》，《经济社会体制比较》2015 年第 1 期。

现资本要素的自由流动;要进一步加强市场监管力度,促进社会公平正义。

二、以共享的收入权加快形成公平合理的初次收入分配格局

收入分配差距悬殊不仅对全民共享发展成果不利,最终不利于实现全体人民共同富裕。根据前面章节的论述,贡献型收入权有利于激发各要素的再生产积极性,促进劳动生产率的提高。实际上,贡献型收入权要求企业的利润由所有要素共享,尤其是劳动力要素也要参与到利润分配中来,而不是由资本方或少数高管独享企业利润。这也就意味着,收入权应具有共享的特性,要努力实现共享的收入权,构建利益共同体。

当前,我国在收入权配置方面还存在一些突出问题。一是居民收入占比和劳动收入占比都比较低,居民收入占比已从 2000 年的 67.2%下降至目前的 60%左右,下降幅度约 7 个百分点,劳动收入占比从 2000 年的 53.3%下降至目前的 48%左右,降幅约 5 个百分点。二是城乡区域和居民收入差距较大,2018 年我国城乡收入差距仍高达 2.7 倍,城镇居民人均可支配收入最高和最低的地区的相对差距为 2 倍,全国基尼系数仍高达 0.474。三是国有企业利润上缴比例有待进一步提高,2006—2016 年中央国有资本累计收益上缴比例约为 8.28%;2012—2016 年全国国有及国有控股企业上缴的国有资本累计收益上缴比例约为 11.24%,低于国外国有企业的分红比例以及在海外上市的中国国有企业的分红比例。四是国有企业的工资制度需要进一步改革,尤其是福利收入要加大规范力度。为此,要坚持以人民为中心的发展思想,在高质量发展中促进全体人民共同富裕①,处理好劳动力要素与资本要素的分配关系,坚持以按劳分配为主体、多种分配方式并存的分配制度。合理调节过高收入,规范资本性所得管理。加大对垄断行业和国有企业的收入分配管理。

首先,分类改革国有企业收益分配制度,完善激励机制,确保国有企业上

---

① 共同富裕是社会主义的本质要求,是中国式现代化的重要特征。共同富裕是全体人民共同富裕,不是少数人的富裕。

缴利润的大部分进入公共财政预算。对于垄断国有独资企业而言,一是较大幅度提高垄断国有独资企业的利润上缴比例,使垄断国有资本的收入权与其强势参与权相匹配;二是要促进垄断国有企业内部员工收入的公平合理性,通过内部激励制度的设计突出对人力资本的充分激励,使各专业技术人员、管理人员的收益符合其市场价值,提高企业经营效率;三是根据国有企业在国内国际市场的异质性,制定灵活的激励机制。国有垄断企业在国际市场上更多地表现为竞争性,可实施强度相对较大、方式相对灵活的激励制度,促进其在国际市场立足。对于竞争性国有企业而言,一是其利润分配要与自身发展阶段、地域特征及行业特征相适应,适当提高竞争性国有企业的利润上缴比例;二是推广以岗位和绩效为基础的薪酬制度,纵向上,合理制定不同层级岗位的基本工资,激励职工努力向更高层级发展,横向上,合理制定不同部门岗位的基本工资,实现横向公平;三是创新员工分享企业发展成果的长期激励制度,创新股权和期权激励,留住优秀人才,创新企业的分红激励机制和职工晋升机制。对于金融类国有企业而言,一是要加快把金融类国有企业的利润纳入国有资本经营预算,并将其纳入全国公共财政收入,进一步提高我国财政的再分配能力;二是进一步规范金融类国有企业职工的收入分配,尤其是福利方面的分配,取消不合理的福利收入。

其次,改革非公有制企业的收益分配制度,鼓励现代企业①赋予员工共享企业发展收益的权利。一是要设计科学合理的工资制度。工资制度是企业的基础制度,工资制度的合理性不仅应注重激发员工的工作积极性,并要体现企业生产运行中劳动者的作用。二是要赋予劳动者对利润的收益权。企业内部收入的分配层次可划分为三层:(1)在企业经营收入的基础上,扣除物质消耗、债务成本、国家征收的税收以及劳动力的工资,得到企业净合作剩

---

① 现代企业的主要特征是更加体现为"人"的集合,而不是物的集合。现代企业更加依赖专业知识的生产传播,而知识的载体是劳动者,因此现代企业的分配制度应更加注重对劳动者的分配,应赋予劳动者对利润的收益权。

余;(2)将可分配净合作剩余在物质资本和人力资本联合进行分配,两者在分配中所占比重依据企业类型①和企业规模确定;(3)涉及各联合内部的分配,对于单个劳动者,团队集体所得将在成员间以等额的平均奖发放,对于要素联合主体,资本方凭借其资本要素将得到应得的合作剩余,人力资本所有者将获得工资、作为主体应得的合作剩余和作为劳动主体的平均奖,普通劳动者则获得工资和作为劳动主体的平均奖,最终建立全民共享的收入权。以动态人股制度②为基础的利润分配制度,是保障劳动者的共享的收入权的一种积极尝试。此外,辅以动态化的运行来建立健全公平、多样化的晋升机制,以充分竞争激发劳动者的长期热情。

最后,深化农业农村改革,赋予农民等低收入群体更广泛的收入权,促进农民农村共同富裕。收入权是实现乡村振兴的主体构成,应进一步拓宽农民增收渠道,通过加大农业补贴力度、大力发展农村合作经济组织和完善农村土地承包及流转收益权等方式,打破农民收入增长藩篱,使农民收入权更加多元化。一是完善农村土地承包及流转收益权。进一步明确土地产权,推进深化农村集体产权制度改革。落实集体土地所有权,确权确地到户,完善"三权分置"办法③,使农户能够在自身所享有的土地产权范围内对土地进行自由流转并获取土地收益。在土地流转上要按实际情况权衡好公平和效率的相对地位。特别是在中西部贫困农村地区,土地仍是农民生存的基本生产资料,不能盲目强调扩大土地流转规模,应在充分尊重农民意愿的基础上推行适度规模经营,并给予一定的政策优惠,如允许农民以分期支付的形式转让土地承包经

① 包括劳动密集型、资本密集型和技术密集型。

② 动态人股制度是一种激励制度,通过赋予人力资本一定的剩余收益索取权,它可以把企业的管理层和核心技术人员的收益与企业的经营状况集合起来,从而充分调动企业员工工作积极性,并且动态变化的分离资本数目又将管理者和技术人员的收益同企业的长期经营状况联系在一起,从而有利于企业的长期发展。人股制是一种激励员工分享企业经营成果的长期激励机制,有助于实现企业和员工的双赢。

③ "三权分置"是指形成集体所有权、农户承包权和土地经营权三权分开。

营权，并赋予其在农业生产需要劳动力情况下的优先就业权。二是引导鼓励发展各类农民专业合作社。鼓励村庄依据合作社在组织行为、生产经营、产权关系和发育程度等方面的特殊性，组建灵活的合作经济组织形式。在政策和财政上加大对不同类型农民专业合作社的扶持力度，特别是对中西部贫困农村成立的专业合作社，政府应安排专项资金以解决启动资金规模不足的问题，或资金入股形式助其发展壮大；对农民专业合作社的产品出售及生产资料原材料的购买实施部分税收减免，对合作社用水、用电等给予优惠。鼓励农村金融组织为专业合作社提供信贷优惠，开通"绿色便捷通道"，让农户按照农业生产周期及时进行农业生产。三是进一步加大农业补贴力度。要加大财政支农比重，提高农业整体的补贴力度。全国公共财政对农业的政策性补贴自2003 年起开始实行，2018 年中央支农支出已达到 2. 08 万亿元，占支出总额的9. 41%。从农业补贴来看，每年 1000 多亿元的农业补贴平均到每个农民身上仅 200 多元，不到农民人均纯收入的 4%。2012 年日本政府补贴占农户收入的 60%，韩国这一比重为 50%，美国为 40%。① 我国中央财政支农的实际情况显示出支农的稳定性不足，不同年份间波动幅度较大，而且部分年份支农支出增长率也低于中央财政收入增长率。贯彻实施相关农业补贴法律政策，重点从加大农业直接补贴和农业结构调整补贴力度、完善农产品价格补贴机制等方面着手，在切实保障现行农业补贴金额落实到位的基础上，按区域分地区提高农业补贴力度，针对农业大省、大县及中西部地区农业的补贴力度要相应加大。

三、以普遍充分的保障权增强人民群众的获得感和幸福感

根据前面章节的论述，保障权的对象是全体居民，因此保障权必须要强调普惠性分配，而不是仅对某些特殊群体进行再分配；保障权的分配强度又是由

① 杨兴龙、王琳、潘鸿：《国外典型国家农业补贴政策的做法》，《世界农业》2015 年第 4 期。

经济社会发展水平决定的，经济社会发展水平越高，保障权的分配强度就越大，人民所享受到的保障水平就越高、越充分。中国特色社会主义的保障权应朝着普遍性和充分性两个方向努力。

当前，我国在保障权配置方面还存在一些突出问题。一是社会保障制度需进一步完善，例如我国的医疗保险制度近年来有重大进展，但看病难、看病贵问题还未根本解决；我国的农村居民的养老水平还可以进一步提高，等等。二是部分群众生活仍比较困难，截至2018年年底，我国仍有1660万农村贫困人口，贫困发生率为1.7%，这部分贫困人口是我国全面建成小康社会的最大短板。三是我国的转移支付结构还可以进一步优化，一般性转移支付的比例还需进一步提高，专项转移支付的比例还可以适当降低。四是我国的税收制度还需进一步深化改革，个人所得税存在一定的累退性，直接税比重较低，等等。为此，要着力建设公正的社会保障制度，促进权利公平，努力保障"最少受惠者"的利益①，让全体人民有更多的获得感和幸福感。实现普遍充分的保障权，要着力加强在分配制度改革的顶层设计，强化政府对再分配的正向调节功能，真正取之于民、用之于民，保障各类群体的生存和发展权益。一般地，再分配主要是通过社会保障、转移支付和税收等手段对初次分配格局进行调整，因此，本书的政策建议也主要围绕以下几个方面来展开。

总体上，构建初次分配、再分配、三次分配协调配套的基础性制度安排。首先，加强再分配制度改革的顶层设计。一是要进一步推动再分配制度改革顶层设计的战略性和整体性，提出更为科学、更为有效的再分配制度改革方案；二是要通过"问政于民、问计于民、问需于民"来搞好顶层设计内容，通过整合各个利益主体的意见后进行通盘考虑；三是进一步明确再分配制度改革的目标，对于一些关键性改革应明确时间表和阶段性任务，避免由于目标不明确而导致地方政府或执行部门无所适从；四是以增量改革带动存量调整，先对

① 这里的"最少受惠者"是指一个社会中的某一个群体，他们的生存能力和实践技能弱于其他群体，并且认知能力有限。

新增部分利益按照公平正义的原则进行改革，以减少再分配制度改革推进过程中的阻力，再通过增量改革来引导、示范，促使和倒逼存量进行调整，循序渐进，最终推动再分配制度改革顺利完成。①

其次，要进一步完善社会保障制度，逐步提高社会保障水平。一是多渠道筹集社保基金，适当降低社会保障缴费率。当前，我国的社会保障缴费率处在一个相对较高的水平，总计达缴费工资的41%②，过高的社会保障缴费率增加了企业负担，使个人可支配收入降低，并导致一部分贫困劳动者由于断交或未交保费而被排斥在社会保障体系之外。应进一步优化财政支出结构，加大对社会保障的投入，尤其是新增财政应更多地投入到民生事业中；应将国有企业利润上缴的大部分收入充实社保基金，实现国有企业利润全民共享，充分体现我国社会主义的制度优势；研究制定将国有公共资源出让收益，如土地出让收入、矿产资源出让收入等的一部分充实社会保障基金，使这部分收益也能够实现全民共享；采取多种措施确保社保基金能够实现保值增值，在确保社保基金安全的前提下，通过拓宽投资渠道和进行投资组合实现社保基金保值增值。二是尽快实现从制度全覆盖向实际全覆盖转变，并稳步提升社会保障待遇水平。目前我国的社会保障制度大体实现了制度上的全覆盖，但离实际全覆盖还有一定差距。必须在制度全覆盖的基础上增强社会保障制度的可及性，确保社会保障制度能够实际覆盖社会上的弱势群体和困难群体。在这一基础上逐步提升我国社会保障的待遇水平，确保能够实现我国居民的基本生存、发展权。短期内，社会保障待遇的水平至少应该满足国家最低扶贫标准，确保居民

---

① 再分配制度改革意味着有极大的可能性要动既得利益群体的“奶酪”，若一开始就采取对增量和存量同时进行调整极有可能会遭到他们的强烈反对，降低其对再分配制度改革的认同感；而从增量改革开始则可以比较轻松地让这部分人接受，从而就可以减少推进再分配制度改革的成本。

② 其中，养老保险的缴费率为28%、医疗保险的缴费率为8%、失业保险的缴费率为3%、工伤保险的缴费率为1%、计划生育保险的缴费率为1%，如果再加上缴纳的住房公积金，这一比例会更高。

的基本生活能够得到有效保障;长期内,应该根据我国经济发展水平和财政可承受能力,稳步提升社会保障待遇水平,使每一个居民都能够过上体面的生活。

再次,进一步完善转移支付制度,优化转移支付结构。一是加大一般性转移支付力度,适当缩小专项转移支付力度。① 一般性转移支付力度不足,会导致地方公共品供给不足,且会制约其在均衡区域经济发展方面的作用。中央财政的专项转移支付比例过高则会导致各地方政府为了争取到项目、争取拨款等互相竞争,这不仅不能让公共资金用到最需要用的地方,也容易滋生大量的官员腐败,有违公共财政支出的基本原则。二是打破转移支付的城乡分割。目前,我国城镇居民和农村居民在政府转移支付方面享受到的待遇还存在较大差别,农村居民在教育、就业、医疗、住房、最低生活保障等方面往往比城镇居民要获得更少的转移支付。例如,2017 年全国农村居民平均获得的转移性收入仅为 2603. 2 元,而城镇居民平均获得的转移性收入为 6523. 6 元,城乡居民转移性收入的相对差距为 2. 5 倍。必须逐步消除这种城乡分割的转移支付制度,构建基于公民基本保障权的转移性支付制度,而不是基于公民户籍身份的转移支付制度,促进城镇居民和农村居民在转移支付待遇方面渐渐趋向平等。三是调整和优化转移支付结构,加大对中西部落后地区,特别是老少边穷地区的转移支付力度,促进各区域经济的平衡发展;切实保障低收入群体的权利,加大对低收入群体的转移支付力度,要全面建成小康社会,必须重视低收入群体的基本权益,保障其基本的生存权和发展权,让其过上"体面而有尊严"的生活。一方面,必须将低收入群体的保障权落到实处,使老人能够安享晚年;使婴幼儿能够获得足够的营养和科学的护理;使未成年人能够接受良好

① 一般性转移支付是指中央政府对有财力缺口的地方政府(主要是中西部地区)的补助,地方政府可以按照相关规定统筹安排和使用。一般性转移支付主要涉及以下方面:均衡性转移支付,革命老区、民族和边境地区转移支付,农村税费改革转移支付,调整工资转移支付以及义务教育转移支付等其他方面内容。

的教育；使病人能够得到及时的医治；使贫困人口能够真正享受“精准扶贫”政策的好处；使失业者能够得到社会的关爱和救济等。另一方面，必须加大对低收入群体的转移支付力度，如强化对贫困人口的社会救济，增加对低收入者的养老金及离退休金的支出，加大对失业者再就业的培训支出等。

最后，优化税收结构，提高税收收入中直接税的比重，进一步发挥直接税的收入调节功能。目前我国税收结构是以间接税为主、直接税为辅，间接税的比重达到了 70 %左右，在一定程度上弱化了税收调节居民收入差距的功能。2018 年我国直接税（企业所得税、个人所得税和房产税）收入为 52084.24 亿元，占税收收入的比重仅为 33.3%。而许多西方发达国家直接税税收收入占税收收入的比重基本都超过了 50%，甚至达到了 80%以上。事实上，我国收入差距较大的一个重要原因就是资本收益增速和财富收益增速要大大快于劳动者收益增速，而我国对资本收益和财富收益的实际征税力度相对较小，例如个人所得税经常被社会诟病为“工薪税”，其累进性并未很好地体现。因此，我国要优化税收结构，加大对资本收益和财富收益的税收力度，加快在全国范围内征收房产税，适时开征遗产税和赠予税，加快建立综合与分类相结合的个人所得税制度，进一步提高直接税比重，降低间接税比重，利用直接税的累进性来缩小居民收入差距，进而充分发挥出税收制度的正向再分配调节功能。此外，积极推进和优化第三次分配，加强公益慈善事业规范管理，加大对慈善事业的税收优惠力度，鼓励高收入人群和企业更多回报社会。

参考文献

[1][印]阿马蒂亚·森:《贫困与饥荒》,王宇、王文玉译,商务印书馆 2011 年版。

[2][印]阿玛蒂亚·森:《论经济不平等——不平等之再考察》,王利文、于占杰译,社会科学文献出版社 2006 年版。

[3][美]安格斯·迪顿:《逃离不平等:健康、财富及不平等的起源》,崔传刚译,中信出版社 2014 版。

[4]安体富、蒋震:《调整国民收入分配格局　提高居民分配所占比重》,《财贸经济》2009 年第 7 期。

[5]白重恩、钱震杰:《国民收入的要素分配:统计数据背后的故事》,《经济研究》2009 年第 3 期。

[6]白重恩、钱震杰:《谁在挤占居民的收入——中国国民收入分配格局分析》,《中国社会科学》2009 年第 5 期。

[7]白重恩、钱震杰:《我国资本收入份额影响及变化原因分析——基于省级面板数据的研究》,《清华大学学报(哲学社会科学版)》2009 年第 4 期。

[8]白重恩、钱震杰:《中国工业部门要素分配份额决定因素研究》,《经济研究》2008 年第 8 期。

[9]蔡萌、岳希明:《我国居民收入不平等的主要原因:市场还是政府政策?》,《财经研究》2016 年第 4 期。

[10]蔡昉:《农村剩余劳动力流动的制度性障碍分析——解释流动与差距同时扩大的悖论》,《经济学动态》2005 年第 1 期。

[11]陈斌开、张鹏飞、杨汝岱:《政府教育投入、人力资本投资于中国城乡收入差距》,《管理世界》2010 年第 1 期。

[12]陈华帅、曾毅:《“新农保”使谁受益:老人还是子女?》,《经济研究》2013年第8期。

[13]陈宗胜、高玉伟:《论我国居民收入分配格局变动及橄榄形格局的实现条件》,《经济学家》2015年第1期。

[14]崔军、朱志钢:《中国个人所得税改革历程与展望——基于促进构建橄榄型收入分配格局的视角》,《经济与管理研究》2012年第1期。

[15]丁志国、赵晶、赵宣凯、吕长征:《我国城乡收入差距的库兹涅茨效应识别与农村金融政策应对路径选择》,《金融研究》2011年第7期。

[16][美]德沃金:《至上的美德:平等的理论与实践》,冯克利译,江苏人民出版社2003年版。

[17]范从来、张中锦:《功能性与规模性收入结构:思想演进、内在联系与研究趋向》,《经济学家》2014年第9期。

[18]方福前:《中国居民消费需求不足原因研究——基于中国城乡分省数据》,《中国社会科学》2009年第2期。

[19]傅娟:《中国垄断行业的高收入及其原因:基于整个收入分布的经验研究》,《世界经济》2008年第7期。

[20]高书生、宋军花:《我国收入分配体制改革的现状、趋势与政策建议》,《经济研究参考》2005年第88期。

[21]龚刚、杨光:《论工资性收入占国民收入比例的演变》,《管理世界》2010年第5期。

[22]顾严、冯银虎:《我国行业收入分配发生两极分化了吗?——来自非参数Kernel密度估计的证据》,《经济评论》2008年第4期。

[23]郭慧平:《我国收入分配制度的改革与完善——改革开放以来收入分配制度的回顾与展望》,《山西财经大学学报》2009年第S2期。

[24]郭剑雄:《人力资本、生育率与城乡收入差距的收敛》,《中国社会科学》2005年第3期。

[25]郭庆旺、吕冰洋:《论要素收入分配对居民收入分配的影响》,《中国社会科学》2012年第12期。

[26]《中共中央关于全面深化改革若干重大问题的决定(2013年11月12日中国共产党第十八届中央委员会第三次全体会议通过)》,《求是》2013年第22期。

[27]韩雷、陈华帅、刘长庚:《“铁饭碗”可以代代相传吗?——中国体制内单位就业代际传递的实证研究》,《经济学动态》2016年第8期。

[28]何炼成:《关于劳动力商品论与劳动价值论、按劳分配与按要素分配之间的关系——兼评何雄浪、李国平与关柏春之争》,《经济评论》2005 年第 5 期。

[29]何花:《我国收入分配的演变及启示》,《西部经济管理论坛》2011 年第 3 期。

[30]何立新:《中国城镇养老保险制度改革的收入分配效应》,《经济研究》2007 年第 3 期。

[31]胡锦涛:《坚定不移沿着中国特色社会主义道路前进　为全面建成小康社会而奋斗——在中国共产党第十八次全国代表大会上的报告》,《求是》2012 年第 22 期。

[32]胡奕明、买买提依明·祖农:《关于税、资本收益与劳动所得的收入分配实证研究》,《经济研究》2013 年第 8 期。

[33]黄少安、刘明宇:《权利的不公平分配与农民的制度性贫困》,《制度经济学研究》2005 年第 3 期。

[34]邢鹂、樊胜根、罗小朋、张晓波:《中国西部地区农村内部不平等状况研究——基于贵州住户调查数据的分析》,《经济学季刊》2008 年第 1 期。

[35]李稻葵、刘霖林、王红领:《GDP 中劳动份额演变的 U 型规律》,《经济研究》2009 年第 44 期。

[36]李成瑞:《关于中国近几年的经济政策对居民收入和消费状况影响的统计报告》,《统计研究》1986 年第 1 期。

[37]李定:《我国收入分配制度的变革与思考》,《中国集体经济》2010 年第 3 期。

[38]李培林、朱迪:《努力形成橄榄型分配格局——基于 2006—2013 年中国社会状况调查数据的分析》,《中国社会科学》2015 年第 1 期。

[39]李实、李婷:《库兹涅茨假说可以解释中国的收入差距变化吗》,《经济理论与经济管理》2010 年第 3 期。

[40]李实、史泰丽、别雍·古斯塔夫森:《中国居民收入分配研究Ⅲ》,北京师范大学出版社 2008 年版。

[41]李实、岳希明:《〈21 世纪资本论〉到底发现了什么》,中国财政经济出版社 2015 年版。

[42]李实:《收入分配与和谐社会》,《中国人口科学》2007 年第 5 期。

[43]李扬、殷剑峰:《中国高储蓄率问题探究——1992—2003 年中国资金流量表的分析》,《经济研究》2007 年第 6 期。

[44]刘冰、赵子乐:《农村社会养老风险与"新农保"防控能力研究》,《农村经济》2012 年第 12 期。

[45]刘长庚、韩雷:《企业内层级收入差距和企业绩效的关系》,《中国人民大学学

报》2011 年第 1 期。

[46]刘长庚、韩雷:《市场经济的性质》,《湘潭大学学报(哲学社会科学版)》2012 年第 2 期。

[47]刘长庚、韩雷:《现代企业应赋予劳动者对利润的收益权》,《红旗文稿》2011 年第 1 期。

[48]刘长庚、江剑平:《以公正分配实现收入倍增》,《中州学刊》2014 年第 5 期。

[49]刘长庚、田龙鹏、陈彬、戴克明:《农村金融排斥与城乡收入差距——基于我国省级面板数据模型的实证研究》,《经济理论与经济管理》2013 年第 10 期。

[50]刘长庚、张松彪:《权利配置与我国城乡居民收入差距——基于省际面板数据的分析》,《经济问题探索》2015 年第 3 期。

[51]刘长庚、张松彪:《行业垄断与企业劳动报酬差距——基于中国工业企业数据库的分析》,《经济学动态》2015 年第 3 期。

[52]刘长庚、张松彪:《我国企业基本养老保险制度改革的收入再分配效应评估》,《价格理论与实践》2014 年第 12 期。

[53]刘长庚、张松彪:《我国企业职工基本养老保险制度中企业缴费率应降低》,《经济纵横》2014 年第 12 期。

[54]刘长庚、张磊:《理解“混合所有制经济”:一个文献综述》,《政治经济学评论》2016 年第 6 期。

[55]刘承礼:《改革开放以来我国收入分配制度改革的路径与成效——以公平与效率的双重标准为视角》,《北京行政学院学报》2009 年第 1 期。

[56]刘志彪、姜付秀、卢二坡:《资本结构与产品市场竞争强度》,《经济研究》2003 年第 7 期。

[57]龙莹:《中等收入群体比重变动的因素分解——基于收入极化指数的经验证据》,《统计研究》2015 年第 2 期。

[58]陆铭、陈钊、万广华:《因患寡,而患不均——中国的收入差距、投资、教育和增长的相互影响》,《经济研究》2005 年第 12 期。

[59]陆铭、陈钊:《城市化、城市倾向的经济政策与城乡收入差距》,《经济研究》2004 年第 6 期。

[60][美]罗尔斯:《正义论》,何怀宏译,中国社会科学出版社 2001 年版。

[61]罗长远、张军:《经济发展中的劳动收入占比:基于中国产业数据的实证研究》,《中国社会科学》2009 年第 4 期。

[62]罗长远、张军:《劳动收入占比下降的经济学解释——基于中国省级面板数据

的分析》,《管理世界》2009 年第 5 期。

[63]吕冰洋、郭庆旺:《中国要素收入分配的测算》,《经济研究》2012 年第 10 期。

[64][德]马克思、[德] 恩格斯:《马克思恩格斯选集》,中共中央翻译局译,人民出版社 2004 年版。

[65][德]马克思、[德]恩格斯:《马克思恩格斯选集》第一卷,中共中央翻译局译,人民出版社 1995 年版。

[66][德]马克思:《资本论》,中共中央翻译局译,人民出版社 2004 年版。

[67][德]马克思:《政治经济学批判导言》,《马克思恩格斯选集》第 2 卷,中共中央翻译局译,人民出版社 1995 年版。

[68]孟凡强、吴江:《中国劳动力市场中的户籍歧视与劳资关系城乡差异》,《世界经济文汇》2014 年第 2 期。

[69]聂辉华、江艇、杨汝岱:《中国工业企业数据库的使用现状和潜在问题》,《世界经济》2012 年第 5 期。

[70][美]道格拉斯 · C.诺思:《经济史上的结构和变革》,厉以宁译,商务印书馆 2010 年版。

[71][美]道格拉斯 · C.诺思:《制度、制度变迁与经济绩效》,杭行译,格致出版社 2008 年版。

[72]彭浩然、申曙光:《改革前后我国养老保险制度的收入再分配效应比较研究》,《统计研究》2007 年第 2 期。

[73]齐良书:《新型农村合作医疗的减贫、增收和再分配效果研究》,《数量经济技术经济研究》2011 年第 8 期。

[74]钱震杰:《中国国民收入的要素分配份额研究》,中国金融出版社 2011 年版。

[75]任才方、程学斌:《从城镇居民收入看分配差距》,《经济研究参考》1996 年第 F7 期。

[76]孙祁祥、林山君:《中国养老保险制度的收入再分配效应分析》,《财贸经济》2014 年第 5 期。

[77]苏海南、刘秉泉:《工资分配篇》,《中国劳动》2008 年第 11 期。

[78][美]塞缪尔 · 鲍尔斯、[美]理查德 · 爱德华兹、[美]弗兰克 · 罗斯福:《理解资本主义:竞争、统制与变革》,孟捷、赵准、徐华主译,中国人民大学出版社 2013 年版。

[79]唐国华、许成安:《马克思经济增长理论与中国经济发展方式的转变》,《当代经济研究》2011 年第 7 期。

[80][法]托马斯 · 皮凯蒂:《不平等经济学》,赵永升译,中国人民大学出版社

2016 年版。

[81]田志伟、胡怡建、朱王林:《个人所得税、企业所得税、个人社保支出与收入分配》,《财经论丛》2014 年第 11 期。

[82]万海远、李实:《户籍歧视对城乡收入差距的影响》,《经济研究》2013 年第 9 期。

[83]汪同三、蔡跃洲:《改革开放以来收入分配对资本积累及投资结构的影响》,《中国社会科学》2006 年第 1 期。

[84]王翠琴、薛惠元:《新型农村社会养老保险收入再分配效应研究》,《中国人口资源环境》2012 年第 8 期。

[85]王弟海:《健康人力资本、经济增长和贫困陷阱》,《经济研究》2012 年第 6 期。

[86]王少平、欧阳志刚:《中国城乡收入差距对实际经济增长的阈值效应》,《中国社会科学》2008 年第 2 期。

[87]王少平、欧阳志刚:《我国城乡收入差距的度量及其对经济增长的效应》,《经济研究》2007 年第 10 期。

[88]王曙光:《中国的贫困与反贫困》,《农村经济》2011 年第 3 期。

[89]王小鲁、樊纲:《中国收入差距的走势和影响因素分析》,《经济研究》2005 年第 10 期。

[90]王晓军、康博威:《我国社会养老保险制度的收入再分配效应分析》,《统计研究》2009 年第 11 期。

[91]魏杰、谭伟,《我国收入分配不公的内涵和现状》,《财政研究》2006 年第 1 期。

[92]温锐、武力:《新中国收入分配制度的演变及绩效分析》,《当代中国史研究》2006 年第 7 期。

[93][美]西蒙:《基于实践的微观经济学》,孙涤译,上海格致出版社 2009 年版。

[94]西南财经大学中国家庭金融调查与研究中心:《中国家庭收入不平等报告》,西南财经大学出版社 2012 年版。

[95]习近平:《关于〈中共中央关于全面深化改革若干重大问题的决定〉的说明》,《求是》2013 年第 22 期。

[96]习近平:《关于〈中共中央关于制定国民经济和社会发展第十三个五年规划的建议〉的说明》,《新长征》2015 年第 12 期。

[97]邢春冰、李春顶:《技术进步、计算机使用与劳动收入占比——来自中国工业企业数据的证据》,《金融研究》2013 年第 12 期。

[98]徐建炜、马光荣、李实:《个人所得税改善中国收入分配了吗——基于对 1997—2011 年微观数据的动态评估》,《中国社会科学》2013 年第 6 期。

[99]徐静、岳希明:《税收不公正如何影响收入分配效应》,《经济学动态》2014 年第 6 期。

[100]许明、刘长庚、陈华帅:《是否参加“新农保”对中国农村老人的影响——基于中国老年健康影响因素跟踪调查数据的实证分析》,《山西财经大学学报》2014 年第 11 期。

[101]许明、刘长庚、刘一蓓:《中国制造业企业要素收入分配的测算和实证研究》,《经济与管理研究》2015 年第 10 期。

[102]许明:《权利配置视角下的中国企业要素收入分配研究》,湘潭大学 2015 年博士学位论文。

[103]许明:《市场竞争、融资约束与中国企业出口产品质量提升》,《数量经济技术经济研究》2016 年第 33 期。

[104]许志涛:《不同所有制企业职工基本养老保险收入再分配效应》,《财经论丛》2014 年第 4 期。

[105]薛华:《我国收入分配制度的回顾与前瞻——兼论经济发展战略与收入分配制度的内在关系》,《江西社会科学》2008 年第 12 期。

[106]薛惠元:《新农保能否满足农民的基本生活需要》,《中国人口·资源与环境》2012 年第 10 期。

[107][英]亚当·斯密:《国民财富的性质和原因研究》,王亚南译,商务印书馆 2008 年版。

[108]严浩坤、徐朝晖:《农村劳动力流动与地区经济差距》,《农业经济问题》2008 年第 6 期。

[109]杨巨:《初次收入分配与技术进步——基于马克思主义经济学的视角》,《经济评论》2012 年第 3 期。

[110]杨宜勇、池振合:《当前我国收入分配现状及对策建议》,《经济研究参考》2011 年第 13 期。

[111]杨宜勇、池振合:《我国收入分配体制改革 30 年的基本经验》,《中国发展观察》2008 年第 11 期。

[112]杨志选编:《资本论》选读,中国人民大学出版社 2004 年版。

[113]杨晖:《我国收入分配制度的演进与理念创新》,《兰州大学学报(社会科学版)》2008 年第 3 期。

[114]杨庆敏:《改革开放 30 年我国个人收入分配制度的演变》,《内蒙古统战理论研究》2009 年第 1 期。

[115]尹恒、龚六堂、邹恒甫:《收入分配不平等与经济增长:回到库兹涅茨假说》,

《经济研究》2005 年第 4 期。

[116]杨国涛、段君、刘子诉:《明瑟收入方程的若干改进和思考》,《统计研究》2014 年第 7 期。

[117]杨汝岱:《中国制造业企业全要素生产率研究》,《经济研究》2015 年第 2 期。

[118]余淼杰:《中国的贸易自由化与制造业企业生产率》,《经济研究》2010 年第 12 期。

[119][美]约翰 · 罗尔斯:《作为公平的正义——正义新论》,姚大志译,上海三联书店 2002 年版。

[120][美]约瑟夫 · E.斯蒂格利茨:《不平等的代价》,张子源译,机械工业出版社 2015 年版。

[121]岳希明、李实、史泰丽:《垄断行业高收入问题探讨》,《中国社会科学》2010 年第 3 期。

[122]岳希明、蔡萌:《垄断行业高收入不合理程度研究》,《中国工业经济》2015 年第 5 期。

[123]岳希明、罗楚亮:《农村劳动力外出打工与缓解贫困》,《世界经济》2010 年第 11 期。

[124]岳希明、徐静、刘谦、丁胜、董莉娟:《2011 年个人所得税改革的收入再分配效应》,《经济研究》2012 年第 9 期。

[125]岳希明、张斌、徐静:《中国税制的收入分配效应测度》,《中国社会科学》2014 年第 6 期。

[126]张杰、卜茂亮、陈志远:《中国制造业部门劳动报酬比重下降及其动因分析》,《中国工业经济》2012 年第 5 期。

[127]张全红:《中国低消费率问题探究——1992—2005 年中国资金流量表的分析》,《当代财经》2009 年第 8 期。

[128]张晔、程令国、刘志彪:《"新农保"对农村居民养老质量的影响研究》,《经济学(季刊)》2016 年第 2 期。

[129]张勇:《中国养老保险制度的再分配效应研究》,《财经论丛》2010 年第 4 期。

[130]赵学清:《论我国收入初次分配中市场和政府的作用》,《河南社会科学》2015 年第 23 期。

[131]张传翔:《我国收入分配制度改革的历史进程、现状分析及其深化》,《中共青岛市委党校(青岛行政学院学报)》2008 年第 10 期。

[132]张车伟:《人力资本回报率变化与收入差距:"马太效应"及其政策含义》,

《经济研究》2006年第12期。

[133]赵人伟、李实、卡尔等:《中国居民收入分配再研究》,中国财政经济出版社1999年版。

[134]郑必清:《对市场经济下按劳分配几个问题的思考》,《湘潭大学学报(哲学社会科学版)》2004年第1期。

[135]周其仁:《基尼系数不重要》,《经济观察报》2006年第35期。

[136]周兴、王芳:《中国城乡居民的收入流动、收入差距与社会福利》,《管理世界》2010年第5期。

[137]朱坚强、张金凤:《历次工改对理顺分配关系的累积效应——兼析我国收入分配领域改革的轨迹》,《南京大学学报(哲学·人文科学·社会科学版)》2004年第3期。

[138]Acemoglu,D.& R.Shimer,"Wage and Technology Dispersion",*Review of Studies*,Vol.67,No.4,2000.

[139]Acemoglu,Daron,"Labor and Capital Augmenting Technical Change",*Journal of the European Economic Association*,Vol.1,No.1,2003.

[140] Ahluwalia M.,"Income Distribution and Development: Some Stylized Facts",*American Economic Review*,Vol.66,No.2,2003.

[141] Alchian A. A, Demsetz H., "Production, Information Costs, and Economic Organization",*The American Economic Review*,Vol.65,No.5,1972.

[142] Atkinson A. B., Bourguinon F., *Income Distribution and Economics*, Northholland,2000.

[143] Atkinson A. B., "The Changing Distribution of Income: Evidence and Explanations",*German Economic Review*,Vol.1,No.1,2000.

[144]Aghion P.,Caroli E.,Garcia-Penalosa C.,"Inequality and Economic Growth:The Perspective of the New Growth Theories",*Journal of Economic literature*,Vol.37,No.4,1999.

[145]Barro R.J.,"Economic Growth in a Cross Section of Countries",*The Quarterly Journal of Economics*,Vol.1991,No.2.

[146]Bowels S.,H.Gintis,*In New Palgrave Encyclopedia of Economics*,McMillan,2008.

[147] Bowles S., H. Gintis, "Contested Exchange: New Microfoundations for The Political Economy of Capitalism",*Politics and Society*,Vol.18,No.2,1990.

[148] Brandt L., J. Van, Biesebroeck et al., "Creative Accounting or Creative Destruction? Firm-level Productivity Growth in Chinese Manufacturing", *Journal of Development Economics*,Vol.97,No.2,2012.

[149] Cai F., D.Wang, Y.Du, "Regional Displarity and Economic Growth in China: The Impact of Labor Market Distortions", *China Economic Review*, Vol.13, No.2, 2002.

[150] Chambers D., Ying W., Hong Y., "The Impact of Past Growth on Poverty in Chinese Provinces", *Journal of Asian Economics*, No.19, 2008.

[151] Demurger, S., J. D. Sachs, W. T., Woo, et al., "The Relative Contributions of Location and Preferential Policies in China's Regional Development: Being in the Right Place and Having the Right Incentives", *China Economic Review*, Vol.13, No.4, 2002.

[152] Dollar, D., Kraay, A., "Growth is Good for The Poor ", *Journal of Economic Growth*, No.3, 2002.

[153] Fields G.S., "Employment Income Distribution and Economic Growth in Seven Small Open Economies", *Economic Journal*, Vol.94, No.373, 1984.

[154] Fields G.S., Yoo G., "Falling Labor Income Inequality in Korea's Economic Growth: Patterns and Underlying Causes", *Review of Income and Wealth*, Vol.46, No.2, 2000.

[155] George Psacharopoulos, "Harry Anthony Patrinos. Return to Investment in Education: A further Update", *Education Economics*, 2004.

[156] Oliver Hart, John Moore, "Contracts as Reference Points", *Quarterly Journal of Economics*, Vol.123, No.1, 2008.

[157] Hicks, J. *The Theory of Wages.*, London: Macmillan, 1932.

[158] Kaldor N., "Alternative Theories of Distribution", *The review of Economic Studies*, Vol.23, No.2, 1955.

[159] Keynes J.M., "Relative Movements of Real Wages and Output", *The Economic Journal*, Vol.49, No.193, 1939.

[160] Khan A.R., Riskin C., "China's Household Income and its Distribution", *The China Quarterly*, 2005.

[161] Kuznets, S., E.Jenks., *Shares of Upper Income Groups in Income and Savings*, New York: National Bureau of Economic Research, 1953.

[162] Kuznets, "Economic Growth and Income Inequality", *American Economic Review*, Vol.45, No.1, 1955.

[163] Lewis, W.A., "Economic Development with Unlimited Supplies of Labour", *The Manchester School*, Vol.22, No.2, 1954.

[164] Liu Z., "Institution and Inequality: the Hukou System in China", *Journal of Comparative Economics*, Vol.33, No.1, 2005.

[165] Marshall T. H., Bottomore TB, *Citizenship and Social Class*, London: Pluto Press, 1992.

[166] OECD, *The Well-being of Nations: The Role of Human and Social Capital*, OECD publishing, 2001.

[167] Oaxaca R., "Male-female Wage Differentials in Urban Labor Markets", *International economic review*, 1973,.

[168] Piketty T., *Capital in the Twenty-first Century*, Harvard University Press, 2014.

[169] Piketty T., *Capital in the Twenty-First Century*, Cambridge: Harvard University Press, 2016.

[170] Ranis G., Fei J. C. H., "A Theory of Economic Development", *The American Economic Review*, 1961.

[171] Ravallion, M., Chen, Shaohua, "China's Uneven Progress Against Poverty", *Journal of Development Economics*, Vol.82, No.1, 2007.

[172] Rosenbaum P. R., Rubin D. B., "The Central Role of the Propensity Score in Observational Studies for Causal Effects", *Biometrika*, Vol.70, No.1, 1983.

[173] Soldo B.J., Myllyluoma J., "Caregivers Who Live with Dependent Elderly", *The Gerontologist*, Vol.23, No.6, 1983.

[174] Shorrocks, Anthony. F., "Inequality Decomposition by Factor Components", *Econometrica*, Vol.50, No.50, 1982.

[175] Sicular, Terry, Ximing Yue, Bjorn Gustafsson, Shi Li, "The Urban-Rural Income Gap and Inequality in China", *Review of Income and Wealth*, Vol.53, No.1, 2007.

[176] Wan G., *Accounting for Income Inequality in Rural China: A Regression-based Approach*, Routledge, 2019.

[177] Whalley, J., S. Zhang, "A Numerical Simulation Analysis of (Hukou) Labor Mobility Restrictions in China", *Journal of Development Economics*, Vol.83, No.2, 2007.

[178] Williamson, Oliver, *The Economic Institutions of Capitalism: Firms, Markets, and Relational Contracting*, New York: The Free Press, 1985.

[179] Zhang X., Zhang K.H., "How does Globalisation Affect Regional Inequality within a Developing Country? Evidence from China", *Journal of Development Studies*, Vol.39, No.4, 2003.